公共安全管理概论

第2版

夏保成 张平吾◎著

当代中国出版社
Contemporary China Publishing House

图书在版编目(CIP)数据

公共安全管理概论 / 夏保成,张平吾著 . -- 2 版
. -- 北京 : 当代中国出版社 , 2022.5 (2024.7 重印)
ISBN 978-7-5154-1148-4

Ⅰ . ①公… Ⅱ . ①夏… ②张… Ⅲ . ①公共安全—安
全管理 Ⅳ . ① D035

中国版本图书馆 CIP 数据核字(2021)第 240657 号

出 版 人	王 茵
责任编辑	葛灿红
责任校对	贾云华
印刷监制	刘艳平
封面设计	胡椒设计
出版发行	当代中国出版社
地 址	北京市地安门西大街旌勇里 8 号
网 址	http://www.ddzg.net
邮政编码	100009
编 辑 部	(010) 66572264
市 场 部	(010) 66572281 66572157
印 刷	北京润田金辉印刷有限公司
开 本	787 毫米 × 1092 毫米 1/16
印 张	25.25 印张 2 插页 436 千字
版 次	2022 年 5 月第 2 版
印 次	2024 年 7 月第 2 次印刷
定 价	88.00 元

序一

公共安全是社会的秩序和平衡状态，公共安全管理是对这种秩序和平衡状态的维护与保持，对打乱这种秩序和平衡状态之事件的应对和处置，以及对秩序和平衡状态的恢复的全过程。公共安全管理的目标是建设一个相对安全的社会。“相对安全”的含义是，通过个人和社会的力量，避免一切可以避免的灾害，减小或减少一切不可避免的灾害的影响和后果，以及尽快从灾害的影响和后果中恢复。然而，在生产力相对落后的时代，人们对各种灾害的认识比较浅显，对其发生前的征兆、发生后的规模和影响都很难把握，将其称作“突发事件”，只能被动接受，或出于本能应对。在科学技术相对发展的一个时期，虽然人们的抗灾能力大大增强了，但对灾害的社会意识和政治意识比较淡薄，认为应对灾害主要是受灾害影响的个人的事情，不是政府的责任，只有在发生大规模的重大灾害时，政府才采取一些临时性救助措施，没有建立应对灾害的制度。20 世纪 70 年代，以联邦应急管理局（Federal Emergency Management Agency，FEMA）的成立为标志，美国建立了应对灾害的管理制度，开始将抗灾当作政府的责任来看待，并逐步完善了对灾害的过程管理和成分管理，使之成为政府，尤其是地方政府的主要责任。而我国现代应急管理体系的建立，始于 2003 年“非典”疫情，成长于 2008 年汶川地震，成熟于 2020 年新冠肺炎疫情。

公共安全管理是行政公权在公共安全领域的适用过程。因而，公共安全管理应该是政府的责任。这不仅是各国的宪法精神所要求的，而且是各类不断发生的公共安全事件的性质、规模所需要的。任何事件，只要危及公共安全，一般都具有规模大、危险性强、后果严重、影响深远的特征。应对它们，个人、家庭和社区往往力有不逮，因此需要社会的力量。作为社会力量的总代表和协调、组织者，政府能够动员广泛的人力、物力和财力资源，甚至国际资源，确保克服灾害及其后果。此外，由于灾害的发生是经常性的，政府需要建立一个专门应对灾害的常设制度或体系，为此要实施相关的立法，成立一整套自上而下的组织或机构。可以说，公共安全管理体系的建立和发展，是各国人民大众遭受了无数次灾害、付出重大代价的结果，是公众需要推动公共行政进化的典型体现。

公共安全管理的元素包括公共安全管理的制度（法律、规章）、依照这一制度实施权力行为的组织（政府）、这些组织的行为内容以及接受这些行为的社会单元（社区）和个人。本书共分为十五章，分别介绍西方国家公共安全管理的基本概念、管理组织、管理系统、管理阶段等，读者从中可以了解公共安全管理发展的趋势和方向。

本书第一版于2011年由当代中国出版社出版，几年来承蒙全国同行关照和抬爱，数次印刷均悉售罄。感谢当代中国出版社不弃，约张平吾教授和我修订出版第二版。两版相距约10年，国内外公共安全管理事业发展迅速，新冠肺炎疫情形成的挑战使得人们对应急管理的认识也发生了明显变化，我们尽量在这一版中有所体现。修订版第一、十四、十五章由张平吾教授执笔，其余由本人执笔。

需要特别指出的是，自第一版问世以来，应急管理无论是理论还是实践都有了很大发展，第一版中使用的一些基本概念的内涵和表述都发生了相应变化。在第二版中，为了与目前学界的表述一致，将美国“联邦紧急事态管理署”统一改称为“联邦应急管理局”，“紧急事态管理”改称为“应急管理”；并且本书中所采用的“公共安全管理”，也可以等同于今天大家表述的“应急管理”，等等不一而足。

我从事公共安全管理研究和教学十五年，虽然从这个专业的新兵逐渐历练为老兵，但囿于天资和自身水平，呈现在大家面前的这一版仍然显得稚嫩，有许多不足和缺陷，恳请同仁和读者指教。

夏保成

2020年10月序于河南理工大学

序二

随着全球化时代及风险社会的来临，地球极端气候的持续出现并严重恶化，自然灾害及人为破坏与时俱增，使得意外及灾难无时无刻不在威胁着人类的生存与发展，且对我们的生命、精神、财产、社会秩序及自然环境造成严重的，甚至是难以逆转的伤害。

从 20 世纪六七十年代起，美国、澳洲和新西兰等西方国家面对此问题，纷纷立法规范及成立相关应急管理机构，专责处理突发事件的联系机制；特别是“9·11”恐怖事件、“非典”疫情和新冠肺炎疫情等灾害接连发生之后，如何处理自然灾害、意外事故、公共卫生及社会安全事件等，已然成为各国关注的焦点。

中国大陆及台湾地区同样面临上述问题的威胁，中国大陆为了“提高政府保障公共安全和处置突发公共事件的能力，最大限度地预防和减少突发公共事件及其造成的损害，保障公众的生命财产安全，维护国家安全和社会稳定，促进经济社会全面、协调、可持续发展”，于 2006 年发布了《国家突发公共事件总体应急预案》，将突发公共事件加以分类，提出应急预案体系的组织、工作职掌、领导、办事和工作机构，彼此如何运作、应急保障及各项监督机制等，将应急事态的管理机制加以完善整合，为求此一机制能顺利运作，中央和地方多次举办论坛及座谈会，彼此交换心得、经验与技术，各大学（如广东暨南大学、河南理工大学等）也同时成立“应急管理学院”，积极培训专业人才。

中国台湾地区“为提升国内公共安全管理效能，建立良好的灾害预防与应变机制”，于 2003 年研订“公共安全管理手册”，公布施政目标、策略与措施，以降低重大公共安全事故发生的风险及对社会的冲击，对民众生命与财产提供更为妥善的保障；并加强推动教育倡导、法规增修、管理督考、预防整备、健全体制等工作，进而保障人民生命与财产安全，为社会永续发展奠定良好基础。

安全管理是安全科学技术体系中最重要且具应用性的学科，研究范畴包括国土安全、信息安全、消防安全、社会安全、风险管理、突发事故管理、私领域安全（如企业经营、保全业务）、物品安全和人身安全等。安全管理学研究课题是针对导致人的不安全行为和物的不安全状态，进而导致事故发生原因的探讨；换言之，它是一门研究机构安全问题、管理者及组织成员的安全作为、管理系统缺陷及其相关防控措施的专业学科。

公共安全是人类最基本的生活及生存发展需求，公共安全管理则是对此一需求的维护与保障。因此，如何透过灾害预防、减灾、准备、应变及重建等措施，正挑战并考验着政府机构及民间组织的应变能力，也是公共安全管理学研究的主要核心课题。

本书旨在介绍公共安全管理的基本概念，西方国家针对公共安全事件的应急管理变迁过程，公共安全管理的原则、基础理论、方法论及组织结构的探讨，使读者能了解各种灾害与危险情形，政府与民间组织如何预防和应对各类突发公共事件？如何制定具体有效且可行的灾害减除和应变措施，以保护人民生命财产安全和国家经济建设的发展。

此外，希望借本书的出版，能建立并深化两岸间应急管理的学术合作交流平台，“以人为本”“求同化异”“共创双赢”。如共同成立“海峡两岸应急管理学会”，出版《应急管理学报》及学术著作、双方轮流举办研讨会，加强推动两岸高校学分、学历及学位的采认，建立两岸间彼此的联系管道与协调合作机制，并根据第六届“两岸经贸文化论坛”结论，建议两岸开展应对极端气候的防灾、救灾合作；开展灾害监测、预警与应急响应的交流平台；通报灾害预警，建立定期交流与灾害联防机制；联合举行应对重大环境威胁的演练；建立重大自然灾害相互救援时的联系机制等。

是为序。

张平吾

2020年9月15日序于桃园龟山铭传大学

目录

第一编　导　论

第二编　公共安全的管理组织

第三编　公共安全的管理系统

第四编 公共安全的管理阶段

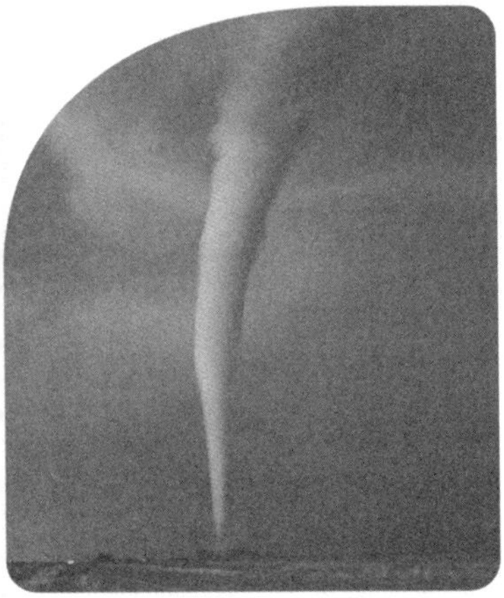

第一编

导论

第一章
公共安全管理的概念

关键词
管理　管理学　安全管理　公共安全管理　应急管理　国家安全　危机管理　风险社会

前　言

意外及灾难如影随形，无时无刻不在威胁着人类的生存与发展，且给我们的生命、精神、财产、社会秩序及自然环境带来严重的，甚至是难以逆转的伤害。为了应对并避免灾难事故的再次发生，于是产生了公共安全管理领域的相关行业及学科。

公共安全是人们最基本的生存需求，也是维持社会生活秩序正常运转的保障。从本质上讲，公共安全是社会的秩序和平衡状态。公共安全管理是指对这种秩序的维护与保持，对打乱该秩序状态的各类事件的应变，以及事件后果的消除，以恢复原有社会秩序的所有过程。

第一节　管理与管理学的概念

一、管理的概念与功能

（一）管理的概念

随着社会变迁及管理形态的发展，管理的概念不仅有广义和狭义之分，而且还因时代、社会制度和专业的不同而产生不同的定义与解释，使管理概念存在多样化。一般而言，管理（management）是指一个组织的各级管理者或全体成员在执行计划（planning）、组织（organization）、领导（leading）、指挥（commanding）、协调（coordinating）、控制（controlling）和创新（innovation）等基本职能的过程中，透过优化配置和协调，使用以人为中心的各种可能资源与活动，从而有效地实现组织目标的活动或过程。

以社会企业为例，任何企业都有特定的企业目标，也有一定的资源分配和使用问题；因此，也就有管理问题与管理活动的存在。随着市场经济的自由化及发展，与企业管理的迫切需求，管理在企业生存及发展的经营活动中扮演着重要角色。

20 世纪 50 年代，有部分学者（如 Peter Drucker 等人）开始用成员（staffing）和领导（leading）来代替指挥和协调。近几年来，更有学者（如 Robbins, S. P. & Coulter M. 等人）将管理职能简化到四种：计划、组织、领导和控制。现将几位学者对“管理”一词的解释整理如下①：

（1）管理是必须确切知道要别人去做什么？并注意他们如何以最经济、有效的方法去做。

（2）管理是一种实践，其本质不在于知而在于行，其验证不在于逻辑，而在于成果；其唯一权威就是成就。

（3）管理就是一个过程：运用一种系统方式，履行所需的职能，以期达到组织的目标。

（4）管理就是设计和保持一种良好环境，使人在团体中有效率地完成目标。

（5）管理就是由一个或更多的人来协调他人活动，以便收到个人单独活动所不能收到的效果而进行的各项活动。

（6）管理是所有的人类组织（不论是家庭、企业或政府）都有的一种活动，这种活动由五项要素组成：计划、组织、指挥、协调和控制；管理就是实行这五项要素的过程。

由此可知，任何一项管理活动都必须具备以下四个基本要素：

（1）管理主体：谁是管理者？管理者的工作范畴是什么？管理者在什么地方

---

① ［美］F. W. 泰罗：《科学管理原理》，韩放译，团结出版社 1999 年版，第 104 页；［美］罗宾斯：《管理学》，林孟彦译，台北华泰书局 2006 年版，第 7—8 页。

工作？管理者与其他职员的区别是什么？

（2）管理客体：要管理什么？

（3）组织目的：为什么要管理？

（4）组织环境或条件：在什么情境下管理？

表 1–1 管理的基本概念与内容

概 念	具体内容
管理目标	有效实现目标，即所有管理行为，都是为实现目标而服务
实现目标的手段	计划、组织、（指挥）、领导、（协调）、控制、（创新）
管理本质	协调、追求效率及效益
管理的项目	以人为中心的各种可能资源与活动，包括人、事、物等

管理者的概念是负责与他人一起，并通过他人，企图有效地和以高效率及高效益的方法，达到组织所拟订的目标。所谓效率（efficiency）指的是以最少的资源达到预期目标；效益（effectiveness）就是针对实现预期目标的程度加以衡量。管理者成功与否，取决于管理者本身的职能（management functions）、管理者角色（management roles）和管理技能（managerial skills）等。

“职能”指在各部门或各专业中的实际职责及其工作性质；“角色”是人们在团体或组织的地位上被期望的固定行为模式；管理技能则包括技术性技能（technical skills）、人际关系技能（human relations skills）和概念化技能（conceptual skills）等三种。技术性技能是企业中一个专门领域内的知识和能力，人际关系技能是指了解他人、与人共事和激励士气的能力，概念化技能是指对组织活动和利益进行协调和综合的能力。而影响工作效益的环境因素包括以下几项①：

（1）上级或管理者；

（2）职场同事；

（3）其他部门的人；

（4）工作任务；

（5）所在的企业组织结构（structure）与文化（culture）；

（6）机构外部的压力：如政府、其他企业；

① ［美］罗宾斯：《管理学》，林孟彦译，台北华泰书局 2006 年版，第 8 页。

（7）个人因素：如个人对人处世的态度（attitudes）、信念（beliefs）、价值准则（values）和过去经验等。

（二）管理的功能

一般将管理功能（management function）分为以下几项：

（1）计划，指拟订管理目标、策略与行动计划，建立组织的发展和未来方向，找出组织可行性目标，制订完成计划的期程，如短期、中期及长期计划，并循序渐进地执行。

（2）组织，指如何建立团队及团队运作的模式。

（3）领导，指如何带领部属完成既定目标。

（4）控制，指检查是否已经达成既定目标，并评估实际完成的工作是否与组织的计划有落差？且落实自我评鉴及改善机制，以期顺利达成管理目标。

计划是管理的首要职能，是组织、领导和控制职能的依据；组织、领导和控制职能是有效管理的重要环节，是计划及其目标得以顺利实施的保障。组织有了管理，才能进行正常且有效率的活动，因此，管理对组织的重要性主要有以下两点：

（1）管理使组织发挥正常功能；

（2）组织唯有通过管理才能有效实现组织的目标。

二、管理学的概念与功能

管理学（Management Science）是一门研究人类社会管理活动中各种现象及规律的学科，主要在阐述社会各种组织内管理活动的规律，包括管理的概念、管理者的职能、组织环境、管理的原理原则、理论、方法、技术、管理的领导与控制、管理科学的发展及管理实践的技巧等内容。

换言之，管理学是一门有理论、有方法、有系统地研究人类行为管理活动中各种现象与基本规则的一门结合自然科学与社会科学的综合性学科。

管理学上有“如何进行计划”“如何组织团队成员”“如何用人与留人”“如何领导和激励员工”“如何有效进行绩效控制”五大功能。

第二节　安全及安全管理的概念

人类从衣食住行到生老病死，无不潜藏着各种安全风险。特别是 2003 年暴发的“非典”疫情，充分表露了人类对类似灾害应变能力的手足无措，同时也暴露了各国政府在应急管理机制上的缺陷。日本“3·11”大地震所衍生的海啸及福岛核灾事故，单一事故都会演变成复合式灾害，更凸显了安全管理的重要性。

一、安全的概念

安全概念的理解与解释非常广泛，包括从生产安全、国家安全及公安（警察）学角度。安全一般泛指持续稳定、完善、不发生事故、不遭受威胁等没有任何危险或风险状况发生。换言之，对于人的安全（human security），有三个独立的相对应系统，包括与事故相对的生产安全系统、与违法行为相对的公安（警政）系统，及与自然灾害相对的防灾、抗灾系统①。

安全是指在自然灾害、意外事故、公共卫生或治安事件发生过程中，能将人员伤亡或财产损失控制在可以接受的状态。如果人员或财产遭受损失的可能性超过可接受状态，即是不安全。许多学者认为安全具有主观与客观二元性，亦即在主观上不存在恐惧，客观上不存在威胁。安全的主观感觉，是指人们对于自己生命和相关事物的无忧与放心；安全的客观存在，则指具有对抗一切现实或潜在威胁的确切保障。

对于安全的研究对象与范围，不同领域间关注的焦点也会有所不同。就企业安全而言，它们关心的焦点是生产安全，如面对可能的灾害事故应如何预防及应变；就公安（警察）学角度而言，它们关心的重心是大众在从事生产、经营、文化娱乐及其他社会活动的所有安全，如人身及财务的安全与社会生活秩序，不会遭受违法者的侵害和治安事件的损害；就国家安全而言，它们关注的焦点除了传统的战争之外，亦包括威胁国家安全的经济安全、金融安全、环境安全、能源安全、水资源安全、宗教极端主义、恐怖主义、民族分裂、文化安全、武力扩散、信息安全、流行疾病、人口安全、毒品走私、非法移民、洗钱、海盗等问题。

二、安全管理

（一）安全管理的概念

安全管理（security management）所涉及的问题与范围非常广泛，就国家安全而言，大至国土安全、战争，小至个人的健康与生命安全都是安全管理研究的

---

① 战俊红、张晓辉：《中国公共安全管理概论》，当代中国出版社 2007 年版，第 15 页。

课题。就公私领域而言，可分为公领域安全与私领域安全，前者包括政府机关所涉及的各种安全问题；后者则包括私人企业、商户等的安全。但有许多安全问题经常跨足公私领域，如环境安全、信息安全及非法走私等。

就公共安全而言，安全管理就是管理者对自然灾害、意外事故、公共卫生与社会治安事件所进行的计划、组织、领导、协调和控制的一系列活动，以保护人民在此过程中的人身安全与健康、财产不遭到或减少损失的一种安排。

就企业安全而言，安全管理是企业生产管理的重要组成部分，安全管理的对象是生产中一切人、物、环境的状态管理与控制，是一种走动式的动态管理。安全管理主要是组织实施企业安全管理规划、指导、检查和决策，同时，又是保证生产处于最佳安全状态的根本环节。

以工地的施工安全为例，安全管理可分为安全组织管理、场地与设施管理、行为控制管理和安全技术管理四个方面，分别对生产中的人、物、环境的行为与状态，进行具体的管理与控制，有效地将生产因素的状态控制好。

（二）安全管理的原则

1. 生产与安全并重

在实施过程中，安全与生产之间存在密切的联系，存在进行共同管理的基础。在《国务院关于加强企业生产中安全工作的几项规定》中明确指出："各级领导人员在管理生产的同时，必须负责管理安全工作。"此即寓安全于生产之中，并对生产发挥促进与保证的作用。因此，一切与生产有关的组织机构及人员，都必须参与安全管理，且在管理中承担责任。

2. 坚持安全管理的目的性

安全管理的内容是对生产中的人、事、物、环境等因素的管理，有效地控制人的不安全行为和物的不安全状态，消除或避免事故，以达到保障劳动者的安全与健康的目的。

3. 安全管理以预防为主

安全管理的方针是"安全第一、预防为主"。要贯彻预防为主，首先要对生产中不安全因素的认知，消除不安全因素的态度。在生产活动过程中，必须经常检查，及时发现不安全因素，采取妥当措施予以解决。

4. 坚持"四全"的动态管理

安全管理不是少数领导阶层或组织机构的事，而是一切与生产有关的人应共同关心与参与。缺乏全体的参与，便无法发挥安全管理的管理效果。因此，领导者、组织机构及组织成员的参与管理同等重要。

因此，在生产过程中必须坚持全体成员、全部过程、全方位及全天候的动态安全管理。

5. 安全管理重在控制

安全管理的目的是预防、减少事故，防止或消除事故伤害，保护劳动者的安全与健康。在安全管理的四项主要内容中，虽然都是为了达到安全管理的目的，但是对生产因素状态的控制，与安全管理目的关系更直接。因此，对生产中人的不安全行为和物的不安全状态的控制，成为动态安全管理的重点。

6. 在管理中发展及提高安全需求

安全管理是在变化的生产过程中的动态管理。这意味着管理是不断发展及变化，在这一不断变化的过程中，必须不断地摸索新的规则，总结管理、控制的方法与经验，导引新变化后的管理，有效提升安全管理。

第三节　公共安全管理的概念

一、什么是公共安全管理

学术界因对各自学科的理解与坚持，对于公共安全的概念与内涵有过争执，也产生过许多分歧；也有人以研究危机与危机管理，或突发事件管理作为公共安全的研究对象。但自“非典”疫情发生之后，对公共安全的概念已逐渐达成共识，也导引出一套渐趋完整的理论体系。

传统对公共安全管理，主要是对各种灾难的处理，加上部分准备和预防工作，如修建排洪工程、储备灾害和战争所需的各项资源。而晚近公共安全管理的概念，系指国家有全方位及完善的立法，政府组织中成立专门处理机构，且有一套完整的标准作业流程，及成型的指导性理论体系。

世界上最早将焦点关注在公共安全管理领域的国家是新西兰，该国于 1965 年制定了《重大灾难中政府的行动预案》，最早确定了由政府承担在重大灾难中的管理责任。

美国政府成立专门的公共安全管理机构则是 1979 年组建的联邦应急管理局。它的建立，标志着美国具有专职机构、专职人员及专职从事公共安全管理领域的新行业诞生。且随着该署职责的日益完善、落实及标准化，产生了公共安全管理的新兴学科。越来越多的专家和学者开始研究公共安全管理的基本理论和方法，从政府、组织、个人的各个层面，到法律、制度等机制建设，开始了日益广泛的研究。

鉴于公共安全管理是一门极具专业性及技术性的职业，西方国家的公共安全管理人员一般都是大学“科班”出身，拥有专业学位，且不断接受在职教育。警察、消防、海关及防疫等相关部门工作人员，除自己专业领域之外，还须接受处理各种灾难的协同训练，参加各类演习，提高业务技术及能力。此外，西方国家又通过大学和专门培训中心开展成人教育，美国应急管理学院则通过互联网开设免费的远程教育，颁发资格证书，以提高全民公共安全意识和技能。

公共安全管理的目标是建设一个“相对安全”的社会。“相对安全”的概念指通过个人和社会力量，避免一切可以事先预防的各种灾难，降低或减少一切不可避免的灾难的影响，以及尽快从灾难影响中重建。

公共安全管理是行政权力在公共安全领域中的适用过程。因此，公共安全管理主要是政府责无旁贷的责任。因为任何事件，只要危及公共安全，一般都具有规模大、危险性强、后果严重及影响深远的特征。个人、家庭和小区在面对这一事件时，经常力有未逮，需要社会整体力量的参与。而政府作为社会力量的总代表、协调者及组织者，有能力动员广泛人力、物力和财力资源，甚至国际资源，确保能妥善处理突发灾难及其后果。

此外，由于各项灾难的发生有其必然性，除政府必须制定相关立法，并建立一个专门处理灾难的常设组织、机构、制度或体系，以确保突发灾难的影响性降至最低外，民间组织也有必要参与公共安全管理，如基金会、红十字会、慈济功德会、宗教、志愿者组织等。它们在政府实施公共安全管理之前，在各种救灾活动中扮演着积极角色。但因其实力远不如政府组织之庞大，面对灾害肆虐，只能小范围地对灾民提供紧急救援及临时食宿等救济，其他主要的抗灾工作还必须依靠政府整体性的规划。

二、公共安全管理的相关概念

公共安全管理研究的范畴甚为广泛，且公共安全管理内容包含社会学、行政学和管理学等相关学科，这些概念在不同的学科有不同的内涵；即使在相同学科，不同学者或组织也给它们下了不完全相同的概念或定义。本文只介绍几个核心概念。公共安全管理在美国、加拿大、英国和澳大利亚称为“应急管理”（Emergency Management），新西兰则称为“民防”（Civil Defense）或“民防应急管理”(Civil Defense Emergency Management)。以下则针对几个概念加以说明。

(一)紧急事态(Emergency)

在西方的公共安全管理领域,“紧急事态”的含义是有严格的法律限定的。美国2000年的《灾难减除法》(Disaster Mitigation Act),即修正的《斯塔福德法案》(Stafford Act),将“紧急事态”界定为在地方管理层次上的和需要联邦介入的两类:

第一类:“紧急事态”是正常可以在地方层次上得到处理的危险事件。

第二类:“紧急事态”意味着需要总统决定、联邦政府提供帮助,增强州和地方政府的努力和能力,以拯救生命、保护财产和公共卫生与安全,或者减少或防止在美国任何地方发生大灾难威胁的任何关头或场合。[①]

澳大利亚对这一概念解释为四层独立的含义:

(1)一个已经发生的或迫近的,将危及或可能危及生命、财产或环境,需要郑重并相互配合应对的事件。

(2)由内部或外部根源引起的、通常能对建筑物中或社区中的人们的安全造成负面影响的、要求居民采取立即应对的任何事件。

(3)由事故或错误引起的意外情势,使人民或财产暴露在危险物质的潜在危险之下。这种“紧急事态”通常由卡车交通事故、溢出或泄漏危险材料或火灾引起。

(4)在大坝运营方面,任何导致意外的、危及大坝的完整性或下游的生命和财产安全,要求立即采取行动的情况。[②]

新西兰官方对“紧急事态”的定义是:“紧急事态”指具有下述任何一种特征的情况:

(1)是任何意外事件的结果。意外事件指无论是自然的还是其他的,包括但不局限于任何爆炸、地震、火山爆发、海啸、土地运动、洪水、暴风雨(雪)、龙卷风、飓风、重大火灾、任何危险气体或物质的泄漏或溢出、技术故障、虫灾、瘟疫、流行病、紧急事态服务部门或生命线公共设施的失灵或瓦解、现实的或迫近的战争打击。

---

① Emergency Management Institute Independent Study IS230, *Principles of Emergency Management*, March, 2003, p.2.3.

② Emergency Management Australia, *Australia Emergency Management Glossary*, Better Printing Service, Commonwealth of Australia, 1998, p.38.

（2）引起或可能引起生命损失、伤害、疾病，或以任何方式危及新西兰或新西兰的任何部分公共安全或财产。

（3）紧急事态部门应对不了，或另外要求依据法案采取重大和协调应对行动的情况。①

此外，新西兰还专门对“民防紧急事态”下了定义：“造成或可能造成人员伤亡或灾难，或以任何方式危害公众安全的情况，并且如果不采取民防措施，警察、消防局或其他部门就无法处理。”②

加拿大公共安全与应急准备部（Department of Public Safety and Emergency Preparedness）的定义是：“现在的或迫近的事件，包括信息技术事件，要求迅速地协调行动保护人民的健康、安全或福利，或者限制对财产和环境的损坏。”③

英国议会通过的《2004 年国内突发事件法》（Civil Contingencies Act 2004），给它的定义是：“在联合王国某一地方发生的对人们的福利，或者对一个地方的环境造成严重损害威胁的事件或形势，或者严重危害联合王国安全的战争或恐怖主义；构成紧急事态的事件或形势必须要求由一个或多个类型的应对者采取特殊安排。”④

分析以上不同国家对于“紧急事态”的定义，具有如下共性：

第一，紧急事态是一种危险事件或状态。这类事件或状态包括所有的种类；但无论是什么原因引起的，都会危及人民的生命、财产甚至环境。因而，危险性是它的主要特征。

第二，紧急事态的第二个特征是它的突然性和紧急性，往往出乎人们的意料，给人以措手不及的打击，需要立即采取应对措施。

第三，紧急事态是政府必须采取应对行动的事件或状态。这些事件或事态，在规模和影响上，已经超出了社区和居民所能应对的范围，需要政府（不管是哪一级）迅速干预应对。

这三点构成了“紧急事态”的核心内涵。

---

① *Ministry of Civil Defense and Emergency Management Glossary*，p.7.

② Ibid. p.4.

③ Emergency Management Policy Directorate, Public Safety Canada, *An Emergency Management Framework for Canada*，Ottawa，p.15.

④ HM Government, Emergency Preparedness：*Guidance on Part 1 of the Civil Contingencies Act 2004, its associated Regulations and non-statutory arrangements*, p.217.

需要指出的是，“紧急事态”一词，在西方公共安全管理领域，在不同的国家和不同的场合，常常与“灾难”（disaster）、“事故”（accident）、“突发事件”（incident）混用，主要取决于事件或态势的规模、涉及部门的多少和所涉及部门在其自有资源内的应对能力，以及各部门的习惯。比如，一场重大车祸，交通管理部门可能称之为“事故”，医疗救护部门可能称之为“灾难”，如果引起车载危险品的泄漏，对周边居民造成生命和健康的威胁，那就应该称为“紧急事态”了，但也不排除有人仍称之为“灾难”。这种情况在澳大利亚和新西兰比较普遍。实际上，澳大利亚公共安全管理部门公开表示，它是将“灾难”和“紧急事态”当作同义词的。①

在美国，联邦应急管理局给“灾难”下了专门的定义，以区别“紧急事态”：

“灾难”是引起重大的人员和经济损失，需要超出地方和州资源范畴的危机应对的危险性事件。灾难与紧急事态的区别在于要求更高层次的应对。②

《斯塔福德法案》对“重大灾难”（major disaster）下了专门的定义：

“‘重大灾难’指在美国任何地方发生的任何自然的大灾祸（包括飓风、龙卷风、暴风雨、高潮、风卷潮、潮汐浪、海啸、地震、火山爆发、滑坡、泥石流、暴风雪或干旱），或者，不管什么原因，任何火灾、洪水或爆炸；在总统的决断下，认定其引起了达到足够严重量级的损失，必须依据本法授权援助增加州和地方政府以及灾难救助组织的努力和可用资源，以减轻由此引起的损害、损失、艰难和痛苦。”③

可见，在美国，“灾难”的严重级别要高于“紧急事态”；并且，更倾向于是由自然原因引起的重大事件。

美国国土安全部也为“突发事件”（incident）下了专门的定义：

“一种自然发生的或人为原因引起的需要紧急事态应对以保护生命或财产的事或事件（event）。它可以包括比如重大灾难、紧急事态、恐怖主义袭击、荒野和城区火灾、洪水、危险物质泄漏、核事故、空难、地震、飓风、龙卷风、热带风暴、战争相关灾难、公共卫生与医疗紧急事态，以及发生的其他需要紧急事态

① Australian Emergency Manual Series, *Recovery*, First published 2004, Edited and published by Emergency Management Australia, Printed in Australia by National Capital Printing, Canberra, 1 August, 2004, p.3.

② Emergency Management Institute, Independent Study IS230, *Principles of Emergency Management,* March,2003, p.2.2.

③ Ibid. p.2.3.

应对的情况（occurrences）。”[①]

在美国的应急管理中，“突发事件”也有级别区分。一般的“突发事件”可以转化为“具有全国影响的突发事件”（incident of national significance），需要联邦政府出面应对。[②]美国小布什总统在行政命令 HSPD-5 号中划定的“具有全国性影响的突发事件”的标准是：

（1）履行自己职权的联邦的部或机构对国土安全部部长已经提出援助请求；

（2）州和地方政府的资源已经无济于事，相关的州和地方政府已经请求联邦援助；

（3）已经有一个以上的部或机构实质性地参与了对一个突发事件的应对；

（4）国土安全部部长已经接到总统指示，去承担管理某个突发事件的责任。[③]

最高级别的“突发事件”是“灾难性突发事件”（Catastrophic Incident）。它是指对人口、基础设施、环境、经济、道德和政府功能造成特大程度的伤亡、损失或严重破坏的任何自然的或人为的事件，包括恐怖主义。灾难性突发事件造成的全国性后果可以持续较长的时期，在其影响地区，几乎可以迅速耗尽州、地方政府和私人部门可用的资源，严重打乱政府的行动和紧急事态服务工作，直至威胁到国家安全。[④]根据这一定义，“9·11”事件和 2005 年 8 月发生在墨西哥湾若干州的“卡特里娜”飓风，都属于这类突发事件。

从“突发事件”到“具有全国性影响的突发事件”，直至“灾难性突发事件”，从其概念的内涵可见，“突发事件”是所有上述诸词中范畴最大的概念。不过，只有在美国的公共安全管理领域，它才是标准术语。[⑤]

由上可见，由于“紧急事态”既包括事件，也包括状态，所以，笔者不主张将其直接翻译为突发事件，虽然有的国家在有的场合将其混用。

---

① Department of Homeland Security, *National Incident Management System*, March 1, 2004, p.130. 在汉语翻译中，笔者将 occurrences、event 和 incident 分别翻译为“情况”“事件”和“突发事件”，特此指出。

② 事实上，美国国土安全部颁布的《国家应急预案》，主要就是针对具有全国性影响的突发事件的。参见 Homeland Security, *National Response Plan*，December, 2004，pp.3–4。

③ Homeland Security Presidential Directive/HSPD-5，*Management of Domestic Incidents*，Feb., 2003. http://www. whitehouse.gov./ news/releases/2003/02/print/20030228-9.html.

④ Department of Homeland Security, *National Response Plan*，December, 2004，p.63.

⑤ 美国国土安全部颁布的《全国突发事件管理系统》（National Incident Management System），March 1, 2004，以及产生于 20 世纪 70 年代的美国应急管理领域的《突发事件指挥系统》（Incident Command System，ICS），都将“事件”（incident）作为正式的公共安全管理用语。

（二）应急管理

应急管理是本书的核心概念。本书使用的“公共安全管理”，是西方“应急管理”概念的今天的内涵，是“应急管理”的意译。在本书中，“公共安全管理”与美国、英国、加拿大和澳大利亚的“应急管理”、新西兰的“民防”或“民防应急管理”是可以相互替代的同一概念。

美国联邦应急管理局对“应急管理”定义为：“组织分析、规划、决策和对可用资源的分配以实施对灾难影响的减除、准备、应对和从中恢复。其目标是：拯救生命；防止伤亡；保护财产和环境。”①

2015 年版的《美国国土安全部术语与概念词典》中，这样解释应急管理：“协调与整合所有必要的行动，建设、维持和改进针对无论什么原因引起的威胁、现实灾害或紧急事态的准备、应对、从中恢复和减除的能力。”②

英国《2004 年国内突发事件法》对其定义为：“管理紧急事态的全过程，包括对紧急事态的评估、预防、准备、应对和从中恢复的连续性步骤。”③

加拿大公共安全与应急准备部这样限定应急管理：“对全灾种的紧急事态进行管理，包括有关预防、减除、准备、应对和恢复重建的全部行动和风险管理措施。”④

2007 年通过的加拿大《应急管理法》（Emergency Management Act），对应急管理更是做了如下简明扼要的解释：“应急管理是指预防、减除、准备紧急事态和从中恢复重建。”⑤

澳大利亚的应急管理署的定义是：“应急管理是处理针对社区和环境的危险的一系列措施。它包括建立的预案、机构和安排，将政府、志愿者和私人部门的努力结合到一起，以综合的、协调的方法满足应对全部类型的紧急事态需求，包

---

① Emergency Management Institute Independent Study IS230, *Principles of Emergency Management*, March, 2003，p.2–2.

② DHS Lexicon: Terms and Definitions, 2015 Edition, p.153.

③ HM Government, Emergency Preparedness：*Guidance on Part 1 of the Civil Contingencies Act 2004, Its Associated Regulations and Non-Statutory Arrangements*, p.217.

④ Emergency Management Policy Directorate, Public Safety Canada, *An Emergency Management Framework for Canada*，Ottawa，2011，p.15.

⑤ *Emergency Management Act*，S.C. 2007, c. 15，Current to July 5, 2018，Last amended on August 3, 2007，p.1.

括预防、应对和恢复重建。”[①]

新西兰民防部在《全国民防预案》和《民防部与应急管理术语表》中作出了如下定义：“民防应急管理意味着用于以下目标的知识、手段和实践：

（1）是保护公众和财产的安全所必需的和人们所急切盼望的；并且

（2）是设计用来应对、避免、克服与任何紧急事态相关的所有危险、伤害或损失的；并且没有任何限制地包括规划、组织、协调以及对这些手段、措施和实践的运用。”[②]

总结以上概念，可以发现，应急管理：

第一，是有组织的政府行为。无论是“分析、规划、决策和对可用资源的分配”，还是“建立的预案、机构和安排，将政府、志愿者和私人部门的努力结合到一起”，或者是对“知识、手段和实践”的运用，都是政府对公权的行使。这些定义是由政府给定的，表明现代西方国家的政府已经将应急管理当作政府的职责；这种职责的实现，需要政府的专门机构对政府的、民间的、社区的和个人的努力实施组织和协调。

第二，管理的对象是各种灾难，既包括战争和恐怖主义的暴力灾难，更包括各种自然灾害和技术灾难。美国提出的是“对灾难影响的减除、准备、应对和从中恢复”；澳大利亚提出的是“针对社区和环境的危险”；新西兰提出的是“与任何紧急事态相关的所有危险、伤害或损失”，都采用了笼统的提法，实际上是为了避免对某些种类的灾难的侧重，表明西方国家的应急管理已经上升到了公共安全的层次。美国自从联邦应急管理局成立、将五个单一的应急管理机构合并之后，将这种针对所有灾难的应急管理称为全面应急管理（Comprehensive Emergency Management）；这一管理模式被各级政府广泛接受之后，通称为“应急管理”[③]。

第三，管理的目标是保护人民的生命、财产和环境。从过去只注重生命和财产安全，到同时关注环境保护，是西方国家应急管理的一大特色。

第四，管理的过程是从灾难发生之前的准备、预防，到灾难发生时的应对，

---

① Emergency Management Australia, *Australia Emergency Management Glossary*, Better Printing Service, Commonwealth of Australia, 1998, p.39.

② *National Civil Defence Plan*, Introduction, Amendment 14, May 2002, p.1; *Ministry of Civil Defence and Emergency Management Glossary*, p.4.

③ Emergency Management Institute，Independent Study IS1, *Emergency Manager: An Orientation to the Position*, October, 2002，p.1·8.

以及灾难过后的恢复。全过程的应急管理，是历史发展的结果，是现代西方应急管理的主要特征。根据澳大利亚应急管理署的说法，直到大约10年以前，它在澳大利亚还被看作专注于应对的服务部门，被理解为穿制服的“救世主”，驾驶着红蓝灯光闪烁、鸣着警笛的卡车，职责是在社区遭受灾难袭击时前来救助，丝毫没有以任何方式减小其应对灾难的功能。[①] 在经历了许多重大事件的挫折后，才逐渐形成了现在的对紧急事态全过程实施管理的体制。

因此，与我国现在流行的“应急管理”内涵相比，公共安全管理则要相对宽泛。近年来，我国政府提倡将应急管理的关口前移，加上预防和减除环节，这样就接近于公共安全管理。如果读者已经习惯于将这些内容称为应急管理，笔者也可以苟同目前国内学界约定俗成的普遍说法，将本书中公共安全管理和应急管理当作同一概念的不同表述。

（三）危险（hazard）

危险是人们日常生活中经常遇到、提到的词汇，对它的含义并不陌生。只是在公共安全管理领域，它具有更专业化的含义。

美国联邦应急管理局对它的定义是：“具有潜在的引起不幸、伤害、财产损失、基础设施损坏、农业损失、环境破坏、经营中断或其他类型损害或损失的事件或客观条件。”[②]

2007年修订的《斯塔福德法案》给出的概念是：“‘危险’是指由（A）自然灾害或（B）事故或人为事件引起的紧急事态或灾难。”[③]

澳大利亚应急管理署的定义有三重含义：“（1）潜在伤害的来源或潜在的引起损失的形势；（2）潜在的或现实的可以引起对人们的伤害或对财产或环境的损害的条件；（3）与介质或过程相关联的能够引起伤害的固有能力。”[④]

加拿大政府的定义如下：“危险是潜在的破坏性的物理事件、现象或人类活动，能够引起人员死伤、财产损失、社会和经济瓦解或环境破坏。”[⑤]

---

① http://www.ema.gov.au/agd/ema/emaInternet.nsf/Page/RWP685D60F554675173CA256C83007BB6AB?OpenDocument.

② FEMA. 1997. *Multi Hazard Identification and Assessment.* FEMA. Washington, D.C.

③ Stafford Act, Title VI, Sec. 602. Definitions (42 U.S.C. 5195a), June 2007 (FEMA 592), p.54

④ Emergency Management Australia, *Australia Emergency Management Glossary*, Better Printing Service, Commonwealth of Australia, 1998, p.59.

⑤ Hazards Risk Assessment Methodology Guidelines 2012–2013，Her Majesty the Queen in Right of Canada, 2012，p.75.

新西兰民防部的定义是:"某些可能引起或实质性地导致紧急事态的东西。"[①]

从上述定义，可以归纳出:

第一，危险是一种可能性、倾向性，是各种条件综合构成的具有这种性质的潜在因素和固有能力。因而，危险也具有某种意义上的必然性，只要有合适条件的催化和促成，这些潜在的因素和固有能力就能产生真实的后果。

第二，危险所导致的后果是破坏性的、人们所不愿意接受的。这些后果的损害对象包括人的生命健康、财产安全、环境等。

澳大利亚应急管理署将"危险"划分为四类，分别是:

"(1)自然危险。包括丛林火灾、风暴、洪水、龙卷风、暴风巨浪 、地震、酷暑或严寒。

(2)技术危险。包括与农业、食品加工和存储、工作场所、基础设施和交通设施等相关的社会—技术系统的瓦解。

(3)生物危险。包括植物、动物或人群中疾病、疫情或者污染物的传播。

(4)民防 / 政治危险。包括恐怖主义、破坏、平民骚乱、扣压人质和敌人攻击。"[②]

鉴于危险是产生危及公共安全的紧急事态的条件，是应急管理的对象，所以，对危险进行风险管理，是实现公共安全管理的第一步。因此，西方国家将对危险的风险管理，作为其公共安全管理的重要组成部分，从而引出了风险、脆弱性和风险管理的概念。

(四)风险(risk)

"风险"与"危险"是两个具有关联性的概念。人们容易混淆二者的差别。

依据澳大利亚和新西兰关于风险管理的国家标准 AS/NZS4360:1999，对"风险"的定义如下:

"对目标产生影响的某些事情发生的机会。它以因果关系和可能性来衡量(在紧急事态风险管理中，是用来描述产生于危险、社区和环境的相互作用中的有害结果可能性的概念)。"在危险工业领域，"风险"被认为是一种"可能性"和"后果"的功能。在职业健康和安全习俗方面，风险被认为是"后果""暴露"和"概率"。然而，在应急管理领域，它通常被认为是"危险"和"脆弱性"。在

① *Ministry of Civil Defense and Emergency Management Glossary*, p.9.

② Peter Koob, Tasmania State Emergency Service, *Emergency Risk Management*, Emergency Management Australia, Commonwealth of Australia, 1999, p.11.

危险的风险管理中，使用的是“可能性”“后果”的含义，当然，也有“危险”与“脆弱性”的意思。[①]

《澳大利亚应急管理术语》，则对“风险”做了更详细的定义：“风险是用来描述产生自危险、社区和环境相互作用的有害后果的可能性。

将对目标物产生影响的某些事情发生的机会。它以后果和可能性的术语来衡量。

考虑一个事件和它的可能性的危害的尺度。比如，它可以表示为一个规定的时期中暴露的个人死亡的可能性。

在一个规定的地区和设定的期限内由于特殊危险引起的预期损失（包括死亡、受伤、财产受损以及经济活动中断）。”[②]

新西兰民防部将其定义为：“危险发生的可能性和因果关系。”[③]

加拿大官方的定义是：“风险是特定危险发生的可能性和结果的结合物，特指对危险的脆弱性、接近度和暴露度，它们会影响产生负面作用的可能性。”[④]

美国联邦应急管理局下属的应急管理学院，在其教科书中，非常直观地将“风险”以下述公式来表示：

风险（risk）= 可能性（likelihood）× 因果关系（consequence）[⑤]

可见，风险是衡量危险的可能性和后果的尺度；危险是一种条件和因素，风险则是这些条件和因素的衡量手段。通俗地讲，风险是危险发生的概率性和可能性。

（五）脆弱性（vulnerability）

脆弱性是从 vulnerability 一词翻译而来，汉语的“脆弱性”并不能完全表达英文的原意。原意中还有“弱点、易受侵害性、易受攻击性”等意思。

---

① Peter Koob, Tasmania State Emergency Service，*Emergency Risk Management*，Emergency Management Australia, Commonwealth of Australia, 1999, p.4.

② Emergency Management Australia, *Australia Emergency Management Glossary*, Better Printing Service, Commonwealth of Australia, 1998, p.95.

③ *Ministry of Civil Defense and Emergency Management Glossary*，p.16.

④ Hazards Risk Assessment Methodology Guidelines 2012–2013，Her Majesty the Queen in Right of Canada, 2012，p.76.

⑤ Ansell，J. and F. Wharton. 1992. *Risk*：*Analysis*，*Assessment*，*and Management*. John Wiley & Sons. Chichester. p.100；from：Federal Emergency Management Agency's Higher Education Project，2004，*Hazards Risk Management*，p.19. 美国应急管理学院的教科书中也有另外一种公式，虽然用词不同，但含义相同：Risk=Probability × impact。

美国的公共安全管理部门和学术界都承认，将脆弱性概念引入公共安全管理领域的，是澳大利亚应急管理署，因而，他们常常引用澳大利亚的定义。当然，他们也有自己的定义：

“脆弱性是关于社区对危险的暴露程度或易感性（susceptibility）和抗逆力（resilience）的描述或衡量”。

在应急管理学院的教科书中，解释这一概念是从以下设问开始的：

“什么使一个事件（event）在一个政府的管辖下变成了小问题，而在另一个政府管辖下却演变成了一场灾难？为什么在飓风中有的房子毁坏了，而另一些却安然无恙？为什么两次相同烈度的地震在洛杉矶只引起不到 100 人的死亡，而在印度的古吉拉特却导致 20000 多人的死亡？这是‘脆弱性’回答的问题。”

它接着这样解释：“脆弱性是一个社区招致损失的倾向性的尺度……换句话说，脆弱性是对危险的风险的易感性。脆弱性也是康复力的尺度。”[①]

美国学者比较推崇的澳大利亚应急管理署，对“脆弱性”下了具有两重含义的定义：

“（1）社区与环境对危险的易感性和抗逆力的程度；

（2）风险中的特定元素的损失度，或者设定在一个规定量级的现象发生时产生的这样的元素的损失度，用从 0（没有损失）到 1（全部损失）的数值来表示。”[②]

加拿大公共安全与应急准备部这样解释脆弱性：“由物理的、社会的、经济的和环境的因素或过程决定的，一个或一组增加一个社区对危险影响的易感性的条件。脆弱性用以衡量一个社区在减少危险影响和应对危险方面的准备与装备水平。”[③]

新西兰民防部关于“脆弱性”的定义是：“社区或社会团体对其面临的危险的后果在预测、避免或减轻、应对和从中恢复的能力和暴露度。”[④]

---

① Federal Emergency Management Agency: Higher Education Project，2004，*Hazards Risk Management*，pp.23–24.

② Emergency Management Australia, *Australia Emergency Management Glossary*, Better Printing Service, Commonwealth of Australia, 1998, p.114.

③ Hazards Risk Assessment Methodology Guidelines 2012–2013，Her Majesty the Queen in Right of Canada, 2012，p.77.

④ *Ministry of Civil Defense and Emergency Management Glossary*，p.18.

从上述定义来看，“脆弱性”的含义基本没有歧义，是指对危险的易感性和从灾难中恢复的能力。通俗地讲，脆弱性就是对社区、家庭而言，在面对各种灾难的时候，从自身方面寻找的遭受损失的原因。天灾人祸难以避免，但我们并不是无能为力，提供对社区和家庭的脆弱性分析，找出不足和脆弱之处，利用减灾学原理，弥补不足，尽可能地做好应对灾难的准备，以减少甚至避免灾难造成的损失，这是提出“脆弱性”概念的本意。

（六）抗逆力（resilience）

抗逆力是国内应急管理学界近年来谈论越来越多的概念。英文 resilience,《牛津词典》解释为“快速恢复的能力、适应力和还原能力、弹力”两重意思,《柯林斯词典》的解释大致相同，为“坚韧的、有弹性的、有韧性的、有回弹力的”和“能复原的、恢复快的、适应力强的”两个含义。国内学者翻译的五花八门，有康复力、抗逆力、弹性、韧性等，其实意思都差不多，只是需要学术界的公认，这里暂且使用“抗逆力”作为与 resilience 对应的公共安全管理方面的专用术语。

西方国家对抗逆力都有各自的定义和内涵，用以指导各个国家的公共安全管理。美国、英国、加拿大等西方大国都发布了若干关于加强国家重要基础设施和系统（如国家电网）抗逆力的文件，推动着整个国家安全和社会安全向这一方向发展。

2015 年版的《国土安全部词典：术语与定义》将抗逆力定义为：“适应变化了的条件和承受毁坏并且从中迅速恢复的能力。”该定义还可扩展为：“（1）系统、基础设施、政府、企业和人民的抵抗、承受、从中恢复或适应那些引起伤害、毁坏或全国性损失的有害事件的能力；（2）一个组织识别威胁与危险，做出调整改进未来的保护、减少风险的能力。”[①]

奥巴马总统任期内，先后在 8 号总统政策令“全国准备”和 21 号政策令“重要基础设施安全与抗逆力”（Critical Infrastructure Security and Resilience）中，大篇幅谈到了抗逆力。他的定义是：“抗逆力是指准备并适应变化了的环境和承受破坏并从中迅速恢复。抗逆力包括承受蓄意的袭击、事故、自然灾害或突发事件以及从中恢复的能力。”[②]

① DHS Lexicon: Terms and Definitions, 2015 Edition, p.440.

② Obama, Barack，Presidential Policy Directive (PPD) 8，*National Preparedness* https://www.hsdl.org/ ?abstract&did=7423.

英国的《2004 年国内突发事件法》，对抗逆力的定义是："社区、公共事业、区域或基础设施承受一场突发事件后果的能力。"①

加拿大政府对此的定义是："一个系统、社区或社群，通过坚忍、恢复或改变，适应危险引起的破坏，实现并保持令人满意的运转水平的能力。"②

澳大利亚政府认为抗逆力是："一种能从系统的失灵中迅速恢复的措施。"③

总结起来，西方国家关于抗逆力概念的核心内涵是抵御灾害和从灾害中康复的能力；其主体一般是一个组织、社区、基础设施、系统等。

（七）从风险管理到紧急事态风险管理

风险管理（risk management）是从私人企业中引入公共安全管理领域的。它在企业管理中得到广泛应用。其内容包括风险识别、风险评估、风险控制以及风险理财等。

鉴于澳大利亚在应急管理领域的风险管理是西方的典范，并且为美国、新西兰等西方国家采用，这里只介绍澳大利亚的紧急事态风险管理（emergency risk management）。

1995 年，澳大利亚和新西兰标准局出版了"AS/NZS4360：1995 风险管理"。制定这个标准的目的是为风险的辨别、分析、评价、处置和监督提供一般框架。该标准是专门为组织机构所使用的，以"使它们能最小化损失、最大化机遇"。④

这一标准在社区应急管理的实施效果很快得到认可，在澳大利亚许多地方得到推广。1996 年 3 月，在澳大利亚应急管理学院举行了关于紧急事态风险管理的研讨会。目的是在公共行政管理的背景中确定是否有系统的风险管理方法（如同 AS/NZS4360 所提出的）能够促进应急管理。会议决定，在以后 3—5 年中，风险管理应该作为应急管理的基础而得到推进。

《应急风险管理的指导方针》在两年后制定出来，并且于 1998 年 10 月得到国家应急管理委员会（the National Emergency Management Committee）——澳大

① HM Government, Emergency Preparedness：*Guidance on Part 1 of the Civil Contingencies Act 2004, its associated Regulations and non-statutory arrangements*, p.222.

② Hazards Risk Assessment Methodology Guidelines 2012–2013，Her Majesty the Queen in Right of Canada, 2012，p.76.

③ Emergency Management Australia, *Australia Emergency Management Glossary*, Better Printing Service, Commonwealth of Australia, 1998, p.94.

④ Standards Australia (1999) AS/NZS 4360:1999 Risk management.

利亚最高应急管理机构的认可。该指导方针构成了澳大利亚应急管理署公开出版的《应急风险管理·应用指导》的基础。2005年，澳大利亚应急管理署发布了该应用指导的第二版（2004年版），它是依据2004年的《澳大利亚/新西兰风险管理标准（2004）》（2004 Risk Management Standard AS/NZS4360）修订的。与第一版相比，新版本更新了许多内容，吸收了反馈的现场经验和各种实践数据，具有更强的实践性。今天，澳大利亚关于应急风险管理的基本概念和原则，都以该书和《澳大利亚应急管理术语》的内容为标准。

《澳大利亚应急管理术语》给"风险管理"下的定义是："对管理政策、过程和实践在完成识别、分析、评估、处理和监测等任务中的系统化应用。"①

当然，这个概念显得有点中性化，似乎能适用于所有行业；但是，在应急管理领域，应急风险管理，或如美国学者说的危险的风险管理，就有非常鲜明、非常具体的含义。

在澳大利亚应急管理署1999年颁布的《应急风险管理·应用指导》中，提出了"应急风险管理"的完整内涵，以及从"管理""风险管理"到"应急管理"的进阶式概念。它提出："应急风险管理是产生一系列旨在推进社区和环境安全措施的系统化过程。它包括：相关概念、风险识别、风险分析、风险评估、风险处理、监控和复查，以及交流与磋商。"②

为了说明从一般管理到风险管理，再到应急风险管理的进阶式专业化过程，它专门列出下表：③

---

① Emergency Management Australia, *Australia Emergency Management Glossary*, Better Printing Service, Commonwealth of Australia, 1998, p.96.

② Emergency Management Australia，*Emergency Risk Management*，Commonwealth of Australia, 1999, pp.1-2. 在2004年的版本中，其表述有所不同："应急风险管理是一个处理因紧急事态事件引起的社区风险的过程。它是识别、分析、评估和治理紧急事态分析的系统性方法。……这一过程的五个主要行动包括建立背景、识别风险、分析风险、评估风险和治理风险，它们受到两个保障性行动的支持，一是通信和咨询，二是监控和审查，从而确保其目标的实现。第1—2页。这一概念到了2015年出版的《全国紧急事态风险评估指导方针：实践指南》（National Emergency Risk Assessment Guidelines: practice guide）中，又有了一定变化："紧急事态风险管理是应急管理背景中使用的风险管理。它包括与紧急事态相关的风险分析和决策，一般关注于规模较大的且发生概率较低的紧急事态而不是日常事件。"第6页。

③ Ibid. p.5.

表 1-2　从管理、风险管理到应急风险管理的进阶过程

管理	风险管理（AS/NZS4360）	应急风险管理
问题解释	设立环境 确定战略的、组织的和风险管理环境 制定风险评估标准 决定机构	设立环境 解释问题 建立紧急事态风险管理框架 制定风险评估标准
研究	辨别风险 可能发生什么？ 它怎样发生？	辨别风险 辨别与描述危险、社区和环境 脆弱性范围 描述风险
分析	分析风险 决定现有控制 决定可能性和后果 评估风险等级	分析风险 决定可能性和结果
决策	评估风险 与标准比较 设定风险优先权 决定风险的可接受性 处置风险 辨别处置选项 评估处置选项 选择处置选项	评估风险 与标准比较 设定风险优先权 决定风险可接受性 处置风险 辨别选项 评估选项 选择选项
执行计划	制订处置计划	计划和实施风险处置
监督和检查	监督和检查	监督和检查
交流和协商	交流和协商	交流和协商

从表 1-2 来看，应急风险管理与风险管理的原理是相同的；应急风险管理只是作为一般风险管理理论在应急管理方面的应用，在具体内容上更具体化了，但在原理上没有更多的创新之处。尽管如此，应急风险管理在日益形成“预防为主”的方针的公共安全管理中，渐渐占据了越来越重要的地位。

三、公共安全管理的内涵

西方国家的公共安全管理经历了前公共安全管理时期、民防时期及现代的公共安全管理时期三个阶段，中国大陆的公共安全管理是在“非典”疫情暴发之后才逐步获得重视与发展。以下仅对国家安全、安全科学、法学、高风险社

会、应急管理、公共管理学及危机管理等相关文献加以整理，使读者有更清晰的概念[①]。

（一）从国家安全角度分析：传统安全与非传统安全

国家安全不论从政治学或国际关系理论观点着手，都是一个非常重要的概念，也是政治安全或军事安全的核心，由此形成了所谓的“传统安全”。换言之，传统安全是以民族国家为主体，为维护其主权与国家利益，常以军事或武力手段解决安全问题。

一般而言，国家除了主权及土地形式外，是由生活在一定范围内的人民所组成，包括意识形态与价值观念。国家安全自然包括了国家有机体的安全、生存环境的安全及意识形态的安全。[②]

自冷战结束，产生许多非传统安全的问题，如墨西哥、俄罗斯及亚洲金融危机与风暴、艾滋病的蔓延、疯牛病引起的恐慌、全球毒品泛滥成灾、环境污染及漏油事件频生及恶化、美国“9·11”恐怖攻击事件、“非典”疫情及新冠肺炎疫情的肆虐等，对传统安全形成严峻的冲击与挑战。有学者认为，这些非传统安全又称为公共安全研究，因为它主要以非国家主体为关注焦点，用以维护人权与公共利益，使安全理论研究从传统安全理论走向传统与非传统并重，国家安全与公共安全相结合的综合性研究。[③]

由此可见，公共安全的概念与范围，有时小于国家安全，有时又扩及全人类，有些对国家安全又形成相当程度的威胁与挑战。

（二）从安全科学角度分析：大安全

在现代社会中，人类与安全问题在安全科学学科理论的建构过程中，先后出现了三个安全构建模型：[④]

（1）与事故相对应的生产安全模型；

（2）与违法行为相对应的公安（警察）模型；

（3）与自然灾害相对应的防灾抗灾模型。

而狭义的安全科学指的是与事故相对应的生产安全领域，因此，又称为“劳动保护科学”，此一学科的科学体系又可分为安全人体学、安全设备学、安全社

---

① 战俊红、张晓辉：《中国公共安全管理概论》，当代中国出版社 2007 年版，第 7—15 页。

② 夏保成：《国家安全论》，长春出版社 1999 年版，第 11—12 页。

③ 参见潘忠岐：《非传统安全问题的理论冲击与困惑》，《世界经济与政治》2004 年第 3 期。

④ 参见刘潜：《安全科学学科理论创建的历史回顾》，《安全与健康》2002 年第 9 期。

会学及安全系统学，这包括了人、物，及人与物间互动关系的各个研究面向和因素。

与狭义安全相对应的就是所谓的“大安全”观念。有学者认为，企业经营过程频生事故灾害的主因，是人的素质与安全减灾管理出了问题。因此，将以生产领域为主的技术安全，扩展至生活和生存安全领域，形成生产、生活与生存共构的大安全，将仅由技术人员具备的安全意识提升至全民安全意识，则为科学的大安全观念。①

以警察机关为例，早期警察任务一直围绕在维护社会治安方面，侦查犯罪与破案便成为警察工作者的首要任务。随着社会的变迁，警察人员的任务除了侦查犯罪与破案外，增加了许多为民众服务及专业救援的工作。

以研究预防与灾害应变为主的灾害学为例，早期都把地震、气候、地质与水利等单一灾害种类作为研究对象。晚近则趋向科际整合的整体治理观点，由此发展出以城市或区域公共安全为主的综合减灾思想、规划与建设发展一体的新公共安全管理。

（三）从法学角度分析：危害公共安全罪

危害公共安全罪的公共安全系指民众的生命、健康安全及公私财产安全而言，从法学立场思想公共安全，主要是研究刑法对于危害公共安全罪的惩罚。根据中国刑法第二章对于危害公共安全罪的规定，可分为以下几种：②

（1）以危险方法危害公共安全的犯罪：包括放火罪、失火罪、决水罪、爆炸罪、投毒罪或以危险方法危害公共安全罪等（包括故意或过失）。

（2）破坏、损坏公共设备、设施的危害公共安全罪：包括破坏交通工具罪、破坏交通设施罪，破坏电力设备罪，破坏易燃易爆设备罪，破坏广电设施、公用电信设施罪等（包括故意或过失）。

（3）实施恐怖、危险犯罪活动的危害公共安全罪：包括组织、领导参加恐怖活动组织罪，暴力危及飞行安全罪，劫持航空器罪，劫持船只、汽车罪等。

（4）违反特定物品管理规定的危害公共安全罪：包括违反制造、买卖、运输、邮寄、储存枪支、弹药、爆炸物罪，违规制造、销售枪支罪，非法出租、出借枪支罪，丢失枪支不报罪，非法买卖、运输核材料罪，盗窃、抢夺枪支、弹药爆炸

① 转引自林柏泉主编：《安全学原理》，煤炭工业出版社 2002 年版，第 26 页。

② 参见林亚则：《危害公共安全罪新论》，武汉大学出版社 2001 年版。

物罪，抢劫枪支、弹药、爆炸物罪，非法持有、私藏枪支、弹药罪，非法挟带枪支、弹药、管制刀具、危险品等危及公共安全罪。

（5）违反安全生产、作业规定的危害公共安全罪：包括重大飞行事故罪、铁路运营安全罪、交通肇事罪、重大责任事故罪、重大劳动安全罪、危险物品肇事罪、工程重大安全事故罪、教育设施重大责任事故罪及消防责任事故罪。

（四）从高风险社会角度分析：风险社会与安全管理

“风险”一词是指冒着危险进入未知的领域，为早期资本主义商贸航行的一种术语，之后成为金融投资及商业行为中常用的概念。风险管理（risk management）的概念则是美国管理协会于 1931 年提出的；20 世纪 70 年代因生产事故频生，才逐渐将风险概念应用于技术性事故。[①]

1986 年，德国社会学家贝克（Backer）首先提出“风险社会”（risk society）的概念，他在书中指出，“工业社会”或“阶级社会”的概念，是围绕在社会生产财富如何透过社会中不平等但却“合法”的方式进行分配的问题加以思考；而风险社会要解决的问题是“在发展的现代社会中，如何能够避免、减弱、改造或有效疏导面临的风险与威胁”。[②]

但公共安全所涉及的问题，已非单纯的现代高风险社会所存在的风险，还包括传统的风险问题，如贫困、疾病及自然灾害等问题，并无法完全依赖现代“风险社会”所提出的理论框架加以解决。

（五）从应急管理角度分析：综合管理

西方国家针对频发的公共安全事件提出应急管理的系统化研究，许多学者将紧急事态（emergency）的概念与“事故”（accident）、“事件”（incident）或“灾难”（disaster）等词混用；有些学者将“应急管理”译成“紧急事态管理”“突发事件管理”或“危机管理”，但大体上都是从西方应急管理分析角度谈如何综合管理。它包括了以下几个主要概念。[③]

西方国家的应急管理建立在完善的法律基础上：如澳洲宪法规定，保护人民生命和财产的首要职责在于州（领地），因此，大多数的州（领地）都制定了应急事态法，以协调州应急事态的应变行动。

（1）在应急管理过程中，居于主导地位的政府都设有专门的综合性指导机

① 刘婧：《风险管理的当代反思》，博士学位论文，北京师范大学，2005 年。

② ［德］乌尔里希·贝克：《风险社会》，何博闻译，译林出版社 2004 年版，第 16 页。

③ 战俊红、张晓辉：《中国公共安全管理概论》，当代中国出版社 2007 年版，第 9—10 页。

构：如美国有联邦应急管理局（Federal Emergency Management Agency，简称FEMA）；澳洲有应急管理署；以上机构均侧重对所有灾害的综合应变及协调，且单靠政府力量是不够的，必须结合及动员社会上的一切力量，参与应急管理的整个过程。

（2）在应急管理实践过程中，逐渐从应变为主发展为侧重预防：它们提出了应急管理的灾害预防（prevention）、准备（preparation）、应对（response）及恢复重建（recovery）四个阶段（简称PPRR）。

（3）西方国家在应急管理中形成了比较完善的体系：即应急管理系统，其中包括指挥系统、资源系统、信息与通信系统、后勤保障系统等若干可操作性的系统。

（4）在应急管理过程中，对灾害意识的教育与培训非常全面和深入：如在澳洲，当地政府甚至赠予旅游者关于本地灾害的介绍，以及如何自救的小手册。

（六）从公共管理学角度分析：公共安全管理

公共管理学（Public Management）作为一门新兴的独立学科，它历经了公共行政时期与公共管理时期。公共管理系指政府制定公共政策，与其他公共组织一起处理公共事务，提供公共产品及其服务的一种活动。①

在此一发展过程中，作为政府管理研究领域的行政学经过了三次研究模式的转变，即从传统的公共行政管理（Public Administration）到新公共行政管理（New Public Administration）再到公共管理学阶段。②

当代公共管理理论主要包括公共选择理论、新公共管理理论及新公共服务理论。公共选择理论主张重新界定政府、市场、社会三者之间在提供公共产品与公共服务中的作用，强调缩小政府职能与作用，扩大市场与社会的作用。新公共管理理论主张引入市场机制，运用非政府组织和民营部门从事混合公共产品的提供；它的核心内容是力图将私营部门和工商企业管理的方法用于公共部门。新公共服务理论主张在公共产品与公共服务的供给中，发挥公民参与和民主机制的作用，并发挥小区与非政府组织的作用；将公共服务、民主治理与公民参与置于公共行政的治理系统中。③

① 薛澜等：《公共管理与中国发展——公共管理学科发展的回顾与前瞻》，《管理世界》2002年第2期。

② 陈振明：《从公共行政学、新公共行政学到公共管理学——西方政府管理研究领域“范式”变化》，《政治学研究》1999年第1期。

③ 李军鹏：《公共服务型政府》，北京大学出版社2004年版，第15页；［美］珍妮特·登哈特：《新公共服务：服务，而不是掌舵》，丁煌译，中国人民大学出版社2004年版，第11页。

由此可知，公共管理所探讨的核心问题，是政府在为人民提供公共产品与公共服务时，与非政府部门、组织及大众之间的关系，亦即公权力与私权力之间的关系。当政府由掌舵型转为服务型时，必须体会政府本身能力的有限性及公共安全的公共性，全力整合社会相关资源作最有效的应变。

（七）从危机管理角度分析：政府危机管理

危机管理早先是企业管理者对危机（危险与机会）事件与危机形势所做的应急方式，后被广泛使用在各个领域。特别是针对公共安全管理问题，许多学者从政府危机管理角度切入，认为必须加强政府应急管理能力的建设，但政府危机管理所要解决的危机事件，其危害或威胁的首要对象是政府；如同企业管理者所要解决的危机事件，其危害的直接对象是企业一样。因为企业管理者认识到，在市场经济建设与发展过程中，企业要面对资源有限而竞争无限的环境，企业危机意识与危机管理才在企业管理中被引用。[①]

政府危机管理是指政府应变和处理某种危机事件或某种危机形势，而这一危机事件或危机形势直接或间接威胁到民众的生命及财产安全。事实上，自然灾害、生产事故或违法行为等公共安全问题，同时可能对人身安全、社会安全、政府安全、国家安全、国际安全或人类安全构成威胁；且已非单一学科所能独立解决，必须通过各相关学科的专业知识、技术，以科际整合角度思考及切入，才能将事故灾害的威胁与损害降至最低。

思考题

1. 何谓管理及管理学？
2. 何谓安全、安全管理与公共安全管理？
3. 试述管理活动必须具备的四个基本要素。
4. 试述管理的基本概念、内容与功能。
5. 试述国家安全的范围。
6. 试述传统安全与非传统安全的概念与研究范围。
7. 试述影响工作效益的环境因素有哪些。
8. 试述企业安全管理的规则有哪些。

---

① 薛澜等：《公共管理与中国发展——公共管理学科发展的回顾与前瞻》，《管理世界》2002 年第 2 期。

9. 试述美国联邦应急管理局确立的几个基本组织原则。

10. 试述紧急事态 (emergency) 与灾害 (disaster)、事故 (accident) 或突发事件 (incident) 的概念。

11. 试述应急管理的主要内容。

12. 试述公共安全管理（public security management）的主要内涵。

第二章

公共安全管理的历史沿革

关键词

灾难救济法　公共安全保持法　米骚动　民防组织　家园防卫队　洪水保险法　安全管理模式　安全管理体系

前　言

公共安全管理是以政府设立专门的相关管理机构，或者在原有政府机构中明确规范公共安全管理权责为开端。在此之前，政府也存在公共安全管理行为，但都为孤立且具有临时性质。

因此，本书将这一时期的公共安全管理称为“前公共安全管理时期”。中国的这一时期持续了数千年；西方在20世纪上半叶，绝大多数国家都介入了两次世界大战，出于对敌方轰炸和间谍破坏行为的担心，参战国都先后成立了民防组织，就战争对平民的可能打击实施预防性、应急性管理，使公共安全管理进入了雏形期，这一阶段一直延续到冷战高潮期。而处在冷战边缘的新西兰，在20世纪60年代初就结束了这一阶段；美国和澳大利亚，则到70年代才结束。进入规范的公共安全管理阶段以后，各个国家都经历了制度完善、原则确立及理论成熟过程。因此，西方国家的公共安全管理机制，是在与各种灾难磨炼的处理过程中发展起来的。

第一节　前公共安全管理时期

前公共安全管理时期是指具有专门公共安全管理职能的政府机构成立之前，或者对原政府机构明确规范公共安全管理权责之前的时期。这一时期的特点，是该国政府或立法机关对某一具体灾难实施的行政或立法行为予以管理，但没有全面针对此后发生灾难的持久性、普遍性管理责任和义务加以规范。尽管这些行政和立法行为未能形成日后的一种制度，但灾难及处理反复出现结果，已在民众心中逐渐形成政府具有公共安全管理责任的观念，这一约定俗成的过程，为日后的公共安全管理奠定了广泛的基础。

一、中国古代的灾害管理

我国的公共安全管理主要表现为灾害管理，包括防灾、抗灾和赈灾，可以一直追溯至国家形成的夏代。尧舜时代，黄河流域“洪水横流，泛滥于天下，草木畅茂，禽兽繁殖，五谷不登”（《孟子·滕文公上》），尧和舜先后委派鲧和他的儿子禹治理洪水，应该说是我国最早的“应急管理”了。此后几千年，各种灾害频频发生，史书概括为“旱、水、虫、饥、雹、风、疫、地震”等八种，其中“饥”是其他灾害的继发灾害，或者说是其他灾害的直接后果。由于重大灾害直接威胁着人民的安全和社会的稳定，历朝历代统治者都十分重视各种灾害的应对。官方的主要管理措施如下：

（一）祭神求天

古代人认为万物皆由神主宰，天神、地神、山神、龙神决定着灾害是否发生，因而祭天敬神就成为统治者维护天下太平的重要手段。中国早在周朝时就形成了完善的祭天仪式。每年冬至，周天子都要在国都南郊的圜丘举行盛大的祭天仪式，此后历朝历代的皇帝都要举行例行的祭天。除了皇帝亲自祭奠之外，每遇大旱或洪涝，最高统治者还委派官员到名山大川的庙宇祭祀，北宋时期尤甚。如1051年农历五月，因为恩州、冀州久旱未雨，宋仁宗“分遣朝臣诣天下名山大川祠庙祈雨”。（《续资治通鉴长编·卷一百六十八》）

有的皇帝甚至认为这些天灾是因自己的错误导致的天谴，故此对天下发布“罪己诏”，自我谴责以求上天赦免。如公元109年，因为发生严重饥荒，汉安帝发布罪己诏曰：“朕以幼冲，奉承洪业，不能宣流风化，而感逆阴阳，至令百姓饥荒，更相啖食。永怀悼叹，若附渊水。咎在朕助不逮。”（《后汉书·孝安

帝记》)

这些祭神求天的做法虽然没有科学道理，但对统治者来说，却是应对各种灾害的至高措施，希望从根本上消除灾害。

(二)工程抗灾

从大禹治水开始，历朝历代的官府也不断针对水旱灾害，组织兴建重大工程抵御，保护一方安宁，留下了不少鸿篇巨制。如秦蜀郡太守李冰主持修建的都江堰。对于三年两决口的黄河，加固堤防几乎是所有朝代都延续不断的工程。1268 年，黄河在开封地带大决口，殃及 15 个州，元世祖“调南京民夫二十万四千三百二十三人，分筑堤防”。(《元史·世祖纪》)

(三)荒政救灾

由于各种灾害不断发生，救灾荒政就成为历代统治者一项近乎常态的政务。主要内容是勘察灾情，对灾民实施救助。具体措施包括：赈济(灾后给灾民发放粮食、钱款或实物)、养恤(对灾民施粥、供养和收容)、调粟(往灾区调粮、调整粮食价格，或者将灾民迁移到未受灾地区)、蠲缓(灾后减免赋税，停征地租)、安辑(通过救助使灾民不外流)，等等。如东汉顺帝永建三年，京师发生大地震，众多人口死伤，朝廷“赐年七岁以上钱，人二千；一家被害，郡县为收敛”。(《后汉书·卷六》)

尽管有这些应对灾后的措施，但直到 2003 年“非典”疫情，我国历朝历代政府都没有专门负责应对灾害的机构。救灾的事，往往由某个政府部门兼管。如周代的“大司徒”就有救灾的职责；隋唐设置的户部，负责掌管全国土地、赋税、户籍、财政等事务，同时也兼管救灾。从宋代到明代，救灾一直由户部负责。清代的救灾，由皇帝临时指派官员负责，什么大学士、军机大臣、兵部尚书等都担任过救灾大臣。

民国时期，内务部掌管地方政府、户籍、兵役等诸多事务，赈济和救灾也是其职责之一，具体由下设的民政司第四科分管，算是有了一个相对固定的责任机构。不过其级别太低，权力有限，如果遇到大的灾害，还是由政府建立新的临时机构负责。如 1931 年发生特大水灾后，国民政府专门成立救济水灾委员会负责赈灾。

二、西方公共安全管理的萌发

美国是西方最重要的国家，它最早的公共安全管理行为出现在 1803 年。1802 年 12 月 26 日，新罕布什尔州的海港朴次茅斯城发生火灾，烧掉了半个城镇，许多商户的资产损失殆尽，他们负债累累，商业活动停滞，甚至影响了美国北半部的经济。有人把这个问题反映给了美国政府。如果联邦政府无动于衷，就会动摇人们对政府的希冀和信任；如果政府采取救助行动，就要开创行政先例，需要立法许可。美国国会经过 19 天的辩论之后通过法案：由联邦政府对遭受火灾的商户实行债券缓付。这是美国建国以后首次通过的灾难立法。对日后的影响有以下几项：

第一，政府有责任帮助遭受大规模灾难的个人与社区；第二，联邦可以对地方灾难实施立即援助；第三，联邦的援助只是个案，而不是制度，且是通过法案授权的形式加以实施，尚非一般的行政行为。

美国自 1950 年通过《灾难救济法》(Disaster Relief Act，也称《斯塔福德法案》) 之后，国会针对遭受飓风、地震、洪水和其他自然灾害地区的援助问题，先后通过了 128 个法案。[①] 这些法案都是遵循 1803 年的法案先例，具有相同的特点。[②]

新西兰也同样遭受各种自然灾害的侵袭，特别是洪水、飓风和地震。在独立之前，殖民地政府就采取过公共安全管理行动。1931 年，霍克湾发生强烈地震并引发火灾，纳皮尔 (Napier) 和哈斯丁斯 (Hastings) 两个城市遭到毁灭性破坏，260 人死亡，绝大多数居民失去家园。在当时人们的心目中，对付灾难主要是家庭、社区及地方政府的事，而这些单位缺乏处理重大灾难的能力。他们虽然组织了"公民委员会"，负责协调救援和安抚行动，但因缺乏权威和支持，救援之路困难重重，且地方政府也没有足够的救助能力。殖民地政府在没有法律授权的情况下，毅然介入处理，迅速提供了各种形式的帮助。

针对上述情形，加上当时全球发生严重的经济危机，在奥克兰市引起社会动乱。殖民地议会于 1932 年通过了《公共安全保持法》(Public Safety Conservation Act)。该法案授权政府在任何时候，在所辖国土的任何地方，当"公共安全或公共秩序正在受到或者可能受到危害"时，可宣布实施紧急状态。在殖民地政府控制现场之前，现场的高级警官应该发布任何必要指令，以有效"维护生命，保护

---

① https://www.fema.gov/about/history.shtm.

② R. Steven Daniels & Carolyn L. Clark-Daniels，*Transforming Government: The Renewal and Revitalization of the Federal Emergency Management Agency*，2000 Presidential Transition Series, Birmingham, Alabama，April, 2000，p.23.

财产，维持秩序”。[①]

由于该法案对自然灾害的救助行动没有授权，它还不能成为新西兰公共安全管理的制度性立法。如果再遭遇类似霍克湾事件，只能由地方机构采取自觉自救的行动。

日本也属于自然灾害频发的国家，因可耕地面积小，人口众多，在明治维新以前，经常发生由干旱、台风、洪水和地震等引起的灾荒，即使在丰收之年，每年也要饿死数万人。因此，日本历史上的农民起义，一般都采取“米骚动”[②]形式；德川幕府的将军也经常发布敕令号召人民备荒。明治维新以后，抗灾荒仍然是政府关切的课题；1880年，政府颁布了《备荒储备法》，这是日本最早的防灾法律。该法目的是储备粮食和物资，以备遇到灾害和饥荒时所需。到发动第二次世界大战时，日本先后颁布了《河流法》（1896年）、《防砂法》（1897年）、《森林法》（1897年）、《灾害准备金特别会计法》（1899年）、《水灾预防组合法》（1908年）及《治水费资金特别会计法》（1911年）等相关法律。[③]

第二节 民防时期

因战争因素，西方国家建立了民防组织，成为公共安全管理的雏形组织，为日后建立正式公共安全管理体制开了先河。如新西兰的民防组织，后来演化成民防部，一直承担着国家公共安全管理的全面领导责任。现将有关民防的概念与沿革说明如下。

一、民防的公共安全管理职能

新的《日内瓦公约》于1949年签订，在1977年签订的日内瓦（四）公约附加议定书中指出，“民防”的意思是履行下述人道主义任务的一些或全部，旨在保护人民对抗危险，帮助其从敌对行动或者灾难性的影响中获得平复，并提供必要的生存条件。这些任务包括警告、疏散、临时收容所管理、灯火管制措施管理、救援和医疗服务（如急救和宗教援助等）、消防、危险地区的检测和标志、

---

① Public Safety Conservation Act, 20 April, 1932, NZ Statutes, 1932–1933.

② “米骚动”是日本历史上因缺粮而引起的农民起义，一般以农民抢米开始，故称“米骚动”。

③ ［日］腾五晓、［日］加藤孝明、［日］小出治编著：《日本灾害对策体制》，中国建筑工业出版社2003年版，第32页。

消除放射性污染和类似保护性措施、紧急膳食和供给的提供、在混乱地区秩序的重建和保持的紧急援助、公共事业设施的紧急修理、死亡的紧急处置、帮助保存民生必需品，及完成以上提到的任何任务所必需的补充行动，包括但不限于计划和组织。[①]

根据上述概念，民防的主要功能如下：

（1）保护人民对付敌对行动或者灾害的影响；

（2）援助人民从敌对行动或者灾难的实时影响中重建；

（3）为人民提供必要的生存条件。

由此可知，战争是危及公共安全的极端状态，各国早期的民防仅仅是针对战争的唯一目标。目前民防仍是国家公共安全管理的重要组成部分，只是由于战争发生的频率远没有其他灾难高，早期民防才未能成为公共安全管理的主要部分。

二、民防的开端

世界上最早的民防组织出现在英国。第一次世界大战中，为了对付空中轰炸，英国开始组织平民，传授防空知识，展开自我防御，是为民防的开端。由于当时的空军打击力量有限，对平民的威胁不是很大，人们对民防的重视度较低。战争结束后，随着空中打击力量的快速发展，防空引起了英国民间极大的关注，呼吁政府采取进一步行动。

1924 年，英国成立隶属于皇家防务委员会的“空袭防范委员会”（Air Raid Precautions，ARP），专门负责研究怎样在战争时保护平民免遭轰炸的伤害。20 世纪 30 年代中期，欧洲形势紧张，战争危险迫近，英国在 1935 年实施了空袭保护与民防方案，政府拨款 100 万英镑作为装备费用；同时，成立了隶属于内政部的空袭预防局，任务是协调所有政府部门对付空袭的工作；并且要求地方政府出面组织地方空袭防范委员会：有组织的民防事业正式诞生。

当时民防是一个半军半民的组织，1938 年，内阁大臣约翰·安德森勋爵（Sir John Anderson）领导空袭预防局时，任命了若干联络员和地区专员，他们多数是退伍军官。国家被划分为若干与军事区划相关联的大区，每区由一名专员领导，负责民防与军事行动的协调工作。地方空袭防范委员会则由具影响力的地方名

① 议定书第 1 章第 61 条，见以下网址：https://www.ema.gov.au/agd/ema/emaInternet.nsf/Page/ RWPDEC6169B29E1D9FFCA256C48000C60F3?OpenDocument。

流、社区代表、退伍军人及具专业能力的人员所组成，在地区专员统领下，向上与政府和军事部门密切配合，向下深入居民社区，组织动员所有居民。在第二次世界大战的不列颠战役中，面对希特勒德国的狂轰滥炸，民防组织为保护平民发挥了积极作用。

新西兰民防组织则是模仿英国建立的。于20世纪30年代中期，设立了隶属于不列颠帝国防御委员会的新西兰紧急事态防范委员会，成员包括内务部、警察部门和国防部门的代表。1936年7月，该委员会将其所关注的目标确定为地震、空袭和毒气进攻。值得注意的是，地震这一非战争危险被列入目标，为早期新西兰民防与其他国家最大的不同。

1937年，新西兰防范委员会扩及空军、人口普查与统计、劳工部代表，并得到首笔1000英镑的拨款。两年后又出版两个指导手册，分别关于市镇政府和乡村政府如何应对敌人进攻、瘟疫、地震和其他自然灾害方面，虽然民防重点仍以应付敌人进攻为主，但针对其他灾害的公共安全管理责任也更加具体及明确化。

新西兰的紧急事态防范计划采用了英国的原则，将社区安全主要当作地方的责任。新西兰全境划分为三个大区（region），每个大区下设16个小区（district），每个小区设评议委员会（committee of councilors），负责对所有地方团体的防范计划的组织工作，设一个主控官（controller）负责协调工作。早期的工作人员，主要是志愿者，地方政府接纳那些热心的妇女和不符合入伍条件的男子作为民防的主力军。1938年，内政部部长开始负责紧急事态防范计划，欧战爆发后，转由全国兵役部（Ministry of National Service）部长负责，最高机关设在惠灵顿，地区机关遍布整个新西兰，甚至连一些私人部门也建立了对应机构。珍珠港事件爆发，日本进攻的威胁迫在眉睫。政府拓展了火灾警戒计划，颁布了《为公共和工业建筑提供紧急事态掩蔽所条例》（Emergency Shelter Regulations）。为了推进紧急事态防范计划，成立了紧急事态防卫团（Emergency Defence Corps），要求所有身体条件许可，年龄在18岁至65岁的男子都必须参加。它的分支机构紧急事态消防局（Emergency Fire Service）和家园防卫队（Home Guard），更要求妇女作为志愿者参加，且不得任意退出。各社区都成立了许多巡守队，负责日常防范工作。

随着日本对新西兰入侵威胁的降低，紧急事态防范计划正式更名为“民防”。1944年，其管理责任转到了内政部，虽然该系统没有能够发挥应对敌人进攻的作用，但在1942年6月和8月的惠灵顿和维拉拉帕（Wairarapa）地震中发挥了重要作用，并且促进了新西兰民防朝向公共安全管理部门的转化。

作为英国的自治领，澳大利亚的民防体系与新西兰的十分相似。在战争中有30万人参与了民防事业，1944年以后，随着日本逐渐战败，民防工作也开始萎缩。民防的发展需要新的需求并注入新的活力。

三、民防的成熟期

直到战争结束，除了英国民防外，澳大利亚、新西兰和加拿大的民防基本没有机会发挥真正应对敌方进攻的作用。美国由于两次世界大战都没有波及本土，故在1949年以前并没有永久性的全国民防组织。

战后两极世界的形成加剧了国际紧张局势。苏联成为战后仅次于美国的军事大国，于1949年原子弹试爆，使美国趁机利用意识形态的对立渲染苏联核战争的军事威胁，企图通过“北大西洋公约组织”和“美澳新安全条约”，将西方国家组织起来，准备应对苏联发动的核战争。

美国总统杜鲁门于1949年12月发布行政命令，成立联邦民防管理局（Federal Civil Defence Administration，FCDA），隶属国防部，旨在对付来自苏联的攻击。1950年，国会通过了《联邦民防法》（Federal Civil Defense Act），确定了联邦民防管理总署的权限；接着通过《国防产品法》（Defense Production Act），规定了工业分散布局的方针。

朝鲜战争爆发后，苏联发动核战争的威胁被进一步夸大，西方国家纷纷加强或重建其民防组织。1953年，新西兰通过了《地方政府紧急事态授权法案》（Local Authorities Emergency Powers Act），规定了遭受核打击时地方政府的权力和责任。1955年，澳大利亚也通过了相应的立法，各州民防组织体系重新在更大规模、更完善组织、更多投入和更多人员参与的情况下纷纷建立起来。

这一时期，美国的民防体制迅速建立。依据《联邦民防法》的授权，联邦民防管理局负责起草预案，为州及以下行政区划提供指导、协调、帮助、培训，对其供给和装备的采购提供一半资助。与联邦民防管理局平行的是国防动员办公室（Office of Defense Mobilization），负责在战争爆发时迅速动员重要的战争物资和产品，但它包含了一项“紧急事态准备”的功能。1958年，两个机构并入民防与国防动员办公室（Office of Civil and Defense Mobilization）。多数州政府中也设专人负责民防工作，一般是退伍军官出任，每一个社区都设有民防主任。民防项目在社区中急速增加，政府鼓励社区和个人修建防核弹掩体，联邦民防管理局负责提供技术帮助。

核战争并没有到来，但重大的自然灾害却常常光顾。1953 年 5 月 2 日，艾森豪威尔总统因为佐治亚州 4 个县遭受龙卷风袭击第一次宣布了灾难状态，开创了总统宣布灾难状态和紧急事态状态的时代。肯尼迪政府上台之后，在 1961 年把紧急事态准备的功能从国防动员办公室分离，在白宫设立了紧急事态准备办公室，负责应对自然灾害，民防的职责仍留给隶属于国防部的民防办公室（Office of Civil Defense）。自此，美国的公共安全管理机构开始从民防体系中萌芽。

新西兰虽然颁布了《地方政府紧急事态授权法案》，但它并没有要求地方政府建立民防组织，只有在紧急事态发生时由内务部下达书面指示才能建立。这样的民防体系没有常设机构，只能在需要时仓促设立临时性的机构机制，明显缺乏效率。且该法案将紧急事态发生时，几乎所有责任交给地方政府，与公共安全保持法的精神相悖。

在反对派压力下，新西兰中央政府为弥补这一立法缺失，1954 年 4 月内阁通过了一套《重大紧急事态中政府的行动》（Government Action in a Major Emergency，简称 GAME）的方案，它规定了中央政府各部门在紧急事态中的相关责任。1958 年，政府发表"防务评论"白皮书，书中提出"民防方案的编制应该享有优先权"，并建议建立民防部。内容说明需要民防的理由是：保护和教育平民对付核威胁，必须而且首次成为民防预案的主要部分。在全球角逐的激烈冲突中，地理位置不再能保障新西兰的安全——放射性没有前线，没有距离，核武器污染可能是全面性及全球性的。[①]

对核威胁的担心再度引起人们对民防需求的关注，新西兰政府也开始采取更为积极的行动，1959 年 4 月在内政部下设立民防部（Ministry of Civil Defence），其职责是地方政府，管理的是过去的民防计划事务，由内政部部长出任民防部主任（Director of Civil Defence）。这一体系并不十分顺畅：民防部设在内政部，却要对国防部部长负责，因为其军事需要远大于其他灾难的需要。尽管如此，民防部的成立对新西兰公共安全管理而言，具有划时代意义，为以军事目的为主的民防机构向通用的民防机构转变奠定了组织基础。

1962 年，新西兰通过民防法。这是一部全面且大规模的法案，共分 5 个部

① Appendices to the Journals of the House of Representatives, 1958, A-12, p.15.

分 59 个条款，分别对行政管理、民防区域、全国紧急状态或重大灾难的宣布、地方政府的职责和权力，以及其他事项做出了详细规定；并将紧急事态分为军事打击和自然灾害两类。至于经费问题，确定了以地方为主、中央财政补贴为辅的原则。新西兰的公共安全管理体制至此基本完备。

四、民防与公共安全管理

民防作为公共安全管理的一种特殊类型，它针对的是危及公共安全的一种极端状态，即战争状态。虽然它只是我们今天所理解公共安全的一个组成部分，但它的出现和发展，对公共安全管理体制的进步有积极贡献。

首先，民防使政府公权力开始制度化地应用于民众安全方面，因公共安全关心的目标是民众福祉，在民防制度出现之前，西方国家在几百年的资本主义时代，没有出现以公共安全为目标的管理体制。每一国家都有警察及法律制度，但都是出于统治稳定的需要。因为除了政权性质之外，在当时的社会意识中，公共安全所涉及的只是个人及群体，而不是政府的事。由于战争的发展及破坏，其影响变成全面性，不仅人民生命安全遭受威胁，同时也是对国家经济和国民士气的打击，最终将影响到国家的整体战斗力。因此，政府必须承担起民防责任。政府公权力开始用于民防，且通过相关立法，成立了专门组织机构，将民防体制加以制度化。

其次，民防体制为公共安全管理奠定了组织、干部和物质基础。各国在建立民防体制之先，都会通过相关立法，并且依法建立了一套组织机构，确定了各级政府和社会组织的职责、权限与义务，制定了预案或行动方案，采购和储存了基本装备和物资，培训了许多具备撤离、疏散、救援、急救、消防等知识的专业人员。

最后，民防唤醒了全社会的公共安全意识。民防首次把广大平民为了自己的生命安全组织及动员起来，不仅培训了他们自救、自保、互救、互保的技能和技巧，而且同时培养了他们的公共安全意识。这种意识，反过来成为他们手中的政治力量，通过舆论、选举等渠道造成对政府政策的影响力。

当然，民防与公共安全管理职能之间仍有重大区别。主要表现在以下几方面：

第一，管理的范畴不同：公共安全管理是对公共安全的全方位管理，民防只是或主要是对战争状态造成危及公共安全事件的管理。因此，公共安全管理是长期的、永久的；民防则是短暂的、与战争状态相联系的。

第二，管理的目的不同：公共安全管理的实质是政府公权力用于对公共安全的保持、保护和重建，它追求的目标是全民福祉，所有危及全民幸福的重大紧急事态和突发事件都是管理对象，社会只是作为人民生活和生存的环境，对社会稳定的追求属于第二位。而民防的既定目标是保护国民的士气和国家的战斗力，以此来保障政权的稳定和政府的统治，后来才逐渐具有其他意义。

第三，管理的深度不同：民防注重的是民众的生命安全，公共安全管理既注重民众生命安全，也对其财产、生活和生产秩序、生命线的基础设施给予相当关注。公共安全管理不仅重视灾难应急，而且重视减灾、重建和人道的精神康复。

第三节　美国公共安全管理模式的演变

美国公共安全管理模式是资本主义世界的典范，它虽然起步较晚，民防体制没有得到较早的、充分的发展，但在其发达的资本主义民主制度下，公共安全管理体制的发展很快，制度也较完善。故本节以美国为例来说明公共安全管理模式的演变。

一、新政的作用

美国公共安全管理的制度性建设起源于 1929—1933 年的世界性经济危机时期，当时胡佛总统拘泥于美国长期奉行的自由主义的开放政策，对突发的经济大萧条束手无策。富兰克林·罗斯福当选总统后，奉行凯恩斯的经济思想，推行新政，实施全面性的干预政策，不仅推动通过了一系列振兴金融、工业和农业的法案，且对经济危机造成的大量工人失业、退休人员失去社会保障的公共安全问题实施政府干预。

1933 年，美国通过《全国产业复兴法》(National Industrial Recovery Act)，提出实施公共工程建设项目，通过兴办大规模的公共工程，扩大政府开支解决就业问题，并先后成立了民间资源保护队、国民工程管理署和公共工程建设局，实施以工代赈，由政府雇用失业者修建公路、桥梁、大坝、学校、机场，植树等，实现自我养活，有效降低失业人口。因此，新政树立了政府可以且应该干预公共安全事务及救百姓于水火的先例；它虽然是为了解决因经济危机引起的失业问题，却为美国政府日后干预自然灾害和其他灾难奠定了立法和行政基础。

二、走向公共安全管理的机构与立法

1950 年，美国国会通过了《灾难救济法》，首次授权总统可以宣布灾难状态，授权联邦政府对受灾的州和地方政府提供直接援助，是为美国公共安全管理的制度性立法，具有划时代的里程碑意义。不过当时联邦政府的援助，只是针对将受损的公共设施和建筑修复到灾前的标准，而不包括对受灾个人及社区的援助。

到了 20 世纪 60 年代，美国自然灾害频频发生。1960 年、1961 年、1962 年、1965 年和 1969 年发生了 5 次飓风灾害，1960 年蒙大拿州和 1964 年阿拉斯加州发生的强烈地震（强度达里氏 9.2 级），都造成了巨大损失。美国政府不能再坐视不管，肯尼迪政府于 1961 年设立了专门应对自然灾害的紧急事态准备办公室，可以说是美国应急管理的雏形组织。不过，每次遭受自然灾害后，联邦政府只对公共设施拨款援助，受灾的人民常常难以承受巨大的损失和恢复的负担。为了解决这一问题，1968 年，国会通过了《全国洪水保险法》（National Flood Insurance Act），据此创立了全国洪水保险计划（National Flood Insurance Program，NFIP），将保险引进救灾领域。如果社区参加保险计划，将享受联邦的补贴，这样，居民可以以很低的价格获得财产保险；同时，该法限制在易涝的低洼地修建住宅区。它的基本出发点是：减少政府对受灾地区的财政援助支出，将未来的洪灾救助转到保险公司。另外，美国住房与城市发展部成立了联邦灾难援助司（Federal Disaster Assistance Administration），开始为幸存者提供住房或其他形式的帮助，这是联邦政府直接帮助灾民个人的开端。

20 世纪 70 年代是美国公共安全管理发生革命性变革的年代。不断发生的重大自然灾害促使国会通过了两个洪水保险法后，也推动国会向全面的灾难救助立法前进。1970 年，新修订了《灾难救济法》，扩展了联邦对灾难的援助范围，授权对受灾的个人提供联邦贷款和税收优惠，联邦政府开始投资建设减灾工程。尼克松总统解释道，联邦政府与州政府和地方政府应该是应对灾难的伙伴，“如法案所指，联邦政府与州和地方政府合作，就能够为自然灾害的无辜受害者提供富有同情心的帮助”。[①]

① The Federal Emergency Management Agency Publication 1. *The Federal Emergency Management Agency*, November, 2010, p.6.

1974年,《灾难救济法》再次修订，建立了美国总统宣布灾难状态的程序，给予总统依据自身的判断直接为受灾的州和地方政府提供援助的权力。

然而，在联邦层面上虽然有了这些相关法律和具有救助职能的机构，但没有一个统领部门或机构。在几次重大灾难的救助过程中，各个机构之间的权限不明，相互争权扯皮，造成了救灾工作的诸多不便。住房与城市发展部通过它下设的联邦保险司和联邦灾难援助司，掌握着抗灾的最大权力，军方的民防准备局、美国工程兵也介入其中，总共有100多个联邦部门在灾难、危险和紧急事态应对的某些方面承担责任，它们各行其是，实施相互矛盾的平行政策，让下面无所适从。州政府和地方政府深受其害，叫苦连天。为了改变这种局面，若干州的民防主任联合起来，通过全国州长联合会（National Governor's Association），要求联邦政府整合与应急相关的管理机构。

佐治亚州州长吉米·卡特对这一混乱局面深有感触，他当选美国总统后决心从组织上强化和整合联邦的应急管理职责。1978年6月19日，卡特向国会递交了组建专门的联邦应急管理局的方案，将商业部的全国火灾预防控制司（National Fire Prevention Control Administration）、住房与城市发展部的联邦保险司（Federal Insurance Administration）和联邦灾难救助司（Federal Disaster Assistant Administration），总统行政办公室的联邦广播系统（Federal Broadcast System），国防部的民防准备局（Defense Civil Preparedness Agency）以及联邦准备局（Federal Preparedness Agency）并入其中，除了承担这些机构原有的职责之外，还负责监督科学与技术政策办公室的地震风险减轻计划（Earthquake Hazard Reduction Program），协调该办公室的大坝安全问题，帮助社区为重大气候灾难准备预案，协调自然与核灾难预警系统，协调减轻重大恐怖主义事件后果的准备与预案编制等。

该方案经国会批准之后，1979年3月31日，卡特发布12127号行政命令，正式组建联邦应急管理局（FEMA），其局长直接对总统负责。

FEMA的建立，标志着美国具有专职机构、专职人员、从事专门的应急管理的新行业的诞生。

三、联邦应急管理局：联邦层面的公共安全管理

从FEMA成立时起，美国拥有了一个专门管理各种灾难的应急管理机构。它只是联邦政府层面的统一的公共安全管理机构，而不是全国的应急管理机构。

它要解决的是联邦政府层面应急管理的统一运作问题。

由于民防准备局的并入，FEMA 早期的工作重心在战争准备与各种灾难应对之间摇摆。20 世纪 80 年代的两任局长路易斯·吉福里达（Louis Guiffrida）和朱留斯·伯克顿（Julius Becton）关注所谓的国家安全问题，把应对苏联的核打击作为主要工作，各种自然灾害的应对置于无足轻重的地位，引起了国会中关于联邦应急管理局职责的争议，立法部门明显倾向于将它作为应对各种灾难的机构。

这样，就需要对 FEMA 的职责和地位做个明确清晰的定位。1988 年，国会通过了对《斯塔福德灾难与紧急援助法》（Stafford Disaster Relief and Emergency Assistance Act）的修订，其最大的亮点是授予了 FEMA 在向受灾州提供援助中对各联邦机构的协调责任，确立了它在联邦层面应急管理权力运作的中心地位。此外，法案还规定了从州长到总统宣布重大灾难和紧急事态（major disaster or emergency）的依据和程序，依此对受灾州提供财政和物资援助；确定了受灾州获得联邦援助的条件是自己已经耗尽了全部应对能力；强调了减灾、准备和预警工作的重要性。该法案把重大灾难限定为任何自然灾难或无论什么原因引起的火灾、洪水或爆炸。

这是一个使美国的应急管理规范化的法案，可以说，在美国应急管理领域，除了 2002 年的《国土安全法》（Homeland Security Act），没有哪一个法案能与此法的重要性相匹敌，它解决了联邦层面应急管理的统一运作问题，确立了总统宣布重大灾难状态、通过 FEMA 统一协调联邦政府各部门应对行动的工作模式。

虽然该法案强化了 FEMA 对各种灾难的应对协调责任，但面对不断发生的自然灾害，它显得反应迟钝、应对不力，引起国内的广泛批评之声。人们开始怀疑其存在的价值，有的国会议员甚至威胁要废除它。它的变革有待于新的总统和新的局长来实现。

1993 年，克林顿上台，任命具有公共安全管理经验的杰姆斯·李·维特（James Lee Wit）为局长，开始了 FEMA 全面正规化的改革。他把工作方向确定为《斯塔福德法案》规定的所有灾难；在局内部，重组了机构，提高工作效率；支持在灾难救助、风险评估、减灾免灾、预防预警等工作中采用新技术。在外部，强化了管理局与各州和地方应急管理部门的联系，同国会、各政府部门和新闻媒体建立了良好的工作关系，工作信息对全社会公开。

具有新气象的 FEMA 经受了一系列灾害的严峻考验。1993 年美国中西部大洪水使 9 个州宣布进入灾难状态，维特领导 FEMA 采取了卓有成效的应对措施，并且在灾后恢复时对易涝区灾民实施了房产全部买断和搬迁计划，一劳永逸地解决了居民遭受洪灾问题，深受人们的拥护。次年，加利福尼亚州的诺斯里奇（Northridge）发生地震，维特改进了提供救助的方法和技术，大大提高了工作效率。

维特将 FEMA 的工作重心放置在各种灾难，特别是自然灾害上，为它赢回了尊重和名声。美国学者称赞他使 FEMA 实现了“凤凰涅槃般的新生”，总结了他对美国应急管理体制建设的 7 大贡献①：

（1）重建 FEMA 在灾难管理中的权威；

（2）任命了具有丰富应急管理经验的人出任高级官员；

（3）重新定义了 FEMA 的使命和目标；

（4）按照职责的脉络改组了 FEMA；

（5）重新设计和解释了《斯塔福德法案》并且支持立法；

（6）建立了与媒体和政界的有效沟通；

（7）制定了灾难应对的前瞻性战略。

可以说，维特使 FEMA 实现了设计的初衷，从此，联邦层面对各州和地方政府的应急援助能够协调有序、效能卓著地进行。

解决联邦层面应对突发事件统一指挥协调问题的另一个重要文件，是 1992 年 4 月制定的《联邦应对预案》（Federal Response Plan，FRP），1999 年修订公布了第二版。该预案充分展现了联邦政府层面处置各种突发事件的运作模式和工作框架，从中可以概览美国第一阶段应急管理顶层设计的整体风貌。

《联邦应对预案》依据 1988 年的《斯塔福德灾难与紧急援助法》，构建了各州和地方政府在发生重大灾难或紧急事态且自己的救援力量不支时，联邦政府帮助他们拯救生命，保护公共卫生、安全和财产，恢复社区生活的工作模式。一句话，它阐述了联邦政府动员资源、实施救援行动支持州和地方的运行机制。在它的框架下，参与救援行动的联邦政府机构有 27 个（含美国红十字会），它们共同承诺：在总统任命的联邦协调官（Federal Coordinating Officer）的组织协调下，及时、有序、有效地按照预案的行动概念和各自承担的功能责任，向受灾州和地方提供所需要的援助。

---

① R. Steven Daniels & Carolyn L. Clark-Daniels，*Transforming Government: The Renewal and Revitalization of the Federal Emergency Management Agency*，2000 Presidential Transition Series, Birmingham, Alabama，April, 2000，p.13.

《联邦应对预案》解决的是联邦政府对州和地方的紧急事态援助问题。注意，仅仅是援助，而且是在各州应急处置力所不逮时才能提供，应急处置的主体仍然是各州和地方政府。那么，各州和地方政府应该怎么办？假如它们不做准备，不搞应急能力建设、不懂应急处置，在各种灾害面前不堪一击，坐等援助，岂不是把灾害处置的责任甩给了联邦政府？所以，需要各州和地方政府有所作为。

从美国的制度设置上讲，联邦政府不能干预各州和地方政府，但可以提供参考性政策建议，FEMA 就主持制定了一个重要政策文件，推荐给各州和地方政府，这就是 1996 年 9 月发布的《州与地方指南 101：全灾种应急行动预案编制指南》（State and Local Guide 101：Guide for All-Hazard Emergency Operations Planning）。①

FEMA 负责准备、训练和演练的副局长凯·高斯（Kay Goss）在该指南的序言中说："FEMA 的一个目标是通过与州和地方政府合作，建立综合的、基于风险的、针对全灾种的国家应急管理系统。该系统中最关键的是应急行动预案（emergency operations plans），它将说明在突发事件前、中、后由谁做什么、什么时间做、用什么资源做、行使什么权限。该指南为应急管理者和其他应急服务人员，提供了按照联邦应急管理局的概念，编制基于风险的、全灾种的应急行动预案的信息。……该指南将帮助州和地方的应急管理机构编制出具有如下作用的行动预案：

（1）能够作为有效应对威胁本辖区任何灾害的基础工具；

（2）促进将减灾整合进响应与恢复行动中；

（3）推进在重大灾害中联邦应对预案启动后与联邦政府的合作。"②

如果各州和地方政府能够按照该指南的内容和要求去实施，它们的应急能力和水平将会大大提升。这样，在应对一般灾害时，它们都能游刃有余；在应对重大灾害时，也能够抵挡一阵，然后是联邦政府介入，共同完成应急处置和部分恢复。

---

① 据相关文献介绍，联邦应急管理局在这一时期推荐各州和地方政府的应急预案编制方面的指南性文件还有：（1）Guide for the Development of State and Local Emergency Operations Plans. 1990. (Civil Preparedness Guide, CPG 1-8).（2）Guide for the Review of State and Local Emergency Operations Plans. 1992 (CPG 1-8A).（3）Guide for the Development of a State and Local Continuity of Government Capability. 1987. (CPG 1-10).

② Federal Emergency Management Agency, State and Local Guide (SLG) 101：Guide for All-Hazard Emergency Operations Planning, September 1996, p.i.

至此，美国联邦层面上公共安全管理的顶层设计基本完成了。它解决了联邦政府层面各机构援助州和地方政府的统一协调问题；同时，也对州和地方政府提出了在应急能力方面自我建设、自我强化的建议，体现出公共安全管理的顶层设计由联邦层面向全国过渡的设想。

四、国土安全部：全国层面的公共安全管理

2001 年发生的“9·11”事件，是美国公共安全管理的一个分水岭。自 FEMA 成立以来，美国没有经历过战争，特别是冷战的结束，推动美国应急管理的重心逐渐从国家安全转向了自然灾害和人为事故，并且在维特的领导下，经历了 1993 年中西部大洪水、1994 年诺斯里奇地震、1995 年俄克拉荷马州（Oklahoma City）联邦大楼的恐怖袭击等重大事件的考验，已经赢得了广泛的赞誉。突然，一场空前的恐怖袭击彻底打痛了美国，这个世界唯一的超级大国开始重新审视自己的主要威胁究竟是什么——答案当然是恐怖主义；目前的 FEMA 能够应对吗？事实证明显然不行。为此，美国需要一个把国际恐怖主义作为主要对象、国土安全作为主要目标的应急管理系统，一个新的顶层设计的时机到来了。

这个顶层设计的目标是反恐，但针对的问题是什么？根据当时对“9·11”事件的初步调查，美国政府就得出了一个可怕的结论：参与袭击的恐怖分子在事件发生之前就已经被相关的政府情报部门所关注：联邦调查局的特工报告本·拉登派遣了若干年轻人进入了美国的民航培训学校，建议调查甄别；国家安全局截获了恐怖分子要在马来西亚开会酝酿一个“重大阴谋”；沙特阿拉伯的情报机构告诉美国中央情报局两个重量级的恐怖分子已经进入美国——这一切最终引起了时任中央情报局反恐安全事务特别顾问的理查德·克拉克（Richard A. Clarke）的警惕，在 2001 年 1 月 20 日，也就是“9·11”事件发生之前 8 个月，他给小布什总统提交了一篇备忘录，告诫“我们迫切需要对基地组织网络展开最高级别的政策评估”，应该把本·拉登视为一级威胁；8 月 6 日，距“9·11”仅一个月零几天，中央情报局当天呈报小布什的《总统每日简报》的标题就是“本·拉登决心袭击美国”，指出“联邦调查局的情报显示目前在美国国内出现的一些可疑活动与准备劫机或其他形式的袭击相符”。所有这些都被忽略了，“9·11”事件如期上演了。

归纳起来，以上疏忽与失误，主要归咎于 1995 年美国司法部出台的关于限制情报共享的政策。2004 年 4 月，时任美国司法部部长约翰·阿什克罗夫特

（John Ashcroft）在“9·11”调查委员会作证时说：“‘9·11’事件中最大最主要的机制性原因就是刑事调查机构与情报机构之间的分离隔绝。”[①] 理查德·克拉克也写道：“我们的机构是失败的……失败在没有将正确的情报在正确的时间交给正确的人。”[②] 后来逃到俄罗斯的斯诺登也揭示说：在“9·11”事件发生后，情报部门才发现，事发前他们已经获取了足够必要的信息，中情局也都知道恐怖分子是谁，但在所有收集到的海量机密信息中，他们没能完全理解信息之间的关联，以致没能及时做出决策性判断。[③]

问题清楚了：由100多个部门共同承担国土安全职责的局面是盲人摸象，情况不明，责任不清，小布什总统决定组建国土安全部，整合全国行政资源，全力处理好反恐与其他威胁美国公共安全的事件。此外，恐怖袭击可能发生在美国任何一个地方，而反恐的专业性和难度不是哪一个州或地方政府能够胜任的，所以，美国的国土安全必须是从联邦到州和地方政府共同担当的职责。

这样，美国公共安全管理的顶层设计的任务就是：整合联邦政府所有的与国土安全和反恐相关的机构于一体；建立一套包含从联邦到各州和地方政府的举国一致的管理系统。

2002年6月，小布什总统在要求成立国土安全部而致国会的建议书中说：“美国面临的威胁发生了实质性变化，要求一个新的政府结构去应对无形的敌人——他们可能使用广泛的武器发动进攻。现在我们没有一个单一的政府部门把国土安全作为主要职责。事实上，国土安全的责任分散在100多个政府组织中。美国需要一个单一的、联合起来的国土安全部门以改进针对当前威胁的保护工作，并能足够灵活地应对未来未知的威胁。”[④]

他指出，成立国土安全部将使美国更安全，因为美国拥有了一个专注于保护美国国土安全的部门，一个保护美国边境、交通部门、港口和重要基础设施的部门，一个综合与分析来自多方面安全情报的部门，一个与州、地方政府、私人企业和美国人民协调沟通威胁与准备事宜的部门，一个协调各种力量、保护美国人民免遭恐怖主义和其他大规模杀伤性武器袭击的部门，一个帮助训练和装备第一

---

① http://m.pinlue.com/icontent/007255667157.html.

② Abraham McLaughlin、徐杰、胡春燕：《“9·11”情报预警带来的启示》，《英语文摘》2002年第7期，第62—63页。

③ 央视网，《斯诺登：美国在9·11事件发生前就已获取情报》，http://news.cntv.cn/2014/06/02/ARTI1401659398479632.shtml。

④ George W. Bush. *Department of Homeland Security*, June, 2002, p.1.

应对者的部门，一个管理联邦应急响应行动的部门。

可见，美国成立国土安全部是经过详细的思考和精心设计的。它既要在FEMA的基础上建立联邦政府层面唯一的全面负责国土安全的部门，也计划协调和调动州和地方一起参与国家安全事务。如前所述，联邦层面上的问题容易解决，向下协调就不容易了。主要障碍仍然是美国的联邦制度。

应小布什政府的要求，美国国会2002年通过了《国土安全法》，批准成立了国土安全部。包括FEMA在内，22个联邦部门划入了国土安全部。它下设1个部长办公厅（Office of the Secretary）和4个司（directorate），分别是边界与运输安全司（Border and Transportation Security Directorate）、紧急事态准备与应对司（Emergency Preparedness and Response Directorate）、科学与技术司（Science and Technology Directorate）和情报分析与基础设施保护司（Information Analysis and Infrastructure Protection Directorate），FEMA成为紧急事态准备与应对司的下属单位。

国土安全部的职责，《国土安全法》第101条作了具体规定，将反恐作为首要任务；而经常发生的自然灾害、技术和人为事故，作为原FEMA的职责，原封不动地划拨给了国土安全部。

至此，在法律上和国家机构上建立全国应急管理系统的路径基本打通了。但是，要在实践中跨越联邦制的障碍，需要在顶层设计上设计出一种机制。完成这一任务的，是小布什总统关于国土安全的三个总统令。

第一个是2003年2月发布的5号总统令（HSPD-5）“管理国内突发事件”，目的是超越联邦制的限制，建立一个单一的、全面的国家突发事件管理系统，把州和地方政府组织进来，“确保用一个全国的国内突发事件管理路径，使各层级政府能够一起高效工作”，提高美国管理国内突发事件的能力。[①]借此制定了《全国突发事件管理系统》（National Incident Management System，简称NIMS）。NIMS为美国建设了一套从联邦政府到州和地方政府，统一地针对各类突发事件的准备、响应和事后恢复的工作系统。它的核心是突发事件指挥系统（Incident Command System，ICS），以及服务该系统的一组核心概念、原则、术语和技术；还包括跨部门协调系统和资源保障系统等。

---

① George W. Bush. *Homeland Security Presidential Directive/HSPD–5—Management of Domestic Incidents*. February, 28, 2003.

5 号总统令还要求，国土安全部要依据 NIMS 制定出《国家应急预案》（National Response Plan，NRP）。这个预案应该利用 NIMS，在应对突发事件中，为全国层面上的政策和行动方向提供一个体系和工作机制，服务联邦对州和地方公共安全管理者的支持，并且在适当时直接行使联邦权力和责任。同时，它还应该包括统一的突发事件报告制度、评价、演习等内容。

由此可见，5 号总统令是一个改变美国公共安全管理体制的标志性文件。它虽然不能突破联邦制的权力结构，但它重新设计了一套应急管理系统，叠加在联邦制度上，力争能够把联邦、州和地方政府在 NIMS 内组织起来，协力应对突发事件。

2004 年 3 月，NIMS 正式公布；同年 12 月，依据 NIMS 制定的《国家应急预案》发布，它适用于所有复合的、常变的恐怖袭击和重大灾难，主要内容可以归纳为：①建立全国的综合的应对所有灾难的包括四阶段行动的路径；②提供联邦政府与州和地方政府应急互动的框架；③描述应急活动所需的能力、资源，确定责任、行动程序和协议；④建立整合四阶段行动、改进各级政府协调、资源利用、危险沟通等应急行动的机制。

比较《国家应急预案》与《联邦应对预案》，显而易见的两个改变是：联邦政府从支援性责任变为承担性 + 支援性责任；实施了全国统一的应急管理系统 NIMS，使应急行动从联邦层面发展到全国。

第二个是 2003 年 12 月的 7 号令（HSPD-7）“重要基础设施认定、排序、保护”，主要内容是：把国家重要的基础设施和资源排查、排序并制定针对恐怖袭击的保护措施，制定重要基础设施和资源保护预案。

第三个是 2003 年 12 月的 8 号令（HSPD-8）“全国准备”，这是一个在 NIMS 的运行轨道上，部署和落实美国公共安全管理战略安排的重要文件。它制定了加强美国国家准备以预防和应对恐怖袭击和重大灾难的政策，要求确定能够应对全灾种的准备目标，建立联邦支持州和地方政府的更优机制，设置强化各级政府能力的系列行动（包括装备建设、危机沟通、训练演习和评价评估等）。

按照 8 号总统令的部署，国家安全委员会和国土安全部先后发布了三个序列性文件，彼此间包含着严密的逻辑关系。分别是《国家预案编制情景》（National Planning Scenario，2004）、《通用任务清单》（Universal Task List，2005）和《目标能力清单》（Target Capabilities List，2005）。

至此，美国全国性公共安全管理系统的顶层设计已经基本完成了。它以反恐为主要目的，以 NIMS 为运行轨道，克服了联邦制对应急管理权力运行的障碍，建立了以满足应对重大突发事件能力需求为导向的全国准备方案，成为 21 世纪美国制度建设的一个典范。

此后，美国的全国公共安全管理系统也不断进行调整，但基本是在 NIMS 路径上，算是“微调”。比较突出的有两次：

一是《卡特里娜灾后应急管理改革法案（2006）》（Post Katrina Emergency Management Reform Act of 2006），重新提升了 FEMA 在国土安全部中的地位（至副部级），强化了由 FEMA 主导的对自然灾害的应对，算是对国土安全部以反恐为主要目标的平衡。

二是 2008 年以后，国土安全部废除了《国家应急预案》，代之以《全国应对框架》（National Response Frame，NRF）。为什么用“框架”代替“预案”？主要是人们普遍认为该预案不能胜任“全国”这一目标，未能清晰说明各方应对者的角色和责任；在应急管理者的眼中，预案及附件显然不能构成真正的行动预案，内容与名称不相符。使用“框架”这个词，能够更准确地说明其目的：有效应对突发事件，是各级政府、非政府组织、私人部门和公民个人共同的责任。“框架”赋予它们实现《全国准备指导方针》所列举的具体情景的战略和行动双重预案的责任。当然，框架是依据 NIMS 建立的，目的是为全国突发事件管理提供一致的模板，是国家如何实施全灾种应对的指南。它建立了一个可升级的、灵活的、适应性强的开放结构，便于在全国层面上安排重要角色和责任。

奥巴马政府上台后，在 2011 年发布了一个关于全国准备的 8 号政策令（Presidential Policy Directive 8：National Preparedness，PPD-8），它取代了小布什总统的 8 号令（HSPD-8）。原因是小布什总统的 8 号令要美国做的国家准备太广泛，花费巨大，美国政府无力支撑；奥巴马总统的 8 号令动员从联邦政府到社区、私人机构和公民个人都参与到突发事件的预防、应对和恢复中去。为此，奥巴马政府 2012 年将应急管理工作的全流程分解为五个框架（《全国预防框架》《全国保护框架》《全国减除框架》《全国应对框架》和《全国灾难恢复框架》），使美国从联邦、州、地方政府到私人企业、非政府组织、社区和个人都能够参与进来。美国公共安全管理系统得到了新的发展。

思考题

1. 试述西方国家公共安全管理机制的变迁阶段。
2. 试述民防在公共安全管理上的职能。
3. 试述民防的变迁过程。
4. 试述民防体系与公共安全体系的区别。
5. 试述美国公共安全管理模式的转变过程。
6. 试述美国从应急管理局到国土安全部成立的经过。
7. 试述美国联邦应急管理局对现代公共安全管理的贡献。
8. 试述美国国土安全部成立后美国公共安全管理系统的主要变化。

第三章

公共安全管理的理论基础

关键词

紧急事态　全灾种方法　生命周期理论　全方位方法　有准备的社区

前　言

西方国家的公共安全管理学科经过几十年的实践与发展，已逐步形成了一套系统的理论。它们多数出自美国的公共安全管理界，之后为其他西方国家所采用；也有其他国家的首创，被美国所接纳。可以说，本书所涉及的西方国家的公共安全管理的概念和原则，具有明显的同根性。

西方国家的公共安全管理理论中，主体是全面应急管理（Comprehensive Emergency Management，CEM）的理论，它的主要含义包括以下几点：

第一，对各种类型的灾难及其后果实施管理。由此发展成应急管理的"全灾种方法"（all-hazards approach）。

第二，对所有应急管理的参与者实施统一协调与领导。由此导出了"应急管理合作关系"（Emergency Management Partnership）或综合应急管理系统（Integrated Emergency Management System）的原则。

第三，对紧急事态的全过程（四个阶段）或生命周期（Emergency Lifecycle）实施管理。

第四，对全国各级政府、各种组织的所有合适资源实施统一调配使用。

这四种意思概括了现代西方国家公共安全管理的实质和全貌。

第一节　全灾种方法

一、全灾种方法的内涵

全灾种方法是西方国家在公共安全管理实践中逐渐形成的管理原则，也被称作“总体应急管理”（Comprehensive Emergency Management）。此方法是试图利用同一套公共安全管理安排，处理和应对所有种类的紧急事态、灾难和民防需求。[①]不管是美国，还是澳大利亚、新西兰、加拿大，在公共安全管理领域中，都采用相同含义的全灾种方法，某些研究文献以“多灾种”（Multi-Hazard）来表达“全灾种”的概念。

美国应急管理总署在1979年创立之初，即提出“总体应急管理”的理论概念或宗旨，其中主要组成部分之一就是“全灾种方法”。如前所述，1996年美国FEMA主持制定了《州与地方指南101：全灾种应急行动预案编制指南》，就是对这一方法的应用。

在美国联邦政府的文件中对全灾种方法是这样表述的：“应急管理必须能够应对自然和人为的灾害、国土安全相关的事件以及其他可能威胁到公民和社区安全与福利的紧急事态。应急准备的全灾种方法鼓励对无论什么原因引起的任何灾难实施有效且持续的应对。”[②]

美国法律中关于全灾种方法的阐述，见于《卡特里娜灾后应急管理改革法案（2006）》：“全灾种方法——责任人在按照本条款履行职责的时候，应该协调实施基于风险的、全灾种战略，建立针对自然灾害、恐怖主义行为和其他人为灾害所共同需要的准备、保护、应对和恢复能力；同时，对于那些对美国具有最大风险的特殊类型的事件，也要建设必需的独特能力，实现准备、保护、应对、恢复重建和减除。”[③]

加拿大联邦政府在其应急管理的框架中，这样阐释他们使用的全灾种方法：“在加拿大的每一个行政区划的应急管理，均采用全灾种方法，处理由自然的和人为引起的危险与灾难暴露出来的脆弱性。全灾种方法通过识别与整合所

---

① Emergency Management Australia, *Australia Emergency Management Glossary*, Better Printing Service, Commonwealth of Australia, 1998, p.5.

② Department of Homeland Security, FY2006 EMPG Program Guidance, 2005, p.6.

③ Post-Katrina Emergency Management Reform Act of 2006, Title VI, Sec. 503, pp.1399–1400 of DHS Appropriations Act, 2007.

有灾种通用的应急管理要素，补足那些特殊灾种所需要的小类要素缺口，提升了应急管理的效率。这样，‘全灾种’不是字面上的应对所有可能的潜在危险，而是强化了应对所有危险的共性合作，使政府维持一个合理的强大的应急管理体系。‘全灾种’方法也提升了应对那些还不为人知的危险或风险的能力。”①

二、全灾种方法的起源

全灾种方法伴随着公共安全管理体制的形成而来。如第二章所述，西方国家的公共安全管理始于战争中的民防事业。当时成立的民防组织只具备防空的功能。随着遭受自然灾害袭击的频率和规模逐渐增大，迫使政府开始建设用于应对自然灾害的机制。如新西兰积极改进原有的民防机构，为其增加应对其他灾害的职能，最后形成了应对所有危险和灾种的公共安全管理体制。有的国家则在尝试用民防机构代为处理其他灾难之后，感到种种不便，遂开始设立专门的处理各种灾难的专门机构。如 1974 年 2 月，澳大利亚政府批准了建立自然灾害组织（Natural Disaster Organization，NDO），承担了当时民防主要的职责，在灾难事件中协调联邦对州和地区的物质援助，帮助它们提高紧急事务管理的能力。该组织于 1993 年 1 月 1 日改成澳大利亚应急管理署。

总之，从 20 世纪 70 年代开始，美国、澳大利亚等西方国家的公共安全管理都合并或集中为一套机构，采用全面的准备、减除、应对和恢复重建措施，面对可能发生的所有危险和灾难，包括自然灾害、技术灾难、人为灾难、恐怖主义，甚至民防需求。因此形成了“全灾种方法”的制度基础。

三、全灾种方法的可行性与必要性

实施全灾种方法的可行性主要包括以下方面：

（一）成本

只使用一套应急管理系统处理所有种类的突发事件，避免了重复建设，能够确保最经济的公共安全管理成本。

① Emergency Management Policy Directorate, Public Safety Canada, *An Emergency Management Framework for Canada*, Ottawa, 2011, p.14.

（二）需求

虽然是一套应急管理系统，却能够处理所有类型的突发事件，能够保证公共安全管理的基本需求。无论是哪一种灾难，自然的、人为的，还是技术的，预防和应急都有基本相同的需求，如事前的风险管理、预案编制、预报与预警；事中的人员疏散与撤离、搜救与救援、急救、灾民的食宿安置；事后的恢复重建等，都与医疗、消防、治安、民政、电力、交通、通信等部门息息相关。因而，全灾种方法能够满足可能发生的所有灾难的基本需求。

（三）效率

一套应急管理系统处理所有种类突发事件，能够实现统一且最高效率的指挥和运作。如果不同类型的灾害由不同的管理机构负责处理，在一个灾难并发其他灾难时，就会出现多头管理或无人过问的权责不一及不明现象。如，美国经历"9·11"恐怖袭击事件后，引起人们对恐怖主义危险多头管理的强烈不满，最终督促政府建立统领全国公共安全管理的国土安全部。

第二节　整合应急管理系统

"整合应急管理系统"（Integrated Emergency Management System）是美国公共安全管理中常用的术语，有时也用比较近似的术语"应急管理合作关系"（Emergency Management Partnership）来表示。澳大利亚称之为"所有部门方法"（All Agency Approach/ All-agencies Approach）或"综合方法"（Integrated Approach）。

一、概念

什么是"整合应急管理系统"？在美国、澳大利亚这样的联邦制国家，实施的是分权制行政体制。当紧急事态发生时，需要来自不同机构、部门、各级政府的代表一起工作、相互配合，且必须迅速做出决策。如果缺乏一套具有计划性，既协调又统一的领导，势必影响政府的反应速度和应急能力，就无法实施有效管理。因此，需要建立一个使所有应急管理工作的参与者都能够一起工作的指挥系统，称为整合应急管理系统。它是一个通过网络化联结，推进应急管理能力的架构。

澳大利亚的"所有部门方法"的概念，指为处理所有紧急事态和灾难而做出的使联邦、州和领地，以及各级地方政府、法定权力部门、志愿者和社区组织积极合作的安排。[①]

在这一系统中，虽然所有部门和组织都被组织协调在一起，实施全面合作，但各国国家的相关法律制度也对各级政府和部门的责任做了明确的分工。

澳大利亚整合的“所有部门方法”对各级政府的安排是：州和领地政府对保护和保存其公民的生命和财产负责。这些政府通过使社区和各部门运作的法律和规章安排，通过提供警察、消防、救护、医疗、医院和紧急事态服务，以及通过向社区提供服务的政府与权力部门等方式，对有效的预防、准备、应对和恢复重建所不可或缺的职责行使控制权。联邦政府的作用则是对州和领地在发展它们在处理紧急事态和灾难能力方面提供指导和支持，对州和领地在应急能力所不及的紧急事态和灾难中提供实质的物质援助。

加拿大联邦政府提出的“加拿大政府的整合应对”（Integrated Government of Canada Response）和应急响应中的“伙伴关系”（Partnerships），也是同样的意思：“所有涉及的部门都具有同一目的：共同决定总体目标，促成共同方案，最大限度使用所有可用的资源，全力参与联邦应对过程。”[②]

二、部门职责

在“整合应急管理系统”中，各级政府的职责和权限如下：

（1）地方政府对其公民的安全、接近事件和资源的情况和人员的了解负直接责任。紧急事态支持署（Emergency Support Services）是地方政府能够全天候反应紧急事态的部门。它包括执法、消防和搜救部门，以及公共事业部门。

（2）州政府在紧急事态应对和重建工作中，依法承担地方和联邦政府之间的联系中枢作用。

（3）联邦政府拥有法定权力、财政资源、研究能力、技术信息和服务以及专门人才，在紧急事态和灾难的应对和恢复重建中，应对地方和州部门提供援助。通过以上安排，“整合应急管理系统”期望达成以下目标：[③]

---

① Emergency Management Australia, *Australia Emergency Management Glossary*, Better Printing Service, Commonwealth of Australia, 1998, p.63.

② Government of Canada，Federal Emergency Response Plan, 2011，pd-2.

③ Emergency Management Institute, Independent Study Program, *Emergency Manager: an Orientation to the Position*, October, 2002，p1.13.

① 促进联邦、州、地方等各级政府的充分合作，为实现共同的全国目标为各级政府提供灵活性。

② 强化对已知的应急管理措施加以有效落实。实现应急管理规划向州、地方和各级政府主流的决策和行动体系更加紧密的结合。

③ 在现有应急管理预案、系统和能力的基础上，扩展它们对所有类型的紧急事态的适用范围。

概括起来，"整合应急管理系统"是促使地方、州和联邦政府，以及私人部门、民间组织和公民，在公共安全管理的每一个阶段，分担有效使用资源的责任；与此同时，在这一系统中，每一个人、单位和团体都有自己的作用和职责，最终责任则由所有参与者分担。

第三节　公共安全管理的"生命周期"理论

一、起源

"生命周期"（Emergency Lifecycle）理论也称"四个阶段"理论。公共安全管理之所以超越了单纯的突发事件应对，是因为它的着重点在"安全"上，而不仅仅在"应急"上。所以，20 世纪 70 年代，美国全国州长协会（National Governor Association）提出了全灾种方法后，很快被刚成立的联邦应急管理局接受，它依据灾难的酝酿、发生、结束的周期，将应急管理的活动、政策和项目分为四个功能区：减除（mitigation）、准备（preparedness）、应对（response）和恢复重建（recovery），这就是公共安全管理的"生命周期"理论或"四个阶段"理论，如图 3-1 所示。[①]

加拿大全盘接受了这一理论，在其政府发布的《应急管理规划指导》中，将四个阶段分别表述为：预防与减除（减少风险）；准备（行动的准备协调方法）；应对（与战略优先权相适应的整合应对）；恢复重建（复原 / 行动的连续性）。[②]

澳大利亚对"四个阶段"理论在表述上有所不同，它将这一理论称作"全面性方法"（Comprehensive Approach），使用的是预防 / 减除（Prevention/Mitigation）、准备（Preparedness）、应对（Response）和恢复重建（Recovery）。

---

① Emergency Management Institute，Independent Study Program, *Emergency Manager: an Orientation to the Position*, October, 2002，p1.11.

② Her Majesty the Queen in Right of Canada, 2010，Emergency Management Planning Guide, 2010–2011, p.4.

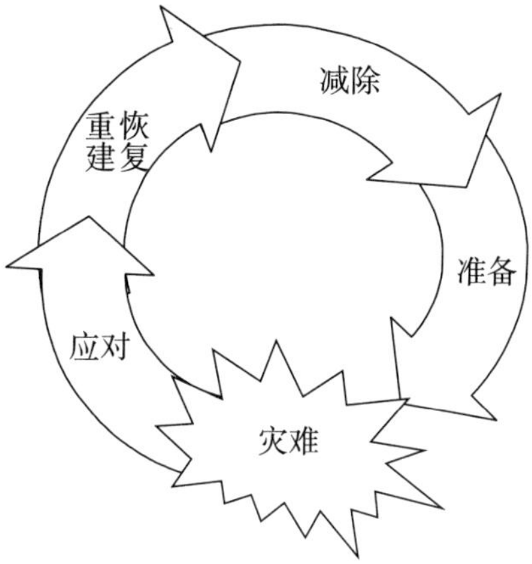

图 3-1 公共安全管理“生命周期”理论中的四个阶段

他们将这 4 个英文单词的第一个字母合起来，把四个阶段简称为“PPRR”。可以看出，与加拿大一样，他们在“减除”前面增加了“预防”，从具体内容上讲，与美国的概念没有什么区别。

虽然将公共安全管理分成四个功能区。但在实际操作过程中，这四个阶段之间并没有明显界限，不仅各阶段间的内容相互关联，且相互渗透，常常有交叉和重叠的地方。

二、内涵

根据美国国土安全部 2017 年颁布的最新定义，将各个阶段的简单内容介绍如下：

（一）减除[①]

根除和减少灾害后果的持续的支持性行动。减除一般包括两部分，一是措施，包括土地规划和建筑法规、洪泛区买断、危险数据分析以确定安全建筑的地点，还包括指导政府、企事业单位、公众如何采取减少伤害和损失的措施，也包括采取发展技术手段支持减除战略；二是能力，即减少灾害中生命和财产损失的必要能力，这些能力包括但不限于改进重要基础设施和生命线工程的抗逆力，减少针对自然灾害和恐怖行为的脆弱性，以及灾后减少灾害未来再发生的风险等。

---

① Management Directorate, Department of Homeland Security. *DHS Lexicon Terms and Definitions*, 2017 Edition – Revision 2, p.414.

（二）准备[①]

建设、维持和提高针对自然或人为事件的预防、保护、应对和从中恢复所必需的能力的行动。这些准备行动和措施是为了减少自然或人为事件对平民的影响，应对突然发生的紧急事态，被毁重要设施的应急修复，生命线的不间断运转，以及预案编制、培训、演练、人员资质达标、装备合规等。

（三）应对[②]

灾害发生后采取的拯救生命、保护财产和环境，保障基本的人道需求的紧急行动。包括实施应急预案和支持短期恢复的行动。

（四）恢复重建[③]

制定、协调和实施维修和现场重建方案。在国土安全部内部，它包括政府运转和服务的重构；私人部门、非政府组织和公助项目为灾民提供住宿和重建服务；对灾民提供长期关怀；以及采取社会、政治、环境和经济的恢复措施；灾害评估，总结经验教训，撰写救灾报告，制定未来灾害的减除措施。

第四节 “有准备的社区”理论

“有准备的社区”（the Prepared Community）理论是澳大利亚应急管理署提出的理论。美国学者提出的类似理论是“抗逆社区”（resilient community），此理论针对西方国家社会组织结构的情形而提出。美国学者认为，首先，社区是一个特别的政治区划；其次，社区具有同政治区划不相同的两个特征———社区意识和社会互动作用。社区意识包括源自共同目标、价值和行为规范的共同身份观念，使他们能够将“我群”与“他群”加以区分。此外，社区也是一个经济网络，构成它的基本单元类型是家庭、企业和政府机构。[④]

社区作为西方社会的基层结构，不是拥有基层政权的行政区划，而是居民自

① Management Directorate，Department of Homeland Security. *DHS Lexicon Terms and Definitions*, 2017 Edition – Revision 2, p.499.

② Management Directorate，Department of Homeland Security. *DHS Lexicon Terms and Definitions*, 2017 Edition – Revision 2, p.560.

③ Management Directorate，Department of Homeland Security. *DHS Lexicon Terms and Definitions*, 2017 Edition – Revision 2, p.544.

④ 参见美国应急管理学院教科书：*Introduction to Emergency Management Textbook*，第 11 章，来自 FEMA 网址：http://training.fema.gov/emiweb/edu/introtoEM.asp。

治体。政府对它们的管理，是指导、引导、建议和提倡，而非强制性的。因紧急事态和灾害通常发生在社区，且严重影响社区安全，且政府援助往往需要一段时间才能抵达受灾现场，这就要求社区对灾害具有一定的抵抗能力，拥有社区自己的救济能力。

就社区观点而言，在处理紧急事态与灾害方面的三个重要环节是社区居民、志愿者组织和地方政府。居民在其社区中担任重要功能，如了解地方危险和被推荐的保护性措施、采取适当的针对这些危险的个人防范、积极参加以社区为基础的志愿者组织，及确信他们的地方政府在处理紧急事态与灾害时有适当和有效的安排。积极且有准备的社区志愿者组织在获得社区支持下，可以在紧急事态与灾难管理中发挥积极作用，并且被充分融入紧急事态与灾害管理的安排中。因此，社区中的居民、志愿者组织，加上地方政府的组织与安排，构成了“有准备的社区”的基本内容。

“抗逆社区”为美国学者所提出，美国联邦应急管理局和许多州政府都在许多文件和项目中用到这一概念，包括奥巴马总统的 8 号政策令。就连联合国国际减灾战略（International Strategy for Disaster Reduction）也出版了《建设灾难抗逆社区》（Building Disaster Resilient Communities）。按照美国应急管理学院教科书的解释：“抗逆社区”可能在自然灾害的极端重压下屈服，但它们基于以下原因而不会瓦解：

（1）它们的道路、公用事业和其他辅助设施构成的生命线系统设计了持续运转功能，能够面对洪水、飓风和地震的袭击。

（2）它们的邻里和企业、医院和公共安全中心坐落在安全地区，而不是已知的高风险区。

（3）它们的建筑被建成或改建成符合建筑法典标准要求、能够面对自然灾害威胁的建筑。

（4）它们的自然环境保护系统能对诸如沙丘和湿地等地方加以充分保护。[①]

当然，西方国家关于公共安全管理方面的理论和原则还不止这些，但这些是主要的和最重要的。其他理论和原则将在以后各章内容中提到。

---

① Raymond J. Burby, *Building Disaster Resilient Communities,* session3, Emergency Management Institute, Instructor Guide, May, 2002.

思考题

1. 试述西方国家公共安全管理中全灾种方法的含义。
2. 试述西方国家公共安全管理中整合应急管理系统的含义。
3. 试述西方国家公共安全管理理论中的四个阶段。
4. 试述“有准备的社区”的主要内涵。

第二编

公共安全的管理组织

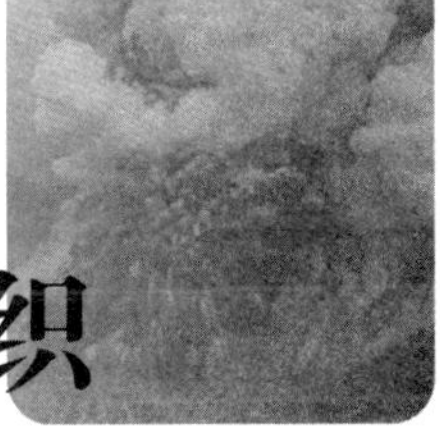

第四章

政府组织

关键词

政府组织　联邦政府组织　国土安全部　战略目标　国家应急预案　地方政府组织

前　言

政府组织包括参与公共安全管理的各级政府的部门和机构，它们是公共安全管理的权力部门，也是主要的管理实施部门。根据西方各国公共安全管理方面的相关立法，国内应急管理的绝大部分事务，从自下而上的公共安全管理体制的建立和完善、各级公共安全预案的制定，到对所有公共安全事件的全过程管理，乃至协调社会和民间力量，都是政府的职责。政府的专职公共安全管理组织和机构是否健全，参与公共安全管理部门的公共安全管理职责是否到位，是各类公共安全事件管理的效率与效果的关键所在。西方国家在长期的公共安全管理实践中，在组织建设上逐渐达到了机构健全、职责到位、运转自如的程度，为其他国家所模仿或借鉴。

在美国和澳大利亚这样的联邦制国家中，联邦政府是国家的最高行政机关。联邦政府的公共安全管理组织，包括内阁（总统或总理）、专职的公共安全管理机构和参与公共安全管理的部门。美国的公共安全管理政府组织具有典型意义，在美国的影响下，澳大利亚发展了类似的组织。

在联邦一级的公共安全管理组织下面，是州（领地）和地方公共安全管理组织。根据联邦制国家的宪法精神，保护人民安全的责任主要在州和地方，联邦的公共安全管理组织只是在灾难的规模和严重性超出了州和地方的应对能力的情况下，才会为其提供物质和财政援助。这是西方国家公共安全管理的一个特色。

此外，在州和地方政府之下，社区作为西方社会基本的组织单元，被赋予了重要的公共安全自我管理的责任。这样，从社区开始，通过地方到州直到联邦，构成了西方国家应急管理的完整的组织体系。

单一制国家如新西兰，由于国土和人口等国情的差别，形成了独树一帜的组织系统。

第一节　美国的政府组织

美国公共安全管理的政府组织包括联邦级的专职和非专职部门、州和地方的专职和非专职部门，说明如下。

一、联邦政府组织

美国联邦的公共安全管理组织包括总统领导的内阁、专职的公共安全管理组织联邦应急管理局（2003 年 3 月以前）和国土安全部（2003 年 3 月以后），以及其他承担部分公共安全管理职责的联邦机构。

（一）总统

总统是美国最高行政长官和三军总司令，在公共安全管理方面享有最高和最终权力。这些权力是指在非常时期（如战争、叛乱、瘟疫、大罢工以及重大灾害等），总统才能行使的特殊权力。

1. 总统公共安全管理权力的来源和法律基础

总统公共安全管理方面的权力主要源自美国宪法。虽然宪法中没有具体关于总统行使公共安全管理权力的条文，但总统就职誓词（Presidential Oath of Office）要求他“保持、保护和捍卫”宪法，并履行其内容。根据宪法，在发生危机时，总统还可以行使那些通常由立法机关和司法机关才能行使的权力，将分立的三权融合为一体，成为国家权力的唯一来源。

宪法对总统的紧急事态授权主要包含在宪法的第二条“总统为三军总司令”，以及第二条第三款：总统“负责使法律切实执行”。此外，有两个重要法案为总统实施公共安全管理提供了具体法律依据。一是 1988 年的《斯塔福德灾难与紧急援助法》，它规定联邦政府对遭受灾害（包括自然灾害和恐怖主义事件）的州、地方和各级政府，个人和符合条件的私人非营利组织提供援助，而总统则是这种援助的最终决策者。二是 2002 年通过的《国土安全法》，授权成立了国土安全部，将所有公共安全管理的相关机构合并在一起，总统自然对该部负有领导责任。

除此之外，总统对政府部门主要官员具有任命权、行政预算的制定权、行政机关的重组权、行政部门提交给国会的情报的筛选和控制权以及对国会决议的否决权等，这也是总统公共安全管理权力的直接来源。

2. 总统公共安全管理权力的行使

总统公共安全管理权力的行使包括对联邦公共安全管理机构的设置与重组、公共安全管理部门主要官员的任命、公共安全管理政策的制定、宣布紧急事态以及实施与此相关的配套措施。

宣布在某一州或特定区域内的紧急事态状态或重大灾害，是总统通常的公共安全管理工作。相比之下，紧急事态是规模和危害较小的突发事件，重大灾难是规模和危害很大的突发事件。如果总统宣布一个地区的紧急事态状态或重大灾害状态，就意味着该地区将得到联邦政府援助，但宣布的类型不同联邦政府提供的资助额度也不同。根据《斯塔福德灾难与紧急援助法》，总统宣布紧急事态状态必须依据以下程序：

（1）灾害一发生，受灾的州应实施全力的应急响应，同时与联邦应急管理局的地区办公室接洽；

（2）受灾州应请求联邦应急管理局实施联合初步损失评估（Preliminary Damage Assessment），参加评估的包括联邦应急管理局、州、地方政府和其他相关联邦部门的代表；

（3）基于评估内容，如果发现灾害超出了州和地方政府现有的应急能力，州长可以通过联邦应急管理局的大区主任向总统递交申请，要求宣布受灾地区的紧急事态状态或重大灾害状态；

（4）联邦应急管理局的大区办公室将事件概述、基于初步损失评估结果提出的建议，连同州长的申请一并呈送联邦应急管理局总部；

（5）总部高级官员根据这些材料开会，讨论决定给总统的决策建议；

（6）联邦应急管理局的建议送交白宫审查；

（7）总统宣布紧急事态状态或重大灾害状态，或拒绝申请。

虽然程序上没有弹性，但人们普遍认为，总统在决定是否宣布紧急事态状态或重大灾难状态时，没有明确的客观的标准，往往带有很大的随意性。[①] 由于有重大利益所在，受灾的州也不遗余力地争取获得总统的宣布。政治的因素、政策的因素、个人的判断、州的“哭穷”水平等都能影响到总统的决定。在所有申请中，大约有 1/3 被驳回。从 1974 年到 2020 年，美国总统平均每年宣布紧急事态 11 起；从 1953 年到 2020 年，美国总统平均每年宣布重大灾害 37 起。

表 4–1　1974—2020 年美国总统宣布的紧急事态次数

年份	次数	年份	次数	年份	次数	年份	次数
1974	5	1987	1	2003	19	2013	5
1975	6	1992	2	2004	7	2014	6
1976	8	1993	19	2005	68	2015	2
1977	34	1994	1	2006	5	2016	7
1978	14	1995	2	2007	13	2017	16
1979	10	1996	8	2008	17	2018	14
1980	6	1998	9	2009	7	2019	15
1982	3	1999	20	2010	9	2020	85
1983	1	2000	6	2011	29		
1984	4	2001	11	2012	16		

表 4–2　1953—2020 年美国总统宣布的重大灾难次数 [②]

年份	次数	年份	次数	年份	次数	年份	次数	年份	次数
1953	13	1967	11	1981	15	1995	32	2009	59
1954	17	1968	19	1982	24	1996	75	2010	81
1955	18	1969	29	1983	21	1997	44	2011	99
1956	16	1970	17	1984	34	1998	65	2012	47

① Richard T. Sylves，*The Political and Policy Basis of Emergency Management*, session5, Emergency Management Institute, July, 1998. 克林顿的应急管理局局长维特提出，依据《斯塔福德法案》，将获得联邦援助的条件可以归纳为三条：（1）事件的严重性和量级；（2）事件的后果；（3）该事件是否超出了受影响的地区和州的应对能力。但是，这三条都是笼统的标准，没有量化指标，在实践中很难把握。《国家应急预案》也对联邦提供援助的参考条件做了相应的解释，参见 Homeland Security, *National Response Plan*, December, 2004, p.6。

② https://www.fema.gov/disasters/year?page=1.

续表

年份	次数	年份	次数	年份	次数	年份	次数	年份	次数
1957	16	1971	17	1985	27	1999	50	2013	62
1958	7	1972	48	1986	28	2000	45	2014	45
1959	7	1973	46	1987	23	2001	45	2015	44
1960	12	1974	46	1988	11	2001	49	2016	46
1961	12	1975	38	1989	31	2003	56	2017	59
1962	22	1976	30	1990	38	2004	68	2018	59
1963	20	1977	22	1991	43	2005	48	2019	61
1964	25	1978	25	1992	45	2006	52	2020	63
1965	25	1979	42	1993	32	2007	63		
1966	11	1980	23	1994	36	2008	75		

（二）专职公共安全管理部门

美国联邦级的专职公共安全管理部门 2003 年 3 月以前是联邦应急管理局，之后是国土安全部。本节只重点介绍现在正运行的国土安全部。

1. 国土安全部的组织结构

国土安全部将原来分散在各个部和联邦直属部门的 22 个机构组合起来，下设 1 个部长办公厅和 4 个司（directorate）。

（1）部长办公厅（Office of the Secretary）：

包括大隐私保密官办公室（Office of Chief Privacy Office）、民权与个人自由办公室（Office for Civil Rights and Civil Liberties）、反麻醉药品办公室（Office of Counter Narcotics）、总监察官办公室（Office of Inspector General）、立法事务办公室（Office of Legislative Affairs）、国家首都地区协调办公室（Office of National Capital Region Coordination）、私有企业办公室（Office of the Private Sector）、公共事务办公室（Office of Public Affairs）、州和地方政府协调与准备办公室（Office of State and Local Government Coordination）9 个机构。

（2）边界与运输安全司

包括以下部门：美国海关总署（The U.S. Customs Service，原隶属财政部）、移民与归化署（The Immigration and Naturalization Service，一部分，原隶属司法部）、联邦防护署（The Federal Protective Service）、运输安全管理局（The Transportation Security Administration，原隶属运输部）、联邦执法培训中心

（Federal Law Enforcement Training Center，原隶属财政部）、动植物卫生检疫署（Animal & Plant Health Inspection Service，一部分，原隶属农业部）和国内准备办公室（Office for Domestic Preparedness，原隶属司法部）7 个机构。

这些部门当中，需要特别说明的是国内准备办公室的基本职责：

它是一个专门应对针对美国的恐怖主义行动的机构。负责反恐培训，帮助各级政府购买反恐装备、支持反恐规划和实施反恐演习，以及提供用于反恐技术援助的资金。

（3）紧急事态准备与应对司

它的基本职责是监督国内灾难准备培训与协调政府的灾难应对。包括以下部门：联邦应急管理局（Federal Emergency Management Agency）、全国战略储备与全国灾难医疗系统（Strategic National Stockpile and the National Disaster Medical System，原隶属卫生和福利部）、核事故应对小组（Nuclear Incident Response Team，原隶属能源部）、国内紧急事态支持小组（Domestic Emergency Support Teams，原隶属司法部）、全国国内准备办公室（National Domestic Preparedness Office，原隶属中央情报局）5 个机构。

从其所属 5 个机构可以看出，该司承担的是美国联邦政府最主要的公共安全管理职责。其中联邦应急管理局和全国战略储备与全国灾难医疗系统又是公共安全管理的核心机构。合并进国土安全部以后，联邦应急管理局的地位被降低，话语权和责任力也不可避免被大大削弱，自然会影响到美国的公共安全管理。

（4）科学与技术司

目的是利用所有的科学和技术优势来保护美国的国土安全。包括以下部门：化学、生物、放射性或核武器对策计划（CBRN Countermeasures Programs，原隶属能源部）、环境测量实验室（Environmental Measurements Laboratory，原隶属能源部）、全国生物武器防御分析中心（National Bw Defense Analysis Center，原隶属国防部）、普拉姆岛动物疾病中心（Plum Island Animal Disease Center，原隶属农业部）4 个机构。

（5）情报分析与基础设施保护司

负责分析来自其他部门（包括中央情报局、联邦调查局、国防情报局和国家安全局）的有关威胁国家安全的情报和信息，评估全国基础设施的脆弱性。包括以下部门：联邦计算机事故应对中心（Federal Computer Incident Response Center，原隶属总务管理局）、全国通信系统（National Communications System ，原隶属国防部)、全国基础设施保护中心(National Infrastructure Protection Center，原隶属中央情报局)、能源安全与保障计划(Energy Security and Assurance Program，原隶属能源部)4个机构。

此外，还有两个直属国土安全部部长的机构，分别是保密局(Secret Service，也译作联邦经济情报局)和海岸警备队(Coast Guard)。

2. 国土安全部的主要职责

根据2002年《国土安全法》第101条规定，国土安全部的职责包括以下几项：

(1)预防美国境内的恐怖袭击。

(2)减少美国面对恐怖主义的脆弱性。

(3)一旦在美国境内发生恐怖袭击，将损害减到最小，并帮助从袭击中重建。

(4)履行划拨给国土安全部部门的所有职责，包括承担处理自然与人为危机和紧急事态预案编制的所有责任。

(5)确保国土安全部所属部门与保护国土非直接相关的功能不被削弱或忽略，除非通过国会特别明确的法令许可。

(6)保证美国全面的经济安全，不因为旨在保护国土安全的工作、行动和计划而被削弱。

(7)监控非法毒品交易与恐怖主义的联系，协调各方面工作去切断这种联系，同时致力于阻断非法毒品交易。

(8)调查和起诉恐怖主义的职责。①

从立法的精神和国土安全部的战略目标来看，国土安全部将反恐作为首要任务，显示出“9·11”事件深刻的影响，尽管恐怖主义不是美国最常见的公共安全事件。而经常发生的自然灾害、技术和人为紧急事态，作为原联邦应急管理局的职责，虽然原封不动地随同联邦应急管理局一起划拨给了国土安全部，但作为国土安全部下属的紧急事态准备与应对司所管辖的三级机构的职责，实际上很难得到应有的重视。从这点来说，国土安全部在公共安全管理方面的职责有点本末倒置了。

那么，在国土安全部的框架内，联邦应急管理局的职责是什么呢?《国土安

① *Homeland Security Act of 2002*, 美国第107届国会2002年1月23日通过。

全法》第 507 条规定联邦应急管理局的职责包括：

（1）《斯塔福德灾难与紧急援助法》中所规定的所有职责和权限。

（2）为实现其使命，减少生命和财产损失，保护国家免遭各种危险，要领导和支持国家实施保护下属内容的全面的、基于风险的应急管理项目：

① 减除灾害，方法是采取持久的行动，减少或根除对人民和财产遭受各种危险及其后果的长期风险；

② 制定规划，设立应急管理职业，实现对任何危险有效的准备、减除、应对以及从中恢复；

③ 实施应对，方法是采取紧急事态行动，配置紧急事态装备和供给，撤离潜在的受害者，对需要者提供食物、饮水、临时住处和医疗服务，提供修复重要的基础设施，拯救生命和财产；

④ 实现恢复，通过重建社区，使个人、企业和政府能够自我运作，恢复正常的生活，保护他们免遭未来的危险；

⑤ 增加效率，通过协调有关灾害减除、规划编制、应对和恢复重建工作来实现。

（3）联邦应急管理局应该保留它在《联邦应对预案》（Federal Response Plan）中的领导机关的地位。①

从上述法律内容来看，联邦应急管理局的职责和功能基本上没有受到触动；尤其是它作为全国公共安全管理的领导者的地位。因为，法案特意强调："不管本法的其他条款，联邦应急管理局应该保留它在《联邦应对预案》中的领导机关的地位。"现在，问题就出来了：联邦应急管理局负责全国绝大部分公共安全管理事务，而偌大个国土安全部以及它下属的诸多机构，只承担反恐任务。除却联邦应急管理局，国土安全部实际上就是反恐部。在行政管理学的意义上考虑，联邦应急管理局在"国土安全"的职责上，是国土安全部的重心，其部门领导理应在部中有相应的权力，方能很好地履行其职责，但实际上被边缘化了：它现在的领导人是助理部长（Under Secretary），其工作程序是，先到副部长（Deputy Secretary），然后才能到达部长（Secretary）。面对各种突发事件，这种程序能否适应公共安全管理的急迫性，当然值得怀疑。这一点在三年后的卡特里娜飓风应

① Ibid. 此外，2004 年 12 月，国土安全部颁布了修改过的联邦应对预案，新预案的名称为《国家应急预案》，该预案是依据总统关于国土安全的第 5 号行政命令制定的，将联邦应急管理权主要交给国土安全部部长，联邦应急管理局的责任有所削弱，似乎没有完全反映《国土安全法》的意图。

对中应验了。

2005 年 8 月横扫美国南部的卡特里娜飓风，其猛烈程度为美国建国以来所罕见。国土安全部按照新的体制运转涩滞，反应迟钝，对受灾州的援助迟迟不能到位，致使以新奥尔良市为中心的广大地区遭受巨大的人员伤亡和财产损失。人们习惯性认为救援应该是联邦应急管理局的责任，各种指责纷至沓来，舆论甚至怀疑它的存在是否必要，国会也形成了两种截然对立的意见：是把它的地位提升到国土安全部成立以前那样还是干脆废除它。最后，经过激烈的辩论，通过了《卡特里娜灾后应急管理改革法案（2006）》，重新提升了联邦应急管理局在国土安全部中的地位（至副部级），强化了由它主导的对自然灾害的应对，算是对国土安全部以反恐为主要目标的平衡。

3. 国土安全部的战略目标

依据《国土安全法》规定，国土安全部于 2004 年颁布了“保护我们的国土安全”的国土安全战略规划（Securing Our Homeland：U.S. Department of Homeland Security Strategic Plan），[①] 确定了以下七个战略目标：

目标一：了解（Awareness）：识别和了解威胁，评估脆弱性，确定潜在的影响，适时对国土安全保护的参加者和美国公众发布信息。

目标二：预防（Prevention）：侦察、阻止和减轻对国土的威胁。它要实现以下目的：保护美国的边界免遭恐怖分子、非法毒品和其他非法活动的侵害。

目标三：保护（Protection）：保卫美国人民和他们的自由、重要基础设施、财产和国家经济，使其免遭恐怖主义、自然灾害或其他紧急事态的破坏。

目标四：应对（Response）：领导、管理和协调全国对恐怖主义、自然灾害或其他紧急事态的应对。

目标五：恢复重建（Recovery）：领导全国、州、地方和私营企业，在遭受恐怖主义、自然灾害或其他紧急事态袭击后恢复运转，重建社区。

目标六：服务（Service）：通过促进合法的贸易、旅游和迁徙，为公众提供有效的服务。

目标七：组织质量（Organizational Excellence）：尊重我们最重要的资源、我们的人民；创造促进共同认同、创新、相互尊重、责任心和团队精神的文化，实现效率、效力和运作的整合性。

---

① 战略规划，也可以翻译为“战略预案”，是美国应急预案体系中的最高级预案。

总之，国土安全部的战略目标体现了其工作任务和职责。虽然反对恐怖主义成为战略重心，但也包括针对各种灾害的应急职责，实现了国土安全部成为美国公共安全管理的统管部门。

到了奥巴马政府时期，国土安全部在发布《2014—2018 财政年度的战略规划（Fiscal Years 2014—2018 Strategic Plan）》时，将国土安全部职责分为 5 大任务区和 16 个目标，从中我们可以看出其变化与发展：

任务区一：预防恐怖主义与增进安全

包括三个目标：一是预防恐怖袭击；二是预防未经授权获得化学、生物、辐射、核材料的能力；三是减轻针对国家重要基础设施、关键领导人和大事的风险。

任务区二：保护和管理边界安全

包括三个目标：一是保护空中、陆地和海上边界和路径安全；二是保卫与推荐合法贸易与旅行；三是分解和拆散跨国犯罪组织及其他非法行为者。

任务区三：强化与执行移民法

包括两个目标：一是加强并有效管理移民系统；二是阻止非法移民。

任务区四：保卫网络安全

包括四个目标：一是加强重要基础设施相对网络攻击和其他危险的抗逆力和安全保护；二是保护联邦政府民用信息技术实体安全；三是提升网络执法、突发事件应对和信息报告能力；四是巩固网络生态系统。

任务区五：加强国家准备与抗逆力

包括四个目标：一是提升国家准备；二是减除危险和脆弱性；三是确保有效的应急响应；四是能够实现快速恢复。[①]

（三）非专职公共安全管理部门

非专职公共安全管理部门是指具有部分公共安全管理职责的政府部门。虽然国土安全部已经将所有联邦部门所属的 22 个专职公共安全管理机构纳入，但其他联邦机构仍然具有某些公共安全管理的职责。说明如下：

1. 司法部

司法部是美国主要法律执行机关，根据总统关于国土安全的行政命令和其他相关法律和命令，对发生在美国境内的个人和组织实施的恐怖主义行动或威

---

① Department of Homeland Security, *Fiscal Years 2014–2018 Strategic Plan*. https://www.dhs.gov/sites/default/files/publications/FY14-18%20Strategic%20Plan.PDF.

胁，或者由海外地区的美国公民或机构控制的恐怖主义行为，并且在属于美国联邦的犯罪权限管辖范围的犯罪调查，以及在美国境内的相关情报收集，由司法部负责。

2. 国防部

国防部拥有支持应对各种重大突发事件的重要资源。它下设民用防御支持局（Defense Support of Civil Authorities，DSCA），在国内发生重大公共安全事件时，根据总统命令，或者在与法律授权相一致的情况下，国防部可通过该局，提供所需要的支持。

3. 国务院

国务院具有国际协调责任，负责协调国际的重大公共安全事件的预防、准备、应对和恢复重建活动，保护美国在海外的公民和利益。

4. 其他联邦部门

在重大公共安全事件中，基于各自的资源、权限或事件的性质，其他联邦部门可能扮演主要的、协调性的和／或支持性的作用。依据法律，如果某一个联邦部门负责主持领导突发事件的应急，其他联邦部门一般都是联合现场办公室协调小组的高级联邦官员或高级联邦执法官员的成员，参与领导工作。鉴于各联邦部门几乎都承担着或多或少的公共安全管理责任，在 2004 年 12 月国土安全部公布的美国《国家应急预案》中，有 32 个部门签署，其中属于联邦部门的包括农业部、商业部、国防部、教育部、能源部、卫生与福利部、国土安全部、住房与城市发展部、内政部、司法部、劳工部、国务院、交通部、财政部、退伍军人事务部、中央情报局、环境保护局、联邦调查局、联邦通信委员会、通用事业管理局、全国航空航天管理局、全国运输安全委员会、核管理委员会、人事管理办公室、小企业管理局、社会保障局、田纳西河流域管理局、国际发展局、国家和社区服务公司等。①

这些联邦部门在联署《国家应急预案》时承诺：

（1）支持《国家应急预案》的概念、程序和结构，落实分配给它们的职责，确保高效率、高效力的事件管理，包括按照要求指派代表参加跨部门的协调机构；

（2）各自同意“协议备忘录：全国重大事件的相互援助”、财政管理支持

① Department of Homeland Security, *National Response Plan*, December, 2004, pp.v–viii.

附录（Financial Management Support Annex）、本预案附件3中所设定的条款和条件；

（3）在国土安全部部长实施本预案的时候，提供与自己的权限和责任相一致的合作、资源与支持；

（4）在与各自权限和责任相一致的情况下，与适当的联邦事件管理领导合作，包括主要联邦官员、联邦协调官（Federal Coordinating Officer）和联邦资源协调官（Federal Resource Coordinator），以保证事件处理的高效率和高效力；

（5）修改现存的跨部门和部门的突发事件管理与紧急事态应对预案，使之与本预案相一致；

（6）与州、地方和地区实体，私营企业和非政府组织构成和保持事件管理参与者身份；

（7）利用本部和机构的特有职权、资源和项目，推进与本预案一致的事件管理行动；

（8）发展、演练、改进指挥部和地区的能力，确保支持本预案持续的行动准备。①

除了这些联邦部门在公共安全管理方面的笼统责任之外，依据《斯塔福德法案》,《国家应急预案》还规定了很多联邦部门具体的特别责任，这些责任有时非常重大，直至可以宣布灾难状态和紧急事态状态。比如：

农业部部长在某些情况下可以宣布灾难状态。其情况包括：一个县出现持续的30%以上的产量损失，或者某个重要企业遭受了更大的损失等，可以授权为实际损坏和作物损失提供紧急事态贷款。

小企业管理局局长也可以在建筑物、机械、库存和其他财产出现重大损坏或经济损失的时候，宣布灾难状态。

商业部部长可以宣布商业性的渔业歉收或渔业资源紧急事态状态。

卫生与社会福利部部长可以宣布公共卫生紧急事态状态。

美国工程师军团（U.S. Army Corps of Engineers，USACE）的首席工程师可以发布灾难状态，以应对洪水和海岸风暴。

此外，环境保护局、国土安全部的海岸警备队、国防部或能源部依据《国家应急预案》指派的联邦现场协调官（Federal On-Scene Coordinator，OSC），在发

---

① Department of Homeland Security, National Response Plan，December, 2004, p.iii.

生石油、危险品、污染物泄漏时，依据物质的性质、所处的位置和泄漏源的情况，有权指挥现场的应对工作。

所有这些联邦部门的工作，都是紧急事态支持功能（Emergency Support Function）的组成部分。①

2008年以后，美国政府废除了《国家应急预案》，代之以《全国应对框架（National Response Frame，NRF）》；2012年，奥巴马政府将应急管理工作的全流程分解为五个框架。为了明确联邦政府各部门和机构在各个环节中的作用，从2014年开始，又陆续发布了《联邦跨部门响应行动预案》《联邦跨部门保护行动预案》《联邦跨部门减除行动预案》和《联邦跨部门恢复行动预案》，分别阐述了所有相关联邦机构应该扮演的角色和具体职责。

总之，美国联邦一级的公共安全管理部门是以总统为领导核心、以国土安全部为协调主体，各相关部门密切合作，完全按照法律规范运作的全方位体系。

二、州政府组织

在美国，州一级的公共安全管理机构主要负责本州灾害的应对和重建工作。各州虽然在组织上齐备，但鉴于各自经济实力的差别，以及遭受灾害的频度、烈度不同导致的重视程度不同，所以在应急能力上参差不齐。只有少数州具备较强的紧急事态应对能力，多数州如果遇到重大紧急事态，往往力所不逮，指望联邦政府或其他外部力量支援。

美国的50个州和6个领地都设有应急管理部门，但名称不同，如新泽西州称为“应急管理办公室”（New Jersey Emergency Management Office），隶属于法律与公共安全部（Department of Law and Public Safety）；而加利福尼亚州称为“州长紧急事态服务办公室”（Governor’s Office of Emergency Services，OES），直接受州长管辖，级别高于新泽西州的应急管理办公室；佛罗里达州称为佛罗里达“应急管理处”（Florida Division of Emergency Management）；北卡罗来纳州称为“应急管理部”（Department of Emergency Management）；田纳西州称为“田纳西应急管理局”（Tennessee Emergency Management Agency）。这里以比较完善的加利福尼亚州应急管理体系为例，作一说明。

加利福尼亚州是美国的大州，也是各种灾难，尤其是地震、林火频发的州，

① Ibid, pp.10–11.

因而对公共安全管理非常重视。从1917年起，就有了应对战争引起的灾难和自然灾害的政府组织，不过它们彼此是分立的。1945年，州议会立法，将所有种类的应急管理的责任归并到一个部门，集中负责，称为“加利福尼亚灾难委员会”（California State Disaster Council）。在1945—1970年期间，该部门的名称几经变迁，1950年称“民防办公室”（Office of Civil Defense），到1956年依据《加利福尼亚灾难法》（California Disaster Act）改称“加利福尼亚灾难办公室”（California Disaster Office）。1970年，《加利福尼亚灾难法》被《加利福尼亚州紧急事态服务法》（California Emergency Services Act，ESA）取代，原加利福尼亚灾难办公室也更名为“州长应急管理办公室”。新法案规定了全州应急管理的具体事项，授予州长紧急事态办公室对全州的应急管理的全面的监督和协调权。从此，加利福尼亚州建立了全美最早、最完善的应急管理体系；这一体系的建立，对美国其他州，乃至联邦的公共安全管理体系的建立和发展，都产生了较大的影响。

（一）州长应急管理办公室（OES）的组织结构

州长应急管理办公室拥有800多名工作人员，设主任1人，首席副主任（Chief Deputy Director）1人，副主任2人，助理主任（Assistant Director）1人，行政秘书2人，内设4部，外辖9区。它的组织结构如下：

1. 内设4部

行政管理部（Administration Division）：负责州长应急管理办公室的行政运转、对外关系等事务。它下设信息与公共事务科（Information & Public Affairs Section）、立法事务科（Legislative Affairs）、信息技术科（Information Technology）和行政科（Administration Branch）。

紧急事态行动、规划与培训部（Emergency Operations，Planning，and Training Division）：是公共安全管理的核心业务部门，负责预案编制、应急救援以及专业人员培训，下设规划与技术帮助科（Planning & Technological Assistance Branch）、消防与救援科（Fire & Rescue Branch）、执法科（Law Enforcement Branch）、公用事业科（Utilities Branch）和加利福尼亚州专科培训学院（California Specialized Training Institute）。

灾难援助部（Disaster Assistance Division）：负责管理和协调联邦和州的公共援助与家庭补助项目。下设灾难援助项目科（Disaster Assistance Programs Branch）和灾难援助资源科（Disaster Assistance Resources Branch）两个科室，每个科室又下设二级科室若干。灾难援助项目科下设公共事务室、危险减除室和私人援助室；灾难援助资源科下设财务管理服务室和项目支持室。

规划与技术援助部（Planning & Technological Assistance Branch）：负责预案编制和特种突发事件应对与技术支持。下设科室包括：预案编制科（Planning Section）、资源计划科（Resource Planning Unit）、计划科（Plans Unit）、预案编制援助科（Planning Assistance Unit）、技术危险科（Technological Hazards Section）、危险材料科（Hazardous Materials Unit）、放射性准备科（Radiological Preparedness Unit）。

2. 外辖 9 区

州长应急管理办公室将加利福尼亚州分成了 3 个管理区（administrative regions）和 6 个互助区（mutual aid regions）。每个管理区都拥有具备充足定员设备的支持项目。它的主要目的是强化对地方政府的地区支持。地区机构负责对州和其所在的地方的部门提供规划和技术援助。其项目是通过教育、地震风险减除和准备行动，对地方政府、学校、企业和公众提供帮助。管理区也负责协助和协调相互援助、发送灾难援助和培训项目，全面管理该区的紧急事态应对行动。

（二）州长应急管理办公室的功能与职责

1. 工作理念和任务

它战略计划中规定的工作理念是：追求创立一个能够预见潜在灾难和紧急事态的影响，具有迅速动员巨大的可变应对能力，对应急管理使用系统化的方法，尽可能扩大用于减少危险、准备紧急事态和从灾难中恢复的资源的组织。其任务是：按照《紧急事态服务法》（Emergency Services Act）和其他相关法律的授权，对威胁生命、财产和环境的紧急事态，实施减除、计划、准备、应对，以及对从其后果中恢复的行动给予援助。①

2. 职责与目标

（1）危险减除和风险管理

就危险减除行动并入所有相关的项目；制定利用全灾种风险评估方法的战略；提供技术援助及指导，改进全灾种风险评估。

（2）紧急事态准备

将标准的应急管理系统的结构用于本州各级政府的预案和行动；将灾难后行动总结报告中的应吸取教训（Lessons Learned）加入文件、程序和步骤中；继续

① http://www.oes.ca.gov/Operational/OESHome.nsf/1 ? OpenForm.

提高所属地区的能力；确保州的部门和联合的部门对地方辖区提供适当的支持；协助地方辖区和州属机构编制针对危险材料或放射性物质的预案；制定、修正和维护适当的应急管理规章；更新现有的消防车队和重救援装备。

（3）预警

增加 OES 评定即将到来的威胁的能力，并及时发布警报。

（4）紧急事态应对

确保在机构内部采取及时的应对行动，包括激活地区紧急事态行动中心（Regional Emergency Operations Centers，REOCs）和州行动中心（State Operations Center，SOC），保证对互助系统的协调；确保州各部门和其他组织对地方辖区提供适当的支持；确保从应对到恢复阶段的平稳过渡；为现有的地区紧急事态行动中心提供必需的装备和资源，为它安排备用场地。

（5）恢复重建

对寻求灾难帮助的人提供宣传、必要的培训和信息；与地方政府、州相关部门、私人组织和联邦政府以及时有效的方式预先安排和商定恢复重建问题。

（6）培训和演习

对本机构和地方部门的职员提供专业发展的培训；制定、实施和编纂内部的培训课程；演练重大的应对和恢复预案，编制针对地区、州的其他部门和行动区的指导。

3. 协调机制

它的协调机制是依据《加利福尼亚紧急事态服务法》和其他相关法律的授权，按照《标准应急管理体系》的安排，表现为对联邦与加利福尼亚州在应急管理事务方面的协调、对加利福尼亚州各州属部门在应急管理方面的协调和对加利福尼亚州各级政府在应急管理方面的协调。

它是联邦灾难援助的受让人。这些援助一般来自联邦应急管理局。在恢复重建阶段，它帮助地方政府评估损失，申请和利用联邦和州的补贴和信贷，修复受损的公共设施。受损的家庭和个人也在帮助申请之列。

在重大紧急事态发生时，它除了提供自己的资源用于灾难应对外，有权召集州的各相关部门提供支持。只要激活设在首府萨克拉门托（Sacramento）的州行动中心和所属的地区紧急事态行动中心，全州所有的消防、执法、卫生、救援、通信，甚至新闻媒体（对公众发布紧急事态信息）等一切救灾所需要的部门和志愿者组织都可以调遣。

在《标准应急管理体系》的安排中，它负责在五个层次上的协调，它们分别是：现场、地方政府、行动区域、管理区和州。各自的职责和它的协调作用规定得都很明确，没有模糊和歧义，保证了紧急事态应对有条不紊地进行。

（三）其他应急管理组织

除了政府部门之外，加利福尼亚州还有一些常设的委员会，接受州长应急管理办公室的协调，从事专职的应急管理方面的事务，在加利福尼亚州的应急管理中起着重要作用。它们包括：

1. 加利福尼亚紧急事态委员会（California Emergency Council）

依据《紧急事态服务法》设立，是州长在全州紧急事态准备方面的顾问班子。在紧急事态发生后，也为州长提供咨询和建议。定期开会审查预案，并对地方的灾难委员会（Disaster Councils）授权。

2. 州长紧急事态行动执行委员会（Governor's Emergency Operations Executive Council，GEOEC）

由乔治·杜克梅建（George Deukmejian）州长设立，对加利福尼亚紧急事态委员会起补充作用。在紧急事态发生时，就政策问题和州资源使用问题方面向州长提出建议。

3. 加利福尼亚地震预报评估委员会（California Earthquake Prediction Evaluation Council，CEPEC）

1974 年建立，1976 年获官方批准，是 OES 的顾问班子。其成员由 OES 的主任推荐，州长任命。如其名称所示，其职责是对地震预报做出评估。由于加利福尼亚州是地震高发区，该委员会显得非常重要，常常要求对一个时期的地震活动，特别是发生地震的前震预报提出看法。它每个季度举行一次会议，需要时随时举行会议。一旦其对地震的预报比较确定，OES 的主任立即报告州长，启动短期地震预报应对预案（Short-Term Earthquake Prediction Response Plan）或采取适当的行动。

4. 化学紧急事态预案编制和应对委员会（Chemical Emergency Planning and Response Commission，CEPRC）

根据 1986 年的《联邦特别基金修正案与再授权法》（Federal Superfund Amendments and Reauthorization Act），由行政命令所设立。该法要求各州州长建立州紧急事态应对委员会，制定各种危险材料事故预案。该委员会还负责对加利福尼亚州 6 个互助区的地方紧急事态预案编制提供指导。

5. 公民顾问委员会（Citizens Advisory Committee）

全称为“核紧急事态规划公民顾问委员会”（Citizens Advisory Committee on Nuclear Emergency Planning），1988 年设立。其 9 个成员代表了不同领域，由州长、州参议院规则委员会主席和众议院议长联合任命。负责审查州核电厂的规划和公共信息。

6. 加利福尼亚公用事业紧急事态协会（California Utilities Emergency Association，CUEA）

非营利的公益组织，1952 年，加利福尼亚州州长特许该协会为州民防预案的成员单位。在公用事业发生紧急事态时参与应对活动。

7. 州长应急管理办公室消防与救援顾问委员会（OES Fire and Rescue Advisory Committee）

由消防部门成立，目的是在所有相关火灾救援的规划、准备和应对中对州长应急管理办公室提供必要的帮助和指导，以落实救援互助预案和互助系统。

8. 城区搜寻救援顾问委员会（Urban Search and Rescue Advisory Committee）

建立于 1989 年，是州长应急管理办公室主任的顾问班子。这一委员会包括诸多方面的代表，如地方、州、联邦的，志愿者组织的，医疗部门的和工程师等。负责就救援技术、资源、指导方针、程序、专业人员和志愿者的培训、建立城区救援互助体系等问题向 OES 主任提出政策性建议。

（四）非专职公共安全管理部门

根据加利福尼亚州的法律规定，以下部门具有公共安全管理的某些责任：

加利福尼亚环境保持部（CA Department of Conservation）：负责为促进环境卫生、经济活力、科学的土地利用决策以及完善的本州自然资源管理提供服务和信息。

加利福尼亚公园与休闲部（California Department of Parks and Recreation）：通过保持本州非凡的生物多样性，保护它最有价值的自然和文化资源，为加利福尼亚州人民提供健康、鼓舞和教育，创造高质量的户外娱乐条件。

加利福尼亚资源局（California Resources Agency）：利用创造性的科学手段，恢复、保护和管理加利福尼亚州的自然、历史和文化资源。

加利福尼亚能源委员会（California Energy Commission）：是加利福尼亚州的主要能源政策和规划机构，主要职责是：预测未来能源需求，保存历史上的能源数据；为 50 兆瓦及以上的热电厂颁发执照；提供实施建筑标准，推进能源利用效率；发展能源技术，支持可恢复能源；规划和指导加利福尼亚州对能源紧急事态的应对。

加利福尼亚州运输部（CA Department of Transportation）：负责管理加利福尼亚州的整个公路系统。

加利福尼亚州森林与火灾保护部（CA Department of Forestry and Fire Protection）：负责保护森林和加利福尼亚州 3100 万英亩的私人荒地免遭火灾侵害。

加利福尼亚州高速公路巡警（CA Highway Patrol）：负责高速公路的安全运行。

加利福尼亚州水资源部（CA Department of Water Resources ）：负责运转和维护全州供水工程，包括供水管道；负责水坝安全；制订供水计划以保证全州的水供给；帮助地方的水管理和保护。它下设的“公共安全”处，负责天气预报、河流形势和水情预报、水库放水、泛滥平原研究、洪水保护、洪水紧急事态情报和大坝安全。

加利福尼亚州紧急事态医疗服务局（CA Emergency Medical Services Authority）：如字面所示，负责全州出现紧急事态时的医疗救助，包括灾难紧急事态和公共卫生紧急事态。它下设的灾难医疗服务处（Disaster Medical Services Division），为加利福尼亚州提供全州的医疗救助体系，包括资源和政策指导，当地方发生医疗紧急事态且超出自身应对能力时为其提供帮助。

加利福尼亚州保持军（CA Conservation Corps）：号称“世界上最老、最大、经营保持业务最长”的保持军，由青年人参加，目的是通过参加社会公益活动和有价值的工作，保护加利福尼亚州的环境、人文资源，增加他们的社会责任感。[①]

三、县政府组织

美国各个州的每个县，都有专职的公共安全管理部门，如同州的公共安全管理机构一样，只是名称和级别不同。以下以佛罗里达州的棕榈滩县（Palm Beach County）为例，说明一下美国的县级公共安全管理组织。

棕榈滩县位于佛罗里达海岸，面积 2578 平方英里，是佛罗里达州的第

---

① 美国加利福尼亚州州长应急管理办公室将加利福尼亚州保持军列入“政府部门”（State Agencies），而非志愿者组织。

二大县，有人口 120 万。该县的公共安全管理部门应急管理处（Division of Emergency Management，DEM）是公共安全局（Public Safety Department）的 4 个下属机构之一。

（一）应急管理处的职责

棕榈滩县的应急管理处的职责是：在灾难发生之前，负责减少潜在灾难的后果和影响；为应对灾难做好预案；灾难发生时，为应对灾难采取协调行动；灾难发生后，负责管理各种资源，协调恢复工作；平时，为公众提供教育和紧急事态的相关信息。

（二）应急管理处的组织机构及功能

应急管理处下设紧急事态医疗服务科、规划科、灾难减除科、行动科和恢复科，各科功能如下：

紧急事态医疗服务科（Emergency Medical Services）：负责管理该县的紧急救援系统，使县专员委员会（Board of County Commissioners）能够为危重病人和伤者在抵达医院前提供紧急医疗服务。

规划科（Planning）：负责协调全县 90 多个参与单位，确保做好应对大规模灾难的准备工作。该科负责制定和维护该县的综合紧急事态应对预案，以及负责相关的更新、培训、演习等工作。

灾难减除科（Mitigation）：负责全县的灾难减除政策、战略和计划。其中包括《棕榈滩县地方灾难减除战略计划》（Palm Beach County's Local Mitigation Strategy Program）、全国洪水保险项目（National Flood Insurance Program）、洪水减除援助项目（Flood Mitigation Assistance Program）等。

行动科（Operations）：负责协调和支持众多参与机构的应对工作和各种灾难的减除工作。确保各种预案得到实施，目标得以实现，事件被有效地处理。它还负责管理县预警点（County Warning Point，CWP），全年不间断地运作紧急事态行动中心的通信中心（EOC Communications Center），对紧急事态应对小组、地方组织、州紧急事态行动中心和其他具有紧急事态应对职责的参与机构提供监控、通知和预警服务。

恢复科（Recovery）：负责协调对受害者及其家庭的帮助、对紧急事态工作者和志愿者提供支持、做损失评估、分发紧急事态救援品、恢复公用设施、清除废墟、修复道路和公共基础设施、解决公民未满足的需求，以及制订灾后发展计划。

（三）县紧急事态行动中心（Emergency Operations Center，EOC）

县紧急事态行动中心是在紧急事态发生时指挥应对和救援的司令部，主要由应急管理处负责运行。它平时处于半休眠——监测状态，一旦紧急事态发生，根据其规模和严重程度，决定它的功能的激活程度。该中心的功能有三种状态：

监测状态（Monitoring）：在紧急事态行动中心中只有部分应急管理处的职员和通信人员值班，有选择地通知需要采取行动的少数工作人员，履行对形势监控的责任；

部分激活状态（Partial activation）：所有紧急事态支持功能（Emergency Support Function，ESF）的人员都需通知，紧急事态行动中心中应急管理处的人员、必要的紧急事态支持功能的人员和应对行动需要的外部机构的人员都需到位；

完全激活状态（Full activation）：所有主要的和支持的部门都需通知，县紧急事态行动中心中应急管理人员、所有紧急事态支持功能的人员和州的代表必须全部到位。

由上可知，在美国行政体制中，县（市）级地方政府承担应急管理的直接责任；而州政府和联邦政府，只是在发生地方（县、市）所不能应对的重大灾害时，由地方政府依据法定程序，向州和联邦政府请求援助。

第二节　澳大利亚的政府组织

澳大利亚与美国一样，同属联邦制国家；其联邦一级的公共安全管理组织与“9·11”恐怖袭击事件之前的美国相似；但在美国成立国土安全部之后，两者产生部分差异。

一、联邦政府组织

要了解和认识澳大利亚公共安全管理的政府组织和职责，可以从澳大利亚联邦政府 1995 年公布的关于应急管理的政策声明中纵览全貌。其要点如下：

（1）司法部通过澳大利亚应急管理署行使澳大利亚政府管理紧急事态事务的责任。

（2）全面及完整的应急管理建立在联邦政府和州与领地政府的合作关系（partnership）基础上；在发展澳大利亚政府的能力过程中，必须遵循全灾种方法、全方位方法、所有部门方法及有准备的社区的相关原则。

（3）在接到要求时，澳大利亚政府对处在重大自然、技术和民防紧急事态中的州协调并提供物质援助。这种物质援助只能在州和领地的资源不适当、用尽或难以获得时才能提供。

（4）紧急事态的影响会延续到直接的有形影响被消除之后。联邦政府应急特别工作组和澳大利亚政府的诸多部门，将支持州和领地帮助社区从灾害后果中重建的措施，并对州和个人提供财政援助，帮助其从灾害中重建。

（5）澳大利亚政府将继续对州和领地提供支持，帮助其发展紧急事态的准备和减灾行动；特别是重视推动教育、培训、研究、公共认知、情报收集和散发活动。

（6）澳大利亚政府与州和领地合作，增进应急管理程序和装备的标准化。

（7）必须建立政策协调和支持计划，促进现有的州和领地的应急管理能力能持续增长，并装备一个具高效率的民防组织。

（8）澳大利亚政府将提供物质和财政援助，帮助处在重大紧急事态中的其他国家。①

这一政策声明充分说明了澳大利亚应急管理体制的特点，即保护公民生命和财产的宪法责任在州和领地，联邦政府只承担支持它们实现这一宪法的"广泛责任"。换言之，州和领地承担公共安全管理的主要责任，联邦政府仅承担辅助责任或援助责任；联邦与州和领地的关系是"合作伙伴"关系，而非上下级关系。

（一）职业公共安全管理部门

澳大利亚的职业公共安全管理部门设在司法部。它通过澳大利亚应急管理署行使澳大利亚政府管理紧急事态的责任。从整个公共安全管理观之，司法部承担与美国国土安全部类似的国家安全责任。它主要通过其下属的国家安全与刑事审判司来实现公共安全管理的职责。不同的是，美国的国土安全部将反恐作为主要职责，而日常应急管理仅作为第二顺位的责任。澳大利亚的司法部，主要职责有两大部分，一是由民事审判与法律服务司、信息与知识服务司和法人服务司承担的具有共性的司法部的日常工作；二是国家安全与刑事审判司承担纯粹的公共安全管理工作。

1. 司法部的组织结构

司法部分为 4 个司或集群（Groups），每一个都由一位总长（General

① *Australian Emergency Management Arrangements*, Sixth Edition, Edited, typeset and published by Emergency Management Australia, Printed in Australia by Paragon Printers, Commonwealth of Australia, 2000, p.5.

Manager）领导。这4个司分别是民事审判与法律服务司、国家安全与刑事审判司、信息与知识服务司及法人服务司。以上4个司中，专职负责联邦公共安全管理的是国家安全与刑事审判司。

国家安全与刑事审判司下设4个部门：安全与重要基础设施处（负责管理、拟议、咨询关于反恐、国家安全、通信侦听和重要基础设施保护方面的立法和政策）、刑事审判处（负责澳大利亚政府的犯罪预防、全国法律执行政策、联邦反欺诈政策、刑法的法律和政策咨询，以及联邦刑法体制、国际刑法与跨国犯罪的法律问题）、保护安全协调中心（负责安全保护方面的政策咨询和相关的国家安全事务，管理澳大利亚安全检测服务站，协调与安排重要人物、高风险人物、重要活动的安全保护工作）及澳大利亚应急管理署。

2. 澳大利亚应急管理署的机构与职责

澳大利亚应急管理署是澳大利亚最重要的公共安全管理机构，其前身是1974年成立的自然灾害组织，设在国防部。当时，这一组织吸收了当时民防局的功能，负责在灾害发生时，协调联邦对州和领地的物质援助，帮助它们加强灾害管理能力。目前它除了针对各种自然灾害、技术灾害和人为灾害外，还承担着战时民防的职能。

（1）组织机构

澳大利亚应急管理署下设7个分支机构：

顾问和咨询科（Consultancy and Advisory Services）：对澳大利亚和外国政府以及私人组织提供咨询和建议。

应急管理联络组（Emergency Management Liaison Group）：负责处理对外关系，对全国应急管理委员会提供秘书服务，协调和推进权限内的应急管理问题，协调纳入全国反恐预案安排的后果管理，在应急管理和后果管理方面为司法部部长办公室提供建议和支持，与媒体联系，为署长提供行政支持。

预案编制与实施组（Planning and Operations Group）：负责管理应急管理署所倡导的灾难应对预案，协调联邦对州、领地和地区的援助，运行全国应急管理协调中心（National Emergency Management Coordination Center），制定民防政策和预案，在应急管理中应用通信和信息系统，与州和领地结合制定针对可能引起生命和财产损失的各种风险的预案。

发展组（Development Group）：负责制定灾难预防和减除战略，实施紧急事态工程项目（Emergency Management Projects Program）和更安全社区奖励（Safer

Communities Awards）管理，向政府、企业和社区推广应急管理，协调应急管理政策的制定。

情报管理与企业组（Knowledge Management & Business Group）：负责促进应急管理中的信息管理业务最佳化，州一揽子支持计划（State Support Package）、公共常识项目（Public Awareness program）、全国应急管理出版物、法人展览、预算管理、行政支持、法人业绩和法人报告、人力资源管理、法人政策制定、合同制定与管理、市场营销、设施管理的协调、信息技术支持、网站公布、图书馆服务以及一般行政支持工作。

教育与培训组（Education and Training Group）：负责发展和实施教育与培训，制定和维护应急管理资格标准与课程，应急管理的研究，以及社区方面的工作。

社区发展部（Community Development Branch）：负责协调联邦政府与地方政府、志愿者组织之间在紧急事态应对方面的训练和联络工作。

此外，澳大利亚应急管理署还设置了国家登记和调查系统（National Registration and Inquiry System），目的是灾难发生时尽快回复海外的和国内的人们对受灾地区的亲人的查询。为了实现这一目标，它使用计算机建立了全国灾难受害者登记和查询系统（National Disaster Victim Registration and Inquiry System，NRIS）。这个系统输入了来自受灾的州或地区的信息，并得到联邦卫生和老年部（Commonwealth Department of Health and Ageing）的计算机支持，提供可以从澳大利亚任何查询中心都能得到的信息。

（2）职责

澳大利亚应急管理署作为整体来说，其主要责任是在自然、技术和人为灾难发生时，保护生命和财产。它在制定措施减少社区风险、应对各种灾难、处理灾难后果等方面，起着全国性的领导作用。它和州、领地、地方政府及工业企业密切合作，推进包括预防、准备、应对和恢复重建四个阶段的全国性公共安全管理。从实际功能上讲，它是与美国的联邦应急管理局类似的国家主要专职公共安全管理机构，负责全国日常公共安全管理的协调，以及安排联邦政府对受灾的州和领地的援助。

澳大利亚应急管理署代表联邦政府，履行如下应急管理的具体职责：

① 建设与提高灾难的抗逆力；

② 与各州、领地和地方政府合作，协调落实全国应急管理的战略政策；

③ 承担和支持全国重大自然灾害的研究项目；

④ 与各级政府合作，确定全国灾害减除项目的优先权顺序；

⑤ 联合州、领地和地方政府，对紧急事态风险评估和减除措施提供支持；

⑥ 通过“地球科学澳大利亚”（Geoscience Australia），支持空间与地理信息系统；

⑦ 支持公共信息，如公共安全广播；

⑧ 通过气象局，发布恶劣天气、丛林火灾、洪水和海啸预警；

⑨ 当州和领地的应急资源不支时，为其协调和提供应急响应的行动支持；

⑩ 在与各级政府费用共担的基础上，为其提供国家的应急救济、恢复重建框架和资源。①

为了实现这些目标，澳大利亚应急管理署依功能需求在堪培拉设立了一个办公室，从事政策制定、灾害减除、灾难意识教育、紧急预案制定和协调等工作。教育和培训以及应急管理的信息功能，则由设在维多利亚的麦克顿（Macedon）山的应急管理学院实施。

3. 其他联邦应急管理组织

联邦应急管理组织中，除了常设的澳大利亚应急管理署外，还有若干重要机构和组织，它们是：

（1）联邦抗灾特别工作组（Commonwealth Counter-Disaster Task Force，CCDTF）

这是一个高级部间委员会，主席由议会和内阁部任命，成员由在提供灾难救济或者恢复援助中起重要作用的联邦政府部门和机构的代表组成。平时该机构虽然存在，但处在休眠状态。发生紧急事态后，在应急管理署署长的建议下，该主席可以在灾难反应和灾难恢复阶段激活联邦抗灾特别工作组，支持应急管理署的行动。其作用是：

① 协调政策建议、监督联邦政府提供援助的部内工作安排；

② 确保向负责的部长提供良好基础的、综合的建议；

③ 建议任何可能需要的特殊的政府内工作安排。②

---

① 1.Australian Disaster Resilience Handbook Collection, *Australian Emergency Management Arrangements*, Edited and published by the Australian Institute for Disaster Resilience, on behalf of the Australian Government Attorney-General's Department.,Commonwealth of Australia, 2014, p.8.

② *Australian Emergency Management Arrangements*, Sixth Edition, Edited, typeset and published by Emergency Management Australia, Printed in Australia by Paragon Printers, Commonwealth of Australia, 2000, p.6.

（2）澳大利亚应急管理委员会（Australian Emergency Management Committee，AEMC）

澳大利亚应急管理委员会也称“全国应急管理委员会”（National Emergency Management Committee），是澳大利亚最高的咨询性应急管理论坛。它由司法部部长任主席，成员由州和领地的应急管理机构的负责人和地方政府协会（Australian Local Government Association）的会长们组成。委员会每年召开两次会议，对应急管理中联邦和州权益的发展和协调提供建议和指导，推动应急管理作为重要的社区安全手段进入全国战略政策议程，探求提高应急管理能力的全国性措施。如有要求，它会成立工作小组以研究特殊问题。

（3）国家应急管理协调中心（National Emergency Management Coordination Center，NEMCC）/ 澳大利亚政府危机协调中心（Australian Government Crisis Coordination Center，AGCCC）

国家应急管理协调中心设在堪培拉，是常设的最高应急管理指导机构。长期工作人员从澳大利亚应急管理署选派，组成人员是应急管理所涉及的联邦各部、各机构委派的联络官。每一个低级的长期职员的工作都可以得到他对口的联络官的帮助。该中心负责领导澳大利亚应急管理署的行动和协调工作。州和领地遭受灾难后请求联邦政府援助时，须通过该委员会送达澳大利亚应急管理署署长。如果请求获得批准，该委员会负责协调安排相应层次的援助。

2011 年 10 月，一个新的澳大利亚政府危机协调中心在堪培拉建立，取代了国家应急管理协调中心的职能。它作为澳大利亚应急管理署的下属机构，主要服务于澳大利亚政府危机委员会（Australian Government Crisis Committee，AGCC）和全国危机委员会（National Crisis Committee，NCC），其主要职责是为联邦政府提供全灾种监控、国内外紧急事态形势认知、协调联邦政府对重大突发事件的应对、发布紧急事态预警信息等。

（二）非专职公共安全管理部门

澳大利亚由于没有美国国土安全部统一的专职公共安全部级机构，很多公共安全管理的相关职能，都分散保留在其他部门和机构。因此，它的联邦应急特别工作组、国家应急管理协调中心 / 政府危机协调中心和全国应急管理委员会等跨部门的协调机构的存在特别重要。

1. 卫生与老年部（Department of Health and Ageing）

对传染疾病暴发负有主要管理责任。

2. 运输和地方服务部（Department of Transport and Regional Services）

运输和地方服务部通过国家灾害救助安排，为州和领地提供财政支持。目的是减少各州承担的自然灾害救助和基础设施修复相关的额外财政负担。

3. 农业、林业和渔业部（Department of Agriculture, Fisheries and Forestry）

澳大利亚农业、林业和渔业部是动物、农作物和水产养殖疾病紧急事态的联邦领导机构，在与州或领地及联邦支持机构的合作下，该部对这些紧急事态协调全国性的应急，并且管理进口贸易政策问题。

4. 家庭和社区服务部（Department of Family and Community Services）

联邦政府向受到紧急事态影响的个人直接提供财政支持，包括灾害救济补贴（Disaster Relief Payment）、危机补贴（Crisis Payment）和特殊补贴（Special Benefit）等援助。

5. 澳大利亚地球科学局（Geoscience Australia）

澳大利亚地球科学局设在工业、旅游和资源部，是国家地球科学研究和信息机构，其职责包括确认自然地质危害和对澳大利亚地区提供减轻危害的建议。

6. 气象局（Bureau of Meteorology）

气象局隶属环境和遗产部，是澳大利亚国家气象权威机构。它的职责是提供气象和相关服务，支持社会的安全、保障和一般福利；提供气候、水文、天气和咨询服务，对潜在的自然危害的影响实施监测、预警和建议。

7. 澳大利亚海事安全局（Australian Maritime Safety Authority）

负责澳大利亚辖区内航空和海事搜寻和救援，防止澳大利亚海洋环境受到船舶的污染等。

8. 澳大利亚国际发展署（Australian Agency for International Development）

负责管理澳大利亚海外发展援助项目。主要是人道主义的救助计划，提供紧急事态和难民救助。

二、州和地方政府组织

根据澳大利亚宪法规定，州和领地具有保护其人民和财产免遭各种紧急事态和灾害影响的直接责任。为了落实前述责任，各个州和领地都制定了相应法律，成立专门的公共安全管理部门，编制了紧急事态预案，建立比较完善的公共安全管理体系。

按照《澳大利亚应急管理安排》手册规定，州级政府基本的应急管理责任包括：

（1）建设与提高灾难的抗逆力；

（2）制定和实施与总体减灾政策和战略相适应的政府工作方案，包括土地利用规划、基础设施建设与建筑物安全标准；

（3）加强与地方政府和偏远土著社区的合作关系，支持它们实施紧急事态风险评估和灾害减除措施；

（4）保证提供适当的紧急事态认知与教育项目；

（5）确保预警系统、疏散和灾民安置机制行之有效；

（6）确保社区和应急管理部门准备好、有能力应对紧急事态；

（7）维系若干不同层级的装备精良、训练有素的专业和业余（志愿者）应急响应队伍；

（8）保有适当的应急救济和恢复重建措施；

（9）确保能作出灾后评价和分析。①

如同美国，澳大利亚各个州和领地的应急管理部门的名称也各不相同，昆士兰州称为“州抗灾组织”（State Counter-Disaster Organisation），新南威尔士州称为“州应急管理委员会”（State Emergency Management Committee），南澳大利亚州称为“州灾难委员会”（State Disaster Committee），西澳大利亚州称为“州应急管理顾问委员会”（State Emergency Management Advisory Committee）等不一而足，但它们的职责和作用基本相同。以下以昆士兰州为例作一介绍。

1. 昆士兰州的应急管理部门——州抗灾组织

1975 年昆士兰州议会通过的《州抗灾组织法》（State Counter-Disaster Organization Act），规定建立一个州应急组织和州紧急服务部，并确认了它们的权力、职权、职责和义务，以及相关事项。

依据该法成立的三个组织分别是：州抗灾组织（State Counter-Disaster Organisation，SCDO）、中心控制小组（Central Control Group，CCG）和州紧急事态服务部（State Emergency Service，SES）。其中，州抗灾组织是昆士兰州的专业抗灾组织协调机构，在紧急事态或灾难发生时，具有应对行动的“指挥部”的作用，其成员几乎包括了州政府各部门的主要负责人；而中心控制小组和州紧

① Australian Disaster Resilience Handbook Collection, *Australian Emergency Management Arrangements*, Edited and published by the Australian Institute for Disaster Resilience, on behalf of the Australian Government Attorney-General's Department, Commonwealth of Australia, 2014, pp.7–8.

急事态服务部，虽然是有固定法律授权的机构，但在权限上仍隶属于州抗灾组织；州紧急事态服务部，则是常设的应急管理机构。

（1）州抗灾组织的主要责任有两项，一是协调必要资源，确保应急预案的所有措施得以顺利实施；二是为部长就有关应急的所有事务提供建议和帮助。

（2）中心控制小组是州应急组织的政策和行动的分支机构，其成员包括州发展局局长、紧急事态服务部主任、昆士兰警署专员及应急与救援服务处执行主任等。

（3）州紧急事态服务部是常设的紧急事态应急机构，其核心部门是应急与救援服务处，其职责包括制定应急预案和安排；对地方部门、政府机关、法定组织、志愿者组织和其他团体提供建议和帮助；运行州灾害协调中心；对公众（包括志愿者）进行教育和培训；协调、指导和控制公众（包括志愿者和志愿者组织的成员）、材料和资源；维护并更新民防的知识和技术等。

2. 州以下的地方应急组织

澳大利亚的地方政府由于与社区关系密切，所以在应急管理上发挥着最基础、最实际的作用。一般来说，地方政府的应急管理责任包括以下方面：

（1）建设与提高灾难的抗逆力；

（2）采取最划算的措施减除紧急事态对地方社区的后果，包括实施紧急事态风险评估；

（3）在土地利用规划方面系统性地实施风险评估，减少灾害风险；

（4）在政府其他工作领域的决策中代表社区应急管理方面的利益；

（5）确保地方所有必要的应急预案编制和准备得到实施；

（6）确保掌握适当的应急响应能力，包括资源和地方志愿者队伍；

（7）实施公共教育和认知培训，支持社区准备工作；

（8）及时提供地方紧急事态预警；

（9）保有适当的资源并安排用于社区的应急救济和恢复重建；

（10）参与灾后紧急事态评价与分析。[①]

为了落实这些责任和管理的方便，昆士兰州实施了网格化区域管理模式，全州划分为应急区和地方政府区。

---

① Australian Disaster Resilience Handbook Collection, *Australian Emergency Management Arrangements*, Edited and published by the Australian Institute for Disaster Resilience, on behalf of the Australian Government Attorney-General's Department, Commonwealth of Australia, 2014, pp.6–7.

（1）应急区：昆士兰州分为 23 个应急区，每个应急区设一个应急区控制小组和一个由总督任命的协调官。应急区控制小组负责准备本区的应急预案，保证和维持本区内稳定的应急秩序。

（2）地方政府区：在 23 个应急区下，全州又进一步分为 125 个地方政府区和 34 个土著与托里海峡岛民委员会。若干个地方政府区构成一个应急区。每个地方政府区建立一个应急委员会，负责准备地方应急预案，并作为应急区预案的组成部分；建立和保持地方应急事态服务，保证用于应急行动的资源供应。

地方行动由地方政府依据灾害管理安排，按事态的规模决定是在应急区的层次还是州的层次来协调。昆士兰州任何地区要求联邦政府提供援助，必须由州应急组织的中心控制小组的执行官授权的人提出。

第三节　新西兰的政府组织

新西兰的应急管理体系非常完善，并且享誉国际。其民防应急管理组织分为国家级别的和地方级别的两种。它们的目的可以描述为建立超越社区的联系，以更有效地管理危机。

一、国家级别的民防应急管理组织

新西兰国家级别的专职应急管理部门是民防部（Ministry of Civil Defence），为设在内务部半自治的一个副部级单位。民防部的全称是民防与应急管理部（Ministry of Civil Defence and Emergency Management），内务部部长兼任民防部部长，但民防部的专职行政首长为主任（director）。这种体制是 1999 年建立的，2002 年的《民防应急管理法》强化了这一体制。

除民防部外，新西兰国家级专职的应急管理部门还包括一套相关的机构和委员会，其结构和职责都由 2002 年的《民防应急管理法》作了详细规定。

新西兰国家层次上的民防应急管理的主要任务是：规划、组织和实施应急全国规模的突发事件的措施；支持地方民防应急管理组织；在任何重大突发事件或紧急事态中保证政府的消息灵通；在全国性紧急事态中，协调应对和恢复重建工作。

（一）民防部

民防与应急管理部是内务部中的半独立实体。民防部部长领导着民防部，并负责《民防应急管理法》的落实工作。该法规定的民防部主任的主要职责如下：

（1）在关于民防应急管理方面向部长提供建议；

（2）识别认为能产生全国影响的危险和风险；

（3）监控和评估全国民防应急管理战略；

（4）编制、监管和评估全国民防应急管理预案；

（5）在咨询依据本法承担责任的相关个人和组织的前提下，制定本法所需要的任何指导方针、法规或技术标准；

（6）监控民防应急管理小组和依据本法承担责任的个人工作运转状况；

（7）促进民防应急管理与本法目标的一致性；

（8）在全国紧急状态中，依据本法精神，为民防应急管理的需要管理和控制可应用资源。

民防部的机构设置包括政策处、联络处、法人与发展处、准备处、能力处等。其主要职责是致力于领导新西兰和它的社区从危险和灾害中尽快重建。其战略是通过风险管理达到四R目标：减灾（Reduction）、准备（Readiness）、应对（Response）和恢复重建（Recovery）。

民防部的作用是：基于新西兰的能力提供战略政策建议，帮助处理灾难以及从灾难的社会经济后果中恢复；确保在新西兰建立完善的组织结构，提供处理和对抗灾难的能力；帮助部门权益人贯彻民防应急管理措施；确保在全国和地区层面上实施关于减灾、准备、应对和恢复重建的预案；对超出地方政府能力的大规模事件行使中央政府的抗灾和恢复重建职能。

（二）全国紧急事态行动中心（National Emergency Operations Center，NEOC）

这是由民防部主持建立的常设应急管理机构。为了确保在发生各种重大事件时指挥不中断，它的总部设在首都能够抗击强烈地震的比海大厦（议会大厦）地下，拥有独立的备用发电系统、与内务部相连的自己的计算机网络（由中心内部的备用服务器支持）、与内务部相匹配的电话网络系统（紧急事态下的通信由高频无线电系统和移动电话系统支持）和完整的生活系统。

根据《新西兰全国民防预案》的规定，该中心（以及那些地方紧急事态行动中心）的主要职责是全面管理应急工作、计划与情报工作（收集、评估与分发情报，以及为行动任务制订计划）、行动（在确立优先权顺序内支配资源）及后勤工作（为材料、服务和人员的供给制订计划并实施管理）等。

全国紧急事态行动中心平时处在准备状态或休眠状态，与民防部的准备处保持着沟通和联结。一旦发生紧急事态，它将被启动，民防部在首都的职员和其他相关政府部门的联络官立即参与其中。其任务包括发布宣布紧急事（状）态的公告、建立全国通信网络、收集有关灾害的性质和范围的可靠资料、向政府应急部门提供报告、对紧急事态实施监督和评估等。

（三）国内外安全协调委员会（The Domestic and External Security Coordination Committee，DESCC）

这是新西兰应急管理方面的最高决策机构。建立于 1999 年 7 月 1 日，由与应急管理相关的各部部长和官员组成，包括总理、副总理和负责警察、国防、消防与民防的各部部长，总理府和内阁的主要行政长官出任主席。担负其他责任的部长（如生物安全、卫生、外交和渔业）如果形势需要也要参加该委员会。该委员会对发生在新西兰的重大灾害的管理进行战略监控，确保协调各主要部门的管理，保证有效应对和重建。

二、地方级别的民防应急管理组织

在民防应急管理（Civil Defense Emergency Management，CDEM）中，地方政府的职责是：准备紧急事态预案，任命一个控制官管理紧急事态的应对事务，建立一个 CDEM 小组以贯彻应对工作。协调工作通过紧急事态行动中心实现，它还负责处理情报中可利用的资源，是所有承担紧急事态任务的机构的协调和联络据点。地方政府还负责提供诸如紧急事态救济的服务，联系个人志愿者、志愿者组织和诸如街坊互助之类的小组，鼓励社区备灾和提供各种手段，借此实现（灾情的）初期报告、救援、急救、福利和地方水平的控制。

新西兰的民防应急管理的“地方”组织是基于城市、地区、一元或区域的政务会（council）而构成的。在 2002 年《民防应急管理法》生效前，它们是独立的民防应急管理部署；在该法生效后，转向联合构成 CDEM 小组。因而，联合的 CDEM 小组就成为地方的主要民防应急管理组织。同样，地方政府是 CDEM 小组的管理当局。在两个或两个以上一元化政府联合组成 CDEM 小组的情况下，各一元化政府应该通过协商，选择一个一元化政府出任该 CDEM 小组的管理者。如果各政府间不能达成一致，民防部部长就要任命一个一元化政府出任该 CDEM 小组的管理者，或者指示它们各自建立 CDEM 小组。

依据 2002 年《民防应急管理法》，地方 CDEM 小组的职责是：

（1）开展风险评估和风险沟通；

（2）为本地区从事民防工作的人员，包括为志愿者提供合适的培训和组织；

（3）确保可用的材料、设施、情报和其他资源有效地用于本地区的民防应急管理；

（4）应对和处理本地区紧急事态造成的不利影响；

（5）实施恢复行动；

（6）在受到请求时，帮助它们地区的其他小组实施民防应急管理工作；

（7）制定、批准、实施和监管民防应急管理小组预案和定期审查该预案。①

从新西兰的民防应急管理体系来看，由于国家规模较小，国家在立法安排（如 2002 年《民防应急管理法》）和全国预案的安排上，都采取了一竿子插到底的模式，并且面面俱到，使得它的民防应急管理在体系上完整严密，基本没有漏洞，成为西方国家公共安全管理方面的楷模。

思考题

1. 试述美国联邦政府组织的应急管理体系。
2. 试述美国州与地方政府组织的应急管理体系。
3. 试述澳大利亚联邦政府组织的应急管理体系。
4. 试述澳大利亚应急管理署的机构与职责。
5. 试述新西兰国家级别的民防应急管理组织体系。
6. 试述新西兰地方级别的民防应急管理组织体系。

---

① *Civil Defence Emergency Management Act* 2002，2002 No 33，17 October, 2002.

第五章

非政府组织

关键词

非政府组织　志愿者组织　人道主义　红十字会　《日内瓦公约》　教会组织　救世军

前　言

参与公共安全管理的非政府组织（Non-Government Organizations）从功能上讲分为两类：一是那些以慈善和人道主义事业为主要宗旨的常设组织，如国际红十字会、慈济功德会，各类慈善基金会及它们在各国的分支机构等，参与公共安全管理事务只是它们的部分职责，一般只注重各种灾害的救助活动；二是专门的以公共安全管理为主的组织，如相关志愿者组织、美国的社区紧急事态应对小组等，它们与国家的公共安全管理部门密切配合，参与管理若干阶段甚至全过程。

这两类非政府组织，虽然没有政府职能部门的权力，但它们被相关国家纳入了公共安全管理体系，承担了部分管理职能。如美国红十字会和全国抗灾积极分子志愿者组织（National Voluntary Organizations Active in Disaster），与各个联邦职能部门一起，参与了美国国土安全部主持制定的《国家应急预案》，并扮演重要角色。新西兰的红十字会，在新西兰的《全国民防预案》中，明确承担了多方面的责任。

第一节 人道主义组织

活跃在西方国家公共安全管理领域的人道主义组织主要是红十字国际委员会（International Committee of the Red Cross）和“红十字会与红新月国际联合会”（International Federation of Red Cross and Red Crescent Societies），它们共同组成了红十字会与红新月会运动（International Red Cross and Red Crescent Movement）。现以美国为例，说明它们在西方国家中在公共安全管理方面的作用与价值。

一、红十字国际委员会

（一）起源与性质

红十字国际委员会是由瑞士人亨利·杜南倡议创立的。1859 年 6 月 24 日，杜南因公务路经意大利北部的一个小镇索尔弗利诺。那天奥地利和法国军队在此激战 16 个小时，地上遍布 4 万名死伤者。他目睹了双方成千上万的伤兵得不到任何医疗救助，其景象惨不忍睹。他呼吁当地居民协助他照料伤者，并坚持交战双方的士兵都应受到照顾。回国后，杜南发表了《索尔弗利诺回忆录》，并提出了两项郑重的呼吁：（1）所有国家在和平时期都应建立包括护士在内的救援机构，以便在战争时可随时照料伤者；（2）参与军队医务部门服务的志愿人员，应该受到一项国际条约的确认和保护。1863 年，慈善团体日内瓦公共福利协会成立了一个由 5 名成员组成的委员会，研究杜南所提建议的可行性。这个由古斯塔·莫瓦尼埃、吉勒姆—亨利·杜福尔、路易斯·阿皮亚、西奥多·莫诺瓦及亨利·杜南组成的委员会，成立了救援伤者国际委员会，即红十字国际委员会的前身。5 名创始人决定举行国际慈善组织会议，以实现杜南的建议。共有 16 个欧洲国家和 4 个慈善机构，派代表出席了于 1863 年 10 月 26 日在日内瓦召开的国际会议。在这个会议上，采纳了白底红十字的识别标志。红十字会由此而诞生。它旨在不断爆发的武装冲突中，在绝对中立和公正的基础上，为平民、伤员和俘虏提供必要的人道主义帮助。其指导原则是：即便是在战争期间，也存在关于战争应该如何进行和军事人员应该如何作战的界限。根据这一原则制定的得到全世界所有国家认可的规则，就是以《日内瓦公约》为基石的国际人道法。1864 年，瑞士政府邀请 12 个国家政府的代表在日内瓦召开外交会议，以取得国际社会对红十字会和其理念的认同。会议通过了第一个人道法的条约——《日内瓦关于改善陆上武装部队伤者境遇公约》（简称《日内瓦公约》)。此后又举行多次会议，将基本的法律规定延伸到其他受难者，如战俘等。第二次世界大战以后，通过外交会议制定了 1949 年日内瓦四个公约，[①]以加强战时对平民的保护。1977 年的两份附加议定书，又进一步补充了 1949 年四个公约里面的内容。

《日内瓦公约》为具有拘束力的国际法条约，它在世界范围内都具有适用力。

《红十字国际委员会章程》是在国际红十字与红新月大会上通过的。该大会每四年召开一次，《日内瓦公约》的所有缔约国都将参加会议。因此，它赋予《红十字国际委员会章程》一种准法律的地位。红十字国际委员会在职权和法律地位方面，不同于其他非政府组织，如联合国管辖下的机构和非政府组织。在它开展工作的大部分国家中，红十字国际委员会都与所在国政府订有总部协议。通过这些具有国际法意义的协议，红十字国际委员会得以享有一般只有政府间组织才有的特权和豁免。

目前红十字国际委员会在全世界 60 个国家设有办事处，在 80 多个国家内开展工作，雇用 1.2 万名员工，其中大部分来自当地国家。在日内瓦总部，有 800 名工作人员。而且，它还是联合国观察员，与联合国人道事务专员公署开展合作，同时它还以常任代表的身份出席跨机构常设委员会举行的会议。因此，红十字国际委员会已经成为当今世界最大且最具影响的非政府组织。

（二）决策及代表机构

红十字国际委员会与其他国际性组织不同的是，红十字国际委员会完全由瑞士的公民组成，由 15—25 名瑞士公民以私人名义出任成员。其组织机构为以下五个层面：[②]

1. 大会

红十字国际委员会的最高权力机构，对红十字国际委员会的所有活动进行监督。大会由 15 至 25 名增选出的瑞士籍成员组成，所有委员权力平等。大会的主

---

① 四个公约分别是《改善战地武装部队伤者病者境遇之日内瓦公约》(Geneva Convention for the Amelioration of the Condition of the Wounded and Sick in Armed Forces in the Field，即《日内瓦第一公约》)、《改善海上武装部队伤者病者及遇船难者境遇之日内瓦公约》(Geneva Convention for the Amelioration of the Condition of Wounded, Sick and Shipwrecked Members of Armed Forces at Sea，即《日内瓦第二公约》)、《关于战俘待遇之日内瓦公约》(Geneva Convention Relative to the Treatment of Prisoners of War，即《日内瓦第三公约》)和《关于战时保护平民之日内瓦公约》(Geneva Convention Relative to the Protection of Civilian Persons in Time of War，即《日内瓦第四公约》)。

② https://www.icrc.org/zh/who-we-are/the-governance.

席和副主席也就是红十字国际委员会的主席和副主席。大会制定红十字国际委员会的政策，确定总体目标和战略，并批准预算案和通过决算案。大会任命主要的管理人员，包括总干事、各部主任和内部审计处处长。

2. 大会理事会

大会的附属机构，负责为大会的活动做准备并作出决策，特别是在财务战略问题、人力资源管理问题以及对外交流问题上。

3. 主席办公室

由一名主席和一名副主席组成。主席在国际场合代表红十字国际委员会，主要负责红十字国际委员会的对外关系，并在指导委员会总干事办公室的密切配合下开展红十字国际委员会的人道外交。主席还负责确保该组织的内部凝聚力、顺利运行和发展。副主席协助主席工作。

4. 指导委员会

红十字国际委员会的执行机构，负责实施和监督由大会和大会理事会制定的组织战略和总体目标。指导委员会还负责红十字国际委员会的人员管理，确保红十字国际委员会的整体顺利运行。

5. 内部审计处

红十字国际委员会的内部监督机构。根据公认的国际标准独立、客观地监督和评估该组织的绩效。内部审计处、指导委员会和大会是内部监督系统的三个组成部分。大会在审计委员会的帮助下，负有最终监督责任。

（三）工作内容

红十字国际委员会致力于迅速有效地应对武装冲突或在冲突地区爆发的自然灾害所带来的人道需求。具体包括以下内容：[①]

（1）保护平民；

（2）帮助残障人士；

（3）促进交战方遵守国际法；

（4）对遇难者提供法医帮助；

（5）为平民提供食物、饮用水和医疗援助；

（6）开展反地雷行动；

（7）反对性暴力；

① https://www.icrc.org/zh/what-we-do/humanitarian-diplomacy-and-communication.

（8）帮助失散者联系家庭成员；

（9）探望被扣押的战俘和平民；

（10）开展人道外交等。

二、红十字会与红新月会联盟

（一）起源与性质

1919年，美国召集英国、法国、意大利、日本等协约国的红十字会在巴黎开会，抛开了红十字国际委员会（ICRC），成立了“红十字会联盟”（League of Red Cross Societies），推选英国将军大卫·亨德森爵士（David Henderson）为总干事。联盟成立时是一个排他性组织，最初的规约还规定了五个创始协会享有特权地位。这些规则显然违背了红十字原则中在各国社会中的普遍性和平等性。并且，时任美国红十字会主席的亨利·戴维森（Henry Davison）提出将国际红十字运动的范围从战争救援扩展到自然灾害救援，超越了红十字国际委员会（ICRC）的严格使命，引发了广泛争议。[①]但由于其力量强大，红十字国际委员会还是接受了这一现实，但在运营上保持着各自的独立性。

为了协调二者的关系，1928年成立了“国际委员会”（International Council），通过了一个国际红十字运动的共同规约，确定了红十字国际委员会和联盟在国际红十字运动中各自的作用。

与红十字国际委员会不同，红十字会联盟是个开放性组织，各个国家的红十字会都可以加入。信仰伊斯兰教的国家不赞同常用红十字标志，联盟同意它们采用红新月标志。随着伊斯兰教国家数量的增加，1983年，联盟更名为“红十字会与红新月会国际联盟”（League of Red Cross and Red Crescent Societies）；1991年，该组织再次更名为“红十字会与红新月会国际联合会”（International Federation of Red Cross and Red Crescent Societies，IFRC）。现在，联合会有成员国192个。

（二）基本原则

1965年，在维也纳举行的第二十届红十字与红新月国际大会上，宣布了红十字运动的七项基本原则，对理解红十字会工作的本质具有重大帮助。其基本原则如下：

---

① 这些排他性条款以后被移除，现在红十字和红新月会国际联合会有成员192个，总部设在日内瓦。

1. 人道（Humanity）

国际红十字与红新月运动，其本意是一视同仁地救护战地伤员。在国际上和国内，在任何场合都努力为制止和减轻人类的疾苦而努力。该运动的宗旨是保护人的生命和健康，保障人类尊严，促进人与人之间的互相了解、友谊、合作与持久和平。

2. 公正（Impartiality）

该运动不因国籍、种族、宗教信仰、阶级和政治见解的不同而有所分别，仅根据需要，努力减轻人们的疾苦，优先救济最需要得到帮助的人。

3. 中立（Neutrality）

为了继续得到所有人的信任，本运动在冲突各方之间不采取倾向任何一方的立场，任何时候也不参与涉及政治、种族、宗教或意识形态的争论。

4. 独立（Independence）

本运动是独立的，虽然各国红十字会要协助本国政府开展人道工作，并受本国法律制约，但他们必须永远保持独立，以便任何时候都能按本运动的原则行事。

5. 志愿服务（Voluntary Service）

本运动为志愿救济运动，绝不期望以任何方式得到好处。

6. 统一（Unity）

任何一个国家只能有一个红十字会或红新月会。它必须向所有的人开放，并必须在全国范围内开展人道工作。

7. 普遍（Universality）

国际红十字与红新月运动是世界性的。在本运动中，所有红十字会享有同等的地位，并负有相互支持的责任和义务。

（三）机构与职责

红十字会与红新月会国际联合会的秘书处设在日内瓦。该组织还设有 5 个地区办公室，并在全球设有许多代表处。它的最高议事机构为国际联合会全体大会（General Assembly），每两年召开一次，由全体国家红十字会的代表参加。理事会由联合会主席和副主席、财务委员会主席，以及选举出的 20 个国家红十字会的代表组成。地区大会每四年召开一次。

红十字会与红新月会国际联合会主要负责协调各国红十字会、红新月会，跨国救援自然灾害的难民。

三、美国红十字会（The American National Red Cross）

美国红十字会成立于1881年，起初也是纯粹的民间组织。目前的美国红十字会则有了重大变化，根据“美国红十字会联盟宪章”（The Federal Charter of the American Red Cross）规定，美国红十字会虽然不是一个联邦机构，它的各种工作也不接受联邦固定资助，但它与美国政府的关系是“独特的”。这种独特性表现在美国红十字会既是一个独立实体，依照美国国会批准的宪章作为非营利、免税的慈善机构建立和存在；但又与其他议会批准的组织不同，与美国联邦政府关系特殊，具有“联邦工具”的合法地位，代理履行某些美国政府的责任。这些责任包括以下几项：

（1）履行与美国签署的《日内瓦公约》的精神和条件相符的对全国社会所承担的全部责任；

（2）对美国军事人员提供家庭通信和其他形式的帮助；

（3）维系国内和国际灾害救援的体系，包括由联邦应急管理局协调的《联邦应急预案》中委托的责任。

由此可见，美国红十字会已非单纯民间组织，它的组织机构和工作机制，说明美国红十字会与美国政府是紧密伙伴关系。

（一）美国红十字会的组织机构

美国红十字会领导机构是理事会（board of governors），由50名理事组成。其中8名由总统任命，总统从中任命1人为美国红十字会主席，其他7位理事分别是美国政府各部门的官员；并且他们中至少1人、最多3人必须来自军方。其余理事中，30人由红十字会的基层组织选举产生，12人从热心红十字事业的社会人士中选出。理事会选择其中的至少11名理事组成执行委员会，负责理事会休会期间的日常事务，行使理事会权力。该会每年举行一次基层组织全国代表大会，讨论各种红十字会事务，选举届满的理事会理事。

（二）美国红十字会的宗旨

根据美国国会颁发的美国红十字会宪章（Congressional Charter of the American National Red Cross）第二部分，美国红十字会的宗旨如下：

（1）在战时向病人和军队的伤员提供志愿者帮助，这种帮助必须与美国所认可的《日内瓦公约》、红十字会条约和其他协议、议定书的精神相一致。

（2）履行同其他国家的同类全国性组织交接工作的所有职责。

（3）在非官方救援和与军事部门的交往中，作为美国人民和美国军方的联系媒介；通过红十字国际委员会，在与其他国家同类全国性社团的交往中，作为政府、军队和人民之间的媒介。

（4）在和平时期，利用其组织体系，实施全国性和国际性救援，减轻由瘟疫、饥饿、火灾、洪灾和其他重大的全国性灾害引起的不幸，并设法预防这些不幸的发生。

同时，宪章还规定了利用美国红十字会援助美国军方的条款，主要内容有：当总统认为必要时，可以接受美国红十字会的合作和援助，按照国防部部长的安排在军队中使用它；参加与军队的合作和援助的红十字会的人员可以完成运输任务，提供免费的饮食和住处，提供免费的办公室、仓库、码头和通信手段。

从这些服务内容来看，除红十字会经费来源的主体不是来自政府之外，它的职能与美国政府息息相关，事实上是美国政府完全可以支配的"非政府组织"。

自"9·11"恐怖袭击事件发生之后，美国成立了国土安全部，将全国分散的公共安全管理部门组合成一个完整体系，美国红十字会成为这个体系的一个组成部分，尽管它不受国土安全部领导，却参与美国国土安全部主持制定的《国家应急预案》的工作安排，并且承担了重要职责。

（三）美国红十字会在《国家应急预案》中的职责

在《国家应急预案》的"紧急事态支持功能"的第六号附件——人群护理、住宿和人文关爱服务中，美国红十字会与国土安全部是这些职责的主要承担部门，其主要职责如下：

（1）领导和协调将联邦所有的人群护理、住宿和人文关爱服务的工作整合起来；

（2）为了实现《国家应急预案》目标，红十字会在全国重大突发事件中，协调联邦的主体护理资源，支持州和地方的人群护理工作；

（3）为了第六号附件目的，在应对重大突发事件的责任和行动中，凡是涉及联邦部门和机构的，都应该包括红十字会；

（4）在从应对到重建的过渡期，红十字会的工作人员仍然积极参与重建初期的活动，确保所有紧急事态应对工作的完成，促成从应对期到重建期的转变。

（四）美国红十字会的工作内容

目前美国红十字会的日常工作，几乎完全纳入了美国应急管理的工作体系，承担着美国联邦应急管理局分派的部分工作。

2004年，红十字会提出要在动员社会、帮助人们预防、准备和应对各种灾害和其他威胁生命的紧急事态方面，做美国的“合伙人和领导者”。[①]

在这一工作方针指导下，美国红十字会的日常工作主要包括以下内容：

1. 建立强大的社会伙伴关系

发展和加强同国会议员、联邦行政机关及官员、州长和州行政机关及官员，以及红十字会的利益部门的立法者之间的关系；与服务部门的领导层合作，同基层机构一起工作，在州和地方层面上提高与政府的关系能力，建立支持联邦工作的基层和上层网络。

2. 加强在准备和应急中的作用

红十字作为紧急事态准备和应急的主要非政府组织，将同国土安全部一起工作，加强全国准备和应急自然灾害和人为灾害的能力；在协调现场领导方面，致力于将红十字会整合至州和地方的全灾种准备与应急工作中，确保参与州和联邦层面的所有重要国土安全顾问团体的工作，以扩大红十字会在《国家应急预案》和《全国突发事件管理系统》中的作用。

3. 红十字会的教育和公民指导工作

从美国红十字会网站上，人们可以看到它为了培育国民的公共安全意识、指导国民做好应急各种突发事件的准备，以及在紧急事态中应该采取的自救和应急措施方面所扮演的重要角色。公民教育的课程设置包括社区急救基础、基本救援训练、儿童和成人急救、动物急救等。就随时可能发生的各种自然灾害、技术事故和恐怖主义袭击，教导人们怎样准备家庭应急预案、急救包[②]、救急包[③]、撤离、在不同条件下的自救等。这些课程可以通过网络在家里完成，也可以打电话、发送电子邮件或写信索取各种相关的指导手册。同时，提供人们在遇到各种突发事件时所需要联系的地方红十字会的电话号码和地址。通过上述措施，为人们提供无微不至的关怀。

总之，从美国红十字会承担的应急管理方面的职责来看，无论在政府的安排

---

① American Red Cross，*2004 Legislative and Executive Branch Agenda*.

② 急救包（First Aid Kit），用于紧急医疗救助，一般包括常用的治疗创伤和常见病的药物和材料，如绷带、消毒纱布、伤口包扎胶带、医用橡皮膏、消毒的无胶纱布垫、剪子、镊子、洗眼液、止血药、消炎药等。

③ 救急包（Survival Kit），用于紧急生活生存救助，一般包括饮用水、防腐食品、急救包、必要的衣物等基本生存物品，手电筒、绳索、指南针等工具，以及毛巾、肥皂等个人用品等。

中还是在社会的实际作用上，都是除了政府专职的公共安全管理部门之外最重要的公共安全管理部门。

第二节　教会组织：救世军

西方国家大多是基督教国家，其教会的某些组织与应急管理密切相关，有的甚至就是专门的应急管理组织，它们在公共安全管理中常常发挥重要作用。在政府应急管理安排中，它们虽然没有红十字会那样重要，但在灾害救援和受害者安置工作中，也往往承担一定的职责，因而成为具有某种“管理”能力的组织。比如教会的“基督教灾害应对组织”（Christian Disaster Response），就是具有一系列灾害应对方法的专门的应急管理组织。它的方法主要包括最初的现场灾害评估，紧急事态中的食物供应，提供用于灾害重建的捐赠物品，为受灾者中的穷人、老人和少数民族呼吁等。

一、救世军的起源

救世军（Salvation Army）是基督教教会的一个组成部分，它成立于1865年，由英国牧师威廉·布斯（William Booth）发起。当时，他放弃了在教堂中的布道，走到贫民区和街头无家可归的穷人当中，起初的本意是劝说他们皈依教会，后来发现衣衫褴褛的穷人在那时的教堂中不受欢迎，决定专门为穷人建立教堂，于是有了东伦敦基督教布道会（East London Christian Mission）。

值得注意的是，它使用布道会（Mission）一词，在英语中就有救济机构和贫民救济会的意思。1878年5月，威廉·布斯正式宣布基督教布道会是救世军，从此，救世军的名字盖过了基督教布道会。进入20世纪，它得到迅速发展，在全世界很多地方都建立了分支机构。分布在全球109个国家和地区，拥有分支机构15241个，雇员10万人，参与人数多达200万。[①]

二、救世军的组织与使命

救世军实施准军事编制，有军阶和统一的制服、军旗。最高领导人为将军，下级负责人分别以校级和尉级军官头衔称谓，基本成员中有积极分子（Active）、

① 参见 http://www1.salvationarmy.org。

资深士兵（Senior soldiers）、追随者（Adherents）、一般士兵（Junior soldiers）和军校生（Corps cadets）。机构总部为司令部，各个国家的机构为军区或军团（Corps），分支机构为前哨（Outposts）。

救世军运动除了它的宗教信仰之外，特别关注穷人和社会问题。以中国香港的救世军军区为例，它的口号是：心向神，手助人，哪里有需要，哪里就有救世军。其工作范畴主要包括三个方面：

（1）紧急救援及灾后重建：如水灾、地震、雪灾等，派员到现场评估灾情，发动救灾及支持工作；

（2）扶贫及发展项目：推行基础建设、教育、农业及医疗卫生等项目，如水利工程、兴建校舍、教师培训、职业培训、乡村医护人员及接生员培训、农业生产资助、小额信贷、兴建农村诊疗所、推广医疗健康教育等，帮助贫困地区的人民改善生活，并得以持续发展；

（3）中国大陆儿童助学发展计划：为大陆学童捐助书本费及其他学习费用，为农村儿童提供上学的机会。①

此外，它的 80 个服务单位还从事老年服务、幼儿服务、青少年及家庭服务、复康服务及社区服务等五个方面的社会服务。西方国家在应急管理中往往赋予它某些责任。如新西兰在《全国民防预案》中，专门规定了救世军的责任：

“在可能的地方，协调和提供紧急事态给养条件。……救世军在具有资源的地方负责管理给养职责。在那些没有资源的地区，福利经理应该同其他组织联系。”②

澳大利亚在应急管理安排中，也将救世军同其他非政府组织和志愿者组织列为重要支持部门，在应急风险管理和应急方面都承担着明确的责任。

美国的救世军也是应急管理的重要参与者，2001 年 6 月，得克萨斯州发生热带风暴并引发洪水，数万人无家可归。受到气候条件影响，联邦政府和州政府的援助一时难以到达，救世军在灾害发生的前四天成了社区灾民的“生命线”，它的救灾物品分发中心为 1980 个家庭提供了生存的食品和衣物，发放物品总计 217000 件，基本保证了灾民的生存需求。③

① 参见 http://www.salvation.org.hk/Chinese/index.htm。

② *National Civil Defence Plan*，Part One，附件 A：*National Bodies With A Major Role In Emergency*，第 54、56 条。

③ 参见 http://www.fema.gov/news/newsrelease.fema ? id=6357。

第三节　志愿者组织

在应急管理中，志愿者组织之所以重要，是因为它的基层组织和成员遍布全国每一个地区，在发生各种紧急事态的时候，它们往往最先到达现场，甚至其成员本身就是受灾的当事人。所以，它们是紧急事态的第一应对者，能够利用其组织资源和成员们训练有素的技能迅速展开救援工作，从而最大限度地减少受灾者的生命和财产的损失。因此，西方各国都十分注重志愿者和志愿者组织在公共安全管理中的作用；且每个国家都在公共安全管理安排中赋予其重要的使命，使其成为公共安全管理中在政府机构之外的一股重要力量。

鉴于各个国家都有很多志愿者组织，在此着重介绍澳大利亚和美国的两个主要志愿者组织，以此管窥志愿者组织在西方国家应急管理中的作用。

一、澳大利亚昆士兰州的“克鲁”应急志愿组织

澳大利亚全国性的志愿者组织是澳大利亚志愿服务（Volunteering Australia），该组织的昆士兰州分部是昆士兰志愿服务（Volunteering Queensland），“克鲁”是昆士兰州的社区极端天气应对组织（Community Response to Extreme Weather，CREW）的简称，“克鲁”应急志愿组织（Emergency Volunteering CREW）是隶属于“克鲁”，由昆士兰志愿服务组织管理的专门从事应急志愿服务的组织。“克鲁”应急志愿组织在澳大利亚颇有名气，积极活跃在各种紧急事态应对的第一线，在应急救援、灾民生活安排方面发挥了巨大的作用，带动了诸多志愿者和志愿者组织的加入。并且，它已经被联合国、联合国教科文组织、世界银行、英国和巴西政府所承认，具有较大的国际影响力。

（一）“克鲁”应急志愿组织的基本情况

该组织成立于2008年，以应对极端天气引起的灾害和参与灾后恢复为主要职责。现有注册成员6万人，其中800人为训练有素的专业人士，分属昆士兰州不同的地区小组，各小组与当地政府的应急管理部门联系对接，承担各地极端天气灾害的应对和灾后恢复任务。

志愿者招收主要通过广泛宣传、网络注册的渠道。有意愿的人可以对照志愿者的基本条件，在组织的网站上申请注册，一旦被确认成为正式的“克鲁”志愿者，就会收到相关的志愿者权利与义务信息和志愿服务的要求，可能在灾害发生时被随时召用。

由于应急救援是一项具有风险的工作，而且要求必须具备一定的专业知识和技能，所以参加该组织的人员要求具有一定的专业资质，并依此划分为不同的功能小组，在一定灾害时承担应急救援指挥部指定的工作。一般来说，志愿者不会被安排到比较危险的区域或参与危险性比较大的工作。同时，该组织还希望这些志愿者能够携带履行这些职责的基本工具，参与应急救援服务，比如家里有电锯，可以用来参加清理倒伏树木小组；有房车，可以用来安置灾民；等等。

对于那些没有专长的志愿者，该组织也广泛接纳。他们主要在灾后恢复中参与灾害现场清理、帮助灾民搬家、修房等一般性工作。

该组织设有呼叫中心，灾害一旦发生，组织就会根据政府救灾部门的要求，通知相关需要的志愿者在指定的时间和地点集合。

（二）"克鲁"应急志愿组织的主要活动

该组织成立近 10 年来，先后有 12 万人参与了应急救援和灾后恢复的志愿服务。它组织参与的服务行动 130 个，最长的 22 个月。[①]

最重要的行动是 2010 年到 2011 年的昆士兰洪水救援。那场洪水来势凶猛，持续时间长，几乎整个昆士兰州都被长期浸泡在泥水中。"克鲁"应急志愿组织立即发起响应，注册的 86000 名志愿者迅速到 4 个中心报到；同时，来自全澳大利亚各州的志愿者也加入进来，总数多达 12 万人。他们带着铁锹、水桶、编织袋等各种工具，参加对灾区的泥水和杂物清理。在周末，更多的人加入了志愿者大军，布里斯班平日有 23000 名志愿者，周末达到 6 万人。这些人被媒体称为"泥人军"（Mud Army）。他们卓越的志愿服务，感动了整个澳大利亚，成为全国志愿服务的一个范例。

"克鲁"应急志愿组织还就灾害中志愿者的管理和使用问题，对州政府和地方政府提出政策建议，改进了昆士兰州的志愿者服务质量；另外，它还与政府和社会的 70 多个部门和组织合作，对志愿者实施培训、提供保险和其他安全保障。

2013 年，"克鲁"应急志愿组织被昆士兰州授予"澳大利亚抗逆力大奖"（Resilient Australia Awards）。

二、美国全国抗灾志愿者组织（National Voluntary Organizations Active in Disaster）

美国全国有许多志愿者组织，其中不乏专门以在各种灾害救援为主要职责的

① https://www.emergencyvolunteering.com.au/qld/volunteering/who-are-emergency-volunteering-crew.

组织，但将它们协调结合到一起，在统一的安排下参与应急管理并得到联邦和地方政府承认的，就是全国抗灾志愿者组织。

该组织成立于 1970 年 7 月 15 日。目的是克服在灾害应对中各志愿者组织之间工作的重复性和不协调性。为此，来自全国的 7 个志愿者组织的代表在华盛顿特区开会，决定成立一个全国统一的协调机构，这就是全国抗灾志愿者组织。现在，它的成员组织超过 100 个，遍布美国 55 个州和领地，是美国 56 个最有声誉的全国性组织之一，被联邦和各级地方政府看作是在灾难准备、应对和恢复重建领域非政府组织的领导者。[①]

（一）工作任务

全国抗灾志愿者组织本身不是一个直接提供抗灾服务的机构，而是帮助其成员组织提供抗灾服务的协调和领导机构。同时，它还为其成员在灾害发生前提供培训、准备和相互熟悉的机会，提高他们抗灾工作的效率和效果。它通过以下途径服务其成员的工作：

沟通（Communication）：通过电子通信手段发布信息、公报、指导、示范、案例研究和评论；

合作（Cooperation）：创造一个在所有层次上的合作氛围，并提供信息；

协调（Coordination）：在成员组织之间协调政策，起到联络、鼓吹宣传等作用；

教育（Education）：提供培训，增加专业知识，加强各组织的准备工作；

领导发展（Leadership Development）：为志愿者的领导提供培训和支持，以建立高效的州级抗灾志愿者组织；

减防灾（Mitigation）：支持联邦、州和地方部门的此类工作，支持适当的立法；

会议机制（Convening Mechanisms）：举行讨论班、会议、委员会会议、地区会议、培训项目和地方大会；

拓展（Outreach）：鼓励州和地方灾难救援方面志愿者组织的形成并提供指导。[②]

（二）组织成员

全国抗灾志愿者组织的领导人是主席，任期一年，充当该组织的发言人和代

---

① https://www.nvoad.org/about-us/.

② 参见 http://www.nvoad.org。

表，负责分派任务、召集年会、领导和主持日常工作。成为成员组织必须具备的资格是：

（1）在范畴和目标上必须是全国性的组织；

（2）必须是志愿者组织，其成员是志愿者和赞助者，具有非营利组织的结构，符合“国内收入服务条例”（Internal Revenue Service regulation）第501条C款3目的规定；

（3）必须是抗灾工作的积极参与者，有公开宣布的抗灾政策，具有一定的抗灾资源。

符合上述条件的志愿者组织，如果能够遵守全国抗灾志愿者组织的章程，愿意将资源提交用于该组织的职责，就可以成为该组织成员。

除了正式成员之外，州一级的志愿者抗灾组织成员可以作为副成员加入全国抗灾志愿者组织。

（三）在联邦政府应急管理中的作用

由于全国抗灾志愿者组织成立时，美国联邦政府的应急管理工作还分散在若干联邦部门，它主要与联邦灾害援助管理署（Federal Disaster Assistance Administration）合作。1979年，联邦应急管理局成立，将其他部门的抗灾职能合并到一起，它开始了同联邦应急管理局的密切合作。

不仅联邦应急管理局的局长出席全国抗灾志愿者组织的年会，该组织的主席被任命为联邦应急管理局的顾问委员会（FEMA Advisory Board）委员，而且在联邦应急预案中，该组织承担着固定职责，发挥重要作用。在救灾现场，只要联邦应急管理局召集会议，该组织的代表都是当然的与会者。通过该组织的协调和指挥的成员组织，在紧急救援和为灾民提供后勤服务方面，成为政府应急管理中一支不可或缺的中坚力量。

总之，在西方国家中，随着公民化社会的发展，权利、义务的法律观念和人道、博爱的社会观念，已经成为社会价值观念的主流。在此支配下的志愿者运动，不仅参与人数越来越多（有的国家甚至达到成年人数的30%以上），而且志愿者自身自我管理的组织化趋势日益明显，尤以形成全国性协调组织为高峰。在应急管理中，作为非政府组织的主体，志愿者组织被公认为是各种紧急事态的第一应对者和有效救援者。西方国家这种社会价值观念和志愿者运动及志愿者组织形式，为其他国家树立了榜样。

思考题

1. 美国和澳大利亚参与公共安全管理的非政府组织有哪些?
2. 试述红十字会的组织与运作模式。
3. 试述红十字会的工作内容与基本原则。
4. 试述美国红十字会的活动宗旨。
5. 试述美国红十字会在《国家应急预案》中的职责。
6. 试述志愿者服务机构在应急管理中的主要任务。
7. 试述美国全国抗灾志愿者组织的工作任务。
8. 试述美国全国抗灾志愿者组织在联邦政府应急管理中的作用。

第三编

公共安全的管理系统

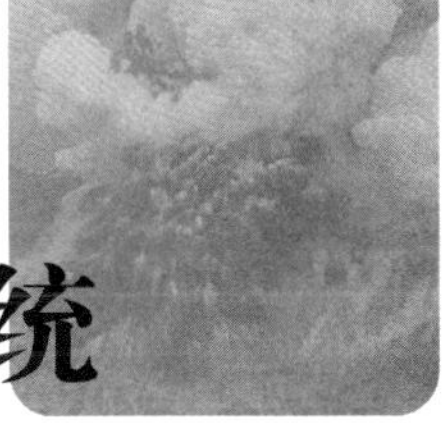

第六章

应急指挥系统

关键词

《国家应急预案》 指挥系统 火界 模块化组织 联合指挥 区域指挥

前言

公共安全的管理系统是支撑公共安全管理的基本功能系统，主要包括应急指挥系统、通信与情报信息系统、应急资源系统和后勤保障系统。

澳大利亚和新西兰的公共安全管理系统在制度建设方面已经基本成型，其基本表述分散于政府的若干法规和档案之中。美国经过几十年的发展，特别是“9·11”恐怖袭击事件发生之后，通过颁布《国土安全法》、成立国土安全部和制定《全国突发事件管理系统》，公共安全管理系统已经完成了制度化过程，形成了一套比较完整的体系，在西方国家中独领风骚，引起全世界普遍的关注。

美国是联邦制国家，号称“合众国”，州的权力十分强大。联邦政府只是在国防、军事和跨州事务上有主导权，对州和地方政府没有管辖权，不能干预各州的事务。因而各州和地方发生重大突发事件时，它们只能各自为政，自扫门前雪，不能指望联邦政府主动救助。如果灾难过大，超出了州的应对能力，要想获得联邦的援助，1979 年以前需要漫长的时间等待联邦议会的拨款；1979 年到 2002 年，则要走一系列烦琐的程序，请求总统宣布该州处于紧急事态或灾难状态，之后联邦才能提供一定的救灾帮助。这种程序对于十万火急的突发事件来说，是远水救不了近火。所以，我们可以说：在美国联邦制政体之下，如果不建立一套能够动员联邦、州和地方政府的力量、统一指挥和协调应对突发事件的系统，美国就不能实现应急管理的终极目标。这个系统需要解决的核心问题或基本任务是：克服联邦制的分权形式，实现从联邦到州和地方政府的统一指挥或者联动；虽然不是一竿子插到底，但是却能迅速动员联邦和州及地方政府的力量，在统一的指挥调度下实现对突发事件的有效应对。

2004 年 3 月 1 日，美国国土安全部建构一套《全国突发事件管理系统》，2008 年修订，2017 年 10 月发布了第 3 版。根据部长汤姆·里奇（Tom Ridge）当时的说法，此系统“提供了一个全国统一的范本，使联邦、州、地方等各级政府，以及私人企业和非政府组织一起工作，对国内发生的无论何种原因、规模或复杂性的突发事件，包括灾害性的恐怖主义活动，实施快速高效的准备、预防、应急和从中恢复”。[①] 从体制上说，《全国突发事件管理系统》为美国建设了一套从联邦政府到州和地方政府，统一地针对各类突发事件的准备、响应和事后恢复的工作系统。它虽然不能突破联邦制的权力结构，但它重新设计了一套应急管理系统，叠加在联邦制度上，力争能够把联邦、州和地方政府在其框架内组织起来，协力应对突发事件。利用这一框架，美国国土安全部制定了《国家应急预案》，之后又发展为《全国应对框架》，建立了利用全国力量应对所有灾种突发事件的管理系统。

这个系统是对过去的突发事件管理和紧急事态应对的经验的全面继承和综合，将那些行之有效的做法整合进一个完整的框架中，为全国的突发事件管理部门提供一套应对各类危险的现成机制。

该系统代表了一整套核心的理论、概念原则、术语和组织程序，确保在各个层次上实现快速高效协调的突发事件管理。可以说，它是美国公共安全管理的制度框架。作为一种制度，它试图追求在灵活性（flexibility）和标准化（standardization）之间实现平衡。

该系统的内容在三个不同的版本中有所变化，但主要部分没有改变，根据 2017 年的版本，《全国突发事件管理系统》的主要组成部分如下：[②]

（1）原理与概念（Fundamentals and Concepts）；

---

① Department of Homeland Security, *National Incident Management System*, 2004 年 3 月，见 Tom Ridge 所作序中。

② FEMA, National Incident Management System，Third Edition，Washington, DC.，October, 2017.

（2）资源管理（Resource Management）：主要包括事前准备的资源管理、事中的资源管理和相互援助；

（3）指挥与协调（Command and Coordination）：主要包括管理特征、突发事件指挥系统、紧急事态行动中心、跨部门协调小组、联合信息系统、指挥与协调机构的相互联系；

（4）通信与信息管理（Communications and Information Management）：主要包括通信管理、突发事件信息和通信的标准与格式；

（5）资源（Resources）：包括《全国突发事件管理系统》的支持性文件、相关法律、补充支撑材料；

（6）附录（Appendix）：包括突发事件指挥系统和紧急事态行动中心组织结构。

可见，《全国突发事件管理系统》包含了应急指挥系统、通信与情报信息系统、应急资源系统三个子系统，后勤保障系统虽然没有作为主要组成部分涉及，但突发事件指挥系统中，后勤部作为单独的一个部门，有自己独特的功能和职责；在取代了《国家应急预案》的《国家应对框架》中，其紧急事态支持功能附件 7 即为后勤保障（Logistics），所以可以将其列为公共安全管理系统的第四个子系统。

这是西方国家公共安全管理体系的集大成性文件。目前美国正在推进文件内容的深入落实，其他国家也在研究和借鉴它的内容。鉴于美国在这一系统建设中的轰动效应和世界性影响，在本编中我们重点关注美国的公共安全管理系统。

第一节　应急指挥系统的概念

对各种紧急事态管理的有效与否，集中表现在应急指挥系统的有效性。因而，各个国家在自己的公共安全管理体系的建设中，都把建立一套反应机敏、运转灵活、权威高效的指挥系统当作应急管理体系建设的重中之重。

现在，国际上比较有影响的应急指挥系统是美国的“突发事件指挥系统”（Incident Command System，ICS），它是美国《全国突发事件管理系统》的核心部分之一，在实践中不断改进和完善，既为美国各级政府乃至非政府组织所采用，也被许多国家引进和借鉴。

ICS 是指挥、控制、协调现场突发事件管理的标准化路径，它提供了一个通用的层级体系，保障来自多重组织的人员能够在其中有效工作。

一、突发事件指挥系统（ICS）概述

（一）ICS的起源与发展

ICS 1970年起源于加利福尼亚州。当年该州发生长达13天的森林大火，造成16人死亡、700座房屋被毁，损失超过1800万美元。在灭火过程中，政府各相关部门虽然都尽了全力，但由于缺乏统一的协调和指挥系统，严重影响灭火的效率和效果。大火过后，国会命令美国森林管理署（U.S. Forest Service）设计一套系统，大幅度提高对各相关部门的协调能力，确保有效应对南加利福尼亚的严重森林火灾。加利福尼亚州各相关部门立即动手，创立了“火界”（FIRESCOPE）系统[①]。它主要是一个指挥与控制系统，确定了在发生各类紧急事态时，为了管理每天的行动，参与救援的各组织的构成与岗位职责。这就是ICS的雏形。

到20世纪70年代中期，“火界”系统的参与部门一起确定了共同的专业术语、程序，并实施了对ICS的现场测试。到1980年，该系统的若干部分已经在几次重大的野火和城市火灾中得到成功应用，开始被洛杉矶消防局、加利福尼亚森林与防火局（California Department of Forestry and Fire Protection）和州长应急管理办公室（OES）正式采用，并得到州消防工作委员会（State Board of Fire Services）的认可。同时，全国野火协调小组（National Wildfire Coordinating Group，NWCG）也授权使用ICS协调联邦和州部门参与的火灾管理项目。20世纪80年代，使用“火界”的培训在消防行业开始推广。1990年，全国消防系统突发事件管理系统联盟（National Fire Service Incident Management System Consortium）创立，开始规范“火界”和其他指挥系统，建立一套全国统一的ICS。1993年，统一的ICS文件完成。之后，在非火灾的突发事件中，也开始使用ICS。人们认为，它为公共安全管理者提供了有效的协调和管理，使诸多部门、成千上万的人们有条不紊地参与突发事件应对，适用于广泛的公共安全领域，不仅是火灾，也可用于洪水、危化品事故、地震、空难等各类灾难。20世纪90年代中期，美国联邦应急管理局所属的应急管理学院，已经将ICS作为重

---

① FIRESCOPE是一个缩写，与通常的缩写规律不符，其全称是：FIrefighting RESources of California Organized for Potential Emergencies，意为“针对潜在紧急事态的加州有组织消防资源”。

要的经典课程讲授，它被推广到了全国的应急管理领域。

2004 年，《全国突发事件管理系统》颁布，把 ICS 几乎原封不动地搬了进来，后来的修订版中虽然对 ICS 的位置做了调整，内容也做了部分修改，但基本内容一直延续了下来。

（二）ICS 的概念

一般来说，应急指挥系统是一套管理系统，其目的是通过将各种设施、装备、人员、规程和通信整合在一个共同的组织结构中，实现对突发事件的快速高效管理。在应急管理学院早期的教科书中，将它定义为“用于指挥、控制和协调应急工作的示范工具，对为了一个共同目标（处理突发事件、保护生命、财产和环境）努力的各个部门提供一种协调手段”。[①]

在国土安全部颁布《全国突发事件管理系统》之后，应急管理学院在关于 ICS 的新版教科书中，对其下了一个相对烦琐的定义：

（1）它是标准的、现场的、全灾种的突发事件管理概念；

（2）允许它的使用者采用集合的组织结构；

（3）具有相当大的内部灵活性；

（4）基于成功运作的实践验证的管理系统；

（5）吸取几十年在组织和管理紧急事态突发事件教训的结果。[②]

这种表述现在有了较大的变化。2017 年美国联邦应急管理局发布的《突发事件管理手册》（Incident Management Handbook）中，将 ICS 定义如下：“一种专门设计的标准的应急管理建构，确定了能够反映一个或多个突发事件的复杂性和需求、不受行政区划阻碍的整体的组织结构。它是一个管理系统，目的是在突发事件的资源管理方面，通过把设施、装备、人员、规程和通信整合起来，在共同的组织结构中运行，实现对突发事件的有效管理。”[③]

在 2017 年版的《全国突发事件管理系统》中，把 ICS 的责任领域也做了限定，主要在以下四个方面发挥指挥和协调的作用：

（1）在突发事件现场资源部署的战术行动方面；

---

① 参见 Emergency Management Institute, Independent Study IS195, Incident Management System，Jan., 1998。

② Emergency Management Institute, Independent Study, ICS-100, *Incident Management System,* Rev. 1 August, 2004, p.3.

③ Federal Emergency Management Agency, *Incident Management Handbook*, September, 2017，p.j-7.

（2）在紧急事态行动中心实施的应急响应援助活动中，包括行动和战略协作、资源获取与信息收集、分析、分享；

（3）政策指导和高层决策中；

（4）关于突发事件的信息对媒体和公众的推广与沟通中。[①]

二、ICS 的管理特征

ICS 作为一种管理系统，基于美国数十年成功的管理经验，具有明确的管理特征。其管理特征说明如下：

（一）共同术语（Common Terminology）

ICS 设立的一套共同的术语，使得所有不同的突发事件管理机构和支持组织，能够超越种类繁杂的突发事件管理职责和危险场面，在不会发生概念歧义的情况下一同工作。这些共同的术语包括：

（1）组织职责（Organizational Functions）

具有国内突发事件管理责任的主要职责领域和职责单位都给予了明确的命名和定义；所涉及的组织成分的术语都是标准的和一致的。

（2）资源分类（Resource Descriptions）

各种主要资源，包括用于支持突发事件管理活动的人员、设施、重大装备和供给品，都给予了统一的命名，并依据其性能做了分类，有助于避免混乱和提高互通性。

（3）事件设施（Incident Facilities）

它是用来标明在发生事件的临近地区的设备的共同术语，这些设备可以在突发事件管理行动的过程中使用。

（二）模块化组织（Modular Organization）

突发事件的指挥组织的结构是自上而下的，模块化的组织方式是基于突发事件的规模和复杂性，以及由突发事件引起的危险环境的特殊性。在需要的时候，可以建立若干单独的功能单元，每一个都可以被进一步细分，以提高内部的组织管理和外部的协调。ICS 模块化组织的建立和扩展的责任主要在突发事件指挥官（Incident Commander，IC）和紧急事态行动中心主任，他（们）根据形势决定是否这样做。随着突发事件的复杂性上升，自上而下扩展的组织也被授予相应

① FEMA, *National Incident Management System*，Third Edition，Washington, DC., October, 2017, p.19.

职责。同样伴随着组织结构的扩展，管理职位的数量也要适当增加以满足事件的需要。

（三）目标管理（Management by Objectives）

突发事件总指挥或联合指挥部设立若干目标以驱动突发事件应对行动。目标管理包括以下内容：

（1）设立明确的、可衡量的目标；

（2）确定实现这些目标的战略、战术、任务和行动；

（3）为各种突发事件管理功能的参与者完成既定任务，制定和发布任命、方案、规程和协议；

（4）参照目标考核行动结果，促进工作改进，适时下达下一阶段目标。

（四）编制突发事件行动预案（Incident Action Planning）

突发事件行动预案是沟通应对目标、方法、任务安排和支持行动的简明的、连贯的工具，每一个突发事件都应该编制行动预案。

（五）可操控的控制区间（Manageable Span of Control）

指紧急事态应对行动中，一个监督官所能有效操控的人员或资源的数量。控制区间对突发事件管理的效率和效果至关重要。在ICS中，任何监管者（supervisor），其恰当的控制区间在五个左右（下属）。突发事件的类型、任务的性质、危险和安全因素、人员与资源之间的距离，所有这些都影响着控制区间的范围。

（六）突发事件设施与位置（Incident Facilities and Locations）

为了满足突发事件应对的需要，在事件的临近地区，要建立各种各样的行动场所和支持设施。突发事件指挥官和联合指挥部将根据形势的需要，指导对设施的核对和位置安置。一般来说，预置设施包括指挥所、基地、营地、人员和物资集结地区、伤员分类救治区、物资分发点、避难场所，等等。

（七）全面的资源管理（Comprehensive Resource Management）

资源是指可用于或潜在可用于支持突发事件管理、能够分派或分配的人员、小组、装备、供给品和设施。资源管理包括分类、排序、分发、跟踪以及对用于恢复的资源的处理。有时也包括赔偿和报销。

（八）综合通信（Integrated Communications）

突发事件通信是通过建立和使用一个共同的通信方案、共用的通信程序和系统结构实现的。这种综合的路径将相关的各个行动部门和支持部门联系起来，必须保持通信的连通性和规则性，使之实现共同的形势感知和交互作用。

（九）指挥的建立与转移（Establishment and Transfer of Command）

从突发事件的行动一开始，总指挥和指挥部就必须明确地建立指挥功能。对突发事件拥有主要行政管理职责的部门应该任命个人到现场建立指挥部。当指挥部转移的时候，其程序必须包括发布一个简报，载明持续安全和有效行动的所有基本信息。

（十）联合指挥（Unified Command）

在突发事件处置涉及多重权力部门、一个权力部门涉及多重机构，或者多重权力部门涉及多重机构的情况下，实施联合指挥可以保证各机构与不同的立法、地域和职能部门一起有效工作，不会影响单个机构的权限、责任或义务。

（十一）指挥的链条和指挥的统一（Chain of Command and Unity of Command）

指挥的链条是指在应急管理组织不同级别之间权力行使的有序脉络。指挥的统一意味着每一个人都有一个指定的主管人，必须在事件现场向他报告。这些原则澄清了报告关系，避免了由多重的、相互矛盾的指示引起的混乱。各个层次的突发事件管理者必须能够有效控制其主管的所有人员的行动。

（十二）责任性（Accountability）

在所有层次的权力部门和突发事件行动中单个功能区域，有效的责任性都是必不可少的。所有参与突发事件应对的人员必须遵循责任性原则，包括：

（1）注册：所有应对者，不管归属哪个部门，必须遵守突发事件指挥官制定的程序，按时签到注册以接受任务；

（2）突发事件行动预案：应对行动必须接受突发事件行动预案的指导和协调；

（3）统一指挥：突发事件行动涉及的每一个人只指定一个主管人；

（4）控制区间：主管人必须能够恰当地监控其下属，保持与他们的沟通，管理好自己监管的所有资源；

（5）资源跟踪：主管人所管理的资源情况发生变化时，必须记录和报告。

（十三）派遣 / 调度（Dispatch/Deployment）

人员和装备等资源只能在适当的管理当局提出要求时且通过既有的资源管理系统分派。

（十四）信息和情报管理（Information and Intelligence Management）

突发事件管理组织必须建立收集、分析、评价、共享和管理相关的信息和情报的程序。

第二节　突发事件指挥系统的组织与运行

在 ICS 中，组织是它的肌体和器官，运行是它的功能和作用的展现。正确认识和理解它的组织和运行，就是对突发事件指挥系统的全面认识和把握。

一、突发事件指挥系统的指挥人员与指挥模式

ICS 的组织是由其在突发事件的应对中所需要的功能来确定的。美国国土安全部将其组织功能确定为 5 个方面，核心是指挥功能，即 ICS 的大脑；其他分别为行动、规划、后勤和财政与管理，可看作 ICS 的功能性器官，因而，就将其组织依据这五种功能需求确定为 5 个部门，其相互关系如下图所示：

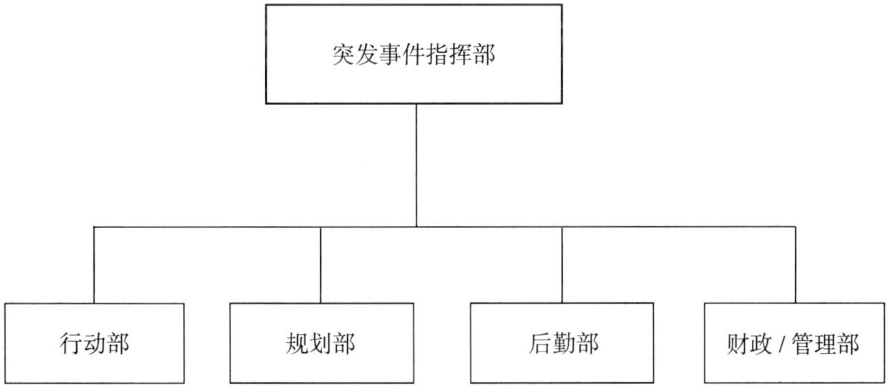

图 6–1　ICS 的组织结构

从上图可见，这 5 个部门不是平行的，指挥部门是其他 4 个部门的领导机构，其他各部门之间，可视为平行关系。

（一）指挥人员

指挥部是 5 个部门中最重要的部门，是指挥及命令机关。指挥班子成员由两部分构成，一部分是在指挥部工作的突发事件总指挥（IC）和他的 3 个（有时候是 4 个）助手指挥官员（Command Staff），另一部分是其他 4 个部门的主管，他

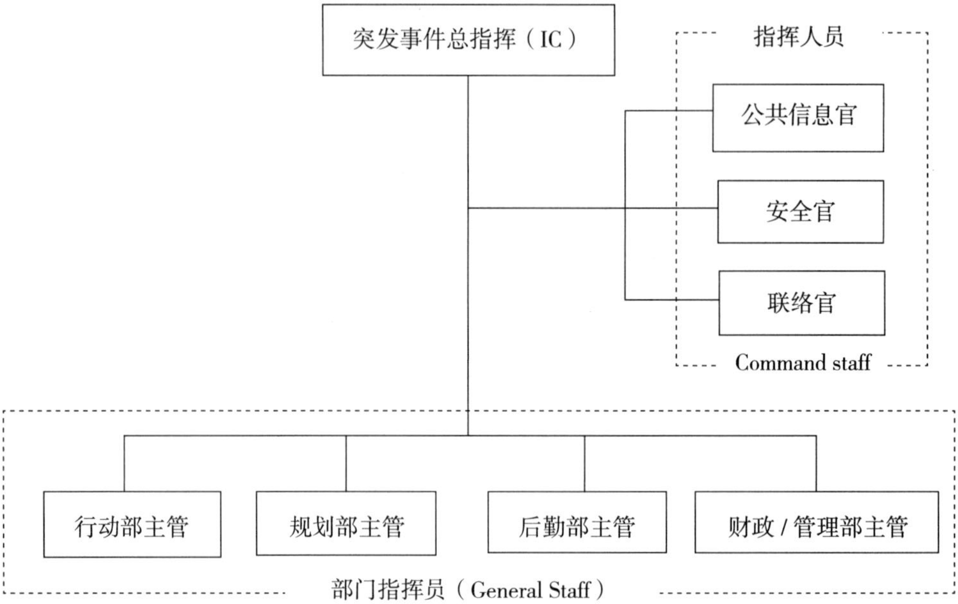

图 6-2　ICS 的指挥人员

们是部门指挥员（General Staff），称为部门主管（Chief）。[①]

总指挥是最高的一元化领导者，一般由联邦应急管理局的联邦协调官（Federal Coordinating Officers）任命，承担管理整个突发事件的全部责任，必须由受过专门训练、具有领导处置突发事件的丰富经验、精准的判断能力、果敢的决策能力、出色的协调和公关能力的官员出任。在较小的突发事件中，总指挥一个人就可能完成五个方面的管理职责，不需要设立其他四个职能管理部门。在规模较大的突发事件中，总指挥根据自己的判断，认为有必要设立各自独立的职能部门时，有权随时设立。因此，总指挥的职责如下：

（1）设立突发事件指挥所；

（2）建立统一的突发事件应对目标、优先权、战略指南，并在每一个阶段及时更新；

（3）选择下属部门主管；

（4）建立单一的资源订购系统；

---

① 按照英文字面的意思，Command Staff 和 General Staff 很难翻译为"指挥部官员"和"部门指挥员"，指挥部官员是 Command Staff 的字面意思，而 General Staff 英文原意指总参谋部。这里根据其主管的范围和职责，将其翻译为"指挥部官员"和"部门指挥员"。

（5）批准每一个阶段的行动预案；

（6）保持同其他部门间的联系；

（7）建立决策和成文程序；

（8）总结和吸取经验教训。[①]

指挥部官员是受总指挥委派、负责某一方面具体工作的官员，如公共信息官（Public Information Officer，PIO）、安全官（Safety Officer，SO）、联络官（Liaison Officer，LNO），还包括某些情况下设立的外部事务官（External Affairs Officer，EAO）等，有时候，将指挥部中的突发事件总指挥和指挥部官员都称作指挥人员。

指挥部官员和部门指挥员必须不断地相互沟通协作，共享重要情报，评估当前形势和未来方向，向指挥官提出行动方针的具体建议。

（二）指挥模式

指挥功能可以在两个途径实现，一是单一指挥（Single Command）模式，二是联合指挥（Unified Command）模式。

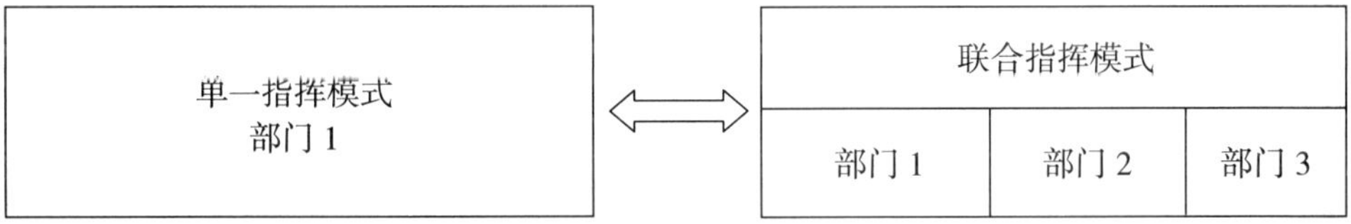

图 6–3　指挥功能的指挥模式

1. 单一指挥模式

当事件发生在单一职权部门的管辖范围，而且与其他职权部门和系统的管辖范围不重叠情况下，适当的职权部门应该指令建立一个单一指挥模式的指挥系统。在某些情况下，单一指挥模式的指挥系统可能超越单一职权部门的管辖界线，但只要各相关部门同意，也可以建立单一指挥模式的指挥系统。该指挥系统应该制定行动目标作为后来行动预案的依据，批准突发事件行动预案（Incident Action Plan，IAP）和所有关于订购和发出事故应对资源的请求。

在单一指挥模式下，由一个人出任总指挥，其他 4 个部的职责可以由他一人管理。总指挥的职责包括：

① FEMA, *National Incident Management System*，Third Edition，Washington, DC.，October, 2017, p.25.

（1）行使指挥责任，诸如负责建立突发事件指挥所（Incident Command Post，ICP）等；

（2）保护生命和财产；

（3）控制人员和设备资源；

（4）履行对应对者和公共安全的责任，保证任务完成；

（5）同外部机构和组织，包括紧急事态行动中心（在被激活的情况下），建立和保持有效的联系。

总指挥的职责对个人的素质要求很高，他不仅要具有扎实的专业知识和过硬的业务能力，同时还必须果断、善于决策、客观、冷静、思维敏捷。在行使其职权时候，需要能够听取建议、灵活机动、客观对待自己的不足。突发事件发生时，他是最早抵达现场的高级应对者；当其他应对者抵达后，应将现场指挥权交给那些具有直接指挥责任的人，自己转向对整个事件的应急指挥。随着突发事件规模的增大和复杂性的增加，政府可能会任命更适合的人出任总指挥，原来的总指挥需要向新的总指挥移交权力，卸任者必须完整移交各个方面的管辖权，并将指挥移交一事通知所有人员。

2. 联合指挥模式

当突发事件影响的范围超过一个地方政府的行政管辖地区，并且需要一个以上的部门参与应对的时候，需要建立联合指挥模式。

在联合指挥模式下，所有参与的主要部门都要委派一个指挥员，组成一个指挥小组，共同确定突发事件应对目标和优先权、共同分派资源，用一个声音说话。可见，它是在多个管辖机构、多个部门参与突发事件管理中使用的指挥模式，为具有不同法律、地域和功能职责的多个部门，提供了一个高效协调的指挥框架。如果没有这样的协调和组织框架，来自不同职权范围、管辖地域或不同层次的部门势必会出现推诿、重复工作、效率低下等现象，成立联合指挥小组，这些问题都迎刃而解了，能够有效保证突发事件应对行动的整合，批准、资源调配和分派。

但是，即使在联合指挥模式下，也只能有一个人出任总指挥。

联合指挥机构的确切构成部分依以下情况而定：突发事件发生的地点（比如多少个行政区划被涉及）、突发事件的种类（比如需要涉及多少具有管辖权的功能部门）。在某些涉及多个职权部门的事件中，也可以考虑建立单一指挥机构以强化工作的整体性和效率性。

参与联合指挥机构的官员代表着不同的政府机构和责任系统，他们合作建立

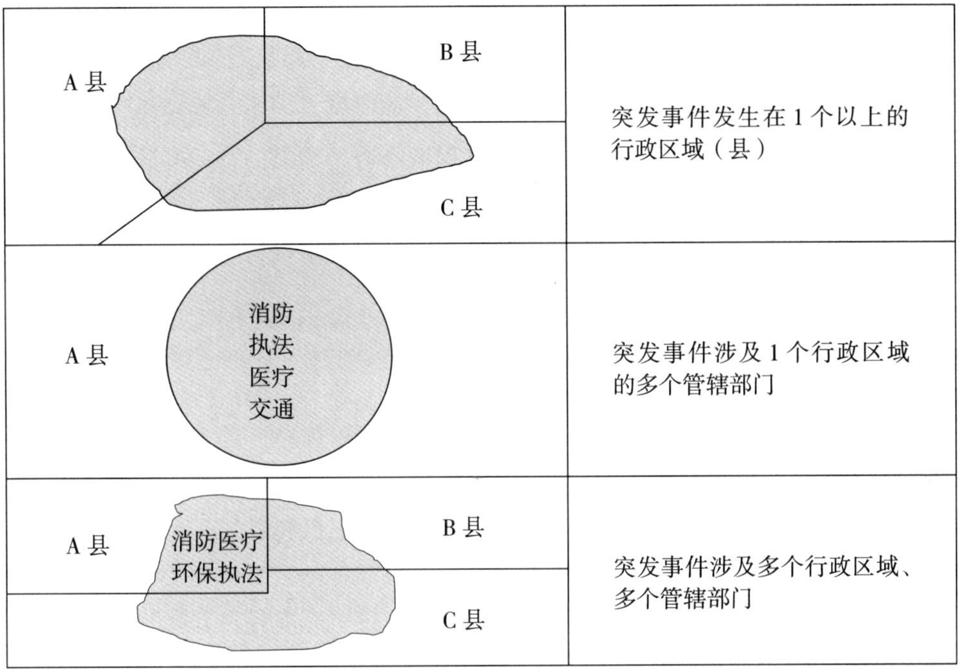

图6-4 设立联合指挥的三种情况示意图

事件管理目标，确定实现这些目标的优先权。那些虽然深深涉入事件之中但没有管辖责任的部门被确定为支持部门，它们在指挥机构中的代表性和工作的协调通过联络官实现。从事多重突发事件管理的官员的管辖责任被纳入一个单一的规划程序考虑，包括：突发事件管理责任、突发事件管理目标、可用的资源及能力、局限性以及部门官员之间的一致和不一致的地方。

将突发事件纳入一个单一的、合作的模式管理，其内容包括共同的组织结构、单一的突发事件指挥场所、统一的规划程序以及统一的资源管理。

在联合指挥模式下，突发事件行动预案应该由规划部主管制定，并且得到突发事件指挥官的批准；行动部的主管本人指导突发事件行动预案的具体实施。因此，联合指挥实现最佳运转的条件是参与成员在突发事件指挥部的岗位上都遵守以下规则：

（1）在每个行动阶段选择一个行动部主管；

（2）保证每个人都了解特殊要求；

（3）建立统一的事件管理目标、优先权和战略；

（4）协调建立预订资源的单一系统；

（5）建立统一的突发事件行动预案；

（6）为共同决策和制订方案建立程序。

总之，单一指挥模式和联合指挥模式的主要区别是：单一指挥模式中，指挥官独自负责建立事件管理目标和战略，并保证所有功能区的行动按照既定战略的方向进行；而联合指挥模式中，由不同管辖权部门委派的人，必须共同制定目标、战略、预案和优先权，一起工作实施全面的突发事件行动，最大限度地利用获得的资源。

美国国土安全部指出联合指挥模式的六大优点：[①]

（1）将一套目标用于整个突发事件；

（2）使用共同的途径制定战略并实现事件管理目标；

（3）在事件涉及的所有管辖部门和机构之间的信息流程和协调得到改进；

（4）对事件有责任的所有机构都了解合作的优先权和限制；

（5）任何机构的权力都不会受到损害和忽略；

（6）所有部门在一个突发事件行动预案的安排下完成各自分配的任务，其联合工作都能实现最优化。

（三）指挥部官员

指挥部官员负责对突发事件的全面管理。在指挥部组织内，指挥部官员由总指挥和各种不同的特殊职位的人员组成。这些特殊职位的人员是总指挥特别指定的，直接对他报告，并且负责总指挥分派的部门主管职责之外的重要工作。其中，三个特殊职位格外重要，分别是公共信息官、安全官和联络官，见图 6-2。

1. 公共信息官

公共信息官负责与公众、媒体以及其他需要突发事件相关信息的行政区划、部门和组织的沟通，行使重要的公共信息管理权力。他要收集、整理、协调、分发关于突发事件原因、规模、当前形势、调配的资源等信息，并且在总指挥授权的情况下对公众发布突发事件相关信息。在突发事件现场，他还要参加或领导联合信息中心（Joint Information Center，JIC），管控联合信息系统（Joint Information System，JIS）的活动，确保对公众发布一致性的信息。他也需要监控媒体，如果发现有价值的突发事件信息立即报告总指挥。

---

① Department of Homeland Security, *National Incident Management System*, 2004, p.15.

2. 安全官

安全官负责监督突发事件应急行动，就应急行动中所有有关安全的事情（包括紧急事态应对者个人的健康和安全等）向总指挥提出建议。在突发事件管理行动中，安全官有权中止或避免任何他认为不安全的行为。当然，在实施突发事件管理行动时，总指挥承担安全的最终责任，但安全官在危险环境评估、制订安全方案、协调跨部门安全工作、落实应急人员安全保护措施等方面所必需的整套系统和程序要向总指挥负责。在联合指挥架构中，不管有多少职权部门和责任机构参加，只能任命一个安全官，但可以从其他参与的部门和机构中选任安全官的助手。在行动安全和紧急事态应对者的健康与安全问题方面，安全官必须与行动部主管和规划部主管密切合作。他还必须确保跨职权部门、跨责任机构以及与私营企业、非政府组织之间的安全管理职责和问题的协调。

3. 联络官

联络官是在突发事件应对行动中与其他政府部门、非政府组织以及私人企业代表沟通的联系人。无论在单一指挥模式或联合指挥模式架构中，来自辅助和协作部门的代表都通过联络官协调。参加突发事件应对的不具有管理责任的政府部门和社会组织，可以任命自己的代表，直接与联络官沟通协调，由他安排参与应急事务、使用应急资源、了解应急政策。

此外，在复杂的突发事件中，这三位官员通常需要配备助手。每个官员要为其助手分派工作，并努力提高他们的工作效率。另外，由于突发事件的规模和涉及的区域、领域不同，指挥部中往往需要增加其他工作人员。如任命一个法律顾问，就突发事件管理各环节的合法性和其他法律问题为总指挥把关；任命一个医疗顾问，就卫生问题、疫情问题、大规模伤员救护等问题对总指挥提出建议等。

（四）突发事件指挥所

突发事件一旦发生，建立突发事件指挥所是总指挥的首要责任。指挥所是在战术层面上、靠近突发事件现场的指挥机构的所在地，是总指挥和指挥部全体人员工作的场所，由此沟通现场和各个部门，下达应急突发事件的各种指令。一个突发事件，不论涉及的行政部门和系统部门有多少，也不管是在单一指挥模式还是联合指挥模式下，一个突发事件只能设立一个指挥所。在事件发生的初期，该指挥所可以设在消防车或巡逻车中；当事件规模、复杂性或风险增加时，应该立即设立固定的指挥所。而设立指挥所应当遵循以下原则：

（1）指挥所应该选择远离喧嚣、混乱的环境；

（2）应该选择没有明显和潜在危险的地点；

（3）应该尽量选择能够观察到事件现场的地点；

（4）选择的场所应该能够扩展，以满足随时增加的设备和人员工作区域的需要；

（5）能够保证相关人员出入安全，非授权人员不能进入；

（6）设立醒目标志，使所有应对者能够轻而易举地发现。

二、突发事件指挥系统部门的结构及职责

在美国的突发事件指挥系统中，组织结构和组织层级十分清晰、严密，形成了一套标准机构和称谓，见表 6-1。

表 6-1　ICS 的组织成分及负责人称谓[①]

组织成分 Organizational Element	领导岗位及称谓 Leadership Position Title	辅助职岗位 Support Positions
突发事件指挥部 Incident Command	突发事件总指挥 Incident Commander	副指挥 Deputy
指挥人员 Command Staff	官 Officer	助理 Assistant
部 Section	主管 Chief	助理 Deputy，Assistant
分部 Branch	主任 Director	助理 Deputy
区 / 组 Divisions/Groups	监督官 Supervisors	无
科 Unit	科长 Unit Leader	管理员，协调员 Manager，Coordinator
突击队 / 特遣队 Strike Team / Task Force	头儿 Leader	老板 Single Resource Boss
单一资源 Single Resource	老板，头儿 Boss，Leader	无
技术专家 Technical Specialist	专家 Specialist	无

① FEMA, *National Incident Management System*, Third Edition, Washington, DC., October, 2017, p.82.

突发事件指挥系统行动部的组织结构是一个开放性的组织结构，在实践中可以依据不同情况随时扩展。某些情况下，该组织结构是由行政管理区划决定的；某些情况下，则会使用严格适合可操作性的途径；而另外的情况下，则从可操作性和地域性结合起来考虑。这一依据情况而决定的灵活性正是突发事件指挥系统的特点。

（一）行动部

行动部是突发事件管理系统中最重要的部门，主要负责在突发事件应对中拯救生命、减轻事件后果、保护财产和环境、平息事态、控制形势等方面工作。当然，拯救生命和保护应对者的安全具有最高的优先权。其基本组织结构如图 6–5 所示：

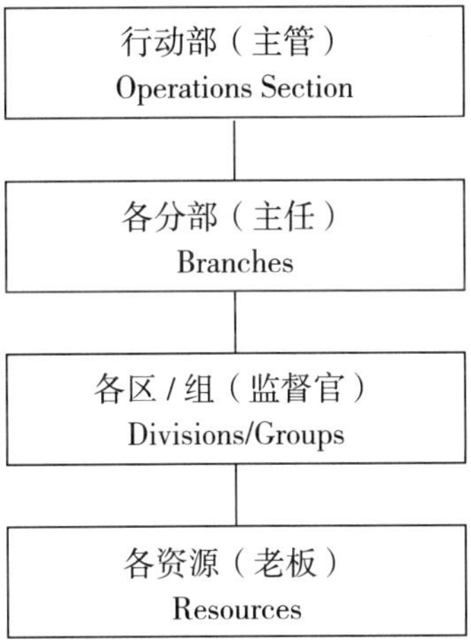

图 6–5　ICS 行动部的基本组织结构及负责人

由于突发事件的种类和危害不同，行动部的任务也不同，所以它经常由具有不同功能的系统和部门人员组成，一般包括消防、执法、应急医疗、搜寻救援、公共工程、非政府组织、私人企业等若干行业和系统的人员。

基于不同类型和复杂性的突发事件，行动部下设的分支机构、区 / 组和资源的数量可以按需要设定。

行动部各组成部分具有明确职责，说明如下：

1. 行动部主管

在所有与突发事件相关的操作行动中，直接对总指挥或联合指挥部负责。他主要对突发事件进行战术性管理，并实施突发事件行动预案。在每一个行动阶段，负责制定具体目标；与其他部门的主管和单位领导一起建立他们的辅助性目标。在多部门参与的突发事件管理中，他可以任命一个或更多的来自不同部门的副手。在每一个行动阶段，都应该任命一位行动部主管，他必须参与制订相应责任期的突发事件行动预案。

2. 分部

对行动部主管来说，一般情况下，当分队或小组的数量超出一个监督官恰当的控制区间，达到3—7个下属机构时，就要设立分部。分部可用于若干目的，既能按照便于操作的原则设立，也可按照地域或功能设立。

3. 区和小组

当资源数量超出总指挥和行动部主管易于管理的范围时，就要设立区和小组。区是将事件涉及的范围划分为自然的或地理的行动区域，小组是将事件涉及的范围划分为职能的行动区域。在一个突发事件中，区和小组可以同时设置。

4. 资源

这是指满足突发事件管理行动所需要的人员和设备的整体。根据突发事件需要，资源有三个不同方式组合与使用。一是单一资源方式，如单个的人员和单一的装备及其操作者；二是特遣队方式，将针对某一特别任务的若干种类资源组合成一体，指定专门的负责人领导；三是突击队方式，将一定数量的同一类型的资源组合起来集中使用，指定专人负责。

（二）规划部

规划部负责对突发事件形势的信息和情报的收集、评价、分发，并向总指挥或联合指挥部、突发事件管理人员提供；负责准备形势报告、展示形势资料、更新突发事件资源状态、在总指挥和联合指挥指导下制定突发事件行动预案。

上述职责中，特别需要关注的是突发事件行动预案，包括由总指挥或联合指挥设定的突发事件管理的全部目标和战略。在联合指挥的模式中，它还必须明确地说明每一个管辖部门任务和需要的政策，以及各管辖部门、职能部门和私人组织之间的相互作用；同时，也需说明一个行动阶段（通常是12—24小时）内的战术目标和需要的支持性活动。一个完整的突发事件行动预案所包括的主要内容如表6-2所示：[①]

---

① Department of Homeland Security, *National Incident Management System*, 2004, p.22.

表 6-2　突发事件行动预案的主要内容

成分	准备者
共有成分	
突发事件管理目标	突发事件总指挥
组织名单或结构图	资源科
任务明细表	资源科
通信预案	通信科
后勤预案	后勤科
应对者医疗方案	医疗科
突发事件地图	形势科
健康和安全方案	安全官
其他潜在成分（依据设想）	
空中行动概要	空中行动部
交通预案	地面支持科
污染净化预案	技术专家
废物管理或处置预案	技术专家
遣散预案	遣散科
行动医疗预案	技术专家
撤离预案	技术专家
现场安全预案	执法专家
调查预案	执法专家
证据恢复预案	执法专家
其他	所需要的部门或人员

规划部由 5 个主要单位构成，分别是资源科、形势科、遣散科、文件编制科和专家科。

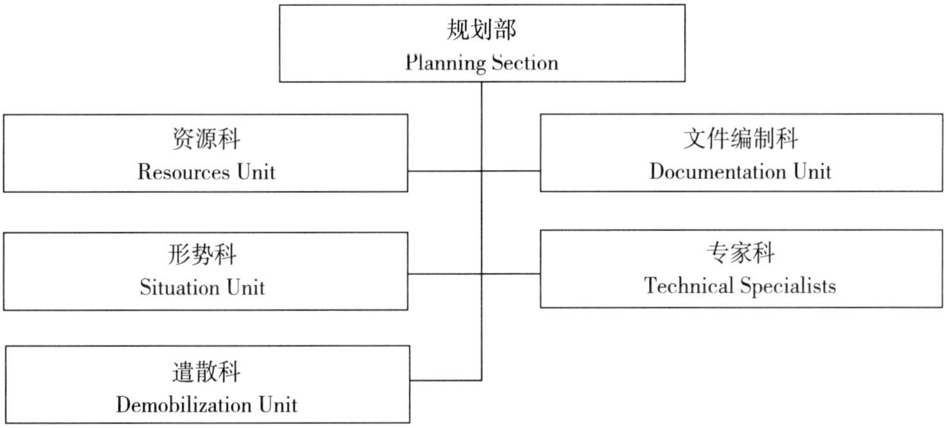

图 6-6　规划部的组织结构

（三）后勤部

在突发事件管理中，后勤部负责提供突发事件应对所需要的全部保障，包括从事件地区之外订购资源，提供设备、运输、补给、装备养护，以及燃料、食品服务、通信和信息技术支持，提供紧急事态应对者的医疗服务（包括在需要时的疫苗预防接种）等。当突发事件规模比较大、持续时间长、后勤保障任务巨大的情况下，后勤部主管可以设置分部。其组织结构如图 6-7 所示：

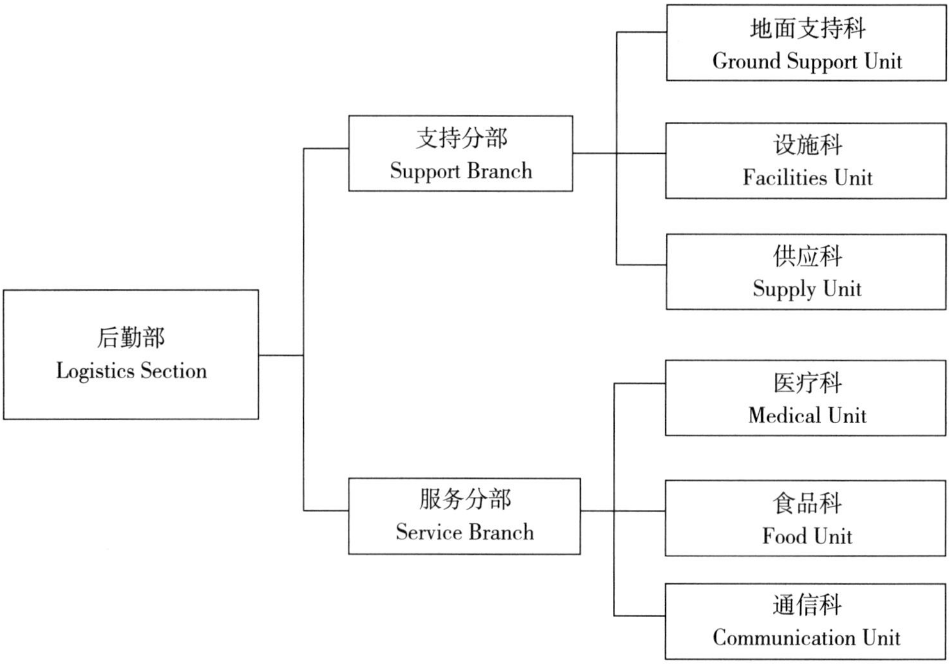

图 6-7　后勤部的组织结构

（四）财务与管理部

在突发事件管理中，这是一个视需要而设立的部门。换言之，并非所有突发事件管理中都需要设立这一部门，只有在参与突发事件管理行动的各部门需要财务和其他行政服务情况下，可以设立财务与管理部。否则即使出现对财政和管理方面的一种需要，比如成本分析，可以由规划部的技术专家来做，也没有必要成立这样的部门。在有必要成立的时候，其组织结构如图 6-8 所示：

财务与管理部的主要作用是做突发事件的财政和成本分析，包括洽谈合同、跟踪人员和装备使用时间、审查突发事件中发生的伤害和事故的赔偿要求、记录

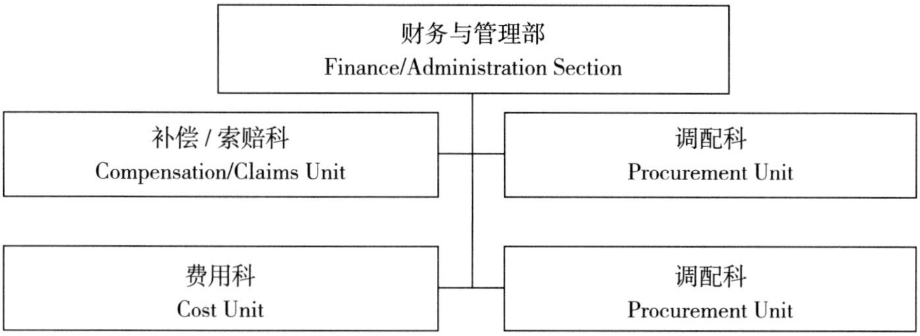

图 6-8　财务与管理部的组织结构

与突发事件相关的日常费用。其日常工作包括参加突发事件应急工作的人员进入和离开登记、合同洽谈和监督、工时记录、成本分析、伤害或损失财产的赔偿等。

第三节　区域指挥

在突发事件指挥系统中，如果同时发生两个或以上不同类型的突发事件，或者一个突发事件具有相当的复杂性和管理难度，可以建立区域指挥（Area Command）机构，以监管多个现场突发事件指挥部的资源需求和应对行动。区域指挥不是指挥系统的必要环节，而是待定环节。是否需要设立区域指挥的判断权和区域指挥的设立权，通常归某个行政机关的首长或者对突发事件具有管辖责任的公共官员。

一、适用范畴和责任

（一）适用范畴

建立区域指挥的主要目的有两个：一是监督对分别由独立的指挥系统负责的多重突发事件的管理；二是监督对一个涉及多个指挥系统组织的大型突发事件的管理，如那些没有确定的场所、地理上比较分散或者持续很长时段的突发事件（如生物恐怖主义事件）。在这种意义上，生物的、化学的、放射性的或核恐怖主义的行为，将是对传统的指挥系统组织结构的特别挑战，需要在联邦、州、地方、私营企业和非政府组织之间进行统筹协调。

此外，区域指挥还可以用于同一地区发生的一系列突发事件上，如两种或更多危险材料或石油泄漏、火灾等。对付这类突发事件，可以使用同样的资源。在需要不同资源的情况下，通常由紧急事态行动中心协调，分别采取相应的应急手段。

在区域指挥结构下，如果一个突发事件属于多个部门管辖，就应该建立联合区域指挥的模式。它可以保证每一个具有管辖权的部门在指挥机构中都有自己的代表，共同参与协调完成突发事件管理的使命。

需要特别说明的是，不能将区域指挥与紧急事态行动中心的职能相混淆，区域指挥是监督对突发事件的管理，而紧急事态行动中心则是协调支持功能、提供资源支持的。

（二）责任

在突发事件中，区域指挥的主要责任是：

（1）为受影响的地区指定广泛的目标；

（2）为每一个突发事件协调制定应对目标和战略；

（3）随着优先权的改变分派和再分派资源；

（4）确保突发事件总指挥和 / 或联合指挥部恰当管理突发事件；

（5）确保有效的通信运行和数据协调；

（6）确保突发事件的应对目标能够实现，避免各部门之间的政策冲突；

（7）确定稀缺资源的需求，并将其报告给跨部门协调小组或紧急事态行动中心；

（8）与紧急事态行动中心人员合作，在确保短期恢复行动正常进行的同时，帮助其向长期恢复行动过渡。

根据这些职责，区域指挥机构需要制定一个行动预案，其中必须详细列举突发事件管理的优先权、需求和目标；明确宣布其政策；规定其组织结构，并且指出其清晰的权力管辖线条和通信线路；确定区域指挥行使的突发事件管理职责。

二、组织结构及部门领导

区域指挥组织按照突发事件指挥系统的基本原则运行。其组织结构示例见图6–9。

一般而言，区域指挥组织由下述具有相应资格的人员构成：

（一）区域指挥官 / 联合区域指挥（Area Commander/Unified Area Command）

区域指挥官负责指导分派给同一个或邻近的突发事件的全部管理小组。其职

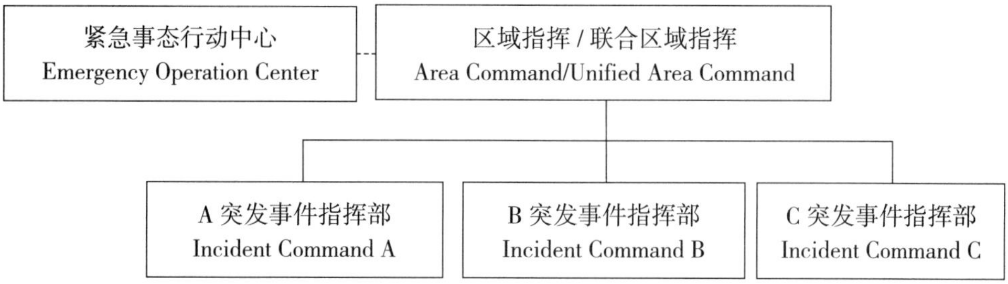

图 6-9　区域指挥组织结构示例

责包括解决它们彼此间的矛盾、设立突发事件管理目标、重要资源使用的战略抉择，以及负责协调联邦、州、地方和参加的私人组织之间的关系。

（二）区域指挥后勤主管（Area Command Logistics Chief）

该后勤主管负责在区域指挥的层次上提供设备、服务和材料，确保重要资源和供应在突发事件管理小组之间的有效分配。

（三）区域指挥规划主管（Area Command Planning Chief）

区域指挥规划主管负责从各个突发事件管理小组收集情报，分析和评估在设立突发事件管理目标、战略以及分配重要资源的优先权方面的潜在分歧。

（四）区域指挥支持岗位（Area Command Support Positions）

区域指挥支持岗位一般处于休眠状态，只有在需要的情况下才启动，并且需要什么启动什么。这些岗位包括：

（1）区域指挥重要资源科科长（Area Command Critical Resources Unit Leader）：负责跟踪和维护区域指挥分配给每个小组的重要资源的状况和可用性；

（2）区域指挥形势科科长（Area Command Situation Unit Leader）：负责监管每一个突发事件的目标状况，或者分派给区域指挥的突发事件管理小组的工作情况；

（3）区域指挥公共信息官（Area Command Public Information Officer）：在突发事件影响的地区之间提供公共信息协调，负责接待采访区域指挥的媒体；

（4）区域指挥联络官（Area Command Liaison Officer）：负责保持与不参与突发事件管理的各部门之间的接触和协调；

（5）区域指挥航空协调员（Area Command Aviation Coordinator）：当若干航空组织竞争共同的空域和重要资源时，需要设立这一职位。他负责协调参与突发事件应对的各航空组织，评估它们之间潜在的分歧，制定共同的航空管理规程、确定重要资源的优先次序。

三、机构设置注意事项与报告链

（一）机构设置注意事项

区域指挥的设置，一般应遵循下述原则：

（1）从空间范围上讲，应该尽可能靠近它所管理的突发事件发生地，以便为区域指挥官和突发事件总指挥提供便利的会见和交流条件；

（2）最好不要将区域指挥权配置给单一的突发事件指挥部，否则会引起与特殊突发事件相关的指挥和管理活动上的混乱；

（3）区域指挥必须建立高效、可行的通信和协调程序，签订与下属突发事件指挥岗位、与其他参与突发事件管理行动的组织的协议；

（4）区域指挥使用的房子应该能够容纳全部指挥机构的官员，并且具有供区域指挥官员、突发事件指挥官、各部门行政官员以及新闻媒体代表举行会议的场所；

（5）区域指挥机构可以与紧急事态行动中心成立联合办公室。

（二）报告链

如果区域指挥需要协调众多的突发事件管理行动，应该采取以下报告链：

（1）隶属于区域指挥的突发事件指挥官向区域指挥官报告；

（2）区域指挥官对主管部门或者管辖行政长官或者行政长官负责；

（3）在区域指挥模式下，如果一个或多个突发事件涉及若干个管辖部门，应该建立联合区域指挥模式。在这种情况下，突发事件指挥官应该向联合区域指挥官报告。

第四节　紧急事态行动中心与多部门协调小组

一个州、城市、县，甚至一所大学，都要设置一个紧急事态行动中心（Emergency Operations Centers，EOC），作为协调参与应急处置的各个部门和机构的常设指挥中心，为具体的突发事件指挥部提供支持，类似我国各个省市的应急指挥大厅所包含的功能。另外，当一场突发事件影响的范围超越了系统界限或行政区划界限，或者涉及复杂的管理行为，就需要一个多部门协调实体，成立多部门协调小组。

一、紧急事态行动中心

（一）功能

一般来说，紧急事态行动中心是一级政府或一个政府系统的常设机构，多设在政府或系统的办公大楼或附近的建筑中，能够抵御重大灾难的袭击，确保每天24小时、每周7天不间断运行。有时候遇到特别的重大突发事件，如生物恐怖主义袭击，也可以临时建立专门的紧急事态行动中心。

在一个政府的紧急事态行动中心中，由于许多具有应急管理职责的部门要参与决策，所以其设施必须满足诸多部门的办公需求。其通信系统、供电系统乃至后勤保障要做到万无一失，通常要有备份或充足的储备，确保该中心的运作不中断。

在现代科学技术日益发达的今天，美国有的专家提出了紧急事态行动中心“虚拟”运行的设想，即需要参与共同决策的部门通过远程视频会议系统实现决策过程，这种模式已经在某些地方尝试使用。

紧急事态行动中心的核心功能是协调，而不是指挥和控制，所以美国有的地方也将其称作紧急事态协调中心（Emergency Coordination Center，ECC）；其核心职责是为现场突发事件指挥部提供资源，如人员、信息、装备、工具等，确保应对行动顺利进行。其具体职责包括：

（1）收集、分析、处理和共享信息；

（2）支持资源需求和要求，包括对资源的分派与跟踪；

（3）协调方案（预案），确定现在和未来的需求；

（4）在某些情况下提供协调和政策指导。

总结起来，协调功能通过以下途径实现：

（1）信息收集、评估和分发；

（2）适当时设置优先次序；

（3）资源的管理和记录；

（4）协调多个突发事件的应对行动。

通过协调做出的决策，一般是战略性而非战术性的。战术性决策一般由突发事件总指挥做出。

此外，在信息共享上，紧急事态行动中心要为所有参加突发事件应对的人员提供一个共有操作情景（A common operating picture），即参加突发事件应对的任何地方、任何组织的人员都掌握相同的信息，对当前的形势所需要的资源，以及这些资源能否得到和在哪里得到都一并知晓。

在突发事件发生之前，对那些可预见的突发事件，如台风、暴风雨、骚乱等，紧急事态行动中心激活后的主要职责是：召集关键岗位人员、审查应该采取的政策和程序、为潜在的行动准备技术手段、通知公众注意、为有关部门和机构提供宏观指导，等等。

在突发事件应对过程中，紧急事态行动中心的主要职责是：支持突发事件总指挥、支持其他社区和行政区划、协调资源、掌握不断变化的突发事件形势、通知公众，等等。

在突发事件结束后，紧急事态行动中心在恢复方面，可以通过以下行动帮助受灾社区：协助社区从应对转入恢复阶段、协调损害评估、形成灾害报告、寻求州和联邦的帮助、通知公众，等等。

在平时，紧急事态行动中心也可以在灾害减除方面发挥作用：帮助制定建筑规划、为社区救灾提供信息和指导，等等。

需要注意的是，紧急事态行动中心在职能上与突发事件指挥部是完全不同的，后者处在突发事件的现场或附近，指挥突发事件的具体应对过程，属于战术层面上的指挥和决策；而紧急事态行动中心则是其支持机构，负责为其提供资源、信息和优先权次序。

（二）组织结构

紧急事态行动中心的组织结构非常灵活，一般依突发事件的类型、复杂性、参与处置的部门和机构、物理设施、通信能力、政治考量，特别是基本任务而定。但必须符合突发事件指挥系统的特征要求，实施模块化构造。其结构一般有三种模式：

1. 与 ICS 对应的结构

紧急事态行动中心的类似 ICS 的组织结构（ICS-like EOC Organization Structure），与 ICS 几乎一样，由于从事应急管理的人们非常熟悉，与应急处置的职责相对应，便于对突发事件指挥部及其下属部门提供指导和支持，所以在美国许多行政区划和组织内使用。

在这个结构中，每一个部都对应突发事件指挥部的一个部，行动协调部对行动部提供资源的协调保障、确保应急处置优先权和目标的实现；规划协调部负责为规划部提供及时的形势感知信息，帮助激活相关预案；后勤协调部对后勤部提

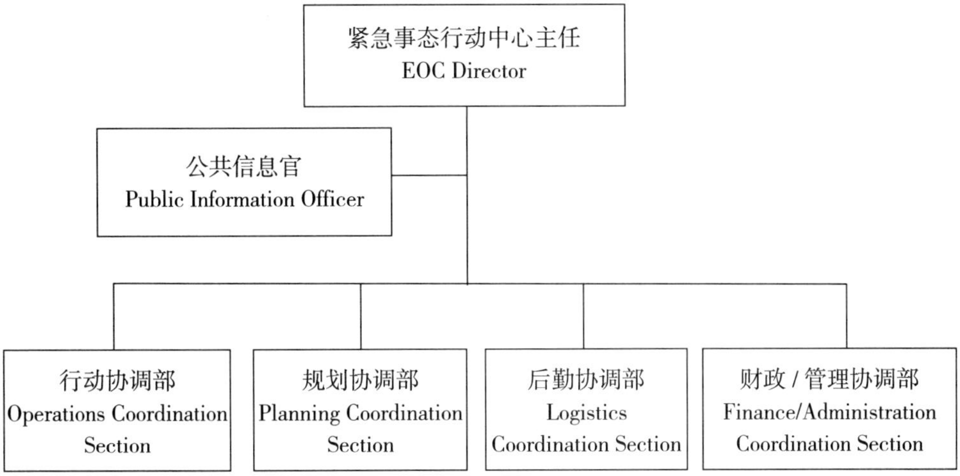

图 6-10　紧急事态行动中心的类似 ICS 结构示例

供资源支持；财政与管理协调部负责保障财政和管理的需求。

2. 突发事件支持模型结构

这种组织结构将突发事件信息管理的功能从规划部分离出来，成为单独的一个部；将 ICS 的行动部和后勤部合并，将审计与采买从财政与管理部提取出来作为中心支持部，就形成了紧急事态行动中心的突发事件支持模型结构（Incident Support Model EOC Organization Structure）。其结构如图 6-11 所示。

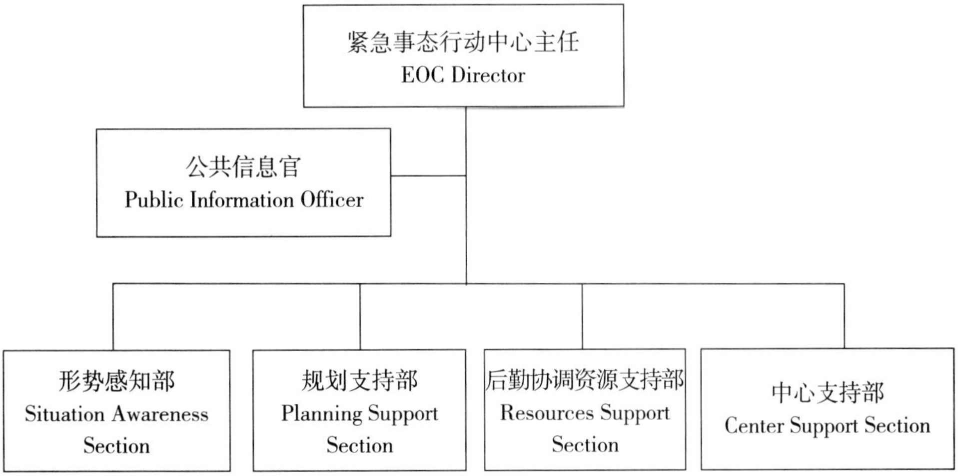

图 6-11　紧急事态行动中心的突发事件支持结构

在这种组织结构中，形势感知部负责突发事件信息的收集、分析和分发；规划支持部提供广泛的当前和未来的预案编制服务，包括突发事件预案和恢复方案；后勤协调资源支持部确保突发事件现场处置的资源和人员需求；中心支持部为紧急事态行动中心提供办公、通信、人员、后勤保障等方面的全方位支撑。

3. 紧急事态行动中心的功能部门结构

在一个突发事件的应对中，不同功能的部门和组织在一起合作，把这些部门和组织按照应急管理的功能区来划分，就形成了紧急事态行动中心的功能部门结构（Departmental EOC Structure）。

这种结构，与应急预案中的紧急事态支持功能相对应，每一个部由于由原业务部门构成，所以就拥有本部门的专业人员和资源，能够对应急处置中的某种需要提供对应支持。比如，来自卫生和民政部门的代表组成的卫生与公共服务部，可以轻而易举地解决应急处置中的医疗救援、灾民安置等需求。

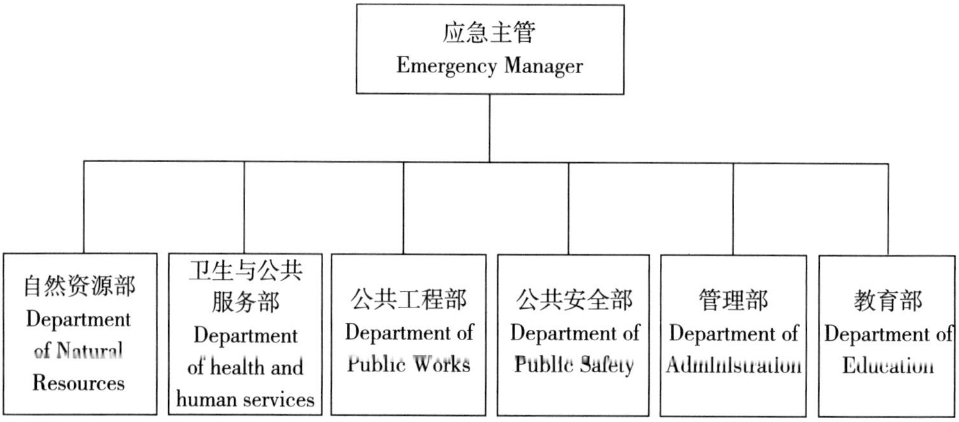

图 6-12 紧急事态行动中心的功能部门结构

（三）运作流程

紧急事态行动中心并不是每天都在满负荷运转，平时它只具备应急值守功能，负责接受来自管辖范围内的各种突发事件信息和来自上级或其他部门的预警信息，并且对这些信息作出评估，一旦确定突发事件会发生，就有可能激活整个中心的运转。

1. 激活的条件

激活紧急事态行动中心有多种条件，符合其中之一即可：

一是一个突发事件可能影响多个行政区划，或者需要多个部门应对处置的；

二是突发事件总指挥或联合指挥官认为该事件有可能迅速升级、引起严重后果的；

三是以前发生的同类事件曾经激活过紧急事态行动中心的；

四是事件会影响众多人口、造成重大损失的。

负责激活紧急事态行动中心的是紧急事态行动中心的主任，或者是一个被任命的或被选举的官员。

2. 激活的级别

根据突发事件的规模、严重程度等因素，紧急事态行动中心的激活也分为不同的对应等级。不同的等级意味着人员、部门和资源动员的广度和深度不同，具体激活级别及内容见表 6–3。

表 6–3　紧急事态行动中心的激活级别及内涵 [①]

激活级别	内　涵
3 级　正常行动 / 稳定状态	没有突发事件发生，或者特别的分析和危险还没有确定，紧急事态行动中心维持正常活动 保持日常监视与预警状态
2 级　升级的稳定状态 / 部分激活	部分紧急事态行动中心的工作人员 / 组织激活，监视确定的威胁、风险或危险，随时准备支持应对新的突发事件
1 级　全负荷激活	紧急事态行动中心完全激活，包括各个相关部门的全体人员到位，支持应对突发事件或确定的威胁

如果一个突发事件处置完结，紧急事态行动中心的主任可以宣布该中心重新回到正常状态。

二、多部门协调小组

多部门协调小组（Multi-Agency Coordination Group，MAC Group），有时也称政策小组，是美国突发事件指挥系统后方管理结构的一个组成部分，主要由参与突发事件处置的相关方代表组成，目的是对共同参与的行动联合决策。

（一）基本职责

具体而言，多部门协调小组的主要职责包括以下几项：

（1）确保对参与应急管理行动的每一个部门提供适当的形势状况和资源状况

---

① FEMA, *National Incident Management System*，Third Edition，Washington, DC., October, 2017, p.39.

情报；

（2）在若干突发事件或区域指挥之间设定优先权，与涉及的总指挥或联合指挥相一致；

（3）分配突发事件管理所需要的资源；

（4）预测和确定未来的资源需求；

（5）协调和解决突发事件引起的政策问题；

（6）在需要时提供战略协调。

在突发事件结束后，多部门协调实体负责落实预案、程序、通信、职员和其他方面的改进工作，为将来突发事件管理奠定良好基础。

（二）与区域指挥和紧急事态行动中心的区别

在构成上，它由各个部门或组织的管理者、行政主管或他们任命的人员组成，代表各自部门参与应急管理决策；

在行动上，它是政策层面的管理实体，为应急管理的决策服务，不参与具体的突发事件处置行动；

在职权上，它主要负责资源的优先权次序和分派，不像区域指挥和联合指挥那样行使突发事件指挥功能，也不取代其行动、协调和派遣组织的主要职能，只有在资源满足缺口很大、出现激烈竞争时，它可能接管协调和派遣组织的责任，承担资源分派的优先权次序设定和分配。

简单地说，区域指挥监督多个突发事件的管理；紧急事态行动中心协调支持；多部门协调小组对区域指挥和紧急事态行动中心提供政策指导和战略方向。

第五节　全国应急协调中心与大区应急协调中心

在美国应急管理的指挥系统中，有两个机构不得不提，它们是全国应急协调中心（National Response Coordination Center，NRCC）和大区应急协调中心（Regional Response Coordination Center，RRCC），它们虽然不在突发事件管理系统的指挥系统内，但在从联邦到州的突发事件应对中，扮演着重要的支持和管理作用。

一、全国应急协调中心

全国应急协调中心是一个对具有全国性影响的突发事件提供全面联邦应对

协调的多部门中心。依据美国总统国土安全 5 号令（HSPD-5）和《国家应急预案》的要求设立，设在联邦应急管理局总部，作为美国国土安全部行动中心（Department of Homeland Security Operations Center，HSOC）的功能构件之一，专门支持对重大突发事件的处置。实施每天 24 小时、每周 7 天的不间断运行。

（一）主要功能

（1）保持对潜在的特别威胁和突发事件的形势感知；

（2）收集、查证、分析和分发突发事件信息；

（3）提供任务分配和跨部门协议协调其他联邦部门的资源；

（4）制定全国支持预案（National Support Plan）、全国高级行动预案（National Advanced Operational Plan）和功能预案（Functional Plans），确保资源供给，应对资源缺口；

（5）与受影响的地区协调，确定对联邦援助的最初需求；

（6）与地区应急协调中心协调支持和形势报告；

（7）激活和部署国家小组；

（8）在需要时部署最初的应对资源和其他灾难救援物资；

（9）接到指示后，取代不能运行的区域办公室行使区域支持责任。①

（二）组织结构

该中心的组织结构类似紧急事态行动中心，内设四个分部，分别是形势感知分部、规划与支持分部、资源支持分部和中心与员工分部。根据不同突发事件的需求，该组织结构可以扩展和调整。

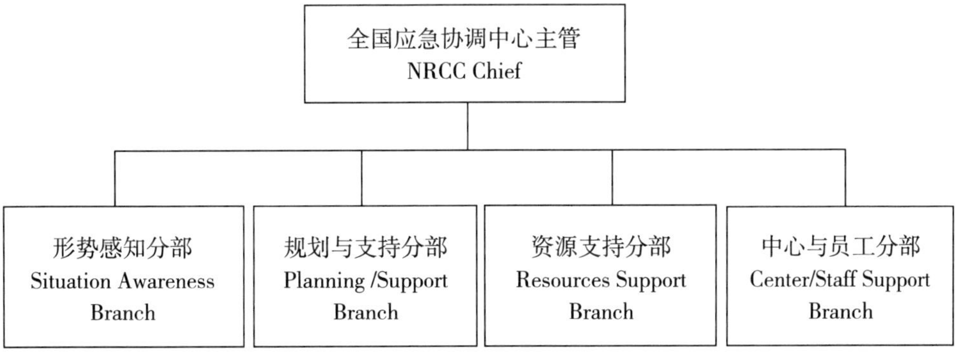

图 6–13　全国应急协调中心组织结构

① FEMA *National Incident Support Manual*, 2011, p.5.

形势感知分部负责信息管理，即收集、分析和分发所有突发事件相关信息。

规划与支持分部的工作必须具有预见性，要确保跨部门合作的方向能够与下一步的突发事件处置工作和需要相吻合。

资源支持分部负责为全国应急协调中心的员工提供必需的物资，确保能够有效应对突发事件。

中心与员工分部负责全国应急协调中心的正常运转，为员工提供必需的生活保障。

（三）激活级别

根据突发事件的严重性、复杂性和持续时间的不同，全国应急协调中心有三个级别的激活状态和两个层次的监视状态，见表 6–4。

表 6–4　全国应急协调中心的激活级别①

激活级别	条　件	员工动员要求
稳定监视	没有可预见的突发事件 全国监视中心保持形势感知	正常办公人员在岗
增强监视	全国监视中心（National Watch Center）和选择全国应急协调中心部分人员保持形势感知，全国应急协调中心处在休眠状态	预测联邦援助和 / 或立即应对灾难
3 级	一场灾难由于其严重性、规模、发生地，以及对公众健康、福利、基础设施的现实和潜在影响，要求联邦政府提供适当数量的直接帮助	（1）员工适量上岗 （2）选择启动某些紧急事态支持功能和跨部门联络
2 级	一场灾难由于其严重性、规模、发生地，以及对公众健康、福利、基础设施的现实和潜在影响，要求联邦政府提供较大数量的直接帮助，支持应对和恢复工作	（1）员工中等上岗人数 （2）大多数紧急事态支持功能启动和跨部门联络
1 级	由于突发事件的严重性、规模、发生地，以及对公众健康、福利、基础设施的现实和潜在影响，要求联邦政府提供尽量多的直接帮助，支持已经能力耗尽的应对和恢复工作	（1）全员上岗 （2）启动所有紧急事态支持功能和跨部门联络

二、大区应急协调中心

美国应急管理局把美国全国分为十个管理大区，每个大区都设置了应对协调办公室，作为由其运行的跨部门应急协调中心，主要协调联邦在该地区突发事件应对中的资源支持。

① https://www.fema.gov/media-library-data/1440617086835-f6489d2de59dddeba8bebc9b4d419009/NRCC_July_2015. pdf.

（一）主要职责

在联邦协调官对突发事件的联邦应对和管理实施控制之前，大区应急协调中心应该履行以下职责：

（1）设立和维持所需要的全部大区应急协调中心的岗位，包括应急支持功能协调员；

（2）联系受影响州的紧急事态行动中心，确认其能力，预测其缺口，以确定初期应对的支持需求；

（3）收集、整理、分析，并给所有相关方分发突发事件信息；

（4）向全国应急协调中心提供必要信息，为其做出重大的国家层面的突发事件管理决策提供支持；

（5）提供任务分配和跨部门协议的方法，获得其他联邦部门的资源；

（6）需要时建立动员中心和资源集结区；

（7）部署大区突发事件管理协助小组（Regional Incident Management Assistance Teams，IMATs）和突发事件工作人员；

（8）需要时申请部署国家突发事件管理协助小组和其他大区的突发事件管理协助小组。①

在联邦协调官对突发事件的联邦应对和管理实施控制之后，大区应急协调中心应该履行的职责是：

（1）保持对突发事件的形势感知，以支持大区主任对突发事件管理的监管责任；

（2）制定和实施区域支持预案，确保资源供给，应对资源缺口。

（二）激活级别

根据突发事件的严重性、复杂性和持续时间的不同，与全国应急协调中心一样，大区应急协调中心也有三个级别的激活状态和两个层次的监视状态，见表 6–5。

表 6–5　大区应急协调中心的激活级别 ②

激活级别	条　件	员工动员要求
稳定监视	没有可预见的突发事件 大区监视中心保持形势感知	正常办公人员在岗

① FEMA *National Incident Support Manual*, 2011, p.6.

② https://www.fema.gov/media-library-data/1440617086850-f6489d2de59dddeba8bebc9b4d419009/RRCC_July_2015_508.pdf.

续表

激活级别	条　件	员工动员要求
增强监视	大区监视中心（National Watch Center）和选择的大区应急协调中心部分人员保持形势感知，大区应急协调中心处在休眠状态	预测联邦援助和 / 或立即应对灾难
3 级	一场灾难由于其严重性、规模、发生地，以及对公众健康、福利、基础设施的现实和潜在影响，要求联邦政府提供适当数量的直接帮助	（1）员工适量上岗 （2）选择启动某些紧急事态支持功能和跨部门联络
2 级	一场灾难由于其严重性、规模、发生地，以及对公众健康、福利、基础设施的现实和潜在影响，要求联邦政府提供较大数量的直接帮助，支持应对和恢复工作	（1）员工中等上岗人数 （2）大多数紧急事态支持功能启动和跨部门联络
1 级	由于突发事件的严重性、规模、发生地，以及对公众健康、福利、基础设施的现实和潜在影响，要求联邦政府提供尽量多的直接帮助，支持任何层级已经能力耗尽的政府的应对和恢复	（1）全员上岗 （2）启动所有紧急事态支持功能和跨部门联络

大区应急协调中心和全国应急协调中心一起，共同承担着突发事件应对中联邦对州和地方政府支持的协调作用。

思考题

1. 试述《全国突发事件管理系统》的主要组成部分。
2. 什么是突发事件指挥系统？
3. 试述突发事件指挥系统（ICS）的起源与发展。
4. 试述突发事件指挥系统的基本原则。
5. 试述突发事件指挥系统的管理特征。
6. 什么是指挥一元化？什么是联合指挥？
7. 试述美国国土安全部提出的联合指挥模式的优点。
8. 试述突发事件指挥系统行动部的组织结构。
9. 试述突发事件行动预案的主要内容。
10. 试述区域指挥的适用范畴和责任。
11. 试述多部门协调指挥的基本概念与组织结构。
12. 试述美国国土安全部在应急管理中的主要功能。

第七章

通信与信息管理系统

关键词

通信　情报信息系统　公共信息管理　通信预案联合信息系统　公共意识　危机沟通理论

前　言

在应急管理中，通信与信息管理系统是指挥系统的依赖系统，起着决定性的作用。在美国国土安全部 2017 年版的《全国突发事件管理系统》中，将它与指挥系统、资源管理系统一起作为三个主要组成部分。它是整个突发事件管理系统的神经网络，是指挥系统运转和各部分功能协调运作的关键条件。可以说，没有它就没有指挥，没有协调，没有对突发事件的有效管理。所以，美国国土安全部自成立以来，一直把应急通信和信息管理作为核心能力之一不断强化。

通信与信息管理有所不同，通信是信息的传递，涉及在不同人们（组织）、地点和机器之间进行表达、传递、解释和数据处理的相关技术，包括符号、信号文字、图像和声音或任何性质的情报的传输、发射或接收，其方式有有线、无线、光学或其他电子系统。信息管理系统则是借助通信系统，实施情报和信息的收集、分析、传递和发布的一整套体系。因此，通信系统是信息管理系统的工具。通信与信息管理系统是将二者组合到一起，在突发事件管理中发挥综合治理的作用。

为了了解美国应急管理系统中通信与信息管理系统的全貌，本章从《全国应对框架·支持功能附件》《全国应急通信预案》《全国突发事件管理系统》《全国突发事件支持手册》四个文件资源，探讨通信与信息管理系统的组织、功能及其运作模式。

第一节　联邦应急通信系统与综合公共预警系统

美国是超级大国，其通信技术十分发达。但是，在过去几十年的应急管理实践中，其应急通信却屡屡出现问题，主要是各个部门、地区、组织和系统的通信工具之间的互通性问题。2003 年，美国互通性特别工作小组发布了一个为各级政府官员服务的指南，题目就是《我们为什么不能通话？》，专门提出了解决各种通信工具和通信系统之间互通性问题的路径。[①]

此后，在 2005 年的卡特里娜飓风应对过程中，应急通信再次出现问题，既有各种通信工具之间的互通性问题，又有灾区通信系统崩溃、应急通信接应不上的问题。2007 年，美国国会修订了《国土安全法》，要求国土安全部制定全国的应急通信预案。2008 年，《全国应急通信预案》制定并发布，2014 年，根据通信手段的发展和新媒体作用的日益突出，国土安全部应急通信办公室（Office of Emergency Communications，OEC）调查和咨询了 350 个联邦、州、地方政府、私人部门和非政府组织，就 21 世纪的应急通信方面的科技发展与实际需求的衔接广泛征求意见后，发布了第二版《全国应急通信预案》。2017—2018 年，国土安全部应急通信办公室发起了全国性的应急通信合格评估，考察州、地方政府和参与应急救援的私人部门、非政府组织的应急通信能力，希望建立和支撑通信系统的可操作性、互通性和连续性。可以说，美国的应急通信系统的建设仍然在路上。

一、联邦应急通信系统

（一）应急通信系统的原则

应急通信系统是突发事件管理系统的组成部分，其原则性和标准化是其必然特征。突发事件管理系统要求应急通信系统在功能上必须实现两个目标：一是所

---

① National Task Force on Interoperability, *Why Can't We Talk ? Working Together to Bridge the Communications Gap to Save Lives*, *A Guide for Public Officials*. 2003.

有应急管理人员的信息共享；二是支持信息共享的通信系统必须强大、牢靠。信息共享是突发事件指挥系统的后勤部和紧急事态行动中心工作人员的业务支撑；而强大、牢靠的通信系统是用来收集、分析综合和分发突发事件信息，保持感知最新形势以便做出正确决策的基本条件。信息流通过各方统一的方案和互通性的装备、程序、标准和架构，才能畅通无阻到达分布在各处的应急人员手中，为此，应急通信系统必须遵循以下原则。①

1. 互通性（Interoperability）

互通性的通信系统是将来自不同部门、系统、行政区划和组织的应急人员所使用的通信装备，按照一定的通信协议整合和连接，能够实现语言、数据和视频的实时沟通。实现互通性，各方既要在方案上解决管理方式、标准操作程序和技术等问题，也需要在平时业务中不断训练和演练，以及在应对各类突发事件的实践中提升。

2. 可靠性、可测量性和便携性（Reliability，Scalability and Portability）

在任何类型的突发事件应对中，通信系统的功能首先应该是可靠的。一个行政区划内使用的通信系统，要确保各个部门、系统之间都能熟悉、认可和应用，并且在各种形势下其功能都不受影响；同样，一个区域使用的通信系统，要确保各个行政区划都能熟悉、认可和应用。可测量性是指应急通信系统能够根据突发事件规模、数量的需要可以扩展，适应多个行政区划和组织的众多人员使用。便携性是采用现代科学技术，将应急通信装备大规模集成，体积缩小，便于应急人员携带、运输和使用。

3. 抗逆性和冗余性（Resilience and Redundancy）

应急通信系统的抗逆性和冗余性是为了确保在突发事件的严酷形势下信息流不中断。抗逆性是指应急通信系统在基础设施损毁后仍然能够持续运行的能力，它既对通信系统的硬件设备提出了很高的坚固性要求，也要求系统的软件具有很好的稳定性和快速恢复能力；冗余性实际上是对通信系统的备份，一旦原应急通信系统遭受损坏，其备份系统可以立即顶上，确保通信不中断。

4. 安全性（Security）

在应对突发事件过程中，有的部门、系统或组织之间沟通的某些信息可能是敏感的；另外，紧急事态行动中心的指挥人员可能接触到重要的基础设施诸如工

① FEMA, *National Incident Management System*, Third Edition, Washington, DC., October, 2017, p.50.

业控制系统等，如果处理不当或扩散出去，就会引起不可预测的后果。所以，应急通信系统和应急信息的安全性就成为一个必须遵循的基本原则。应急人员在实现信息和数据分享时，应该听从信息安全专家的建议和安排，保护应急信息的严密性。负责情报与调查的工作人员，应该区分出敏感信息，将其分类分级，依法设定接触权限。

（二）联邦应急通信系统的类型与标准

美国的《全国突发事件管理系统》对应急通信系统的规范化做了明确的要求，所有参与突发事件应对的部门、系统、行政区划和非政府组织，都必须遵守。

1. 通信类型与装备标准要求

所有的突发事件应对者和他们所属的机构必须使用如下四种标准的通信类型（Standardized Communication Types）：

一是战略性通信：高层指示专用，包括资源优先权决定角色和责任确定、全面突发事件管理的行动路线等；

二是战术性通信：现场指挥部和战术人员、协作部门和组织之间的通信；

三是支持性通信：协调支持战略和战术行动的通信，比如在参与医疗救援的医院之间关于资源预订、分发、跟踪的通信，交通与市政工程之间的通信；

四是公共通信：对公众发布警示和预警，对新闻媒体发布消息的通信。

由于应急通信装备常常是公共和私人公司的通信系统混用，所以需要有通用的接口。通信装备的兼容性必须满足，才能够确保突发事件应对需要。为此，需要制定统一的通信系统和装备的标准。这些标准应该考虑到系统和装备使用的条件范围、人员范围、国家现有通信标准和耐用性。

2. 应急通信的标准与格式（Communications Standards and Formats）

《全国突发事件管理系统》确定了应急通信的三个标准或特征，分别是：

一是通用术语（Common Terminology）：所有突发事件应对者使用的通信术语必须是通用的，具有固定的内涵，不会产生歧义，确保来自不同行政区划、系统和组织的人员能够正确交流、高效合作；

二是明白的语言（Plain Language）：在应急通信中，无论是口头的还是书面的信息，一定使用众人都明确无误的语言和清晰的表达，不用代码或很专业、晦涩的词语、简称，或者系统或组织内的惯称、地方土话等，确保准确传达信息含义，不使信息接收者产生误解和误会；

三是数据互通（Data Interoperability）：数据互通即通信系统的互通性要

求，通过规划、建立和应用通信协议，使信息能够在突发事件管理、指挥、支持部门和合作的行政区划与组织之间分发散播。实现信息兼容的管理内容包括：

数据通信协议（Data Communication Protocols）：用来分享各种信息的通信程序和协议，它包含着与全国信息交换模式一致的构造和共享信息。

数据收集协议（Data Collection Protocols）：在突发事件发生前建立多领域和/或多行政区划的程序和协议，用以标准化的数据收集和分析。

编码或策略性语言（Encryption or Tactical Language）：在涉及保密的突发事件如恐怖袭击应对中，或者在常规突发事件应对的某些方面，信息传递需要保密，通信中可以使用编码或暗语等方式，这与明白语言的要求不矛盾。

（三）应急通信职权分派

美国《全国应对框架》在其2号紧急事态支持功能“通信”中，对联邦通信与情报信息系统的组织和责任做了全面界定。虽然在只具有局部影响的突发事件中可以灵活选择，但在具有全国性影响的突发事件中使用的通信与情报信息系统，必须按照这一框架执行。

美国最大的突发事件管理的通信组织是国土安全部和它下属的紧急事态准备与应对司，以及联邦应急管理局（DHS/EPR/FEMA）。它们控制着庞大的通信资产，包括空中移动便携式远程通信系统（Mobile Air Transportable Telecommunications System，MATTS）与移动紧急事态应对支持系统（Mobile Emergency Response Support，MERS）。

依据《全国应对框架》，通信作为2号紧急事态支持功能，其职责是协调联邦的行动，提供所需要的临时国家安全和紧急事态准备（National Security and Emergency Preparedness，NS/EP）的远程通信，恢复远程通信基础设施；在全国性的重大突发事件中，为对联邦、州、地方等各级政府以及私人企业的应对工作提供联邦通信支持。在非战时紧急事态中使用联邦的通信系统的法律依据，是12472号行政命令授权，其详细内容包括在《全国电子通信支持预案》（National Telecommunications Support Plan，NTSP）中。该预案的重要性在于，它是计划和使用全国通信资产和资源、支持非战时紧急事态的基础；作为正式的美国政府的预案，适用于联邦所有的部门和机构。

值得注意的是，12472号行政命令将特别的非战时紧急事态远程通信管辖权授给科技政策办公室（Office of Science and Technology Policy，OSTP）主任，使他在联邦紧急事态通信系统的管理方面负有奇特的责任。[①]

具体承担美国通信与情报信息系统管理工作的是 DHS/IAIP/NCS，其职责是协助总统、国家安全委员会（National Security Council）、科技政策办公室及其主任、管理和预算办公室（Office of Management and Budget）主任行使 12472 号行政命令第 2 节中所规定的职责，为在各种情况下提供国家安全和紧急事态准备的通信做好规划和协调。

在全国性的重大紧急事态中，国土安全部决定是否激活《全国应对框架》的通信与情报信息系统，为各级政府提供应对工作的必要保证；但在一般性突发事件中，如果不激活该系统，国土安全部可以选择使用现有的自有资源和紧急事态准备与应对资源，以及联邦应急管理局的资源，为联合现场办公室（Joint Field Office，JFO）提供通信支持。

在激活该系统的情况下，通用事业管理局 / 联邦技术局（General Services Administration/Federal Technology Service，GSA/FTS）将为美国的十个应急管理大区和哥伦比亚特区各任命一位 DHS/IAIP/NCS 的地区经理，他们是远程通信专家，可以承担联邦紧急事态通信协调官（Federal Emergency Communications Coordinator，FECC）的职责。必要时，他们可以代表 2 号“紧急事态支持功能”，参加地区应急协调中心（Regional Response Coordination Center，RRCC）和联合现场办公室。

在紧急事态发生的地区，联邦紧急事态通信协调官是协调联邦远程通信需求和该行业应对的唯一联系人。他与州的远程通信官员协调，情报联邦通信需求不与州的需求发生矛盾；在优先权方面发生争议时，他有权作出决定并对联合现场办公室的协调小组提出解决方案。

卡特里娜飓风以后，美国国土安全部对应急通信系统的管理发生了重大改变。2007 年，国土安全部成立了应急通信办公室（Office of Emergency Communications，OEC），统管突发事件应对过程中的应急通信。鉴于地面移动通信系统（Land Mobile Radio Systems）越来越成为突发事件应对者最主要的通

① 美国的科技政策办公室成立于 1976 年，主要职责是对总统和联邦部门在有关科技的政策和经费投入方面提供建议，制定美国政府的科技投入政策，控制美国的敏感技术出口，制定发展美国科技的项目计划等。但是，12472 号行政命令授予其某些特殊的权力，在美国《国家应急预案》2 号“紧急事态支持功能”“通信”中，它承担着协调联邦通信系统的某种作用，在一定程度上影响了美国突发事件管理系统的通畅性。

信工具，2008 年的《全国应急通信预案》就不再把传统的应急通信装备建设作为重点，开始将优先权和关注重点放在能够提升移动无线通信的可操作性、互通性和持续性上面。

近几年来，由于自媒体技术和大数据等技术的飞速发展，不仅专业的应急机构和组织参与突发事件应对，公众也深深涉入其中，应急通信和应急信息几乎是完全透明、人人感知，信息源与发布者遍布各个角落，因而迫使美国政府进一步采取措施，提升突发事件应对者的信息共享和重要话语能力，同时，也必须更加关注信息安全和保密问题。2014 年发布的《全国应急通信预案》，一方面，将地面移动通信系统建设的重点转向更高的可靠性、多冗余度、大覆盖范围和大容量上，并且从模拟技术转向数字技术，确保在恶劣的环境中畅通无阻；另一方面，开始越来越多地租用民间公司的商业无线宽带服务，建立全国性公共安全宽带网络（Nationwide Public Safety Broadband Network），加强各应急部门和组织间的数据共享和数据传输能力。这些应用领域如下表。①

表 7–1　公共安全领域的宽带应用领域

宽带应用领域	应用说明
视频流	消防员的头盔摄像机将实时的视频传到紧急事态行动中心；犯罪现场的视频监视影像可以在几秒钟内传递给多个应对者
地图 / 定位服务	警察在辖区巡逻时可以将观察点解码到手持移动终端的地图上；电子地图钉可以标明已知的危险点，包括将发掘的信息诸如街道照片和近来的犯罪数据指示出来
大数据文件传输	将灾难现场的详细景象整合进突发事件管理数据库，为突发事件总指挥决策服务；将建筑物图纸传递到消防员的移动终端中
遥测	在突发事件中，应急医疗人员将传感器置于病人身上，将其生命体征信息传送到附近医院；消防员装备上的温度传感器生成着火建筑物内部的热量图，为建筑工程师判断建筑物结构的安全与否服务

地面移动通信系统、全国公共安全宽带网络，加上报警台 911 系统，以及下文要提到的综合公共预警系统，构成了美国的应急通信生态系统。所有的应急信息和数据，可以根据需要在突发事件应对者、指挥员和相关社区之间快速流动，极大地提高应急处置的效率。其作用过程见图 7–1。

这个应急通信生态系统，不仅承担着突发事件应对与协调的通信任务，而且

① Department of Homeland Security, *National Emergency Communications Plan*, 2014, p.8.

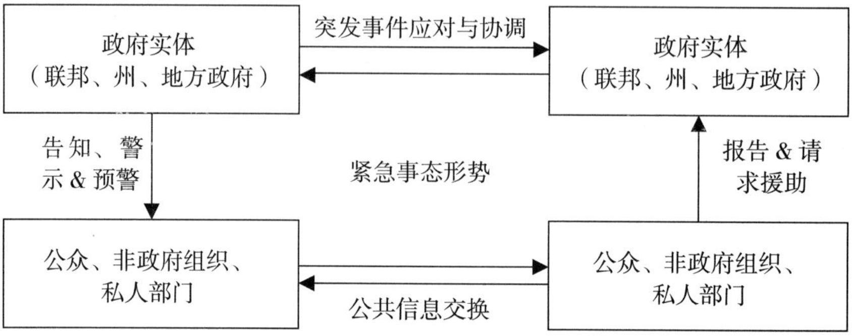

图 7–1　应急通信生态系统

还承担着政府对公众的预警、公众和非政府组织及私人部门之间的公共信息交换，以及公众向政府报告灾情和请求援助的任务。

（四）应急通信办公室的统领责任

美国应急通信系统的统领机构，是应急通信办公室。它通过设立一些项目办公室或举办某些项目，直接领导和推动着美国的应急通信能力的建设。

应急通信办公室隶属于国土安全部，是美国应急通信系统的总负责部门。2007 年成立，目的是支持突发事件应对者和政府官员的远程通信，确保美国安全和抗逆性。

它的职责包括：负责全国的公共安全、国家安全和应急准备方面的通信保障任务；对联邦、州、地方政府和工业合作方提供培训、协调、工具和指导，帮助它们提升应急通信能力；举办项目和服务，旨在推进应急通信规划、准备和评估，确保全国性的社区在各种灾害面前更安全、更有准备。它在三个主要方面的工作内容如下：

1. 协调支持

主要是通过提供培训、工具和实习，提供大区支持，提供指导性文件和模板等支持应急通信的互通性。这些服务能够确保参与方在突发事件应对中保持通信稳定、行动正常。同时，在保证州和地方政府拥有必要的应急通信预案、资源和训练方面也发挥着重要作用。

为了实现这些工作职责，它设立了应急通信大区协调项目办公室（Office of Emergency Communications Regional Coordination Program），专门负责 10 个大区的应急通信项目协调工作；设立了应急通信准备中心（Emergency Communications Preparedness Center）负责联邦部门之间的互通性协调；设立了各州互通性协调员（Statewide Interoperability Coordinators）负责每个州的通信互通性协调；与加拿大和墨西哥开展了跨边境应急通信合作项目（International Cross Border Emergency Communications Efforts）；举办了美加、美墨边境社区的应急通信互通性项目（Border Interoperability Demonstration Project）。

2. 规划与准备支持

主要是确保州和地方政府拥有必要的应急通信预案、资源和训练，支持可操作性强的先进的互通性应急通信。

在这方面，它举办了技术帮助项目（Technical Assistance Program），为美国 56 个州和领地的应急通信提供技术支持；开展了应急通信政策和预案编制服务，为各州提供应急通信预案编制的指导，帮助它们实施网络风险分析和减除规划；设立了应急通信优先权电子通信服务办公室（Office of Emergency Communications Priority Telecommunications Services），协调公共和私人通信企业，设定电子通信服务的优先顺序，确保在任何情况下，应急通信优先保障对象的电子通信都能迅速恢复。

3. 应急响应支持

主要是确保在突发事件应对中，各参与方都具有必要的通信工具。通过设定电子通信服务项目的优先权支持应急通信和恢复；应急响应结束后，与应急人员一道总结应急通信的教训，推动此后突发事件应对中应急通信工作的改进和提高。

4. 应急通信系统的发展目标

美国国土安全部应急通信办公室在 2008 年的《全国应急通信预案》中，提出了应急通信能力（Response-Level Emergency Communications）发展的三个目标：

目标一：到 2010 年，90% 的高风险城市地区加入城市地区安全计划（Urban Areas Security Initiative），能够在多部门或多行政区划参与的常规突发事件应对中，具备 1 小时内实现应急通信的能力；

目标二：到 2011 年，75% 以上的非城市地区安全计划的行政区划，能够在多行政区划或多部门参与的常规突发事件应对中，具备 1 小时内实现应急通信的能力；

目标三：到 2013 年，75% 以上的全部行政区划，能够在多行政区划或多部门参与、国家应急预案编制情景中描述的重大突发事件应对中，具备 3 小时内实现应急通信的能力。[①]

从 2006 年起，国土安全部和司法部推出了一系列促进应急通信能力建设的指导手册和标准，促进这些目标的实现。[②]

应急通信办公室所称的应急通信能力，是指在多部门参与处置的突发事件中，能够履行管理资源、及时决策，没有技术和程序上的通信障碍的主要业务领导责任。为了考核应急通信能力，应急通信办公室专门制定了全国互通性通信的考核标准，国土安全部也对每一个行政区划的应急通信能力做出评估。

2011 年，应急通信办公室组织了对目标一所包含的 60 个城市的抽样评估，评估内容包括三个方面：共同政策和程序、应对者的角色和责任以及通信系统的质量和连续性，并发表了评估报告《全国应急通信预案：城市地区通信的重要发现和建议》(National Emergency Communications Plan：Urban Area Communications Key Findings and Recommendation)，详细介绍了评估标准、程序和结果，认为所有接受评估的地区都能在设定的大型突发事件应对中展示出较好的应急通信能力。[③]

关于目标二的实现状况，2011 年，应急通信办公室与全国的 3200 个县合作，收集它们的应急通信能力的数据。发现那些没有参与城市地区安全计划的行政区划，大约 90% 能够具备应急通信能力。

2014 年的《全国应急通信预案》又对应急通信提出了新的目标和要求。这些目标包括以下五项：

(1) 支配与领导权 (Governance and Leadership)：提升决策协作，通过强有力的支配结构和领导权制订应急通信规划；

(2) 规划与程序 (Planning and Procedures)：更新规划和程序，改进在动态

---

① Department of Homeland Security，*National Emergency Communications Plan*，2008，p.7.

② 主要有：司法部 2006 年的《技术指南·通信互通性：跨部门通信项目指南》(*Technology Guide for Communications Interoperability: A Guide for Interagency Communications Projects*) 第 1 版和 2013 年的修订版、国土安全部的《互通性专辑：改进应急通信与互通性工具》(*Interoperability Continuum: A Tool for Improving Emergency Response Communications and Interoperability*)、《安全通信：互通性之路》(*Safecom: The Road to Interoperability*)、《州、地方和大区层级走向认证的互通性案例研究》(Department of Homeland Security, *Moving Towards Credentialing Interoperability Case Studies at the State, Local, and Regional Levels*, 2010) 等。

③ Department of Homeland Security, *National Emergency Communications Plan: Urban Area Communications Key Findings and Recommendation*，2011，pp.es-1, -2.

操作环境下突发事件应对者的通信和准备；

（3）训练和演练（Training and Exercises）：通过训练和演习项目，使用所有可用的瞄准应急通信缺口的技术手段，改进应对者的协作和通信能力；

（4）行动协作（Operational Coordination）：通过协调全社区的通信能力、资源和人员，确保行动效能；

（5）研究与开发（Research and Development）：协调研究、开发、测试和评估活动，发展创新性的应急通信能力，满足突发事件应对者的需求。

考察这些目标的实现情况，将从三个方面着手：

一是应急通信的实操表现；

二是应急通信能力的发展；

三是完成《全国应急通信预案》的建议和执行行动。[①]

现在，美国正在向这些目标迈进。

二、综合公共预警系统（Integrated Public Alert and Warning System，IPAWS）

为了对美国公众及时地、全覆盖地发布突发事件预警信息，美国将各个部门的预警系统整合起来，建立了综合公共预警系统（IPAWS）。它是一个由联邦政府设立和主持运营、为各州和地方政府对公众提供预警服务的系统，旨在最大限度地实现对特定区域内所有人员的全覆盖预警。

（一）综合公共预警系统的产生背景与基础

综合公共预警系统产生的直接背景是卡特里娜飓风的应对教训。2005 年 8 月 29 日，发生在美国墨西哥湾的 15 级卡特里娜飓风，袭击了美国第 35 大城市新奥尔良为中心的广大地区，造成死亡 1300 人、经济损失超过 2000 亿美元的巨大损失。美国社会普遍认为，这一天灾中包含着重大的人为因素，特别是联邦政府难辞其咎。美国政府、参议院、众议院和许多民间机构，都发表了洋洋洒洒的调查报告，分析责任，总结教训。白宫的报告指出了 20 多项教训，其中在应急通信和公众沟通方面涉及了预警系统的问题。

在应急通信方面，首先是大量的通信设施受到了损坏。911 报警系统基本瘫痪，近 300 万电话用户失去了服务，50% 的地方无线电广播、44% 的地方电视

① Department of Homeland Security，*National Emergency Communications Plan*，2014，pp.49–50.

台不能继续工作，通信设施的毁损使得应急救援工作无法有效进行。其次是机制问题。即使是还有许多基础通信设施存在，由于隶属不同级别的政府，事先没有整合机制，因而无法有效利用。比如美国农业部的森林无线电服务系统保持完好却没有利用。[①]

在公众沟通方面，机制问题表现得更为突出，比如，专门为各级官员沟通灾难信息和指示的紧急事态预警系统（Emergency Alerting System，EAS），飓风登陆前在路易斯安那州、密西西比州和阿拉巴马州竟然没有启用。政府官员因而在数周内不能为公众提供有效信息，甚至出现提供相互矛盾信息的情况，导致政府公信力下降，新闻炒作和流言一度盛行。

为了避免在以后的突发事件中再发生这样的问题，联邦政府决心在技术设施和机制方面建立一个新的预警系统。2006 年 6 月 26 日，小布什总统发布了关于“公共预警与警示系统”的 13407 号行政命令，提出要“建立一套有效的、可靠的、综合的、全面的系统对美国人民发出预警和警示”；并且对系统提出了建设标准和要求：“在公共预警和警示系统中建立或采用适当的、共同预警与警示协议、标准、术语和运行程序，能够实现互通共用，保证通过多种可行的沟通渠道对美国人民传递统筹的信息。”其中特别提到，新系统要能“确保在任何条件下总统都能对公众发布预警”。[②]

13407 号行政命令的主要内容包括：

（1）清查、评估公共预警与警示能力；

（2）公共预警与警示采用统一标准和运行程序，使信息能够通过多种渠道安全传播；

（3）根据地点、风险和用户特别需要调整分发的内容；

（4）对残疾人和不懂英语的人发布预警；

（5）维护、保护、恢复公共预警与警示系统资产设施；

（6）检查、培训和演习公共预警与警示系统；

（7）举行公共培训；

（8）协调私人部门、地方政府和第一应对者；

（9）管理紧急事态预警系统（EAS）。

---

① White House, *The Federal Response to Hurricane Katrina: Lessons Learned*, February, 2006, p.55.

② Federal Register /Vol. 71, No. 124 /Wednesday, June, 28, 2006 / Presidential Documents 36975.

根据总统的这一行政命令，联邦应急管理局成立了综合公共预警系统项目管理办公室，着手建立这一系统。

IPAWS 系统是建立在美国充分发展的各类专业预警系统之上的，并且有比较深厚的历史积累。

冷战时期，为了战争需要，美国建立了国家第一预警与警示系统（Control of Electromagnetic Radiation，CONELRAD）。除了战争以外，该系统也可以用于重大灾害状态。1963 年，美国建立了紧急事态广播系统（EBS），取代全国第一预警与警示系统。EBS 在技术上有了较大的进步，能够在不打断既定广播电视节目的情况下，随时插入总统、州或地方首长发布的预警信息，并且实现了滚动循环播发。

1990 年，联邦应急管理局设立初级入口咨询委员会（PEPAC），帮助管理全美国的 34 个 EBS 初级入口（PEP）基站；从 1994 年最初设立紧急事态预警系统（EAS），到 1997 年完全取代 EBS。PEP 基站保留。1997 年，全国海洋与气象局（NOAA）的气象电台发布了它的第一次计算机合成声音系统发送预警，在预警技术手段上又有了较大的进步。此后，NOAA 的气象广播，成为美国受众最广泛的预警手段。

“9·11”恐怖袭击事件发生后，美国政府开始探索利用现代最先进的科学技术手段，建设普及面最广、效率最高的预警系统。2004 年提出综合公共预警与警示系统（IPAWS）项目，2006 年根据卡特里娜飓风教训调整方向，小布什总统的 13407 行政命令启动建设。

（二）综合公共预警系统的结构与任务

综合公共预警系统项目分为系统工程、整合和执行三个领域，包括：

（1）紧急事态预警系统的现代化与拓展项目；

（2）数字紧急事态预警系统（Digital Emergency Alert System，DEAS）；

（3）标准与协议项目（Standards and Protocols Project，SPP）；

（4）商业移动预警系统（Commercial Mobile Alert System，CMAS）；

（5）地理定位预警系统（Geo-Targeted Alerting System，GTAS）；

（6）全国海洋与气象局气象播报改进项目（Weather Radio Improvement Program，WRIP）；

（7）清查与评估（Inventory and Evaluation，I&E）；

（8）无线电广播数据系统（Radio Broadcast Data System，RBDS）。

综合公共预警系统是一个系统的系统。以上所有实施项目，都按照图 7-2 系统结构组合，形成 IPAWS 系统的结构。

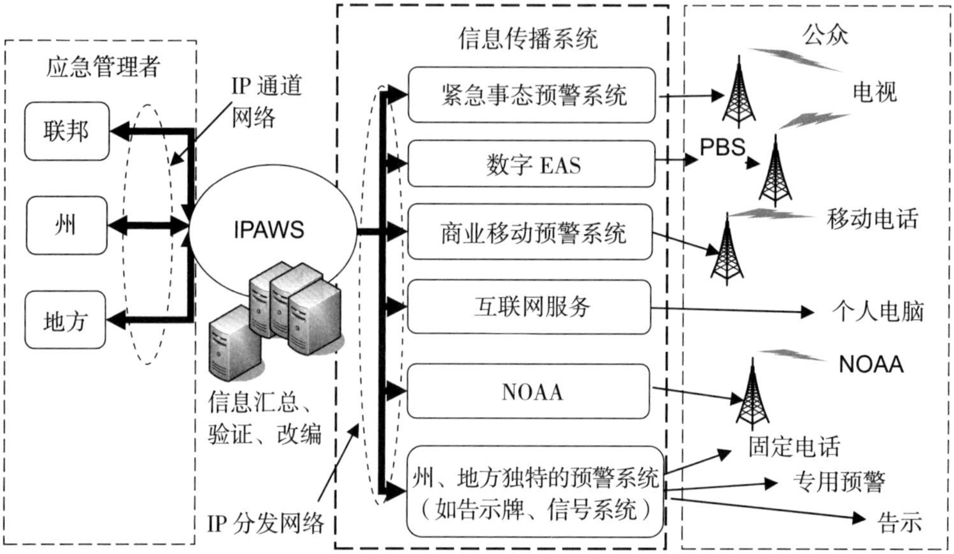

图 7-2　美国综合公共预警系统的结构

综合公共预警系统的核心任务是解决预警的效率与效果问题。从总统的行政命令和以上系统结构来看，IPAWS 系统的工作思路是通过采取一个手段（整合全部电子预警媒体），实现两个结果（尽量扩大预警覆盖面，确保总统能够随时对全国公众讲话）。具体来说，其任务有以下六项：

（1）实现 EAS 的多元化和现代化；

（2）通过建立和采用诸如共同通信协议（CAP）的标准创立一个互通架构；

（3）通过整合，将联邦、州、地方预警与警示信息入口提供给多种播送和信息通道，确保预警与警示信息以尽可能多的手段传递给公众；

（4）与 NOAA 合作以使全方位整合的信息通过全国网络传送；

（5）确保预警和警示发送到残疾人和不懂英语的人；

（6）保证美国总统在任何紧急形势下都能对美国人民发表演说。

（三）综合公共预警系统的局限性

综合公共预警系统的实现方法是一点多线对一面，即一个预警信息发布源—多条预警渠道—广大受警群众。在项目建设和实践运行中，这一系统显示出明显的局限性。

根据美国联邦应急管理局 IPAWS 系统项目负责人的说法，该项目的最终目标是：将美国目标受警人群的直接受警率，由现在预警手段的 70% 提高到 85%。由此可见，项目的设计受警目标只有应受警人群的 85%，那么，IPAWS 系统就不能提供一个预警信息全覆盖的解决方案。

为什么不能实现全覆盖？ IPAWS 系统做到的是受警区域的全覆盖，即在目标区域内，IPAWS 系统的多种预警手段是完全具备无空白、全覆盖能力的，这一点毋庸置疑；另外，IPAWS 系统考虑并提供了针对讲其他语言的人、盲人、聋人的媒体预警手段，情况有明显改变。但是，预警信息的空间全覆盖不是预警的终极目标，只有受警人群的全覆盖（都确实收到了预警信息）才是终极目标，这一点却不是 IPAWS 的设计思路，因而注定该系统在设计目标方面的局限性。

综合公共预警系统的预警效果究竟怎样，需要实践的检验。2007 年台风季节，该系统在南方沿海若干州做了尝试，预警效果不是十分明显。笔者认为，主要是美国的社会结构造成的。在美国这样的联邦制国家，社会结构松散，居民居住分散，人与人之间的连接纽带不紧密，缺少中国居委会这样的最基层社会管理组织。特别是独居的老年人比较多，相对于信息媒体来讲，他们是受体的沉淀层，无论多少种媒体手段，他们都可能接收不到预警信息。而他们，往往是突发事件中最脆弱的人群，IPAWS 系统恰恰没有对他们做出安排。此外，在不同的时间段发布预警，如后半夜，目标人群的受警率会受影响；在特殊的工作环境中，受警率也可能会受影响。

第二节　突发事件信息管理

突发事件的信息管理是指对突发事件相关信息收集、甄别、分析、分发和发布的全过程。它一方面为突发事件的应对者提供形势感知，支持指挥部的应急决策和其他应对者的行动参考；另一方面向受突发事件影响的公众发布，为他们提供应对行动的依据。

美国的突发事件信息管理，实质上是突发事件指挥系统的一个组成部分，基本上是在公共信息官领导下运行。不过，作为联邦政府的突发事件支持部门的全国应急协调中心，其组织架构设置了四个功能部门，第一个就是形势感知部，它的主要职能也是突发事件信息管理。本节将突发事件指挥系统和全国应急协调中心职责中的信息管理结合起来，阅览和认识美国突发事件信息管理的全貌。

一、突发事件信息管理系统与组织

（一）通信与信息系统在指挥系统中的地位

在突发事件管理系统中，通信与信息管理系统除了发挥独立作用外，在指挥系统（ICS）中也占据着举足轻重的地位。在这一系统中，除了行动、计划、后勤和财政与管理四个部门以外，它的制定者——国土安全部特别强调了信息工作的重要性，并将这一职能在机构设置方面做了各种考虑，供突发事件管理者依据情况随时调整使用。它将信息界定为广义的信息，不仅包括国家安全和其他分类情报信息，也包括可操作性信息，如风险评估、医疗情报、天气信息、岩层数据、建筑设计、有害物污染级别、公用事业和公共设施数据等所有来自各个渠道的有用信息。在任何情况下，这些情报信息都必须经过适当的分析，呈送总指挥指定的相关人员，提供决策参考。收集、分析、处理和分发这些情报信息，既可以通过传统做法，由规划部实施，也可以在总指挥安排下，在其他部门内设置专门的信息管理机构。

选择一：设在指挥部内。如果一个突发事件对战术性和机密性情报需求不大，由辅助性部门的代表提供的相关情报信息可以立即执行并回馈，便可采取这一模式。

选择二：设在行动部内。如果在突发事件中，对战术性情报信息（特别是秘密情报）高度需求，并且执法部门是联合指挥机构中的成员，则需要将信息部门作为行动部的一个下属机构。

选择三：作为一个独立部门，与其他四个部门平行。当突发事件受到情报信息因素的严重影响，或者需要处理或分析大量的秘密或敏感情报或信息时，适合采取这一模式。特别是在恐怖主义突发事件中，情报在整个周期中起着关键作用的时候，这种模式就显得格外重要。

（二）通信与信息系统的组织机构

1. 通信组织

突发事件管理系统将通信系统划归在后勤系统中的通信科。它负责制定通信预案，推动通信设备和设施在事件中的影响利用，安装和检验所有通信装备，监管和运作突发事件通信中心，对突发事件管理人员分派和重建通信设备，在现场维护和修理通信设备。

通信科的主要职责是为这一系统做如何实现高效通信的预案编制，特别是在涉及多部门的突发事件中。通信科的领导应该出席所有事件预案编制会议，保证拥有的通信系统能够支持规划的下一个周期的战术行动。

突发事件通信是通过使用共同的通信预案加以管理，基于事件的通信中心只为战术性的和分配给事件的支持资源的使用而设立。

在非常复杂的突发事件中，将需要一个突发事件通信预案。通信科负责编制的内容包括无线电频率的使用，建立指挥、战术、支持和空中单元的网络，建立现场电话和公共通信装备，提供任何所需要的与事件外地区的联系等。代码不能用于无线电通信，在复杂和聒噪的背景中，基于共同术语的清晰语言可以避免误解，减少出错。

大型突发事件中使用的无线电网络一般应该按照如下系统组织：

指挥网络（Command Net）：将事件指挥部（Command）、指挥官员（Command Staff）、部门主管（Section Chiefs）、分支机构主任（Branch Directors）、区和小组监督官（Division，and Group Supervisors）连接到一起。

战术网络（Tactical Nets）：建立若干战术性网络，连接各部门、机构、地理区域或特殊的职能单位。应该依据联合规划、行动和后勤职责建立，由通信科领导制订全面的预案。

支持网络（Support Net）：它的建立主要是处理资源状况的变化，也处理后勤需求和其他非战术性功能。

地面—空中网络（Ground-to-Air Net）：协调地面对空中的通信业务，既包括指定特别的战术性频率，又包含使用正规的战术性网络。

空中—空中网络（Air-to-Air Nets）：正常情况下，是用来预定或分派给突发事件中使用的。

2. 信息系统组织

情报信息系统组织由联合信息系统和联合信息中心构成，它们的组织和功能如下：

（1）联合信息系统：是一种全面的、综合的和协调的信息机制，把所有的突发事件信息整合在一个系统内，保证在突发事件中对公众和参与应对的机构传递可理解的、及时的、准确的和一致的信息。它是一个非常重要的系统，其活动层面跨越最基层的战术性现场、中层的中心、协调部门，直至高层的战略和政策部门，负责对大众提供各种预案、协议和活动情况，也包括与事件有关的所有公共信息活动，如所有的联邦、州、地方、部族和私人组织的公共信息官、信息工作人员的相关活动，以及专为某个事件而建立的联合信息系统的活动。它由若干程序、步骤和工具构成，把各方汇聚的信息经过分析加工后按需求及时、正确分发和散播给需要的应对者、公众和媒体。其主要作用是：

① 编辑和传递跨部门协调和综合的信息；

② 代表突发事件总指挥或联合指挥官、紧急事态行动中心主任或跨部门协调小组，编制、推荐和实施公共信息预案和战略；

③ 在可能影响突发事件管理的公共事务方面向突发事件总指挥或联合指挥官、紧急事态行动中心主任或跨部门协调小组提供建议；

④ 跨部门协调与整合；

⑤ 收集、验证、协调和分发一致的信息；

⑥ 处理和管理会损害公众信心的流言和不准确信息。

（2）联合信息中心

联合信息中心是来自参与突发事件管理的各种组织的公共事务人士进驻工作，协调重要的突发事件信息、危机沟通和公共事务职责的设施，也是所有新闻媒体获取突发事件信息的中心场所，由国土安全部的公共事务办公室（Office of Public Affairs）负责建立。它可以依据需要在突发事件管理的每一个层次上建立。它可以处在单独的位置，也可以作为紧急事态行动中心的组成部分一起办公。它的组织结构如图 7–3 所示。

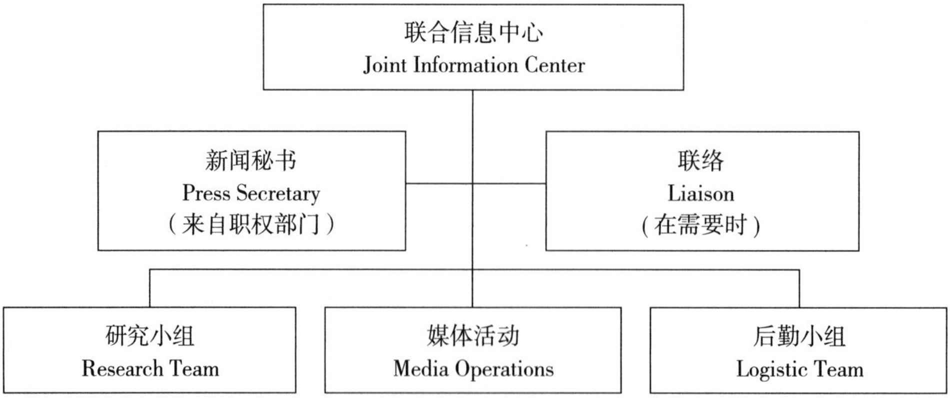

图 7–3 联合信息中心的组织结构

联合信息中心从构成上必须包括与突发事件管理活动有关的每一个职权部门、机构、私人部门和非政府组织的代表，总体上接受公共信息官的领导。

每个联合信息中心必须有通信的规程和协议，实现同其他联合信息中心和指挥系统的组织之间的有效协调。

随着现代通信技术和计算机网络技术的发展，联合信息中心既可以是物理的，也可以是虚拟的；在复杂的突发事件中，由于覆盖地域广大，涉及行政区划较多，可以同时设置若干物理和虚拟联合信息中心，公共信息官或负责公共事务的官员可以通过虚拟联合信息中心协调和指导若干物理联合信息中心，确保所有联合信息中心发布的信息一致，不出现矛盾。如果一个突发事件持续时间比较长，或者涉及了两个或以上的州，联邦政府参与了应对与协调，就要激活全国联合信息中心。

常见的联合信息中心种类见表 7–2。

表 7–2　联合信息中心的种类

联合信息中心类别	特　征
突发事件联合信息中心 Incident JIC	便于地方和突发事件总指挥、联合指挥部或紧急事态行动中心主任直接指派公共信息官，在同一地方办公，是最佳的实际地点； 便于媒体接触，对成功至关紧要； 可以直接设在紧急事态行动中心。
虚拟联合信息中心 Virtual JIC	在不能同时处置一个物理位置时设立； 建立技术和通信协议。
卫星联合信息中心 Satellite JIC	规模上小于其他联合信息中心； 为支持主要的联合信息中心设立； 在主要联合信息中心控制下运行。
区域联合信息中心 Area JIC	支持广泛区域、多个突发事件指挥系统的结构； 可以设立为地方性的，也可以设立为全州的； 主要考虑便于媒体接触的因素。
全国联合信息中心 National JIC	主要在持续时间较长的突发事件中设立； 目的是支持联邦的突发事件管理； 工作人员来自联邦各相关部门和机构； 充分考虑媒体接触的便利性。

（三）公共信息官的作用

公共信息官是突发事件总指挥的三个主要助理之一，位置十分关键。既要与跨部门协调小组的高层官员密切合作，也要直接与联合信息中心直接打交道。他既要对突发事件总指挥、联合指挥部或紧急事态行动中心主任提供公共信息方面的建议，也要回答新闻媒体、公众乃至政府官员的询问；他要负责对公众发布的公共信息和预警的事务，还要监控和应对流言蜚语。除此之外，他最常态的工作就是：

（1）确定可以向公众发布的关键信息；

（2）编写和制作所有人都能懂的明白信息，为英文程度不高的人、有视听障碍的人和其他有特殊需求的人提供不同形式的信息；

（3）排出信息发布优先顺序，确保适时有序发布突发事件信息，避免对受众造成信息轰炸；

（4）核实信息的准确性；

（5）使用最有效的手段分发信息。

二、突发事件信息的内容与报告

（一）突发事件信息的内容及其作用

突发事件信息是指与突发事件相关的全部信息。具体来说包括：

（1）突发事件发生前的相关信息：突发事件风险信息、社区和基础设施脆弱性信息、应急预案信息、应急资源信息、避难场所信息以及应急准备方面的信息；

（2）突发事件过程中的相关信息：突发事件预警信息、疏散撤离信息、突发事件影响和后果信息、突发事件演化的动态信息、应急救援行动信息、应急保障信息、安全指导信息，等等；

（3）突发事件结束后的相关信息：突发事件后果影响信息、家园与社区损坏信息、救济帮助信息、社区恢复信息，等等；

（4）突发事件信息对与突发事件相关的不同人群，具有不同的作用。对于总指挥、联合指挥部和紧急事态行动中心的负责人来说，突发事件信息是制订应急行动预案、调动和部署资源、救援受害者、确定各类重大问题的决策依据；对于普通应对者来说，突发事件信息是指导应对行动、实现行动预案目标的依据；对于受突发事件影响的公众来说，突发事件信息是接受帮助、指导避险、保护自己生命财产的依据；对于新闻媒体来说，突发事件信息是其报道突发事件的基本素材，是为公众提供事实真相、廓清疑虑和误区的依据。

（二）突发事件信息报告

突发事件报告（Incident Reports）是突发事件信息的阶段性整合后形成的对突发事件全景或某个热点的描述，代表了到当时为止的对突发事件整体或局部的认识，是对突发事件形势感知的基本表现。

突发事件报告分为以下两种：

1. 形势报告（Situation Reports）

构成一个突发事件全貌的全部已知细节的综合性报告。建立在对突发事件已经确认和证实的信息基础上，展示了到当时为止的突发事件的明确细节，包括什么时间、什么地点、什么原因、发生了什么事情、涉及什么人和多少人、怎么演变和进展的，等等，其内容包括 53 项。在《全国突发事件管理系统》的附件中，包含了详细的突发事件形势报告模板。

2. 状态报告（Status Reports）

某一时间点的突发事件某一方面的特别紧要信息的报告，与形势报告不同，它是临时性而非固定要求的报告。

为了使形势报告和状态报告能够顺利使用，其中所包含的信息应该是标准化信息，用词和表述要准确，尽量不用内涵模糊的词语，比如："许多人""一段时间""可怕的"，等等。但是，也要注意，标准化也不要过分，以免影响信息收集和报送的时间。

三、突发事件信息管理过程

突发事件信息管理包括信息收集、信息加工和信息分发三个主要环节。虽然其中的细节不尽相同，但基本过程没有例外。

（一）信息收集（Data Collection）

这里使用的是数据收集，与信息收集内涵相同，只是数据是更规范的、标准化的信息。

突发事件的信息有各种各样，而且价值不同，很多信息还具有明确的时效性，所以，首先要确定什么样的信息是收集的对象，然后确定用什么方式收集，从何处收集。由于各种突发事件不断循环发生，它们产生的信息早已被突发事件管理者所熟悉，因而信息的标准化构件已经形成了规范。

1. 初期估量与快速评价（Initial Size-Up/Rapid Assessment）

最先到达突发事件现场的官员或应急管理人员，要立即对突发事件的形势形成初步判断，并且把发现和判断急报应急管理相关部门。这些部门负责人根据收到的信息迅速分派资源和做出其他相关决策。

2. 制订信息收集方案（Data Collection Plan）

得知突发事件发生后，突发事件总指挥、联合指挥部或紧急事态行动中心主任应立即制订信息收集方案，开始循环、不间断地收集突发事件信息。

标准化的信息收集方案包含了信息的必要内涵，那是应急决策的必要依据，可以说是按需收集。常规的信息收集方案包括收集各种信息的资源、方法、衡量单位和时间表。

必要的信息内涵一般包括：

突发事件影响区域边界与发生点；

影响的行政区划边界；

社会、经济、政治影响；

对人口健康的影响；

交通系统状态；

通信系统状态；

特殊危险信息；

重大的气象活动；

地震或其他地球物理学数据；

重要设施状态；

空中勘察活动状态；

灾难与紧急事态宣布状态；

计划好的和即将发生的活动；

捐赠。

收集这些信息，可以通过各种方法、途径和手段。一般包括：

从911报警台获得的公共安全电信员的报告，或者预警系统的报告；

监控无线电广播、电视节目获得，或者从应对者的数据通信中获得；

阅读形势报告；

从技术专家如国家气象局的代表处获得；

接收来自现场的观察员报告，以及从现场指挥所、区域指挥中心、跨部门协调小组或其他紧急事态行动中心获得；

在紧急事态行动中心、其他应急设施和现场部署信息专家；

分析相关的地理空间资料获得；

监控印刷、网络、广播和社会媒体获得。

（二）信息加工（Data Processing）

信息加工是对收集到的信息做鉴别、分析、筛选、分类和分发的全过程。主要包括以下环节。

1. 确认（Validation）

负责形势感知的人员和专家利用多种数据来源，对收集上来的信息做审查、印证，确定其中哪些是不完全、不准确、被修饰过、过时或具有误导性的，将其修正或剔除。

2. 分析（Analysis）

分析和验证已经确认的数据，判断其对突发事件管理者的价值，将重要的有价值的挑出来，供决策参考。同时，根据突发事件应对者的不同信息需求，将信息分门别类，形成不同的组合，供不同部门或系统使用。分析必须是客观的、全面的，基于对突发事件全部信息的了解，不能忽略或错过某些数据。

3. 分发（Dissemination）

确认和分析后保留下来，并且经过重要性排序和分类的信息，按照相关规定，要及时、准确地分发给突发事件应对的不同机构、组织和人员，支持他们的应急行动。

4. 更新（Updating）

突发事件是动态的，应对行动也是动态的，因而突发事件信息是不断产生、不断过时的。所以，信息收集、确认、分析和分发是一个无休止的过程，直到突发事件处置结束。

第三节　公共信息管理

公共信息是指突发事件管理部门提供给大众、媒体和事件管理者的有关突发事件的各种信息；公共信息管理是对公共信息的验证，对大众、媒体和有关方面及时地发布准确的信息，获取各相关方面对突发事件管理的最大限度的配合，减少突发事件的影响。在整个指挥系统中，公共信息官负责公共信息，处理媒体与公众的询问、警示与预警发布、流言监控和媒体监控等。

一、公共信息管理的目标与要点

（一）公共信息管理的目标

突发事件发生后，因大众对事件负面影响的担心，产生了对事件信息的强烈需求。由于大众与现场之间缺乏直接的沟通，如果没有公共信息的及时发布，就会出现一个时期的信息真空，各种消息和传言将不胫而走，造成虚假或扭曲的信息流传，影响对突发事件的管理。

有学者将在发生紧急事态时大众的信息来源分为三类：权威信息（多来自政府部门）、媒体信息和人们相互交流得到的信息；其中来自官方的权威信息在大众中可信度最高。① 因此，公共信息管理的目标是：政府的应急管理部门在应急管理的四个阶段对公众提供及时而准确的信息：

（1）减除阶段：推动旨在减除未来灾害中生命和财产损失的战略、技术和行动的落实；

（2）准备阶段：沟通准备信息，鼓励和教育大众预先做好灾害事件的准备；

（3）应对阶段：对即将到来的灾害提供公共通告、预警、撤离和形势报告；

（4）恢复重建阶段：为受灾害影响的社区和个人提供如何登记和接受救济的信息。

（二）要点

美国联邦应急管理局认为，实现有效的公共信息管理必须做到以下四个要点：

1. 以服务对象为中心（Customer Focus）

这是公共信息管理的出发点。它的含义是将公众和社区的利益和需求放在第一位，全面响应其信息需求，为其提供所需要的公共信息。联邦应急管理局提出的服务对象包括内部和外部两类，内部服务对象是指工作人员、其他联邦部门、州和其救灾参与者；外部服务对象包括公众、各级政府的民选官员、社区和企业的领导人以及媒体。在紧急事态中，首要的服务对象是灾难的直接受害者。他们对公共信息的需求有哪些？联邦应急管理局出版的紧急事态信息指导中提出："作为紧急事态信息和媒体事务小组的成员，是灾难中联邦应急管理

---

① Dennis Mileti, *Disaster by Design*，转引自 George D.Haddow, Jane A. Bullock, *Introduction to Emergency Management*, Elseveier Science, USA, 2003, p.150。

局第一线的组成部分，期望你们在短时间内能够准备好并做出有效的应对。灾难的受害者需要知道他们的政府正在工作，需要知道从哪里和怎样得到帮助，需要知道能期望什么、不能期望什么。迅速得出这些信息是你们的责任。”因而，“在灾难发生后，为了保证社区的安全，信息的发布必须做到：及时、准确、一致和易懂；解释清楚人们可以希望从政府那里得到什么；明确显示联邦应急管理局和其他联邦、州、地方政府部门和志愿者组织共同工作，提供重建社区和恢复正常生活所需要的服务”。①

2. 领导承诺（Leadership Commitment）

良好的公共信息管理始于应急管理组织的领导对内外分享和散布信息的承诺。任何应急管理组织的领导，必须公开支持和推动通信线路在工作人员、合作者和公众之间的开放，以实现高效的通信。美国公共信息管理最成功的领导是克林顿政府的联邦应急管理局局长詹姆斯·李·维特（James Lee Witt），他的做法几乎成为应急管理组织的领导承诺的经典，他的作为如下：

他每周与局里的高级管理者举行一次工作会议，也要求他们每周与下属职员举行一次工作会议；

他制作了面向雇员的内部时事通信《局长最新周报》（Director’s Weekly Update），分发给所有雇员，向他们通报联邦应急管理局的活动；

他自己和高级职员定期会见媒体，特别是在灾害应对时期，回答问题，提供信息；

在灾害应对中，他每天举行媒体通报会，有时候一天 2—3 次，他还举行同受害者及其家庭的特殊会议；

在灾害应对中，他每天与该局的合作者召开信息通报会；

在平时和灾害发生时，他花费大量时间与国会议员、州长、市长和其他民选官员沟通；

他每年与各州的应急管理部门的负责人、该局的主要应急管理合作者会见 4—5 次；

他在全国甚至国外不断发表演讲，推动人们对应急管理和灾害减除的认识。

维特局长在公共信息管理方面的积极作为与突出作用，不仅改变了联邦应急

① George D.Haddow, Jane A. Bullock, *Introduction to Emergency Management*, Elseveier Science, USA, 2003, p.142.

管理局在美国大众和政府部门心目中的形象和声誉，而且对赢得公共舆论支持、促进应急管理的成功起了积极正面的示范作用。

3. 将沟通纳入预案的行动中（Inclusion of Communications in Planning Operation）

将信息沟通纳入所有预案的行动中，是对公共信息管理的高度重视，也是体现领导对公共信息承诺的主要方面。它要求在应急管理组织的高级管理小组中必须包括一名信息交流专家；信息交流问题应在决策程序中考虑，包含在所有的组织活动、预案和行动中。

4. 媒体合作（Media Partnership）

在现代社会，媒体的影响力无所不在。突发事件往往具有巨大的新闻价值，媒体对它的追逐更是无孔不入。新闻媒体发布消息的准确、全面与否，导向是否正确，将直接影响到大众的心理与反应，乃至突发事件应对的成败。而政府的任何应急管理部门，都不能重新建立起一个与现有新闻网络相媲美的自有的新闻体系。因而，政府的应急管理部门只有同新闻媒体携手合作，相互配合，才能保证应急管理的成功。

二、各个阶段的公共信息管理

在应急管理中，由于公共信息服务的对象不同，在紧急事态的各个阶段的管理目标也不尽相同。

（一）公共信息的服务对象

在紧急事态公共信息管理中，不同人群、组织和机构对公共信息有不同的需求，要实现对公共信息的有效管理，首先要掌握不同服务对象的不同需求。服务对象被通称为公共信息的受众（audiences）和用户（customers）。受众是公共信息的接受者，包括面非常广；用户是对公共信息的直接消费者，他们往往是突发事件的受影响者或利害人，可以利用公共信息，甚至从中得到利益。所以，受众包括用户。

一般来说，受众包括以下各类人员和组织：

一般公众（general public）：他们是受众的主体，又可以分为若干亚群，比如妇女群体、老年群体、残疾人群体、低收入者群体等，是公共信息的潜在用户。

灾难受害者（disaster victims）：受到突发事件影响、造成生命、财产损失的人们，他们是公共信息的直接用户。

企业界（business community）：特别是发生紧急事态地区的企业界，它们对灾难的减除、准备和灾后恢复起着重要作用。

媒体（media）：既是受众，又是合作者，是沟通公众的关键环节。

民选官员（elected officials）：包括州长、市长、县行政官、州立法者和国会议员。

社区官员（community officials）：市 / 县管理者、公共建设工程官员、部门官员。

第一应对者（first responders）：包括警察、消防、紧急事态医疗服务的人员。

志愿者组织（volunteer groups）：诸如美国红十字会、救世军，等等。

这些受众中，有的是通过电视、广播、互联网、报纸等大众传播手段获得公共信息，比如一般公众；有的是通过电话、无线电获得，比如第一应对者群体；有的是通过新闻发布会、简报、会见获得，比如媒体。

（二）应对与恢复阶段的公共信息管理

在突发事件发生之后，与公众实现信息的完全准确沟通比较困难。由于信息沟通渠道受到突发事件的影响，关于伤亡、财产损失、灾难状况等情况的传言很多，特别是近年来新媒体的普及，各种信息繁杂凌乱，有的报道甚至相互矛盾，从而会造成社会混乱。因而，这一时期公共信息管理的主要目标是为公众和媒体提供准确、全面和及时的信息，消除流言蜚语，确保应对工作的顺利进行。联邦应急管理局的做法是：

第一，与公众和媒体定期沟通，向他们提供准确、及时的信息；

第二，监控与受害者的直接通信和媒体报道，及时发现可能造成误解和流言的潜在问题，以便及时控制，这实际上是一种新闻管制。

联邦应急管理局负责公共信息管理的部门是公共事务办公室（Office of Public Affairs）。[①] 其工作人员负责建立在指挥部和现场的联合信息中心。它的官员（Public Affairs Officers，PAOs）深入受灾社区，告诉人们政府的各个相关部门将密切合作，帮助他们渡过难关，并从灾难中恢复。通过为受害者和公众提供权威的信息，杜绝了流言的产生，坚定了受害者的信心。

---

① 该办公室曾经被称作“紧急事态信息与媒体事务办公室”（Office of Emergency Information and Media Affairs）。

联合信息中心是公共事务官员从事公共信息活动的主要场所。在那里与相关方面协调公共信息和公共事务活动、举行向媒体通报最新情况的会议，保证对公众和媒体发布准确、一致的信息。

此外，联邦应急管理局的社区关系部（Community Relations）作为公共事务办公室的合作者，也对公共信息对公众的发布起着重要作用。社区关系的职能是由联邦、州的工作人员，也包括部分非常熟悉社区的地方雇员来行使的。他们分成小组，深入受灾社区，收集和传播关于应对和恢复行动的信息，满足社区的各种需要。

公共信息管理所依赖的技术手段包括免费热线电话、通过互联网登录联邦应急管理局的网站、电视、无线电广播以及 FEMA 专用、专有的通信网络，比如灾难恢复频道（the Recovery Channel）、无线电网络（FEMA Radio Network）、恢复无线电网络（the Recovery Radio Network）以及《恢复时报》（The Recovery Times）。

（三）准备以及灾难减除阶段的公共信息管理

在准备和灾难减除阶段，公共信息管理的主要目标是对公众实施教育、告知、培育灾难应对与减除意识，推动他们在下一次灾难到来之前做好充分的准备。这里最重要的内容是对公众的灾难意识或称公共意识（public awareness）的培育。

公众需要灾难意识教育，是因为他们对灾难本身的了解较少，不知道应该采取怎样的预防和应对措施，从而使自己处在易受打击的风险之中。对公众灾难意识的培育是要让公众认识到危险的存在，威胁对人们可能造成的影响，应该采取某些方法来减少这些风险，并建议某些应该采取的措施。FEMA 在维特时期实施的抵御工程（Project Impact）就是这种工作的典型。

抵御工程是基于社区的灾难减除提议方案，将地方企业作为地方政府和社区组织的合作伙伴，共同为减除未来灾难的影响做好准备。在向公众推销这一项目时，联邦应急管理局通过印刷品和电视媒体发起了全国性的宣传运动，这种宣传的指导方针是：尽可能使宣传的内容简单易懂；反复强化中心和要点；解释清楚对公众的好处是什么；联合媒体一起宣传灾难减除的含义；需要更多的合作伙伴如红十字会和救世军；每个工作人员本身就是宣传内容的载体，比如戴的帽子和穿的 T 恤衫上都印着项目名称。

对公众宣传的形式和内容要有明确的针对性。介绍灾难成因和减除原理的科普性宣传针对的人群层次要高一些，减少自我保护措施的宣传则针对所有人群。为了满足不同人群的需要，要设计不同的宣传材料，采用恰当的宣传形式。

三、与媒体合作实现公共信息管理

媒体在紧急事态中公共信息管理方面的重要性是不言而喻的。无论是在地动山摇的地震灾区，还是炮火纷飞的战场，它的无所不在和无孔不入、它的信息传播的覆盖率和对公众的影响力、它的工作人员（记者）的职业献身精神，都使得公共信息管理者不得不利用它、不得不同它合作，以实现公共信息管理的最佳化。

与媒体合作就是建立与媒体的伙伴关系，其目标是在灾难时期和非灾难时期为公众提供准确、及时的信息。伙伴关系需要应急管理者和媒体达成共同工作的承诺，双方建立高度信任。

（一）建立与媒体的伙伴关系的必要性

在现代社会中，安全是人们的首要需求之一。发达的大众媒体，将世界上每个角落的突发事件的信息带给每一个人，对人们形成了不安全的信息轰炸。依据丹尼斯·米来提（Dennis Mileti）的危机沟通理论，人们听到危机来临时的反应步骤是：听到警示——认为它是可信的——确定威胁的存在——对警示和确定的威胁做自己的分析，开始留神相关信息——确定是否需要采取保护性行动——确定保护性行动是否可行——确定采取什么样的保护性行动——采取保护性行动。①

在这个过程中，能否听到警示和听到怎样的警示、是否需要采用保护性行动和采取什么样的保护性行动是十分关键的。在大众媒体极其发达的今天，突发事件的新闻价值是不言而喻的，不同的媒体竭尽全力追逐其爆炸性效果，以吸引人们的注意为主要目标，而不是站在应急管理者的立场，以尽量减少突发事件的损失为目标。如果应急管理部门限制媒体，或者不向媒体及时通报有关情况，就会出现信息真空，一方面为谣言流传提供了条件；另一方面迫使媒体利用自己的渠道“挖”新闻，从而导致新闻的准确性、全面性难以保证。由此看来，在公共信息管理中，对媒体的“堵”是行不通的。

所以，在紧急事态中，公共信息管理的难点是在众多相互竞争的，甚至可能

---

① Dennis Mileti, *Disaster by Design*，转引自 George D.Haddow, Jane A. Bullock, *Introduction to Emergency Management*, Elseveier Science, USA, 2003, p.152。

互相矛盾的信息来源中，怎样使准确、全面、带有指导意义的信息顺利传达给公众。如果媒体提供的信息不准确，或者是不全面，不仅会造成公众的迷惑和无所适从，而且可能导致他们采取错误的行动，造成不该有的损失；同时，还会影响正常的灾难应对和恢复工作。

因而，面对信奉新闻自由原则不由政府控制的非官方媒体，公共信息管理者的责任是如何将各种媒体组织起来，让它们建立对公众的责任心和责任感，超越新闻竞争，同意应急管理部门的协调，向公众发布稳定的、一致的、准确的信息，引导和指导公众配合应急管理者，顺利完成灾难准备、预警、应对、恢复重建和减除各个阶段的工作。

（二）与媒体一起工作

“与媒体一起工作”（working with the media）是建立与媒体伙伴关系的实质性体现。在西方国家，媒体往往是非官方的，而应急管理部门则是官方的。要让非官方的媒体接受官方的统一安排和协调，联邦应急管理局的做法是：

首先，在公共信息管理方面的人员安排上相互出任，比如让新闻界的要人参加公共信息管理的班子，让联邦应急管理局的公共信息管理人员参与媒体的紧急事态方面的栏目。这样，人员的沟通和共用使信息来源的一致性、信息的准确性都有所保障，也建立了媒体的社会责任感，使他们主动从应急管理的大局做新闻报道工作。

其次，对媒体的工作提供全面的配合。联邦应急管理局为采访突发事件的媒体提供便利的工作条件，每天多次举行新闻发布会，及时沟通各种情况；在媒体人员不能到达的封闭现场，及时为其提供录像画面；对灾难的受害者，邀请媒体采访，帮助呼吁社会救助。通过这些安排，既使媒体圆满地完成了突发事件的报道工作，又充分利用了媒体，向公众宣传了应急管理者的工作。与媒体的合作，也为联邦应急管理局争取了广泛的社会声誉和政府、国会的支持。

在与媒体一起工作的状态下，公共信息对公众来说是完全开放的，公众及时了解了突发事件的真相，了解了政府应急管理部门的工作意图和工作进展，与管理者处在信息对等之中，从而会做出理性的反应和选择。

（三）在合作中实施对媒体的引导

在与媒体一起工作的过程中，取得媒体的信任是合作的基础。但应急管理者与媒体的最终目标不同，管理者注重的是圆满完成应急管理的各个阶段，媒体关心的主要是事件的过程和它的新闻性。要利用好媒体，就要在合作中对媒体实施尽可能的引导，让它们更好地服务紧急事态的管理。

在应急结束之后，往往没有爆炸性的新闻了，媒体对应急管理的关注自然降低。但是，宣传和动员公众，帮助受害者尽快从灾难中恢复，以及此后做好下一次灾难的减除和准备工作，都需要媒体的合作。联邦应急管理局在《紧急事态信息现场指导》（Emergency Information Field Guide）中，提出了若干引导和影响媒体、与他们建立长期的信任关系、使他们继续合作的方法：

要注意到媒体工作的最后期限；

迅速回应媒体的所有问询；

回答问题充分、准确，不要提供媒体没有问到的信息；

回答问题要开诚布公，不知道就说不知道，之后迅速找到答案，再告诉他，并问清楚最后的期限；

不要同媒体过深讨论其他部门的工作；

保持外交风格，特别是回答非理性的问题，要机智对待。①

联邦应急管理局要求，在同媒体打交道时，公共信息管理者要充分说明恢复工作、灾难减除工作的重要性和媒体在其中能够起到的重要作用，请他们协作。但也要考虑到媒体工作的性质，不要拿灾后恢复工作的信息当作重要新闻。

（四）利用新媒体

近年来，新媒体的迅速普及对突发事件应对形成了巨大的机遇和挑战。一方面，无所不在的新媒体为突发事件的早期发现、预警、进展情况和影响范围等提供了更多的信息渠道；另一方面，掌握新媒体的公众缺乏对应急管理的足够认识和应急信息本质的了解，在发布突发事件相关信息的时候，更注重个人感受，提供的是自我的而非专业性判断，往往偏离事务的本质，极易造成混乱乃至社会恐慌。

在具体实践中，2012 年美国新英格兰地区的桑迪飓风和 2013 年波士顿马拉松的爆炸案中，新媒体的影响和作用得到了充分体现，既有正面的，也有负面的。

为了扬长避短使用新媒体，2014 年国土安全部发布了《利用社会媒体提高形势感知和决策支持》（Using Social Media for Enhance Situational Awareness and

---

① Dennis Mileti, *Disaster by Design*，转引自 George D.Haddow, Jane A. Bullock, *Introduction to Emergency Management*, Elseveier Science, USA, 2003, p.155.

Support Decision Support）的手册，提出了在公共安全领域对新媒体利用的设想，包括获取新媒体信息提升形势感知、控制流言和虚假信息、发布突发事件信息，等等。

国土安全部也充分利用新媒体平台，向社会公布突发事件信息。在推特（Twitter）、脸书（Facebook）、相簿（Flickr）、图片分享（Instagram）、领英（LinkedIn）等平台注册公共账号。美国的应急管理正在新时代探索前行。

思考题

1. 试述美国联邦通信系统在应急管理中的组织与责任。

2. 试述美国综合公共预警系统的工作模式。

3. 试述信息系统的组织和功能。

4. 试述突发事件信息的管理过程。

5. 试述公共信息管理的目标与要点。

6. 在紧急事态公共信息管理中，受众包括哪些人员和组织？

7. 根据丹尼斯·米来提的危机沟通理论，人们听到危机来临时的反应步骤是什么？

8. 应急管理部门如何与媒体建立伙伴关系？

9. 新媒体对应急信息管理意味着什么？

第八章

应急资源系统

关键词

应急资源系统　盘点资源　资源需求　动员资源　资源分类系统　资源支持行动

前　言

在应急管理中，资源是应对和恢复重建阶段所必需的人员、小组、设施、装备和物资，它们是应急管理的物质保障。从某种意义上讲，突发事件应对就是对应急资源的充分占有、合理部署和快速展开。没有应急资源，应急响应就是无米之炊。应急资源系统是在突发事件中，给应对者提供适时和适当资源的主体、手段和程序的总和。《全国突发事件管理系统》中，把资源管理作为最重要的成分看待，甚至置于应急指挥系统之前，并且从“资源管理准备”“突发事件中的资源管理”和“相互援助”三个方面做了制度性安排。联邦应急管理局的《突发事件支持手册》也辟专章阐述联邦资源支持的组织结构和运作过程，其重要性可见一斑。在此基本按照美国的《全国突发事件管理系统》的脉络和内容，介绍应急资源系统。

第一节　资源管理的准备

一、资源管理的概念与原则

资源管理是指在突发事件中，对提供给管理者资源的工具、过程和系统的协调和监管。在突发事件指挥系统中，资源管理由规划部的资源科负责。资源科的职责是：在突发事件中确定是否所有负责配给的人员和其他资源已经到位；建立一种系统跟踪所有得到的资源的所在地和状态；掌握一个在事件行动中使用的所有资源的状态和总名单。

（一）资源的状态

在突发事件中，战术性资源可以归结为以下三种状态：

（1）所得到的资源是已经到位的（have checked in）人员、小组、装备或工具；如果是装备和工具，已经签收；他们正在用于支持突发事件的行动。

（2）可用的资源是人员、小组、装备或工具，他们已经分配给了该突发事件的行动，准备用于特定的工作和职责。

（3）不能使用（out of service）的资源是人员、小组、装备或工具，他们已经分配给了该事件的行动，但因为机械的、其他的或个人的原因，或者由于他们自身的情况，不能投入使用。

在正常情况下，个人改变资源的状况，诸如装备的地理位置和状态，应该立即向资源科报告。

（二）资源管理的任务

资源管理的主要任务包括四个方面：

（1）建立一种描述、盘点、请求和跟踪资源的系统；

（2）在紧急事态发生前和过程中激活这些系统；

（3）在紧急事态发生前和过程中分派资源；

（4）在紧急事态过程中和结束后解除和召回资源。

（三）资源管理的概念

《全国突发事件管理系统》（NIMS）制定的概念和原则，指导着资源管理的程序；通过将这些程序中的规程、方法和职能的标准化，NIMS 确保了资源的流动能够对紧急事态的管理者和应对者提供快速有效的支持。

在本章所涉及的资源管理的基本概念包括以下各项：

（1）它提供一个确认、获得、分配和跟踪资源的统一方法；

（2）它通过对所需资源的性质和型号的标准化分类，能够有效地使用相互帮助和捐赠人援助；

（3）它使用一种依赖统一培训和认证标准的信用书系统，确保所需的人员资源能够成功地进入正在进行的事件行动中；

（4）对它的协调是紧急事态行动中心和 / 或多部门协调实体的责任，同样也是 ICS 组织中特定部门（如规划部的资源科）的责任；

（5）它应该包括由私人部门和非政府组织捐赠的资源。

（四）资源管理的原则

实现对资源有效管理的重要原则有以下五条：

1. 预先规划（Advance Planning）

在紧急事态发生之前，准备组织一起工作，制定在各种可能发生的紧急事态情况下，管理和使用资源的预案。

2. 资源的确认与订购（Resource Identification and Ordering）

资源管理者使用标准的程序和方法，订购、确认、动员、分配和跟踪支持事件管理行动所需要的资源。资源管理者依据突发事件总指挥的要求或者按照预案规定的要求履行这些职责。

3. 对资源分类（Categorizing Resources）

资源依据大小、容量、性能、技能和其他特征进行分类。它使得在职能部门内部、跨职能部门和政府与非政府实体之间的资源订购和分派程序更加有效，保证了突发事件总指挥依据需要接受适当的资源。制定和发布资源分类和人员资格证书的全国性标准的工作，由 NIMS 的整合中心负责。

4. 协议的使用（Use of Agreements）

提供资源和需要资源的各方，在事件发生之前签订协议是必要的，它可以保证在突发事件行动中实现对资源的高效率、高效力的管理。在能够提供或需要资源的各方之间，包括政府和非政府部门之间的正式的事前协议［例如《相互援助和应急管理援助合同》（Emergency Management Assistance Compact，EMAC）］，将保证在事件应对行动中使用标准的、通用的装备和其他资源。

5. 对资源的有效管理（Effective Management of Resources）

资源管理者利用确认的原则，系统化地、有效地实现资源管理职责。具体工作内容举例如下：

（1）获得程序（Acquisition Procedures）

用来获得资源、支持行动需要。准备组织制定方法和相关标准化程序，支持资源获得的活动。比如任务职责、协约签订、从现有存货中提取、做小额购买，等等。

（2）管理信息系统（Management Information Systems）

用来收集、更新和处理数据，跟踪资源，显示它们的准备状态。在管理事件的不同方面的不同职能部门必须协调其工作以适应瞬息万变的环境，这些方法提升了信息流，提供了适时的数据。比如地理信息系统、资源跟踪系统、存货管理系统和报告系统。

（3）订购、动员、分派和遣散协议（Ordering，Mobilization，Dispatching，and Demobilization Protocols）

用来要求资源、确定需求优先权、激活和分派资源、收回资源。准备组织制定标准协议，供它们的职能部门内部使用。比如确定动员和分派的资源的位置和状况，以及遣散资源、使其回到初始位置和状态的跟踪系统。

二、资源分类

资源分类是资源管理的重要内容。资源分类系统（Resource Typing System）又是资源管理系统的主要组成部分之一。资源分类确保了资源管理的标准化和便捷化，避免了资源使用和资源调度方面可能出现的错误；而资源分类系统，则是实现资源科学分类的制度化的模式。在《全国突发事件管理系统》中，“全国突发事件管理资源分类系统”被作为整体内容的一部分，专门附录在后。

（一）分类规章（Typing Protocol）

分类规章是将资源依据突发事件管理的需要进行分类时所依据的标准或原则。

按照《全国突发事件管理系统》的安排，在NIMS整合中心的主持下，成立了全国资源管理工作小组（National Resource Management Working Group），由国土安全部的紧急事态准备与应对司领导，负责制定全国资源分类规章。该规章是集思广益的成果，是来自各个在《联邦应对预案》和《国家应急预案》中承担责任的部门和机构，包括联邦部门、私人组织、州和地方应急管理部门、执法部门、消防部门、紧急事态医疗保障部门、公共卫生部门、公共事业部门等的代表合作的结晶。可以说，它全面地包括了突发事件管理所需要的资源内容，具有普遍的适用性。

（二）分类规章的原则（Elements of the National Typing Protocol）

分类规章依据资源管理的内容，提出了用于资源分类的五个原则或概念。它们分别是：

1. 门类（Category）

门类是指资源主要使用的功能领域。分类规章将所有用于突发事件的资源分

为 16 大门类，各门类及其使用目的如下：[①]

表 8–1　应急资源的门类及目的

门类（Category）	目的（Purpose）
运输（Transportation）	在重大紧急事态发生后，帮助联邦部门、州和地方政府以及志愿者组织得到运输工具，以行使其突发事件管理职责，协调事件管理行动和修复交通运输的基础设施
通信（Communications）	为联邦、州、地方等各级政府的突发事件管理工作提供通信支持
公共事业与工程（Public Works and Engineering）	在重大突发事件发生后，通过提供技术建议、评估和工程服务，通过签订建设管理和检验合同、维修紧急事态供水和废水处理设施合同，提供适于饮用的水和冰块，管理必需的不动产，对参与生命拯救、生活保障、损失减除和恢复行动的部门和人员给予帮助
消防（Firefighting）	发现和扑灭城市、郊区和乡村的火灾
信息与规划（Information and Planning）	收集、分析、处理和散播关于潜在的或现实的灾难或紧急事态的信息，为支持计划和决策提供帮助的全部活动提供便利
执法与安全（Law Enforcement and Security）	在应对和恢复行动中提供执法帮助，帮助维持现场安全和调查
大众照顾（Mass Care）	对灾难受害者所需的大众照顾提供支持，包括为受害者提供诸如临时住处、食品和紧急事态急救的服务，供应大量分发的紧急事态救济物品，为灾难福利信息系统（Disaster Welfare Information System）收集信息并从它那里获得信息
资源管理（Resource Management）	为应急管理行动提供行动援助
卫生与医疗（Health and Medical）	在灾难或紧急事态发生后，或者在潜在的发展中的医疗形势下，提供帮助以补充地方资源，保证公共卫生和医疗保健的需要
搜寻与救援（Search and Rescue）	在灾难事件或紧急事态中提供专门的生命拯救帮助，包括对身陷建筑废墟中的受害者查找位置、解救和提供现场治疗
危险材料应对（Hazardous Materials Response）	支持对现实或潜在的危险材料的溢出和 / 或泄漏的应对
食物与饮水（Food and Water）	在灾难或紧急事态中，确定、保护和安排食品和饮水向受影响地区的运输
能源（Energy）	在灾难或紧急事态发生后，帮助恢复能源系统

① Department of Homeland Security, *National Incident Management System*, March 1, 2004, p.122.

续表

门类（Category）	目的（Purpose）
公共信息（Public Information）	在灾难发生后，通过散播准确的、一致的、及时的和容易理解的信息，收集和散播灾难应对和恢复过程的信息，致力于社区的福利
动物与农业问题（Animals and Agricultural issues）	协调行动应对农业灾难和 / 或关照动物
志愿者与捐赠（Volunteers and Donations）	对主动捐赠的物品和单个的志愿者进行管理，帮助建立管理和控制捐赠品的系统

2. 种类（Kind）

种类指特征相似的比较宽泛的类别，资源的种类诸如小组、人员、装备、物资、车辆和航行器。

3. 构件（Components）

资源可以由多个构件组成。例如，一个消防机组可以由以下七个构件组成：

（1）抽水机

（2）直径 2 寸以上的软管

（3）直径 1 寸以上的软管

（4）直径 1 寸的软管

（5）水箱

（6）梯子

（7）工作人员

再如，城市搜寻与救援小组，一般由两个 31 位工作人员的小组、4 条搜索犬和 1 个综合的装备储存库组成。该装备储存库被分成 5 个独立的、有色彩标码的构件区，特殊的设备储存在专用储藏容器中。

4. 度量制式（Metrics）

度量制式是度量的标准。度量制式的使用因资源被划分的类别而不同。预计的任务决定选用的特定制式。制式在表达任务所需要的资源的性能方面必须是有用的。比如，用于灾难医疗援助小组的制式是它每天所能医治的病人数目。同样，软管的适当的制式可以是每小时通过它的流量的加仑数。制式应该表达资源的能力和能量。

5. 型号（Type）

型号指资源性能的水平。定为 I 型的资源意味着该资源的性能水平（比如在功率上、体积上或能力上）高于Ⅱ型的同种资源。类型为管理者提供了更好的选择和使用资源的额外信息。在某些情况下，一种资源可能多于或少于 4 种型号，这时，新增的任何型号都要标明，或者标明该型号不适用。给每种资源或构件分配的型号，是基于它的性能的最低水平。以下是美国海岸警备队对泄漏石油回收器的型号编排，依据是每天回收的桶数：

Ⅰ型　　9600 桶 / 天　　Ⅱ型　2880 桶 / 天

Ⅲ型　　480 桶 / 天　　Ⅳ型　无

（三）分类应用

根据全国资源分类规章的原则，有的资源分类已经完成。现将一支城区搜寻与救援特遣队完成全部资源分类的情况展示如表 8-2 所示，作为资源分类的示范：①

表 8-2　城区搜寻与救援特遣队的标准配置

门类		搜寻与救援种类			
最低性能		Ⅰ型	Ⅱ型	Ⅲ型	Ⅳ型
构件	制式				
人员	每个应对的人数	70 人应对	28 人应对		
	培训	专业领域达到 NFPA1670 技师水准，操作层面的支持人员	专业领域达到 NFPA1670 技师水准，操作层面的支持人员		
	专业领域	大角度绳索救助（包括悬索系统）；狭窄空间救助（要有许可证）；后期生命支持（ALS）干预；通信；WMD/HM 行动；保护性水中救助	轻构架建筑和基础绳索救助活动；后期生命支持（ALS）干预；危险材料适应；通信；沟堑和洞穴救助		
	持续的行动	24 小时不间断搜索与救助行动；前 72 小时内保证自足	连续 12 小时搜索与救助行动；前 72 小时内保证自足		
	组织	指挥、搜索、救援、医疗、危险材料、后勤和规划等多领域组织	指挥、搜索、救援、医疗、危险材料、后勤和规划等多领域组织		
装备	持续的行动	在长达 10 天内的潜在任务	在长达 10 天内的潜在任务		
	救助装备	气动工具、电动工具、水动工具、手动工具、电的重传动装置、专用绳索	气动工具、电动工具、水动工具、手动工具、电的重传动装置、专用绳索		

① Department of Homeland Security, *National Incident Management System*, March 1, 2004, p.125.

续表

门类		搜寻与救援种类			
最低性能		Ⅰ型	Ⅱ型	Ⅲ型	Ⅳ型
构件	制式				
装备	医疗装备	抗生素 / 抗真菌素、病人安慰药物治疗、疼痛药物治疗、镇静剂 / 麻醉剂 / 麻痹剂、类固醇、Ⅳ号液体 / 容器、免疫 / 免疫球蛋白、犬类治疗、基本航线、插管（法）、眼睛保健用品、Ⅳ号入口 / 管理、病人评估护理、病人固定 / 解脱、病人 / PPE、骨骼护理、伤口护理、病人监控	抗生素 / 抗真菌素、病人安慰药物治疗、疼痛药物治疗、镇静剂 / 麻醉剂 / 麻痹剂、类固醇、Ⅳ号液体 / 容器、免疫 / 免疫球蛋白、犬类治疗、基本航线、插管（法）、眼睛保健用品、Ⅳ号入口 / 管理、病人评估护理、病人固定 / 解脱、病人 /PPE、骨骼护理、伤口护理、病人监控		
	技术装备	建筑专家装备、技术信息专家装备、危险材料专家装备、技术搜索专家装备、犬搜索专家装备	建筑专家装备、技术信息专家装备、危险材料专家装备、技术搜索专家装备、犬搜索专家装备		
	通信装备	便携式无线电台、充电池组、远程通信、转发器、附件、电池、电源、小工具、计算机	便携式无线电台、充电池组、远程通信、转发器、附件、电池、电源、小工具、计算机		
	后勤装备	水 / 液体、食物、帐篷、卫生设施、安全、行政支持、个人行包、特遣队支持、储藏品运输 / 支持、行动基地、装备维护	水 / 液体、食物、帐篷、卫生设施、安全、行政支持、个人行包、特遣队支持、储藏品运输 / 支持、行动基地、装备维护		
备注		FEMA 共有 28 支搜寻与救援特遣队，在美国大陆的任何地方，它们都能在投入行动的前 72 小时保证自足；它们由 FEMA 培训和装备，从事在倒塌的建筑物下搜索和救助行动，对被困的受害者提供紧急医疗护理，评估和控制煤气、电气设施和危险材料，评估和加固受损建筑。			

三、人员资质认定

突发事件的资源中，参与应对的专业人员是最重要的资源。但是，由于应急管理的专业性比较强，专业人员必须具备“专业性”资质，才能胜任特定的应急管理岗位和职责。

（一）资质认证的环节

一般来说，应急管理专业人员的资质认证包括三个环节：业务达标、获取证书和提供证书。在突发事件管理系统中，不同的岗位和职位都有相应的资质要求，要求承担者具有对应的知识、相当的工作经验、规定的培训课程学习和能力表现，以确保能够胜任该职务的责任。这些考核一般由应急管理部门主持，在全国实行统一标准。

1. 业务达标（Qualification）

希望从事应急管理的人员，经历一定的培训，参与某些应急管理工作获得基本经验，身体健康，能够胜任某些应急管理工作岗位要求，达到对该岗位职责要求的最低标准，就可视为达标。

2. 认证或再认证（Certification/Recertification）

通过参加主管部门或第三方的考核，达到了规定的标准，表明具备了某些应急管理岗位的能力，通常就会获得能力合格证书或文凭，成为获得对应的应急管理岗位的通行证。

3. 提供证书（Credentialing）

主管部门或第三方提供一个证明文件，比如身份证或证书，确定该人胜任从事某些岗位的职责。

（二）资质认证程序

突发事件管理系统的从业人员资质认证基于个人的能力表现，而不仅仅看文凭。事实上，上述三个资质认证环节也是将能力表现作为主要评价指标的。这就保证了在突发事件管理过程中，每一个岗位的职责都能得到扎实的履行，不会出现“生手”误事。

美国联邦应急管理局主持制定的全国统一的应急管理岗位职责标准《全国职责体系：岗位任务书》（National Qualification System: Position Task Book），是各地应急管理从业人员必须达到的唯一标准。突发事件管理系统中涉及的 56 个岗位，每一个岗位都制定了职责的详尽要求，包括基本能力、行为和任务。岗位任务书即是从业人员资质认证的基本标准。

这个资质认证程序十分严格，业务主管部门对任职人员的考核也经常进行。一旦发现不合格人员，立即需要下岗培训，再次获得资质考核和资格审查后才能重新上岗。

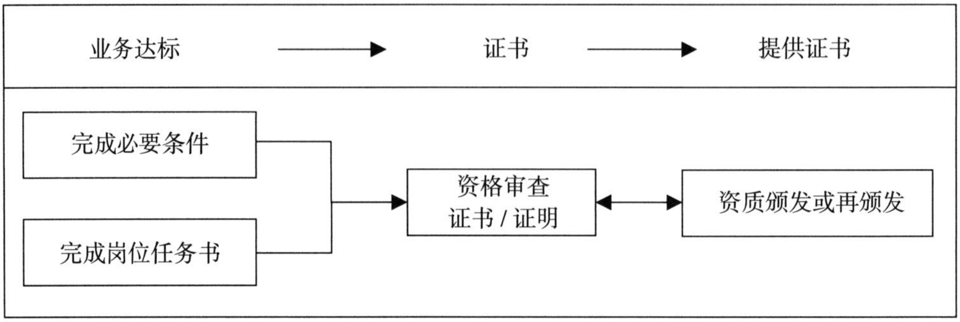

图 8–1　应急管理从业人员资质认证程序[①]

四、资源的规划、获取与储备

应急资源不是一蹴而就的，需要提前准备，以备突发事件的不时之需。《突发事件管理系统》要求对应急资源的需求做出提前规划，并依据规划准备到位。

（一）资源规划

在突发事件发生之前，每个行政区划的相关机构就要对突发事件应对所需要的资源确定、订购、管理、评估、分配、部署等环节做出规划。规划是基于威胁的大小、本地区脆弱性程度确定资源需求，同时还要制定获得所需资源的选择性战略。规划最好要考虑应急管理全过程的资源需求，包括如下内容：

（1）储备资源；

（2）与相邻行政区划签订相互援助协议获得资源；

（3）确定抽出非紧要任务领域资源重新分配的方法和地点；

（4）与供应商签订合同，在需要时能够迅速地从他们手里购买资源。

资源规划人员要充分考虑需求的紧迫性，哪些资源手头充足，哪些资源紧急时可以迅速生产出来；如果是储存资源，其保管期和有效期怎样；资源采买的渠道和提供商是否能够满足大规模事件的需求；等等。

（二）能力评估

能力评估是一个行政区划对自己实际拥有的应急能力的全面评价，它是资源规划的重要前提。行政区划通过能力评估，认识了它具有的实施应急行动的能力，从而可以确定对应急资源的需求。能力评估以本行政区划的应急任务作为参照系，要解决以下问题：

---

① FEMA, *National Incident Management System*, Third Edition, Washington, DC.,October, 2017, p.8.

（1）需要准备什么？

（2）已经拥有了什么？

（3）还有什么资源可以通过相互援助协议获得？

能力评估的结果是编制应急预案、采购和准备应急资源、签订相互援助协议、实施危险减除等工作的重要依据。

（三）资源的获取与储备

除了已经拥有的应急资源之外，对每天应急行动所需要的资源，行政区划要逐项取得、储存和编目。同时，要计划好对消耗的资源定期补充、维护和适当增加。对于入库的资源，要严格按照应急资源的分类标准做好准确的登记。随着科技手段的发展，一般不再使用纸质的书面记录方式，而是采用电子资源管理系统，不仅能够纪录资源的入库和存储情况，还能按照单一资源的编码实现资源使用状况的全过程跟踪。这种资源管理模式实现了突发事件资源需求的动态保障，不仅提高了资源的利用效率，而且对资源消耗的统计和审计提供了依据。

一般来说，资源储备清单包括以下信息：

资源名称（Name）：指该资源具有的唯一名称；

资源别名（Aliases）：资源正式名称之外的称呼，包括简称、代号、通俗叫法等；

状态（Status）：资源的现状，即功能是否正常、结构是否有损伤；

资源的类别概念或职别（Resource Typing Definition or Job Title）：指在《突发事件管理系统》的资源分类标准中的概念和岗位中的称呼，如果不属于该分类标准中的资源，要标明州或地方政府的分类中的名称；

相互援助备用（Mutual Aid Readiness）：即该资源是否可用于相互援助协议中；

标识位置（Home Location）：资源的固定存储场所、基地或办公室等；

现在位置（Present Location）：资源现在存放的场所、基地或办公室；

接触点（Point of Contact）：能够提供该资源基本信息的联系人；

所有人（Owner）：资源所有权者，如部门、公司、个人或其他实体；

制造商 / 型号（Manufacturer/Model）：资源的生产者和资源的型号；

合同（Contracts）：与资源相关的购买、租借、维护协议 / 合同；

合格证（Certifications）：资源生产者或检验者颁发给该资源正式的质量合格

证书；

部署信息（Deployment Information）：资源从准备到部署到现场的最短时间（按小时计）、从准备到部署到现场的最长时间（按天计）；资源的使用、部署区域与能力方面的限制和禁忌；资源的退还与补偿要求；等等。

第二节　突发事件中的资源支持

一、应急资源管理的任务

在突发事件应对过程中，《全国突发事件管理系统》将资源管理的流程分为确认资源、订购资源、动员资源和跟踪资源四个主要环节。每一个环节都包括了资源管理程序的标准化的规程和方法。这些程序反映了操作方面的考虑、地理因素和确认了的准则，并依据新的教训不断调整。2004 年，确定全国统一规定以下 9 个管理资源的任务：①

（一）确认和分类资源（Identifying and Typing Resources）

资源分类需要依据事件管理者通常需要、配置和使用的资源的性能进行。用以确认资源的性能和表现水平的可衡量标准，是分类考虑的主要因素。各个层次的资源使用者首先确定这些标准，之后在一致同意的基础上，在一个国家级别的实体的协调和领导下为资源分类。资源的种类可以分为若干亚类，以更准确定义资源的性能，满足特殊的需要。资源分类是个持续不断的过程，要尽可能简便，有助于频繁使用和保证获得所需资源的精确度。为了保证资源能够在全国范围内使用，NIMS 的整合中心负责制定全国的资源分类标准。

（二）对人员认证和颁发资格证书（Certifying and Credentialing Personnel）

人员的认证需要就个人在重大应急管理职责方面的培训、经验、工作能力，提供其符合专业标准的权威的证明。资格证书包括可以鉴别和验证的证明文件，以及指定的突发事件管理者和紧急事态应对者的身份证明。这一制度保证了代表不同层次的权力部门和职能领域的人员，当被征用作为突发事件的管理者和紧急事态的应对者的时候，在培训、通用性、经验、身体和健康适合性以及能力方面，拥有最低限度的共同水平。

---

① 在 2017 年的《全国突发事件管理系统》中，这些任务内容不变，但有的做了合并，成为六个任务。

（三）盘点资源（Inventorying Resources）

资源管理者利用各种各样的资源盘点系统，评定政府、私人和志愿者组织提供的资产的可用性。准备组织把所有可用的资源置入地方、州、地区和全国层次的资源跟踪系统中，这些数据可以供 911 报警台、紧急事态行动中心和多部门协调实体使用。盘点程序的一个重要方面，是确定主要的使用组织是否在事件发生之前需要库存的物品。资源管理者依据这种需要的紧迫性做出判断，手头是否拥有足够的所需物品，是否它们能够被迅速生产出来以满足需求。这一程序的另一个重要问题，是盘点存货保质期或特别的维护考虑。资源管理者必须建立充足的预算基金，用于定期的补充、预防性维护和重大改进。

（四）确定资源需求（Identifying Resource Requirements）

在突发事件的整个生命周期内，资源管理者负责确定、核准和认可资源要求。这一程序包括确定：①需要什么、需要多少；②在何时何地需要；③谁是这些资源的接受者或使用者。需要确定的资源有物资、装备、工具，以及事件管理人员和 / 或紧急事态应对小组。如果需要者不能依据资源类别或分类系统说明所需的某种资源，资源管理者应该对其提供专业建议，帮助其将需求的资源项目按照规格类别来表述。随着事件的进展，由于资源的可用性和需求会不断发生变化，所有参与事件行动的实体都要密切协调，并且协调要尽可能在事件生命周期的起点开始。

（五）订购和获得资源（Ordering and Acquiring Resources）

对于事件总指挥不能从当地获得的资源要求，要通过地方的紧急事态协调中心或多部门协调实体提出，使用标准的资源订购规程解决。如果相应的紧急事态协调中心不能从地方上完成订购任务，该订购应该提交下一个层次，一般是相邻的地方、州、地区的紧急事态行动中心，或者多部门协调实体。

（六）动员资源（Mobilizing Resources）

一旦突发事件的通报经过确定的渠道到达，相关人员立即开始动员。在收到通报的时候，也应该通知他们出发的日期、时间和地点，前往事件发生地所乘用的交通工具的种类，预计到达的具体时间，报到的地点（地址、联系人、电话号码），预期的任务，预计的参与任务期限，资源订购号码，突发事件编号，以及可用的花费和补助规则。资源跟踪和动员程序直接相关，当资源到达现场时，必须正式登记注册，从而开始了现场运行和确认订购要求的阶段。资源已经到达的回执通报也要通过该系统返回。

对资源管理者来说，动员过程还可以包括装备、培训和教导相关人员，指定工具的集结地点，获得运送资源的运输工具以便最快地按照优先权和预算将资源送达。

紧急事态行动中心和突发事件管理小组，均应接受全国各级政府的标准的跨部门动员指导方针的指导。

资源管理者应该预先规划和准备好复员遣散程序，通常是在开始实施设计动员程序时就要着手这一工作。较早开始有助于提高资源的利用率、保证资源运输的高效率、低成本和快速便捷。

（七）跟踪和报告资源（Tracking and Reporting Resources）

资源跟踪是个标准化的、综合的程序，贯穿于一个事件的生命周期的始终，由各个层次的所有部门共同实施。该程序为事件管理者提供了一幅资源储存地点的清晰画面，有助于工作人员做好接收资源的准备，保护人员和物资及装备的安全，保证人员、装备和物资的机动协调。资源管理者利用确定的规程，从动员到遣散、复员全过程持续地跟踪资源。如果达到理想状态，这些管理者将在一个中央数据库显示实时信息，所有 NIMS 的参与者都可以看到全部的资产影像。管理者依照所有要求的规程获得和管理资源，包括对账、记账、审计和盘点库存。

（八）恢复资源（Recovering Resources）

恢复包括对所有资源的最后处置。它是对资源的复原、补充、处理和回转（retrograded）：

1. 不可消耗的资源（Nonexpendable Resources）

指那些在现场充分使用、返回到发出单位还能够再次使用的资源。发出单位可以恢复这些资源的完整性能，准备下一次动员时使用。破损的和 / 或丢失的物品应该通过供应科，由负责开票的部门补偿，或者按照事件前的约定解决。至于人力资源，诸如突发事件管理小组，要提供适当的休息和恢复时间与条件；每个政府层次和职能部门内部的动员指南，在制定时都要考虑提供适当的休息和恢复时间的方针；重要的职业卫生和心理健康问题，也必须在其中说明，包括监控紧急事态对应对者产生怎样的长期影响问题。

2. 可消耗资源（Expendable Resources）

指那些完全耗尽的资源。需要资源发出单位再次进货。按照准备组织审定的预先签订的财政协议，事件管理组织承担可消耗资源的费用。那些退回的不属于可恢复情形的资源，无论是消耗品还是不可消耗品，根据管理实体的规定和政策，都必须作为剩余物品申报。在资源恢复程序中，废物管理需要特别注意。要求特别管理和使用的资源，如生物废品和被污染的物资、残骸和装备，要依照颁布的规定和政策处置。

（九）补偿（Reimbursement）

补偿提供了一种资助事件特别行动中产生的需求的机制。补偿程序还在资源准备的建立和保有过程中起着重要作用。程序和规程必须恰如其分地保证资源提供者及时得到补偿。其中必须包括收集票据、按照工作领域确认费用、确保适当的专家参与、进入补偿项目，诸如公共援助项目（Public Assistance Program）和紧急事态救援项目（Emergency Relief Program）。

二、应急资源管理的组织

（一）资源科（Resources Unit）

在一场具体的突发事件应对中，根据突发事件指挥系统的安排，应急资源管理的机构是规划部的资源科。在规划部的五个科中，资源科的重要性首屈一指。在突发事件应对中，资源管理的四大环节、九个任务，大部分由资源科承担。

首先，它必须保障在突发事件应对过程中，把所有的资源送达适当的地点和现场；并且按照突发事件行动预案的要求准备好全部所需资源，保证行动部的工作顺利进行。

其次，要对分派出去的资源保持密切跟踪，掌握应急资源的动态变化。

最后，还要负责编制突发事件电话通信方案和通信录，制定应急组织结构表。

（二）资源支持部（Resources Support Section）

在美国联邦政府的层次，负责对突发事件提供资源支持的，是联邦应急管理局的全国应急协调中心（NRCC）的资源支持部。它的组织结构非常庞大，资源支持能力很强，能够同时对全国多个突发事件应对提供支持。其组织结构如图8-2所示。

资源支持部的主要职能是为每个突发事件应对提供必要的专业人员、准备、供给、设施和服务方面的后续支持，确保现场处置能够顺利进行。对一个突发事件的指挥部来说，首先是利用地方资源进行应对，其次是寻求大区应急协调中心（RRCC）的支持，最后是寻求全国应急协调中心的支持。

从资源支持部的组织结构来看，其资源与能力分部（Resource and Capability

Branch)，能够协调《全国应对框架》所属的 15 个“紧急事态支持功能”中的 12 个，分别是个人帮助组的 1 号（交通运输）、6 号（大众照顾、应急帮助、临时住房与公共事业）和 11 号（农业与自然资源）；应急服务组的 4 号（消防）、8 号（公共卫生与医疗服务）、9 号（搜寻与救援）和 13 号（公共安全）；基础设施组的 3 号（公用事业与工程）和 12 号（能源）；行动支持组的 2 号（通信）和 7 号（后勤）。

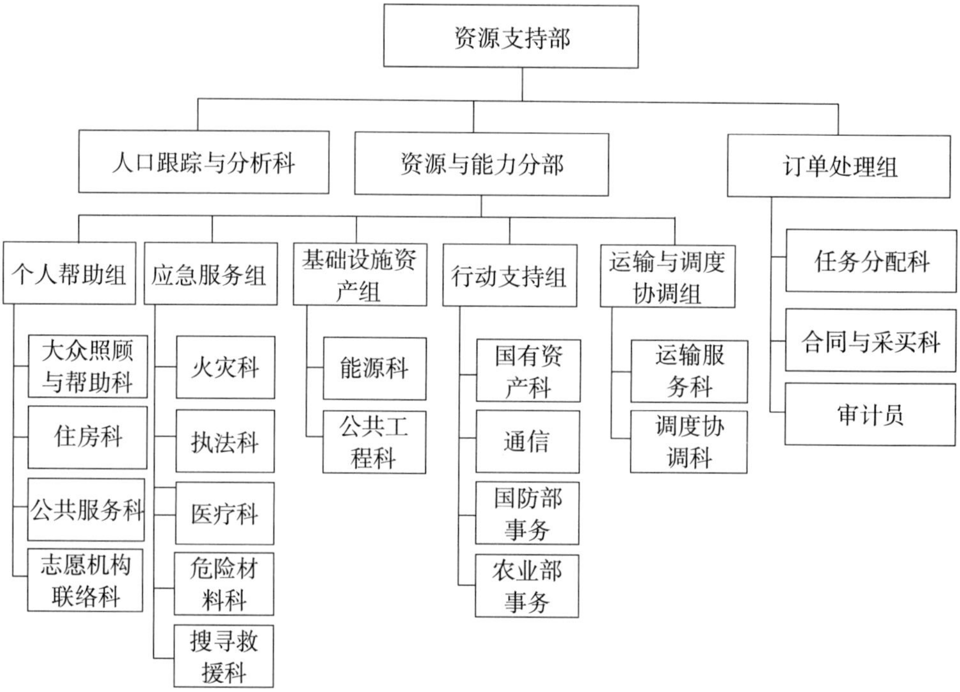

图 8-2 联邦应急管理局的资源支持部组织结构 ①

通过跨部门协调这些紧急事态功能部门，可以为突发事件的处置提供全方位的支持。整个联邦政府就成了美国各地突发事件应对的最后资源保障。

三、资源支持行动

全国性资源支持能力的运行管道是国土安全部的全国应急协调中心、地区应

① FEMA *National Incident Support Manual*, February, 2011, p.35.

急协调中心或者联合现场办公室。资源需求的主要决策是由大区层次上的操作部门所做出。资源申请要呈送指挥部层面，并且由这一层面追踪。现有联邦资源提供主要的人员、设备、材料和补给。联邦资源不能够提供的支持，可以通过直接的采购或捐赠来满足。

（一）各级行动内容

在资源支持行动中，不同层次的支持行动内容均有所不同：

1. 指挥部层次

联邦指挥部层次的 7 号支持功能后勤在该局紧急事态协调官的指导下运作：

7 号支持功能的支持行动由设在华盛顿特区的中央办公室（Central Office）通用事业管理局的紧急事态协调官协调；

在接到潜在的或现实的具有全国影响的突发事件的通报、要求资源支持时，管理局的紧急事态协调官需要做出第一抉择：需要 7 号支持功能的哪些部门提供急需的支持、哪些部门保持备用状态；

管理局的紧急事态协调官代表 7 号支持功能，保持同跨部门突发事件管理小组的互动，保持同地区的 7 号支持功能和各利益方的联系；

管理局的中央办公室对 7 号支持功能提供行政支持。

2. 地区层次

管理局的地区协调官、地区紧急事态协调官或者代理地区紧急事态协调官是地区的 7 号支持功能的领导者，负责提供由以下一项或多项组成的小组：一位联邦紧急事态协调官和 / 或小组领导、合同官员（Contracting Officer）、远程通信专家、不动产 / 租借专家（必要时），以协调对地区应急协调中心或联合现场办公室提供的 7 号支持功能的支持。在突发事件影响多个州的情况下，可以选择一地作为所有资源支持活动的统一基地。该地点必须能够提高对所有受影响州的支持力度，确保与其他紧急事态支持功能的协调。在预案编制过程中，该地点的选定应该与国土安全部和其他支持功能协商。

（二）各阶段的行动内容

在每一阶段，不同层次的资源管理部门具有不同的阶段任务：

1. 起始阶段（Initial Actions）

指挥部在收到潜在的或现实的突发事件通告之际，应该采取如下行动：

管理局的紧急事态协调官或一位被授权代表，在接到通告的两小时内，对指挥部、必要时对地区紧急事态支持功能的联系人发出警报，确保管理局内部的所有各方都了解事件的进展；

管理局的紧急事态协调官必要时对支持部门发出警报；

一旦确定有必要，管理局的紧急事态协调官对承担突发事件应急工作的联邦部门提供支持；

管理局的紧急事态协调官帮助建立和管理动员中心。

地区采取的行动如下：地区紧急事态协调官或代理地区紧急事态协调官（DREC）在地区起始阶段应该在受影响的地区指挥 7 号支持功能的行动，必要时应提供以下支持：

（1）向地区应急协调中心派遣一位代表；

（2）对州紧急事态行动中心派遣一个小组，作为紧急事态应急小组的先锋队，或者如果情况需要，该小组可以派给临时行动机构、受灾现场或国土安全部指定的其他地方；

（3）预先准备好适用的联合现场办公室办公场所，确保在接到国土安全部的要求后 72 小时内能够进驻，以及保证国土安全部接受这一场所；

（4）对装备联合现场办公室所需要的通信设施、办公设备、家具、装备、物品给予支持。

2. 持续阶段（Continuing Actions）

7 号支持功能通过以下程序，提供以下物资和服务，并在必要时做出说明：

（1）收到场所要求的通告后，7 号支持功能通过地区管理局的公共建筑管理署（Public Building Service，PBS），确定联邦拥有的或租借的适当的办公空间的适用性；

（2）当联邦拥有的或租借的场所没有或不能满足需求时，应该通知联邦应急管理局的大区主任或联邦协调官，7 号支持功能继续同地区公共建筑管理署合作，帮助从其他地方寻找合适的场所；

（3）按照科技政策办公室的非战时紧急事态远程通信全国预案，提供通信支持；

（4）需要时对 1 号支持功能“交通运输”提供合同支持；

（5）与 1 号支持功能协调并从以下来源提供汽车装备，联邦部门拥有但重新分配给了联邦行动的、联邦供货清单承包商以及其他商业来源；

（6）所有需要的办公家具和装备从联邦存货或其他商业来源提供；

（7）办公用品和其他消耗品由联邦仓库、供应中心、储备或其他政府的或商业的资源提供，无论何时要尽量使用受影响地区的小企业和店主的物品；

（8）必要时，物资获取利用管理局和其他部门的合同资源提供；

（9）7 号支持功能提供适用的技术顾问（比如调配、存储、运输和工程技术服务方面的专家），满足损失测量、评估、建筑损坏或维修方面的需要；

（10）7 号支持功能确定各种物资的适用性，并且提供储存在分发点、国防仓库和消费者供应中心的物资；

（11）与 13 号支持功能“公共安全与保障”合作，与国土安全部的联邦防护署协调，提供安全服务，支持所有联邦部门的共同应急和恢复行动。

思考题

1. 试述应急资源系统的构成、管理原则和内容。
2. 试述资源管理的概念、原则与任务。
3. 如何恢复资源？
4. 试述突发事件中资源的分类及其使用目的。
5. 试说明地区紧急事态协调官在应急管理行动中负责协调的事项。
6. 试述资源支持行动中各级行动的主要内容。
7. 试述资源支持行动中各阶段的主要内容。
8. 试述应急管理体系中相关支持部门的资源支持责任。

第九章
后勤保障系统

关键词
后勤保障系统　材料管理　人员财产管理　后勤行动管理　应急协调中心供应链

前　言

美国《全国突发事件管理系统》只有资源管理系统，并没有设计专门的后勤保障系统。后勤职责是归并在突发事件指挥系统结构中的：在它的四个管理部门中，后勤部作为单独的一个部门，有自己独特的功能和任务。针对具有全国性影响的重大突发事件，《全国应对框架》则在紧急事态功能支持附件中将后勤的管理作为专门一项功能，即 7 号支持功能。《联邦应对跨部门预案》中，“后勤与供应链管理”被作为联邦应急的核心能力之一。仔细分析、对比后勤保障系统与资源管理系统的功能和任务，会发现二者有不可分割的联系。在新西兰的《全国民防应急预案》中，后勤是作为专章处理。不过，它将资源管理作为后勤的一部分，不像美国的突发事件管理系统将其独立出来。

那么，在美国的突发事件管理系统中，资源管理（系统）与后勤保障（系统）各自的业务内涵是什么？有什么异同点呢？

资源管理系统是对应急资源的管理规程和模式，是对应急资源从规划、需求、获取、跟踪到复原全过程的规范化管理模式；后勤保障系统是资源管理系统的使用者，它按照资源管理的规范，为突发事件的应对提供和输送所需要的应急资源和物资保障。应急资源包括装备、工具、器材、设施和专业人员；物资保障包括应急救援人员所需要的燃料、食品、饮水、医疗服务、住宿条件，等等。

第一节　后勤部门的组织结构及职责

在突发事件指挥系统中的后勤部，是提供突发事件层面上应急处置所需要的全部保障，包括从事件地区之外订购资源；提供设备、运输、补给、装备养护以及燃料、食品服务、通信和信息技术支持；提供紧急事态应对者的医疗服务，包括在需要时的疫苗预防接种。2010 年，联邦应急管理局重组，在新成立的应对与恢复办公室（ Office of Response and Recovery ）下，设置了后勤管理司（Logistics Management Directorate，LMD），负责制定突发事件管理方面的政策、指南、标准，实施和管理后勤支持、服务和行动，为全国的灾难应对提供高效、透明和灵活的后勤能力保障。具体履行这一职责的是联邦应急管理局指挥部中的后勤部，它是国家层面上对一个或多个突发事件应急处置的后勤保障责任人。

一、后勤部门的组织结构

作为突发事件指挥系统组成部分的后勤部，有相对规范的组织结构和管理人员。其部门负责人为主管，当所有指定单位在事件现场建立之后，可以设置代理主管。如果事件规模很大，需要许多具有大量设备的机构，后勤部可以分为两个分部，分别管理下属的六个单位：供应科、设备科、地面支持科、食品科、通信科和医疗科，组织结构如图 9-1 所示。①

二、后勤部门的基本职责

通信科的职责我们在第六章中已经论及，不再赘述，其他各科职责如下：

（一）供应科

供应科负责预定、接收、储存、处理所有与突发事件相关的资源、人员和物资。在后勤部中，供应科一旦建立，就具有从事件现场之外预定资源的全部责任，包括预定所有战术的和支持性的资源（含人员）、事件所需要的所有消耗性和非消耗性的物资。供应科也负责保证工具的正常运转，比如对所有工具和便携

① FEMA, *National Incident Management System*，Third Edition，Washington, DC.，October, 2017, p.94.

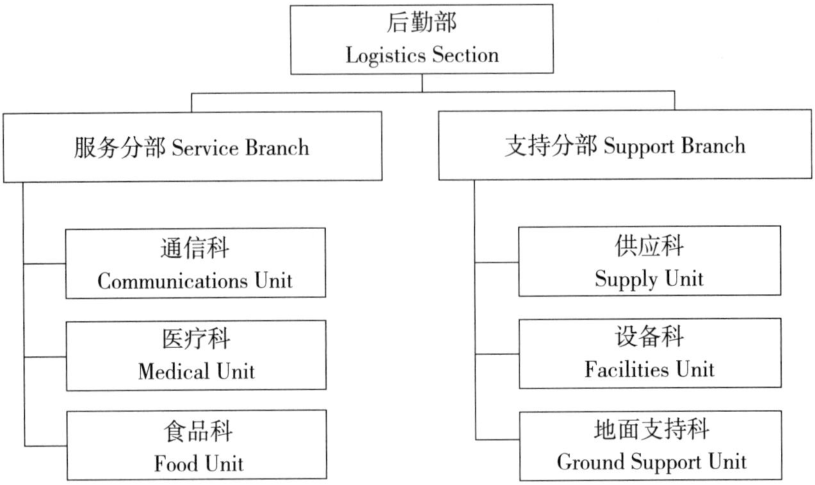

图 9-1　突发事件指挥系统中后勤部的组织结构

的、非消耗性的装备保管、分配和维修。

（二）设备科

设备科的主要责任是安装、维护和拆除突发事件行动中使用的所有设备。它还负责提供事件行动所需要的设备保养和安全服务。在突发事件应对中，设备科负责设立突发事件指挥所（Incident Command Post，ICP）、突发事件基地和营地，以及在突发事件现场或周边地区使用的活动房屋或其他形式的临时住所（一般来说，突发事件基地和营地要选在拥有可用的现存建筑的地区）。设备科还应该提供和设立必要的人员支持设施，包括提供食品和饮水、睡觉、如厕和洗澡服务以及补给的设施。

此外，设备科也要订购一些额外的服务性用品，诸如移动型洗漱间、淋浴设施、应急照明设施等。

值得注意的是，为受害者提供的临时住所是重要的可操作性行为，应该由《突发事件行动预案》（Incident Action Plan，IAP）安排，原则上由红十字会这样的非政府组织承担。

（三）地面支持科

地面支持科负责如下工作：

（1）保持和维护主要的战术性装备、车辆、移动地面支持设备；

（2）记录事件中所使用的所有地面装备（包括合同性装备）的使用时间；

（3）对所有机动装备提供燃料；

（4）提供除飞机外的运输工具支持突发事件行动；

（5）制定和实施《突发事件交通预案》（Incident Traffic Plan）。

除了上述主要职责之外，该科还要保有适于运输人员的交通工具储备，以备重大突发事件的不时之需。这一储备主要是用于人员运输的车辆（比如工作人员用车、大客车、救助灾民用车）。当然，该科还要向资源科提供运输车辆的位置和状况的信息。

（四）食品科

食品科负责制订计划指令、确定食品和饮水需求、订购食品，提供烹饪设施以及食物提供区所需要的厨师和服务人员，负责食品的安全。

在突发事件中，特别是周期较长的突发事件中，食品供给十分重要。食品科应该充分估计到食品需求，包括需要供给的人数、供应的地点、需要食品的种类以及其他特殊需求。不管事件的周期有多长，现场多偏僻、多遥远，都要保证全面供应，特别是对那些不能离开操作岗位的人员更是如此。食品科要与以下单位保持合作：

规划部，共同决定食品供给的人员数量；

设备科，共同安排膳食服务区；

供应科，预定食品；

地面支持科，获得地面运输支持；

空中行动科主任，获得空中运输支持。

无论在食品服务行动开始前还是在行动过程中，仔细的计划和监管是实现食品安全的保证。监管要求在环境卫生和食品安全方面使用经过专门训练的公共卫生专业人员。

需要指出的是，对受害者的食品供应也要纳入《突发事件行动预案》的安排，原则上由红十字会这样的非政府组织承担。

（五）医疗科

医疗科的主要责任如下：

（1）制定针对突发事件影响人员的《突发事件医疗预案》（Incident Medical Plan）；

（2）制订涉及突发事件影响人员的所有重大医疗紧急事态的处理程序；

（3）提供不间断的医疗服务，包括为突发事件影响人员提供疫苗接种、病毒传播媒介控制、职业卫生、疾病预防和心理卫生服务；

（4）对受伤的突发事件影响人员提供交通服务；

（5）确保对突发事件导致的患者从发病地到临时医疗场所直至最后处置地的跟踪；

（6）帮助处理有关伤者和死者的所有文书工作；

（7）为突发事件遇难者家属协调服务人员并提供遗体安置方面的事务。

医疗科制定的医疗预案，应该成为《突发事件行动预案》的一个组成部分。在该预案中，还要提供关于在突发事件影响地区、潜在的危险地区或环境中，以及在远离事件医疗设施的场所，处理复杂的医疗紧急事态的医疗能力方面的特殊信息。医疗科应该帮助财务与管理部处理受伤赔偿方面的管理性事务，包括获得书面授权、账单表格、证据供述、医疗行政文件和要求的赔付。此外，在行使自己职责的时候，医疗科应当尽可能保护病人的隐私。

三、联邦应急管理局的后勤部结构及职责

在联邦政府层面上，联邦应急管理局指挥部也设置了与突发事件指挥系统的基本组织架构，对州一级突发事件应急处置提供对应的支持。其组织结构与突发事件层次上的后勤部基本相同，只是增加了一个外部支持分部，能够协调和提供更为广泛和稀缺的资源，为州政府提供力所能及的应急支持。

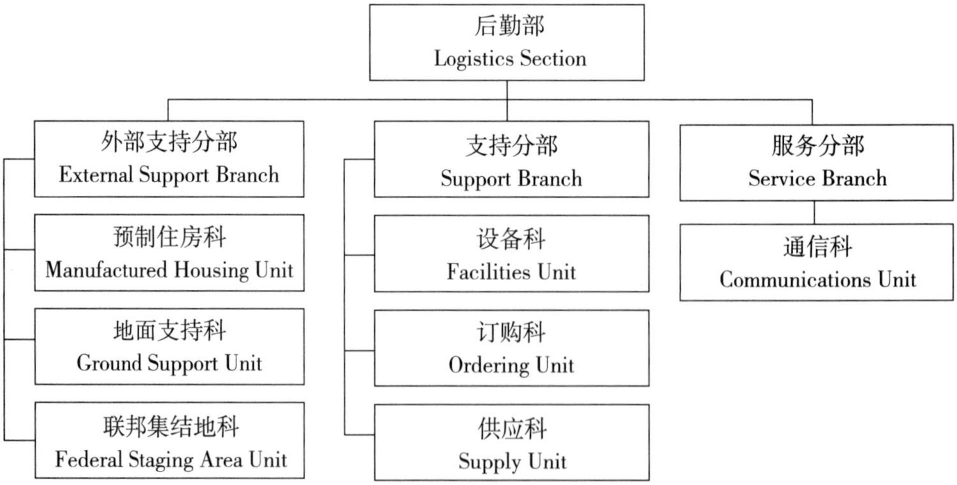

图 9-2　联邦应急管理局的后勤部组织结构[①]

① FEMA Incident Management Handbook, September, 2017, p.7-2.

联邦应急管理局后勤部的基本职责是：回应州政府的应急资源需求，协调后勤支持，为州政府主导的突发事件处置提供设施、装备、补给和服务。它不仅要为应急处置现场预订、跟踪和输送资源，更重要的是帮助建立和维护那些重要的应急处置设施，如联合现场办公室（Joint Field Office，JFO）、区域现场办公室（Area Field Offices，AFO）和灾难恢复中心（Disaster Recovery Centers，DRC）等。

四、联邦应急管理局后勤司的结构及职责

2010 年，为了加强对重大灾害的后勤保障能力，联邦应急管理局重组时，提升了后勤管理的地位，把原来最低层次的后勤管理部门（科级），提升为后勤管理司，隶属于新成立的应对与恢复办公室。

（一）后勤管理司的组织结构

新成立的后勤管理司的组织结构如图 9-3 所示，下设 1 个研究性部门，5 个管理性部门。

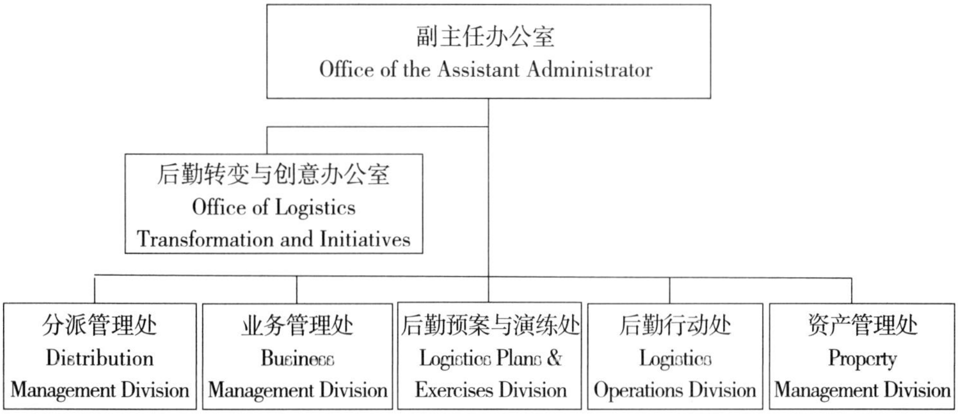

图 9-3　联邦应急管理局的后勤管理司组织结构[①]

（二）后勤管理司的职责

后勤管理处是联邦应急管理局的后勤重大项目办公室，负责后勤事务的政策、指导、标准、实施及后勤业务管理的所有方面。

它还负责在重大突发事件结束之后的恢复援助，包括恢复行动的规划、管理

① Office of Inspector General，Department of Homeland Security，*FEMA's Logistics Management Process for Responding to Catastrophic Disasters*，U.S. Department of Homeland Security Washington, DC，2010，p.3.

和维持；同时，负责协调其他合作方的恢复参与工作。它的各个部门的具体职责如下：

1. 后勤转变与创意办公室

负责为联邦应急管理局的后勤管理转变做探索性研究、提出工作改进建议，提升后勤管理处履行职责的能力。

2. 分派管理处

管理联邦应急管理局的仓储与运输系统，负责接收、储存、保管、发布、分派和跟踪资源。该部下设运输管理、供应链整合、大区分发中心和保管四个科。

3. 业务管理处

负责后勤管理司提供全面的管理性服务，包括财政管理、人力资源管理、专业发展和培训，等等。下设两个科室：人力资源与培训科和预算、程序与分析科。

4. 后勤预案与演练处

负责编制后勤预案并且演练该预案，提升后勤保障各参与方的现场应急保障能力，改进和完善后勤准备工作。下设预案与演练和评估与分析两个科室。

5. 后勤行动处

管理和实施对所有应急行动的指挥、协调、跟踪和报告；在突发事件应对中，全国应急协调中心报告联邦应急管理局所有的后勤行动，管理临时居住项目。下设当前行动科（Current Operations Branch）和后勤支持科。

6. 资产管理处

对个人资产财产实施监管、内部控制和技术服务，加强对其责任性、再利用和处分的管理。该处下设后勤系统科和仓储管理科。

第二节　后勤保障系统管理

美国《全国应对框架》“紧急事态功能支持附件”中，后勤保障作为7号支持功能附件，在重大突发事件中发挥着系统性作用。

一、后勤保障系统的管理职责

后勤保障系统要整合所有后勤能力和资源，及时高效地为突发事件应对提供装备、设施、补给和服务。它也负责全面的后勤保障规划、技术援助、训练、教育、演练及维系联邦合作伙伴的能力与资源，为突发事件应对者和受害者提供必要的支持。

后勤系统的协调者和主要承担者都是联邦政府的总务管理局（General Services Administration）和国土安全部的联邦应急管理局。合作单位包括农业部、商业部、国防部、能源部、卫生与福利部、内政部、交通部、通用事业管理局、退伍军人事务部和全国航空航天管理局。

（一）7号支持功能的职责与任务

7号支持功能主要集中于联邦对州和地方政府提供应急资源的供应链功能的管理。主要包括协调资源采购、获取，输送补给、装备和服务，跟踪资源，获取设施空间，协调运输，管理和支持信息系统服务，等等。

它的具体工作内容有：

（1）管理整合整个社区的应对能力，为突发事件应对者和受害者提供装备、补给和服务的复杂的供应链；

（2）在资源的规划、采购、获取、利用和分配过程中，通过精心协调与谋划，实现对全社区合作伙伴的整合；

（3）促进所有供应链组成者之间的沟通与合作，尽可能减少对灾区恢复的工作量，尽快重建州和地方的自足能力。

（二）协调与主要承担部门——总务管理局

与同为协调和主要承担者的联邦应急管理局密切合作，为联邦部门、公私机构提供应急资源整合和投放的程序与路径。具体职责包括：

与联邦应急管理局一起协调公共和私人部门的资源；

提供应急救济物品、设施空间、办公室装备、办公室消耗品、电子通信支持、运输服务，以及通过集中采购渠道提供服务；

提供其他紧急事态支持功能所不包含的支持，包括处置剩余资产。

（三）协调与主要承担部门——联邦应急管理局

作为后勤系统的协调与主要承担者，联邦应急管理局的主要职责是：

（1）发放后勤保障中心的和预存在备灾仓库中的初始应急资源①，如食品、饮用水、发电机组、临时帐篷、卫生用品等。

① 初始应急资源是指那些预先存储的以备灾害性事件发生时所用的救灾物品。一般动用存放在距离受灾地区较近的库存，通过《全国应对框架》的紧急事态支持功能紧急调动。初始应急资源是在灾难发生之后主要提供给受害者和各层次的政府应对者急用的，旨在增强州和地方的第一应对能力。

（2）支配在全国各地的后勤保障中心的临时（可移动的）住房。

（3）为后勤保障中心和全国其他地方的以下机构和个人提供库存装备：

城区搜寻和救援事件管理小组、动员中心、全国灾害医疗系统应急小组、紧急事态支持小组、联邦突发事件应急支持小组、国内紧急事态支持小组、流动紧急事态应急系统小组、设在联邦应急管理局指挥部的调动协调中心、动员中心主任、财产管理小组、设在联邦应急管理局指挥部的后勤资源中心、后勤清仓协助小组等。

（四）合作部门

1. 农业部／森林管理署

在接到联邦应急管理局授权和分配的任务之后，对动员中心提供工作人员和支持，并对动员中心的运输追踪和供应工作提供帮助。

2. 国防部／美国陆军工程兵

对3号紧急事态支持功能“公用事业与工程”的准备和实施提供后勤资源支持；在接到联邦应急管理局分配的任务之后，美国陆军工程兵可以为动员中心提供工作人员。

3. 内政部

在联邦应急管理局分配任务后，如果联邦应急管理局的动员中心启动，内政部所属各部门对其提供管理和支持；此外，也对动员中心的运输追踪和供应工作提供帮助。

4. 交通部

为调动协调中心的运行提供资源；按照全国紧急事态运输协议安排运输服务。

5. 商业部

提供设施管理与电子通信管理支持；

对受损建筑物的结构评价和火灾安全评价提供技术专家。

二、后勤保障系统的管理内容

在《全国应对框架》的支持附件中，后勤系统管理内容包括材料管理，人员、财产管理，设施管理和运输管理等四个主要方面。

（一）材料管理（Materiel Management）

材料管理的内容包括：后勤人员寻找适当的、适时的、符合成本效益的方法，满足行动人员提出的材料要求。装备和物资主要从现有联邦储备中提供，必要时也可以从商业资源获得。

从全国来讲，7 号支持功能在总务管理局的应急管理办公室主任的指导下运行，在与全国应急协调中心打交道过程中，应急管理办公室代表总务管理局。总务管理局是联邦政府的中央调配机构，所有调配行动都必须符合现行的联邦法律和规章。

（二）人员、财产管理（Personal Property Management）

联邦所有的部和机构在《斯塔福德灾难与紧急援助法》范围内采取行动，要按照联邦管理条例（Federal Management Regulations）和现有的部门财产管理政策说明动产（personal property）的用途。它适用于不管财产是部门自己的库存，还是来自可得到的联邦节余，抑或是用灾害救援基金（Disaster Relief Fund，DRF）的钱购买各种设备。

如果其他联邦机构的资产用于突发事件管理行动，并且遭受遗失、损坏、被盗或消耗，只要将所需要的证明档案提供给国土安全部，该机构就可以得到补偿。

联邦应急管理局指导组织拥有的资产处置工作，包括各种组织拥有的用灾害救援基金购买的补偿物品。处置包含向联邦应急管理局转让、该机构自己保留、捐赠给州和地方政府以及由通用事业管理局回收再利用。

利用灾害救援基金购买的信息系统和通信设施，在行动结束之后，要立即交给联邦应急管理局的灾害信息系统交换中心（Disaster Information Systems Clearinghouse，DISC），该交换中心复原和重新包装这些物品以备下次行动使用。

利用灾害救援基金购买的其他设备和物资在灾害应对者和现场使用完后，应该立即送交联邦应急管理局的任何一个后勤保障中心。由紧急事态应急小组先锋队（ERT-A）使用的快速应急装备和物品，可以复原和重新包装后储放在联邦应急管理局的大区办公室；非标准的和非工作所需的物品，可以看作多余的而在现场处理。

通过灾害救援基金所获得资产，只能用于灾害应对和恢复重建工作，不能用于非灾害的活动。

（三）设施管理（Facility Management）

行动需要的所有设施和相关支持，凡是源自被启动的紧急事态支持功能的，都应该做到以下几点：

（1）7号支持功能“后勤”。在以下方面提供帮助：国家应急预案设施的获得、设施的建立、用房管理、建筑服务以及一般的设施行动。

（2）3号支持功能“公用事业与工程”。为以下方面提供行动支持：满足所有基础设施和工程服务物品（物资和装备）所需要的动员中心、物资集结区和分发场。

（3）2号支持功能“通信”。为联邦、州和地方的突发事件管理者，提供紧急事态通信和信息技术服务方面的支持。

（4）8号支持功能“公共卫生和医疗服务”。为联邦、州和地方的突发事件管理者提供支持。

（四）运输管理（Transportation Management）

根据《全国应对框架》的安排，1号支持功能“交通运输”是要求运输援助（包括要求军事运输）的联系点。在联邦应急管理局后勤部门的协调下，1号支持功能为所有的运输需求决定方式和承运者。其他支持功能的代表与1号支持功能协调运输要求。

联邦应急管理局指挥部控制初始应急资源物资的运输。受影响的联邦应急管理局所属的大区，在同联邦应急管理局后勤部门协调后，选择需要搬运的启动应急资源物品，并且依据分配任务的优先权确定搬运次序。1号支持功能的紧急事态运输中心在与全国应急协调中心协调后，确定最佳的方式和运输资源。

在资源搬运的协调工作转让给联邦应急管理局的后勤部门之前，1号支持功能保持运行状态。转让的决定由联邦应急管理局行动部、后勤部、联邦协调官/联邦资源协调官、主管联邦官的协议做出。1号支持功能的紧急事态运输中心在休眠前继续负责运输工作，支持后勤部门和其他联邦机构的撤退行动。

交通部保持一个全国性的运输合同，以能提供地面、铁路、水面或空中运输资产。如果需要，交通部通过其正式或辅助机构，可以签约额外的资源。如果不能得到商业运输资源，它可以通过国防协调官或者在应急协调中心的国防部联络官，要求国防部支持。

三、后勤行动管理

后勤行动是指参与《全国应对框架》的负责提供后勤支持的各部门，在突发事件管理的各个阶段，为预防、准备、应对和恢复重建行动提供支持的过程。有效的后勤管理不仅有助于相关任务的完成，同时确保以统一的方式实施所有职责以减少损失，以及保证适当的支持行动，增加应急能力。

突发事件发生以后，只要国土安全部要求联邦参与部门提供支持，下述紧急事态支持功能的全部或部分将被激活：

1 号支持功能“交通运输”（承担者：交通部）；

2 号支持功能“通信”（承担者：国土安全部）；

3 号支持功能“公用事业与工程”（承担者：美国陆军工程兵）；

7 号支持功能“后勤”（承担者：总务管理局）；

8 号支持功能“公共卫生与医疗服务”（承担者：卫生与福利部）。

此后，新成立的联邦应急管理局动员中心将成为各类物资的预先配置、签收和分发的集中负责单位。动员中心主任处理小组、物资和装备的输送，负责与后勤部和行动部的协调工作。配置的资源由后勤部进一步分送到以下三个场所中的任何一个：突发事件后勤基地、行动部集结区或由州／联邦控制的分发点。现将各阶段后勤行动的活动说明如下：

（一）起始阶段的行动

跨部门的后勤服务提供者在接到警报之后，要选择后勤小组为全国应急协调中心、大区应急协调中心和联合现场办公室提供工作人员，必要时可征召后勤预备役军人。

分派到全国应急协调中心、大区应急协调中心和联合现场办公室的后勤人员履行以下职责：

与其他部门派去的工作人员一起，参加协调与决策会议、形势分析、突发事件行动规划和电话会议；

将行动中产生的需求编写成突发事件后勤需求方案，供领导作决定；

与调动协调中心（Movement Coordination Center，MCC）一起开始提供资源运送支持，协调向动员中心和其他地点部署启动应对资源物资和其他应对资源的工作；

提供资源跟踪；

分析对联邦资源的需求，确定最大的成本效益和最及时的满足需求的手段。

（二）进行中的行动

后勤人员从事后勤管理工作，行使以下后勤职责：

材料管理（Materiel Management）：其职责是对突发事件管理提供物资和装备。在同内部的联邦资源协调之后，通用事业管理局获得所需的物资和服务。本项管理的目标是以最及时、最大的成本效益的方式，在现场提供大量需求的物资和装备，并对所有的资源进行跟踪。

资产管理（Property Management）：职责是阐明各个行动层次动产的来龙去脉。联邦政府保留责任资产的所有权，除非将它转给州或地方政府。几个部门有资格在动员中心实施签收和分发行动，通过保留对这些地点的物资的储存和分发的财产责任，支持资产管理小组。

此外，全国应急协调中心、大区应急协调中心和联合现场办公室的后勤作用和责任，集中体现为提供和协调发放所需物资，保证行动的实施。

（三）遣散阶段的行动

当应对行动开始减小时，突发事件总指挥就要将联邦部门从它们相应的行动中撤出。后勤部可以在全国应急协调中心、大区应急协调中心和联合现场办公室被遣散的数日内保持运行状态，从事以下出清存货活动：

协调和实施在灾难行动中使用的所有联邦资产的回收（如不能继续使用可就地处理）、整新、再入库工作；

确保所有装备和物资按照相应的规章得到清点，资源跟踪完成并结束；

参与内部和外部的补救行动管理计划（Remedial Action Management Program）审查。

本次事件结束之后，联邦后勤参与者在预见到下一次事件将要发生时开始准备行动。在对行动的支持方面存在确定的缺陷的情况下，DHS/EPR/FEMA 的后勤分部（Logistics Branch）可同其他联邦后勤提供者协商，制订一个正确的行动方案，改进联邦后勤支持结构和实施方法。

四、资源实现周期（Resources Fulfillment Cycle）

在重大突发事件中，为了预见和随后满足受害者的需求，需要对应急的程度和范围不断作出评估。

在全国应急协调中心完成了最初形势评估之后，联邦应急管理局决定是否将应急物资、装备和小组推进到离灾区更近的位置。这样做的目的是尽可能减少为正当需求者提供联邦援助的时间。一旦作出决定，靠近灾区的（但不必是在灾害内的）动员中心将被启动；该动员中心将作为前沿后勤中心，储存和保持可能需要的联邦援助的资源。在动员中心的所有联邦资产，只要被启动并且介入灾区的相关资源，都要处在该协调中心的后勤部的监管下。在该协调中心没有启动情况下，动员中心处在联邦应急管理局的后勤分部的后勤应急中心的监管之下。

动员中心主任负责小组成员的所有生活保障任务，以及所有准备进入灾区的应急者的生活保障。他还负责对送达中心的所有非人力资源的安全保卫工作。

全国应急协调中心的主任在需要时可以建立一个调动协调中心（MCC）。调动协调中心可以获得运输服务，对出入灾区的运输资产实施监管。所有联邦机构在做出运输安排之后，都应该通知调动协调中心，以保证对资源的跟踪和接收计划的实现。一旦联合现场办公室开始运转，其工作人员即开始接受和落实对联邦援助的申请。在资源评判周期的起点这些申请可以获得批准。从确认需求到将联邦资源送达有固定的程序。在联邦应急行动中，实际周期从州递交需要联邦援助的申请开始，到联邦资源送达州便结束。

按照相关规定，联邦资源从订购、发出、运输、发放和调动的基本程序如下：

（1）确认为重大突发事件的受害者提供救援所需的资源。这些资源也包括服务。

（2）地方政府尽量以现有资源满足需要。如果没有资源，将资源申请呈送县或州政府。

（3）州收到申请后，全力满足这些需要。它可以使用现有资源、商业资源或者通过应急管理援助合同或相互援助协议做到这一点。如果州不能满足需要，它可以向联合现场办公室的行动部递交请求联邦援助的申请。

（4）联合现场办公室的行动部确定集结区的资源是否能够满足需要。如果资源不够用，可以通过 7 号支持功能向后勤部转达援助申请。

（5）为了满足援助需求，后勤部主管有如下选择：

① 用后勤基地的资源满足需求；

② 通过直接向其他联邦机构分派任务满足需求；

③ 准备一份调拨单，向财务 / 管理部推荐可购买货物和服务的商业资源；

④ 如果资源仍然不能满足需要，后勤部主管将需求申请通过大区应急协调中心转交全国应急协调中心。

（6）一旦全国应急协调中心接到对联邦援助的有效申请，将决定是否和怎样满足这一申请。

（7）一旦资源确定下来，将被送达后勤部主管指定的地点。后勤部主管负责联邦资产向州转让的全部控制过程。资产转让可以在以下地点进行：突发事件指挥所、后勤基地、行动部集结区、州集结区或分发点以及直接需要资源的地方。

（8）如果以现有的联邦资源满足了资源需求，恢复联邦资源的补充活动应立即实施。

第三节　新西兰的后勤系统管理

依据新西兰的《1983 年民防法》，民防部部长霍金斯于 2002 年 5 月 22 日批准了《全国民防预案》。该《预案》的第九部分“后勤保障”（Logistics）概述了在紧急事态发生后，后勤保障系统的运行机制。

该预案对后勤管理的定义是：对民防应急管理（CDEM）的支持性要求实施规划、获得和管理。

一、管理原则

为了满足民防应急管理的需要，预案确定了如下的后勤管理原则：

（1）预先规划的存货和 / 或数据库，对确定现有供应者和可能需要的运输资源是必不可少的。

（2）在选择资源和服务提供者时，应优先选择本地的提供者。

（3）后勤保障，包括外部援助的提供，应该通过充分利用来自地方社区的适当的专业人员来实现，使用现有的资源以及采购和分配的体制，达到尽可能广的范围。

（4）任何援助或资源都不能直接运送给 CDEM 组织，除非它们是：事先计划好的；或该组织要求的；或该组织已经被突发事件完全压倒了，急需外部的物资和服务。

（5）除非其他方面同意，服务提供者应该承担运送或安排运送其提供的物资和 / 或服务。

（6）获得的物资和服务，以及组织公共求助，在任何可能的地方都应该去做，但要以不损害地方经济的方式进行。

此外，政府部门应该使用自己的经费支持或参与应对措施，而国有企业和皇家实体不能为正常的法定职责收取费用。

二、管理责任

（一）影响管理责任的因素

在预案编制或其他事先规划中，确定后勤管理责任必须充分考虑到以下因素：

（1）紧急事态发生的可能的地理范围、时间范围和可能后果；

（2）供给路线和重要运输路线和站点的位置和可能遭受的损坏；

（3）受影响的人口、可能被破坏的基础设施（供水、排水、供热、照明等）的位置和成分；

（4）替代性资源或临时措施能够取代现存体系和供应者的范围；

（5）所需要的来自外部或保障性组织援助的可能以及短缺程度；

（6）在应对和恢复行动中，提供的预期的短缺资源，包括特殊装备的操作者所需要的适当的合同安排；

（7）要使恢复预案获得成功，需要重要的私营企业部门承担责任，因为这些所用资源的大多数将来自或通过私营企业。

（二）国家责任

民防应急管理主任负责：

（1）对来自政府部门的援助和其他相关资源，包括在准备阶段的国际援助，实施规划和安排；

（2）在宣布的紧急事态状态中，为 CDEM 协调国家水平上的援助。

在《全国民防预案》中涉及的国家所有机构和组织，应该建立它们自己的行动程序，确保在紧急事态中为自己提供必要的资源；并负责在紧急事态中获得自己必要的供给。

在紧急事态中，可能会需要一个领导部门承担在国家层次的后勤管理角色。在这种情况下，民防应急管理主任应该从全国民防后勤规划委员会中指定一个领导部门。该委员会的构成部门包含在附件 A 中。附件 A“全国民防后勤规划委员会”包括：

主席：民防与应急管理部；

代表：新西兰地方政府、外交与贸易部、交通部、新西兰武装力量、新西兰警察署、新西兰船运联盟、Tranz 铁路有限公司。

运输部将负责确定和设置陆上、海上和空中可用的运输资源。

（三）民防应急管理小组的责任

无论在全国还是地方的任何紧急事态中，民防应急管理小组负责受影响的全部或部分地区的援助规划和管理工作。

当宣布一个地区的紧急事态时，该 CDEM 小组必须实施包括后勤保障在内的 CDEM 措施。

在全国或地方紧急事态中，控制官可以设置优先权，在咨询了其他控制官后，命令和协调可用的资源与服务。

在每一个 CDEM 预案中，可以指派某些领导部门管理后勤职能，任何确定的资源都应该列出清单。

CDEM 小组应该计划对其他 CDEM 小组提供后勤保障。

三、管理程序

（一）征用物资和服务（Requisition of Goods and Services）

在紧急事态中征用各类物资的权力已经在法律中规定。[①] 征用的权力只能在财产、资源和 / 或服务急迫地要求征用以保护人的生命的时候使用，而且只能被用于不能获得其他手段或获得其他手段需要太长时间的时候使用。

需要征用的财产、资源和 / 或服务，以及被置于何人控制之下等信息应做成征用表格。该表格应该在征用的同时，或者在征用后尽可能短的时间内，交给财产、资源和 / 或服务的所有人或负责人。关于书面征用表格的通用格式由民防部根据法律提供。

（二）支付和赔偿（Payment and Reimbursement）

对在紧急事态中获得的物资和服务的赔偿程序，在可能的地方，依照标准的商业惯例实行。支付和回收依照下列条件实施：

（1）在紧急事态中购买的物资和服务由购买政府下辖的民防应急管理组织付款。

（2）由地方政府在紧急事态中花费引起的赔偿要求可以提交民防应急管理部，依据《全国民防预案》第一部分“应对”的附件 C 的规定给予赔偿。

（3）政府部门应该承担所有自己用以援助或参与紧急事态工作的费用，除非在各方间存在正式的谅解或安排，规定了详细的费用分担和赔付内容，或者提供援助的水平超出了为其提供的补贴，或者在它们部门预算报告中已经列出了。

（4）国有企业和其他部门应该承担与贯彻它们正常职责相关的所有费用。在民防应急管理组织的要求下，超出规定职责部分的物资和服务的费用，按正常的商业安排执行。

（5）依据法律《1983 年民防法》第 65 条，应该对民防应急管理组织征用的

---

① 《1983 年民防法》第 64 条。

并在其控制下使用而消耗的、受损的财产给予赔偿。

（6）如果 CDEM 组织的成员在履行职责中，个人财产遭受了损失或损坏，依据《全国民防预案》第一部分附件 C 的规定支付赔偿。

（7）地方政府花钱、借贷和分派的民防应急管理行动的费用的权力细则，法律都有明确规定。

（三）未使用物资的回收和处置（Recovery and Disposal of Unused Goods）

无论在哪里，未使用的物资都应尽可能按照严格的商业惯例，并依照下列程序回收和处置：

（1）所有在紧急事态中征用的未使用的或仍能使用的物资，应该归还它们的所有者。

（2）通过正常的购买合同获得的所有未使用的或仍能使用的物资，应该退货给提供者，或者按照地方政府建立的购买程序处置，或保留为未来之用。通过处置而退货、归还的价值，或者保留物资的价值，应该从向民防应急管理部的紧急事态花费的赔退要求中扣除。

（3）物品的价值不能被返还和处置的，地方政府也不能留作未来使用的，可以列入向民防部提出的用于民防应急管理的恢复支出请求中。

（4）通过赠予或捐献得到的物品，应该留作为了紧急事态之用，或者供将来其他地区紧急事态所用。

思考题

1. 试述后勤部门的组织结构及基本职责。
2. 试述后勤保障系统的管理职责。
3. 试述后勤保障系统的管理内容。
4. 试述应急管理预案中各阶段后勤保障行动的活动内容。
5. 试述美国联邦资源从订购、发出、运输、发放和调动的基本程序。
6. 试述新西兰的后勤系统管理内容。
7. 试述新西兰在紧急事态中获得物资和服务的赔偿程序。

第四编

公共安全的管理阶段

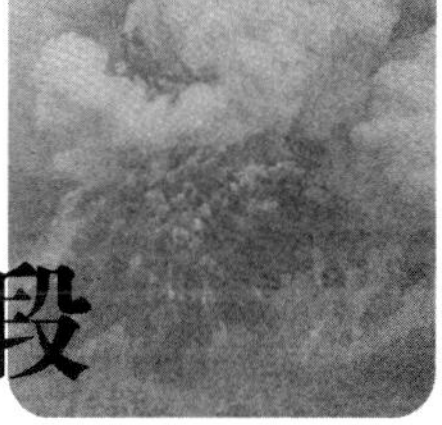

第十章

灾害减除

关键词

灾害减除　周期理论　危险减除　脆弱性分析　危险评估　风险评估

前　言

从本章到第十三章，论述的是公共安全的阶段管理。西方主要国家公共安全管理在实践上完善和理论上成熟的表现，就是灾害生命周期理论（Disaster Life Cycle）的提出。生命周期理论（也称四个阶段理论）是建立在“全面应急管理”（Comprehensive Emergency Management）的理念之上的。它显示出，在应急管理实践中，人们不仅在各种突发事件发生时要采取迫不得已的应对措施，而且应该在事件发生前和事件发生后对引发事件的危险做点什么，从而最大限度地获得生命财产的保障。

公共安全管理的生命周期理论将公共安全管理的全过程分为灾害减除、防灾准备、灾害应对和灾后恢复重建四个阶段。它是对紧急事态的全方位管理，是在无数次灾害中吸取的教训总结。它从可能造成灾害的风险识别和减除开始，避免一切能够避免的灾害后果，减轻不能避免的灾害影响；在灾害应对和恢复重建过程中，为下一次紧急事态的发生做好准备。这些是公共安全阶段管理的主要内容。因而，从内涵上说，灾害减除是公共安全管理的范畴，因为它着眼于安全，不出事；而防灾准备、灾害应对和灾后恢复则是应急管理的范畴，因为它们着眼于应急，即出事以后怎么办。

近几年来，美国联邦应急管理局，将此四个阶段扩充为五个阶段，即灾害减除（Mitigation）、灾害预防（Prevention）、防灾准备（Preparedness）、灾害应对（Response）及灾后恢复重建（Recovery），其中增加的灾害预防属灾前对可能发生的灾害进程的干预工作，表明了应对灾害的积极态度，这一点在反恐怖袭击中格外重要。2012 年，美国国土安全部将应急准备的全部工作内容划分为五个部分，分别发布了五个框架：《全国预防框架》《全国保护框架》《全国减除框架》《全国应对框架》《全国灾难恢复框架》，以实施五个任务区的应急能力建设为基本依据，既可以与原先的五个阶段相对应，但又不是完全的对应关系，比如《全国预防框架》仅仅是为了应对恐怖袭击，具有单一功能；《全国保护框架》则是具有针对恐怖袭击、自然灾害和人为事故的多重功能。

鉴于澳大利亚和新西兰在公共安全管理实践中使用的四个阶段周期理论来自美国，本章以美国的阶段管理实践为主，兼顾澳大利亚和新西兰的实践做法，全面阐述它们对公共安全的阶段管理。

灾害减除一词是从英文 mitigation 一词翻译来的，原意具有“镇静、缓和、减轻、平息”等含义。在公共安全管理领域，国内有人将其翻译为“减灾”，但对照美国、澳大利亚和新西兰等西方国家公共安全管理的术语解析，mitigation 包含两重意思，减少（reduce）和消除（eliminate）引起突发事件的可能风险或突发事件的后果和影响[①]；澳大利亚和新西兰更是将 mitigation 和预防（prevention）并列使用。而“减灾”一词似乎不包含“消除”和“预防”的内容，不足以涵盖 mitigation 的全部含义，故此，这里采用“减除”或“灾害减除”作为 mitigation 的对应译法。

灾害减除的基本内容包括对可能形成灾害的危险的识别、社会环境中存在的脆弱性的分析、减少或避免危险发生的手段以及对社会成员的相关教育。

第一节　灾害减除的内涵及地位

近半个世纪以来，随着全球工业化及都市化程度的提高，社会财富及资本更加集中，加上地球气候及环境的变化，各种自然灾害造成的生命和物资财产损失

① Department of Homeland Security, *National Incident Management System*, March 1,2004, p.132; Emergency Management Australia, *Australia Emergency Management Glossary*, Better Printing Service, Commonwealth of Australia, 1998, p.76.

也日趋严重。据瑞士再保险公司报告，2017 年全球包括自然灾害和人为灾害在内的损失达 3770 亿美元，是 2016 年的 2 倍多；而据美国国家气象局报告，2017 年美国仅因自然灾害就损失 3060 亿美元，打破了 2005 年造成的 2150 亿美元的纪录。①

根据美国权威部门估计，2005 年 8 月发生在美国墨西哥湾的卡特里娜飓风，造成 1883 人死亡，经济损失高达 1250 亿美元。除此之外，以“9·11”恐怖袭击事件为代表的恐怖主义活动日益猖獗，更加深了人们对各种灾害的担忧。

每当灾害过后，人们痛定思痛，考虑能否找到一种方法，对不断出现且危及公共安全的突发事件，能在它们发生之前做点什么？不仅为它们的到来做好必要准备，而且最好能够采取一些必要措施，避免它们的发生；即使不能避免，也要把它的不良后果和影响降到最低限度。于是产生了灾害减除的概念。

一、灾害减除的概念与内容

（一）灾害减除的概念

灾害减除有时又称危险减除（Hazard Mitigation）。在 20 世纪 90 年代以前使用的危险减除概念主要是针对自然灾害的，即减少自然灾害对人员和财产造成的风险，包括承认和适应自然力量、增强恢复能力、减少在危险事件破坏力面前的社会脆弱性，等等。它需要技术手段和社会工作的结合，需要采取一系列公共工程项目和社会战略，需要教育社会成员懂得大自然系统运行的规律以及对人类社会的潜在影响。它不是针对灾难的一站式解决方案，每一个地点、每一类危险都需要独特的应对方法。它要求政府、集团和个人在决策程序上与时俱进，不断显示出深思熟虑的、前瞻性的变革。

危险减除的经典性定义，联邦应急管理局限定为：“针对来自危险及其影响的对人员和财产的长期风险，所采取的减少或消除的任何持续行动。”②

在联邦应急管理局的解释中，危险减除包括两个突出的内容：

一是“回避危险地区”，采取的行动是指导新开发区建在安全区域，或者搬迁旧开发区到安全区域，远离危险地区（这里也有明显的保护环境的用意）；

---

① https://www.climate.gov/news-features/blogs/beyond-data/2017-us-billion-dollar-weather-and-climate-disasters-historic-year.

② David J. Brower & Charles C. Bohl, *Principles and Practice of Hazards Mitigation,* FEMA, National Emergency Training Center, Emergency Management Institute, Emmitsburg, Maryland, March, 2000, pp.2–2, 2–3.

二是“建设环境的适应力”，方法是设计和强化建筑和基础设施对危险的抵抗力。

两种做法体现了 20 世纪 90 年代危险减除的两个方面的工作。毋庸置疑，它们在减少自然灾害的后果方面是卓有成效的。

到了 20 世纪和 21 世纪之交，在美国的公共安全管理的文献中，看到更多的是减除或称灾难减除，而不是危险减除。究竟减除是危险减除的简称，还是另有含义？笔者认为，灾害减除是在美国的公共安全管理实践中，逐渐从危险减除发展进化来的，其内涵也发生了相应的变化。2004 年发布的《国家应急预案》中，国土安全部使用的灾害减除概念是：

“设计用来减少或消除对人员和财产的风险，或者突发事件的实际或潜在影响或后果的行动。”①

到了 2016 年，在《全国减除框架》中，国土安全部的减除观念成了“通过减小灾害影响而减少人员伤亡和财产损失所必需的能力”②。

这一定义的变化在于：它针对的“危险”不仅仅是自然的危险，而是泛指的危险，显然包括了人为的和恐怖主义的危险，因为它特别在减除的对象上加上了“突发事件”。突发事件是一个更广泛的概念，当然包括自然灾害和人为灾害以及恐怖主义事件。而 2016 年的定义，更加重视的是减除的能力，而不是减除的行动和结果。不过，2000 年美国国会通过的灾害减除法案，仍然使用了“危险减除”的概念，但它主要是指对自然灾害的危险减除。

需要特别指出的是，美国的概念中，灾害减除的保护对象是人员和财产，这点与澳大利亚和新西兰的灾害减除概念不尽相同。后二者在保护对象上加上了“环境”③，表明它们对灾害减除赋予更宽泛的内涵。

中国台湾地区灾害减除概念主要针对建筑结构及土地监控两部分，并不包括恐怖袭击等突发事件。而灾害减除包括结构式与非结构式两种措施，结构式灾害减除措施包括通过订制较严格的建筑技术规范，以规范新的建筑物或结构物及经由改善与补强，增加既有建筑物或结构物的耐灾能力。非结构式灾害减除措施则

① Homeland Security, *National Response Plan*, December 2004, p.69；*National Incident Management System*, March 1, 2004, p.132.

② Department of Homeland Security, *National Mitigation Framework*, 2016, p.1.

③ Emergency Management Australia, *Australia Emergency Management Glossary*, Better Printing Service, Commonwealth of Australia, 1998, p.76；*Ministry of Civil Defence and Emergency Management Glossary*, p.12.

包括土地使用细部计划、综合发展计划等土地管理办法，或其他如财政、保险、监测或预警系统、灾害防救教育倡导等。[①]

总而言之，灾害减除系指任何可以减少、消除、避免自然灾害或人为灾害的长期行动；通过减灾行动的实施，如相关政策的管理，调和人文与实质环境等，达到降低灾害发生的机会或有效减少其破坏程度。

（二）灾害减除的内容

灾害减除包含哪些具体内容？在什么时期实施？国土安全部在《全国突发事件管理系统》和《国家应急预案》两个重要文件中，详细列举如下：

1. 灾害减除的内容

灾害减除的内容包括减少对危险的暴露度、遭受危险的可能性或潜在损失的全部行动。其中包括推行区域规划和落实建筑法规、对易涝地的买断、对相关危险资料的分析以确定安全的建筑场所或定位临时设施。此外，灾害减除还包括对政府、企业和大众进行如何减少损失和伤害的技能教育。

2. 灾害减除的实施时期

灾害减除可以在一个突发事件之前、之中和之后实施。换言之，灾害减除贯穿突发事件管理的整个过程。在突发事件出现之前，它以“现在投入，将来受益”（Invest Now, Save Later）理念，为未到来的灾害做好准备；在突发事件发生之后的应对和恢复重建阶段，总结和吸取本次灾害的教训，避免下一次灾害的发生或尽可能减少它造成的损失。

由此可见，灾害减除的基本内容包括对可能形成灾害危险的识别，社会环境中存在的脆弱性分析，减少或避免危险发生的手段，以及对社会成员的相关教育等。

（三）灾害减除的责任

灾害减除作为公共安全管理的一个阶段，这应该是公共安全管理部门的责任。

2000 年美国国会通过的灾害减除法案，对《斯塔福德灾难与紧急援助法》中的某些内容做了修正，目的是使联邦政府能够对州和地方政府的灾害减除工作提供更有效的支持。美国国会认为，该法采取这些措施的依据有：

（1）自然灾害，包括地震、海啸、龙卷风、飓风、洪水和野火，对全美国人民的生命和财产造成了极大的危险。

---

① 林文苑：《勇敢面对灾害的挑战——灾害管理与相关概念》，《铭传一周》，2010 年。

（2）需要进一步重视的是：确认和评估州和地方政府（包括印第安部落）遭受自然灾害的风险；采取适当的措施减少自然灾害造成的损失；确保社区重要的服务和设施在受灾后能继续发挥作用。

（3）鉴于在可见的将来遭受自然灾害的损失不会相应减少，用于灾害援助的费用仍在继续增加。

（4）在依据《斯塔福德灾难与紧急援助法》支出的花费中，首要优先权应该给予地方层次上的危险减除。

（5）在实行了经济刺激、常识培育和教育、技术帮助和示范的联邦支持之后，州和地方政府（包括印第安部落）应该能够有以下作为：

为了危险减除的目的建立以社区为基础的合作关系；

实施有效的危险减除措施，以减少来自自然灾害的潜在损失；

确保重要服务设施的连续的功能性；

争取额外的非联邦资源以满足抗灾目标需求；

对长期的危险减除工作做出承诺，适用于新的和现有的建筑。①

至于立法目标，该法表述得十分明确："本法的目标是建立一个全国性的危险减除计划，减少生命和财产损失、人们遭受的经济崩溃和由自然灾害引起的灾害援助费用；以及对灾害发生前的危险减除提供资源资助，帮助州和地方政府（包括印第安部落）落实有效的危险减除措施，确保自然灾害发生后重要服务设施的连续功能。"②

国土安全部成立以后，将联邦应急管理局并入，其洪水保险与灾害减除管理处（Flood Insurance and Mitigation Administration）被更名为灾害减除部（Mitigation Division），仍然负责洪水保险计划和联邦应急管理局灾害减除计划的监管工作。

灾害减除部的任务是保护生命和预防财产遭受自然危险的损害，采用综合的、基于风险的应急管理计划的准备和预防技术，减少生命和财产损失。其协作单位包括州和地方政府以及私人部门。

除了落实联邦灾害减除计划之外，联邦应急管理局的灾害减除部的一项重要工作是与联邦部门、非营利组织和私人部门合作，策划、实施和支持地方的危险

① Public Law 106–390—OCT. 30, 2000，*Disaster Mitigation act of 2000*, Oct. 30, 2000, Sec. 101. Findings and Purpose.

② Ibid.

减除行动。

这些灾害减除工作虽然由联邦应急管理局承担，但它们涉及其他部门，如土地规划、城乡规划、建筑部门、建筑管理部门、保险公司、社区乃至居民个人等。灾害减除并不是法律强制性行为，而是鼓励和提倡的志愿性行为，对所涉及的部门和个人来说，非强制性往往意味着非责任性，加之人们持有传统观念和侥幸心理，推行起来难度很大。

因此，尽管联邦应急管理局在推行灾害减除工作，但州和地方的公共安全管理部门对此缺乏强烈的责任感，在某种程度上并没有将其作为本职工作看待，也没有一套考核办法；即使发生了自然灾害，人们想当然地归咎为大自然本身，怨天而不会尤人。这些客观原因在相当程度上影响了灾害减除工作的开展。

虽然有上述原因，但灾害减除无论如何都是政府责无旁贷的责任，必须从立法和教育两方面加强这一工作。

二、灾害减除与公共安全管理

美国、澳大利亚和新西兰等西方国家的应急管理部门虽然都将灾害减除作为应急管理的四个阶段之一，但大众、某些组织或政府机构对灾害减除在应急管理中的地位问题往往有不同的看法。这些看法在一定程度上反映出应急管理的发展与历史进步之间的联系，从中可以见证应急管理对文明主流的顺应性。

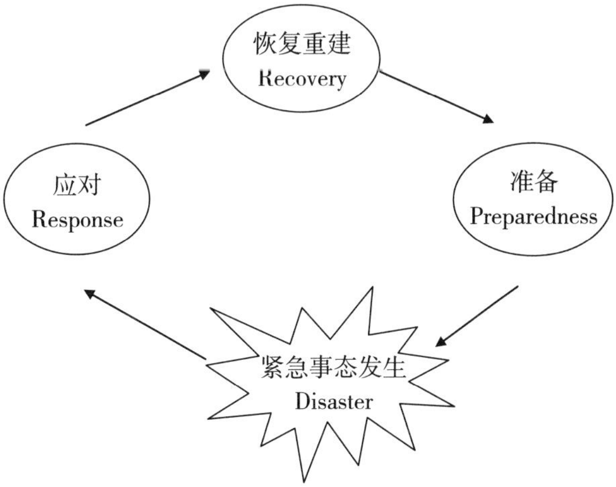

图 10-1　应急管理的三阶段生命周期

（一）灾害减除与应急管理的相关性

人们普遍认为，应急管理是在发生紧急事态或突发事件之前、之中和之后采取的一系列针对紧急事态或突发事件的行动，这就是四个阶段中准备、应对和恢复重建所采取的行动。这样，从准备、应对到恢复重建，已经完成了应急管理的一个生命周期，哪里还有灾害减除的地位？

现在，在灾后恢复重建和灾害准备之间，插入一个灾害减除，形成了以下四个阶段的应急管理周期（如图 10-2 所示），但灾害减除的内容，同本次灾害事件几乎没有什么联系。事实上，在恢复重建完成之后，应急管理者往往认为一个应急管理周期已经结束，而灾害减除与他们的工作毫不相干。美国某个州的应急管理部门负责人曾经说："我绝不会因为没有做好灾害减除工作丢掉饭碗，但如果我搞砸了应急工作肯定要丢掉饭碗。"①

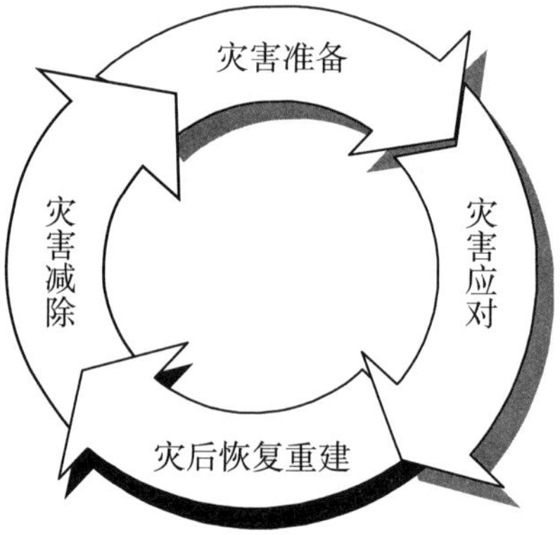

图 10-2　应急管理的四个阶段生命周期

如此一来，灾害减除真的与应急管理无关吗？它究竟能否成为管理周期中的一个阶段呢？

从西方国家传统的公共安全管理实践而言，它的主要责任是完成从准备、应对到恢复重建的一个完整周期的所有工作。这些工作当然可以不包括灾害减除，因此，他们准确地将其表述为"应急管理"。但是，这样做其实潜藏着新的危机。

① George D.Haddow, Jane A. Bullock, *Introduction to Emergency Management*, Elseveier Science, USA, 2003, p.38.

以中国台湾“八八水灾”[①]为例，在灾害过后，遭受灭村的小林社区如果没有在重建房屋的选址、房屋结构和质量上做防洪抗洪的考虑，没有建设相关的防洪抗洪工程，则下一次洪水到来时，势必要遭受同样的灾害损失；突发事件应对者将要开始新一轮的应对和恢复重建工作，且必然会付出惨痛代价。

反之，如果在重建受损社区之际，就充分实施了灾害减除工作，则下一次洪水到来就未必会形成灾害，同时也减轻了应急管理者的责任。

由此可见，将灾害减除纳入公共安全管理的周期是完全必要的，也是西方国家在公共安全管理实践中逐渐认识到的。虽然在许多公共安全管理者的观念中，还没有将灾害减除当作不可推卸的责任，但其重要性毋庸置疑，且在某种程度上会超过应急和重建工作，因为它可以从根本上避免突发事件成灾或减少突发事件的成灾率和损失度。

事实上，正是因为西方国家将灾害减除列入应急管理的周期之中，提升了应急管理的含义，从传统的单纯性突发事件应急，转变为对公共安全的管理，即保证人民的生命和财产安全，消除不安全的隐患，避免突发事件成灾。此后，应急管理才从内涵上完成了向公共安全管理的转变。

至于是否应当将灾害减除作为应急管理周期中的一个阶段，定位在上次灾害重建和下次灾害准备之间，有合理的地方，也有值得商榷的地方。这样安排的合理性在于一次灾害结束之后，到下次灾害的发生，有一段或短或长的时间，利用这段时间，吸取上次灾害中的教训，实施并完成一系列具有明确针对性的灾害减除工作，是公共安全管理的重要环节，在时间段上也正好介于恢复重建和准备两个阶段之间。但是，紧急事态的管理者们也发现，不像其他三个阶段，灾害减除没有明确的开始和结束的时间界线，它可能在上次灾害的恢复重建阶段就已经开始，直到下一次灾害的准备阶段还在继续，在时间上存在同其他阶段的重叠；正因如此，容易导致人们把它与准备的内容相混淆，这就是它值得商榷的地方。[②]

---

① 2009 年 8 月 8 日发生于中国台湾中南部的一起严重水灾，源自台风莫拉克侵袭，带来打破台湾地区气象史诸多降雨纪录的大雨，造成严重水患及泥石流，死亡人数超过 500 人。

② 关于灾害减除的时间界线问题，参见 George D.Haddow, Jane A. Bullock, *Introduction to Emergency Management*, Elseveier Science, USA, 2003, p.37；关于灾害减除容易与准备的内容相混淆的问题，参见 David J. Brower& Charles C. Bohl, *Principles and Practice of Hazards Mitigation,* FEMA, National Emergency Training Center, Emergency Management Institute, Emmitsburg, Maryland, March, 2000, pp.2-6。

（二）灾害减除与紧急事态风险管理

澳大利亚和新西兰在应急管理实践中，发展出了一套紧急事态风险管理的理论和做法，作为灾害减除的基本方法。1995 年，澳大利亚和新西兰标准局公布了“AS/NZS4360：1995 风险管理”的紧急事态风险管理的国家标准。根据这一标准，之后制定出《紧急事态风险管理的指导方针》，且于 1998 年 10 月得到国家应急管理委员会（澳大利亚最高应急管理机构）的认可。该指导方针构成了澳大利亚应急管理署 1999 年出版的《紧急事态风险管理——应用指导》的基础。

2004 年，两国又发布了修订版的《澳大利亚／新西兰风险管理标准（2004）》，根据新的标准，2005 年，澳大利亚应急管理署发布了第二版《紧急事态风险管理的指导方针（2004 年版）》。在这两份文件中，澳大利亚和新西兰将应急风险管理实现标准化和系统化。

灾害减除的四个步骤是识别危险、剖析危险事件、列出受影响的资产和评估损失；而应急风险管理有五个步骤，分别是建立背景、识别风险、分析风险、评估风险和治理风险。

（1）建立背景（establish the context）：就是建立一个供管理程序运行的外部、内部和风险管理的环境和条件，限定进行风险管理的基本参量，设定风险管理过程的范围。背景包括组织的外部和内部环境，风险管理活动的目标，还包括对外部和内部环境的相互作用的考虑。

（2）识别风险（identify risk）：是要确定实施管理的风险，利用科学、系统的方法确定会发生什么样的风险，什么事件，在什么地点，因为什么原因，以什么方式发生。

（3）分析风险（analyze risks）：就是研究和了解风险，为决策者提供依据，帮助确定该风险是否需要治理，或者采用哪种最合适的最符合成本效益的治理战略。它包括对风险源的研究、它们的积极和消极后果以及这些后果发生的可能性和方式。

（4）评估风险（evaluate risks）：是基于风险分析的结果，对哪些风险需要治理，采取怎样的优先权顺序进行治理做出决策。它是依据以前建立的标准评估风险等级，考虑潜在的效益和负面的结果之间的平衡关系来做出决策的。

（5）治理风险（treat risks）：针对确定的风险，采取最符合成本效益原则的治理战略和行动方案实施治理，以最小的投入，获取最大效果的治理结果。

（三）灾害减除与防灾准备的区别

灾害减除和防灾准备虽然在某些方面具有一定的关联性，但主体上具有完全不同的内涵。在关联性上，灾害减除和防灾准备都是为未来的灾害做工作，目的都是尽可能减少灾害造成的损失，这也是人们容易混淆两者的主要原因。

在差异性上，首先，两者的着眼点不同，灾害减除做的是长期性工作，希望一劳永逸地解决自然现象的成灾问题；而防灾准备只是为了下一次灾害的到来做应对的准备。相应地，灾害减除需要采取一系列根本性的措施，这些措施是长期的、针对一类或几类自然灾害的；而防灾准备则是为可能到来的灾害做应对资源、应急预案、应急知识和技能的培训等方面的准备工作，这些准备往往是一次性的。其次，两者的目标不同，灾害减除针对的是形成灾害的危险，使一次重大的自然现象和意外事故尽可能不形成灾害，如使洪水不能形成洪灾，干旱不能形成旱灾，台风不造成或少造成损失；防灾准备针对的是突发事件本身，如洪水、地震、台风。最后，灾害减除调动的是全社会的力量，特别是居民和社区的配合，需要大量的财力物力投入，需要教育带来观念的更新；防灾准备主要调动的是公共安全管理部门的力量，它在大众中已经被广泛认可和接受，不需要做太多的教育工作。

第二节　危险评估与脆弱性分析

灾害减除是一项系统性工作，有完整的流程、基本步骤、具体方法和措施。2001 年到 2008 年，美国应急管理局出版了一套九册灾害减除规划与实施指南系列，指导州和地方政府的灾害减除工作，具有显著的实用性。分别是：指南 1：《开端：建立对灾害减除方案的支持》（Getting Started-Building Support for Mitigation Planning）、指南 2：《了解你的风险：识别危险与评估损失》（Understanding Your Risks-Identifying Hazards and Estimating Losses）、指南 3：《制定灾害减除方案：确定减除行动与实施战略》（Developing the Mitigation Plan-Identifying Mitigation Actions and Implementation Strategies）、指南 4：《把方案变成现实：完成危险减除方案》（Bringing the Plan to Life—Implementing the Hazard Mitigation Plan）、指南 5：《用成本效益分析法审查减除规划编制》（Using Benefit-Cost Review in Mitigation Planning）、指南 6：《将历史遗产与文化资源考虑纳入灾害减除规划》（Integrating Historic Property and Cultural Resource Considerations into Hazard Mitigation

Planning)、指南 7:《将人为危险纳入灾害减除规划》(Integrating Manmade Hazards into Hazard Mitigation Planning)、指南 8:《多行政区划灾害减除规划编制》(Multi-Jurisdictional Mitigation Planning)、指南 9:《用危险减除规划准备成功的减除项目》(Using the Hazard Mitigation Plan to Prepare Successful Mitigation Projects)。①

现根据指南 2 和指南 3 的内容，将美国灾害减除的流程和主要步骤介绍如下。

灾害减除的首要步骤，是对社区或地区存在的危险进行科学评估，之后制订出一套具有明确针对性的对策并实施。至于危险减除的意识培育，则是一个长期而漫长的工作。

危险评估是对一个社区或地区存在的危险进行识别或确认和分析的过程，是确定和实施灾害减除措施的前提和必要条件。在灾害减除工作中，脆弱性分析与危险评估相辅相成，具有同样的作用和功能。危险评估从内容上看，实际上就是风险评估。美国联邦应急管理局将危险评估分成四个步骤，分别是危险识别(identify hazards)、描述危险(profile hazard events)、清点资产(inventory assets)和评估损失(estimate losses);同时，后两个步骤又是脆弱性分析的范畴。脆弱性分析是危险评估的组成部分。不过，危险评估是从危险的源头即危险的施加者(各类灾害)谈危险，脆弱性分析是从危险的受体即危险的承受者(社区或地区的自身条件)谈危险。因此，脆弱性分析有它独特的一面，将清点资产和评估损失作为脆弱性分析的内容，也有道理。

一、危险评估

(一)危险识别与危险调查

危险评估的第一步是危险识别。危险识别所指的危险，是能够引起或产生对社区严重危害性影响的自然的或人为的事件或形势。其引起的后果的规模和严重性不易确定，有时候，它可能引发一场灾害，危及整个社区或更广大地区。

危险识别是指对一个社区或地区(包括城镇、城市、县等行政区域或一个地理区域)所存在的危险的认识与确定。一个社区或地区的危险识别一般从三大类

① 除了该系列九册指南之外，联邦应急管理局在 2011 年发布了《地方减除规划评审指南》(Local Mitigation Plan Review Guide)，2015 年发布了《州减除规划评审指南》(State Mitigation Plan Review Guide)，2017 年发布了《部落减除规划评审指南》(Tribal Mitigation Plan Review Guide)，作为评价各级政府灾害减除规划的标准性文件。

危险加以考虑：自然灾害的危险、人为灾害的危险和技术灾害的危险。

自然灾害虽然影响面积比较大，往往超出一个社区或地区，但对不同的社区和地区造成的损害是不一样的。如处于低洼易涝地区的社区遭受洪灾的危险较大，处于化工厂附近的社区遭受有毒气体、液体泄漏的危险较大，处在地震活跃带上的社区地震危险较大，这些危险都具有明确的地域性。

灾害潜势分析是对特定地区发生某一种灾害的可能性进行分析，如对某一地区在特定环境与条件之下，可能发生水灾的情况进行科学分析，将具有灾害潜势的地区，通过地理信息系统（GIS）在地图上加以标示，成为构成灾害潜势地图的基本要件。

因此，危险识别或灾害潜势分析首先是对一个社区或地区做全面性的潜在危险调查。实施这些调查的最有效手段，就是对历史上该社区或地区所发生过的灾害进行收集和分析。通常通过查阅地方史志、历年报纸、天气预报记录、保险公司记录、事故报告、消防队记录、民间相传的逸事等，获得当地发生过的各类灾害的资料。

此外，对历史上没有发生过的事件也不能掉以轻心。随着时代的推进，一个社区或地区的环境发生了很大改变，过去不可能发生的事件今天可能发生，特别是城市化和工业建设造成的新危险。如当地新建一座水库，垮坝的危险就出现了；新建一座化学工厂，有害气体和液体泄漏的危险就存在了。尤其容易忽略的是非固定性的危险源，如通过本社区或地区的一条公路或铁路上面，通行的运载危险品的车辆发生了倾覆事故，或者周边地区发生了有害气体泄漏，而本地区正好处在下风处等情况，都应该加以考虑。

当然，也不要因为怕遗漏而将当地不可能发生的灾害也列进去，那样会造成用于灾害减除的资源的浪费。如处在沿海台风路线上的地区需要考虑台风的危险，而内地则不必要考虑；在地震带上的地区要考虑地震问题，其他地区一般不需要考虑。

（二）危险个案描述（Profile Each Hazard）

危险个案描绘是在完成了对本社区或地区存在的各种灾害的危险调查之后，实施危险评估的第二步骤，主要是对各种危险做出具体分析，以确定面对的风险究竟有多大。一般而言，实施危险评估应包括：（1）发生的频率；（2）发生的量级和烈度；（3）发生的地点；（4）影响的范围；（5）持续的时间；（6）发生的季节；（7）到来的速度；（8）可预警的时间与是否存在预警体系。

美国联邦应急管理局制定了统一的专用危险分析表格，基本内容如表 10-1 所示：①

表 10-1　美国联邦应急管理局制定的专用危险分析表格内容

危险名称：＿＿＿＿＿＿＿＿＿＿＿＿＿＿＿＿＿＿＿＿＿＿＿＿＿＿＿＿

发生概率（Frequency of Occurrence）： □极可能（High likely）（明年发生的可能性近 100%） □很可能（Likely）（明年发生的可能性在 10%到 100%之间，或者以后 10 年中至少发生 1 次） □可能（Possible）（明年发生的可能性在 1%到 10%之间，或者以后 100 年中至少发生 1 次） □不可能（Unlikely）（在以后 100 年中发生的可能性小于 1%） 属于周期型（Seasonal Pattern）的吗？ □不 □是。标出危险发生的周期：＿＿＿＿＿＿＿＿＿＿＿＿＿＿＿＿
潜在影响（Potential Impact）： □灾难性的（Catastrophic）（大量人员死亡，重要设施停工 1 个月或更长，超过 50%的财产严重受损） □严重的（Critical）（受伤或疾病引起永久残疾，重要设施停工至少 2 周，25%到 50%的财产严重受损） □有限的（Limited）（暂时性受伤，重要设施停工 1 到 2 周，10%到 25%的财产严重受损） □可忽略不计的（Negligible）（受伤者经过急救可治愈，重要设施停工 24 小时或以下，不到 10%的财产严重受损） 是否还有其他地区或设施可能受到影响（如空气、水、土地，基础设施）？如果有，是什么？
发作速度（Speed of Onset）： □时间最短或来不及预警（minimal or no warning） □有 6 到 12 小时预警时间（6 to 12 hours warning） □有 12 到 24 小时预警时间（12 to 24 hours warning） □超过 24 小时的预警时间（more than 24 hours warning）
发生连串性后果的可能性（Potential for Cascading Effect） □无 □有。列举出后果：

① Emergency Management Institute，Independent Study IS230, *Principles of Emergency Management*, March, 2003, pp.5–6.

通过对危险发生的概率、规模和严重程度、发作的速度和连串性后果[①]的分析，最终确定该社区或地区所面临危险的全貌。表 10–1 就是这一过程的体现。评估这些危险的等级依据一般按照以下优先权顺序：

第一，生命安全：能够威胁人们健康和／或安全的条件；

第二，必要设施：如消防车、废水处理设施等影响到社区应急能力的设施；

第三，重要基础设施：铁路、公用事业和其他公共设施，如果损坏将严重影响人们的安全和应急能力。

二、脆弱性分析

（一）脆弱性与脆弱性分析的概念

由于各种自然灾害或人为事件经常发生且难以避免，所以人类社会始终存在各种各样的危险，但危险不一定就会形成灾害。有充分预防和准备的社区或地区在一场重大事件中可能遭受很少损失，而没有准备或准备不充分的社区或地区则可能损失巨大。这就是社区或地区自身固有的脆弱性因素影响。

“脆弱性”（Vulnerability）泛指一个地区特定环境、人员、财产、社会与经济活动等受到自然或人为灾害影响的敏感度，是一个地区招致损失的潜在倾向性尺度，是对危险的风险易感性和暴露度，脆弱性也是抵抗灾害冲击的承受能力及重建能力的尺度。“脆弱性分析”是对社区或地区的基础设施易受危险侵袭、易遭受损失方面的调查和确定。简言之，如果遭受某种灾害的打击，谁或者什么将会受到影响？受影响的程度如何？人们在分析每种势必影响到本社区或地区的危险之后，确定了它（们）将会对社区或地区的哪些方面造成影响，然后考察和分析这些方面对这些影响的抵御力如何，有可能造成多大的生命、财产或经济损失，从而找出薄弱环节，这就是脆弱性分析。

脆弱性分析的对象一般是社区或地区聚集的人口、建筑、基础设施和重要设施，如城市、医院、学校、铁路线、通信中枢、电力实施、自来水供应系统、重要危险源等。

脆弱性分析的主要内容是确定潜在的人员损失和经济损失。确定潜在的人员损失，要求考察人们居住和工作的场所，分析这些场所遭受危险清晰的脆弱性方

---

① 连串性后果是指次生灾害和衍生灾害，即发生了一个事件而引发其他事件，如台风过后发生洪水，地震过后因煤气管道破裂引起火灾，电塔倒塌使电力中断等。

面。如社会脆弱性分析系指研究地区中的脆弱人口（如幼童、年长者、身心障碍者、外籍人士及受刑人等）与社会结构（如社会阶级、宗教差异等）在不同灾害威胁下所造成的影响差异分析。经济脆弱性分析是指确定潜在的经济损失，要求检查建筑物以及它们的内涵价值，在农业地区要检查农作物和耕地。对于特殊危险源要特别注意，如靠近水库大坝的社区或地区，应该检查大坝的安全性，因一旦发生大坝溃堤事故，将造成巨大的生命和财产损失。

（二）清点资产

清点资产既是危险评估的第三步，也是脆弱性分析的主要内容之一。它是在确定了本社区或地区肯定会发生的危险事件后，评估这些事件将对社区或地区的哪些资产产生威胁或影响。

一个社区或地区的资产有许多种，清点主要是针对人们的安全、生存、生活和工作具有重大影响的资产。一般包括医院、学校、博物馆、水库、桥梁、煤气、水及电等公用事业设施。

美国联邦应急管理局研制开发了一个名为“美国的危险”（HAZUS）[①] 的软件和数据库，从中可以查找出美国境内每一个社区的危险信息。这些危险地图乃至主要基础设施的位置，都可以从该数据库获得。因此，这一工作使危险评估变得相对容易。

如果这一数据库中的数据不够详细，公共安全管理者可以进一步收集本社区或地区的数据，以确保最终结果的完备与可靠。

根据联邦应急管理局要求，清点资产要依据专用表格（表 10–2）的内容填写实施。[②]

① HAZUS, 是 Hazards 和 U.S 组合而成的缩略语，该软件和数据库是美国公共安全管理中实施风险评估的主要工具软件，其数据库中的资料具有最高权威性，更新过程非常快，信息很准。参见 FEMA：*HAZUS for Mitigation*，April, 2002。

② 参见 State and Local Mitigation Planning: how-to guide：*Understanding Your Risks: identifying hazards and estimating losses*，April, 2001, pp.3–2, 3–3。

表 10-2　社区或地区的资产清单表

资产清单

日期：__________危险事件将影响到什么：______________________________

任务 1：确定建筑物的面积、价值，本社区或地区处在危险区域内的人口

危险名称：____

建筑类别	建筑物数量			建筑物价值（万元）			人口数量		
	建筑总数	危险区域内数量	危险区域内数量占比	建筑物总价值	危险区域内价值	危险区域内价值占比	人口总数	危险区域内人数	危险区域内数量占比
居住									
商业									
工业									
农业									
宗教 / 非营利									
政府									
教育									
公用事业									
总数									

任务 2：确定是否（从哪里）收集额外清单资料

问　题	是	否
1. 你知道危险区域内最大的损失会发生在哪里吗？		
2. 你知道重要设施在危险事件发生后还能正常运行吗？		
3. 有足够的资料能够证明哪些资产会遭受最大的潜在损失吗？		
4. 有足够的资料能够证明是否本社区重要成分对潜在危险存在脆弱性？		
5. 是否有足够资料能够证明历史、文化、环境、政治区域对潜在危险存在脆弱性？		
6. 是否对特殊危险因为其严重性、重复性或可能性有所关切？		
7. 需要额外的资料证明社区或政府在灾害减除方面的花费合理吗？		

任务3：编制可能被危险事件损害的资产详细清单

清点可能被危险事件损害的资产（重要设施，企业，历史、文化和自然资源地区，以及特别考虑地区）

危险名称：________________________________

资产名称	信息来源	重要设施	脆弱人口	经济资产	特别考虑	历史与其他考虑	建筑面积	置换价值①	内含物价值	功能作用或价值②	每天置换费用③	使用率或容量④	其他危险特别信息
古灯塔	保护单位					√							
桥梁	公共事业局	√											
污水处理厂	公共事业局	√											
自来水厂	公共事业局	√											
医院	医院	√											
警察局/消防队	警察局	√											

① 置换价值（replacement value）：通常是指每平方英尺建筑的建设费用，包含劳动力和材料费用两部分。

② 功能作用或价值（function use or value）：是指建筑物一旦受损或关闭，损失的用途或功能的价值。

③ 置换费用（displacement cost）：是在危险事件发生后，受损设施的功能被迫转移给其他建筑的货币价值量。

④ 使用率或容量（occupancy or capacity）：指一个建筑设计的人口容量或服务的人口数量。

（三）评估损失

评估损失是危险评估的第四步。它的内容是确定本社区或地区的资产将在危险事件中受损到什么程度？价值有多大？

在完成了以上三个步骤以后，利用获得的所有信息，去评估危险事件对人员、建筑或其他重要财产可能造成的预期损失。其基本程序和方法如下：

任务 1：确定损失的范围

其内容包括对建筑物的损失的评估、对建筑物内包含物的损失的评估、对建筑物的用途和功能损失的评估和对人员损失的评估。

完成任务 1，可以通过表 10–3：[①]

表 10–3　社区或地区的资产损失评估表

评估损失

日期：__________这些危险将怎样影响你？____________________

危险名称：________________________________

建筑损失（任务 1–1）						建筑内含物损失（任务 1–2）				
建筑物名称	建筑物置换价值（美元）	×	建筑损坏率	=	建筑损失（美元）	内含物置换价值（美元）	×	损坏率	=	内含物损失（美元）
桥梁	750000	×	20	=	150000	无	×	无	=	无
		×		=			×		=	
		×		=	>		×		=	
		×		=			×		=	
建筑物总损失					150000	建筑内含物总损失				

建筑物的用途和功能损失（任务 1–3）									
建筑物名称	日均运行预算（美元）	×	日均功能停用数量	+	每日置换费用（美元）	×	置换时间折合费用（美元）	=	建筑用途和功能损失（美元）
桥梁	31740	×	4	+	12000	×	4	=	174960
		×		+		×		=	
		×		+		×		=	
		×		+		×		=	
建筑物用途和功能的总损失额									174960

① Fema，State and Local Mitigation Planning: how-to guide：*Understanding Your Risks: identifying hazards and estimating losses*，April, 2001, p.4–2.

任务 2：计算每一次危险事件造成的损失

主要包括计算对每一个具体资产造成的损失、计算和评估每一个危险事件造成的损失，以及编制遭受最高损失地区的复合地图。

第三节　灾害减除的战略与手段

完成社区或地区危险分析和脆弱性分析后，就进入了灾害减除的第二阶段，即确立灾害减除行动、制订和实施灾害减除的战略阶段。美国联邦应急管理局将这一阶段划分为四个步骤，分别是确定灾害减除目标、确定灾害减除的行动和顺序、制订实施战略和将灾害减除的方案编制程序形成方案文件。[①]

一、确立灾害减除目标

为了采取适当的灾害减除行动以及制订和实施灾害减除战略，需要基于危险分析和脆弱性分析的结果，制订灾害减除的阶段性指标和最终目标。

（一）灾害减除目标（goals）、任务指标（objectives）和行动（actions）

灾害减除的目标是灾害减除工作要达到的终极标准和工作方向，通常是广泛的政策声明，是长期代表着全方位的未来趋势，例如：

（1）社区具备抵御未来洪水威胁的经济能力；

（2）不会导致大地震造成巨大人员伤亡的社区建筑建设；

（3）最大限度地减少在城区野火交接地区的野火损失；

（4）地方政府运转不被灾害打断的连续性。

任务指标是实现既定战略的目标或实施步骤。若干个任务指标构成了实现目标的过程。与目标不一样的是，指标是具体的、明确的和可衡量的。例如：

（1）保护历史名城的建筑不受洪水损害；

（2）教育民众对地震的防护；

（3）为推动或重建政府的运行，准备预案和确定资源。

灾害减除的行动是实现目标和任务指标的具体行动，如改进原有建筑以抵御地震，加固桥梁以抗拒洪水等。

---

① 参见 Fema，State and Local Mitigation Planning: How-to guide: *Developing the Mitigation Plan: Identifying Mitigation Actions and Implementation Strategies,* April, 2003。

（二）确立灾害减除目标的程序和方法

美国联邦应急管理局在 2003 年 4 月发布的《州与地方灾害减除方案编制手册》中，将确立灾害减除目标的程序分解为四项任务：[①]

任务一：审查和分析危险剖析和损失评估的结果

主要工作内容是重新审查风险评估中的各种发现，首先，要注意每一种危险的引发因素，只有知道了危险的原因才能决定采取何种行动避免未来的损失。其次，要关注每一种危险的特征，因为它将影响到采取什么样的行动。如对多发性、低度危险，如十年一遇的洪水，要采取迅速且立竿见影的行动；对偶发的高度危险，如百年一遇的地震，要采取长期的巩固措施。再者，对处在危险区域内的重要设施和财产要格外重视，将存在脆弱性的重要资产作为关注和加强的重点。最后，确定将产生最大潜在性损失的地区和危险。

基于以上工作，制订出一个一目了然的问题情况说明表，标明存在哪些危险，哪种危险发生的可能性最大，哪些地区或资产可能遭受的威胁最大，哪些建筑的脆弱性最大等；并将这些结果，正确地告诉本社区或地区的居民、企业和官员。

任务二：设计目标

设计目标是将社区的愿望与保护人民和建筑、减少灾害应对和恢复重建的成本、减小灾害阻碍社区和政府运行的时间有机地结合起来。设计目标的步骤：首先，制定目标说明，因为什么原因确定了什么样的目标，使目标言之有据。目标要确定优先权，要具体到某些建筑或某一危险。其次，审查现有方案和其他政策档案，确定是否有矛盾的地方，如果有，应该立即解决，否则将影响目标的实现。如这些目标是否与环境保护、文化遗迹保护、卫生、经济发展、土地规划等政策相冲突。

任务三：确定任务指标

在敲定了灾害减除目标之后，就要制订实现这些目标的任务工作指标。与目标相比，它们涉及的面较窄，细节多，具有阶段性，是目标的支撑性和保障性指标。在确定任务指标时，要确认它们与目标之间的逻辑关系，而且要全面反映目标所涵盖的内容。

---

① Fema, *State and Local Mitigation Planning how-to guide: Developing the Mitigation Plan: identifying mitigation actions and implementation strategies*, pp.1–2, 1–8.

任务四：号召大众参与

在确定灾害减除的目标以及任务指标的过程中，让涉及的社区和大众参与得越多，越能获得他们的支持和理解。一般做法是：组织大众讨论会，向大众宣传目标和任务指标；在市政厅举行会议，让大众和有利害关系的机构和组织的代表参加；召开其他促进会议，选择特定的相关人群参加等，使所有相关人员对灾害减除的目标和任务指标取得一致意见。

二、确定灾害减除的行动和顺序

在这一步骤中，主要是将上一步骤中确定的灾害减除目标和任务指标，实施确定、评估并排出其先后顺序。它依据的逻辑关系是：哪些行动可以帮助我们实现灾害减除的任务指标，要完成这些行动需要具备什么样的能力，这些行动将对我们的社区产生什么样的后果。

（一）灾害减除行动的种类

灾害减除行动基本可以归并为六大类。它们分别是：

（1）预防：政府采取的影响到土地使用和建筑规格的行政性或规章性行动。此外，也包括减少危险损失的公共行为，如规划与土地区域规划、建筑法规、都市改良计划、城市空地保护等。

（2）不动产保护：修改现有建筑或建筑物以使其免遭危险或者将其从危险地区搬离等行动，如土地征收、建筑物升高、建筑物搬迁、建筑物加固等，如安装防风暴百叶窗和抗碎玻璃等。

（3）公共教育和认识：教育和告知公民、选举官员和资产所有人哪里有危险，以及减除危险的方法的行动。这些行动包括拓展工程、不动产披露、危险信息中心以及学龄儿童和成年人教育项目。

（4）自然资源保护：除了减少危险损失之外，还包括那些保护和重建自然系统功能的行动，如沉积与侵蚀控制、河床重建、流域管理、森林和植物管理、湿地重建和保护等行动。

（5）紧急事态服务：在灾害之中或灾害过后保护人民和财产的行动，包括预警系统、紧急事态应急服务与基础设施保护。

（6）建筑项目：建设一些建筑物以减小危险后果的行动。这些建筑物包括大坝、管道、抗洪墙、防波堤等。

（二）确定灾害减除行动的步骤和方法

灾害减除行动的步骤和方法可分解为以下三项任务：

任务一：确定可选择的灾害减除行动

这一任务的目的是确定实现灾害减除任务指标都有哪些可能的行动。方法是依据社区或地区的灾害减除目标和相应的任务指标，利用各种不同的资源，确定适合自己需要的若干可供选择的灾害减除行动。这些可选择的灾害减除行动包括：

（1）采取基于已知危险的土地使用规划政策；

（2）从危险涉及地区搬迁建筑物；

（3）鼓励居民购买房屋财产保险；

（4）加固建筑物增强其抗灾能力；

（5）设计和加固道路与桥梁抵御危险；

（6）要求在新建筑中使用防火材料；

（7）要求在不动产交易中披露潜在的危险；

（8）采用法规减少现有危险区域建筑物的风险；

（9）在洪水泛滥地区建房提出必修在水淹线以上的要求等。

确定采取这些灾害减除行动，要咨询科学工作者、危险专家、应急管理者、消防官员以及其他有经验的人们。此外，还要考察历史上成功的先例，吸收大众意见，集思广益，确定最合理的行动。

任务二：确定和分析当地政府的灾害减除能力

这一任务的主要内容是审查和分析地方政府的项目、政策、规章、资金和准则是推动还是妨碍灾害减除工作，包括在危险涉及区域的建筑和基础设施是怎样建设的，也包括各级政府的构成中是否具有满足灾害减除需要的专业人员，或者能否为灾害减除提供技术支持。这些工作通称为能力评估。完成了能力评估后，就可以知道当地的一个社区能否完成某些灾害减除行动。

在美国，因为州是地方政府灾害减除能力的基础，并且2000年的灾害减除法案对州在灾害减除中的作用作出了具体规定。因此，对州一级的能力评估就成为不可或缺的内容。主要包括以下几项：

（1）州是否能够对地方和社区提供足够的资源（行政的、财政的、技术的、政策的等）帮助，以支持实现选择性的灾害减除行动；

（2）是否有些灾害减除行动难以采取（如会被州的某些法规限制）；

（3）州的规章、创议权或政策在地方行使时是否会对灾害减除行动有消极影响等。在完成州能力评估之后，就要实施地方能力评估。美国联邦应急管理局专门设计了用于地方能力评估的表格（如表 10–4 所示）：

表 10–4　地方灾害减除能力评估表

机构名称 任务 / 功能	计划、方案、政策、规章、资金和准则	联系人、地址、电话、电子信箱	在减少损失方面的效果（√）*			说明
			支持	推动	妨碍	
公共工程部（确保公共基础设施的正常运转）	1. 卫生处	略		√		负责暴风雨排水、排水沟、道路排水沟等
	2. 河流维护政策	略			√	河流和管道规划每三年清理 / 维护一次
	3. 运输处	略	√			州交通部资金用于修复州公路和桥梁；优先权给予加强对洪水脆弱的建筑

* 其概念如下：

支持：计划、方案、政策、规章、资金或准则能够帮助落实灾害减除行动；

推动：计划、方案、政策等使灾害减除行动的落实变得更容易；

妨碍：计划、方案、政策等对灾害减除行动的落实起阻碍作用。

任务三：评估、选择和排定灾害减除行动的优先级

这一任务是选择适合本社区或地区的灾害减除行动，并且确定实施这些行动的先后顺序和最终效果。其具体做法是：依据确定可选择的灾害减除行动和能力评估结果，首先评估现有的可选择的灾害减除行动是否能够实现任务指标、是否适合规划的地区。评估的方法必须是系统性的，要综合考虑社会的（Social）、技术的（Technical）、行政的（Administrative）、政治的（Political）、法律的（Legal）、经济的（Economic）和环境的（Environmental）因素，缩写为 STAPLEE。STAPLEE 的内容非常详细和具体，几乎包含了所能涉及的全部内容。①

STAPLEE 的运用过程，可以通过表 10–5 实现。

① 关于灾害减除行动的评估标准，参见 FEMA，State and Local Mitigation Planning: how-to guide: *Developing the Mitigation Plan: Identifying Mitigation Actions and Implementation Strategies,* April, 2003, pp.2–13, 2–14, 2–16, 2–18。关于对 STAPLEE 标准的研究，参见该指南的 2–19 和 2–20。

表 10–5 灾害减除行动的 STAPLEE 运用过程

目标：减少在危险地区的现有和未来建筑物的损失

任务指标：减少处在低洼地的人造家园的潜在损失

STAPLEE 标准	社会 S		技术 T			行政 A			政治 P			法律 L			经济 E				环境 E				
考虑→ 选择行动↓	社区接受度	对部分人口的影响	技术可行性	长期解决	次要影响	职员	拨款	维护与运转	政治支持	地方支持	公众支持	州当局	现有地方当局	潜在立法挑战	行动收益	行动成本	对经济目标的影响	外部资金需求	对土地和水的影响	对濒危物种的影响	对危险材料和废物场的影响	与社区环境目标的一致性	与联邦法律的一致性
获得易遭洪水的建筑	−	−	+	+	+	−	−	−	−	−	+	+	+	+	+	−	−	−	+	+	+	+	+
围绕家园建护堤	+	+	−	−	−	−	−	−	+	+	−	+	+	+	−	+	+	−	−	+	+	+	+
提升建筑物	+	+	−	+	−	−	−	+	+	+	+	+	+	+		−	+	−	+	+	+	+	+

说明：“+”为“有”，“−”为“没有”。

选择性行动	说 明
获得易遭洪水的建筑	我们需要外部资金支持
围绕家园建护堤	对多数家庭不能提供百年一遇的洪水保护
提升建筑物	不知道这一行动会对老的不结实的建筑产生什么影响。需要老房子的完整性。还需要进一步研究

在 STAPLEE 过程完成之后，将最终认可的灾害减除行动总结并形成方案文件，然后根据其重要性和轻重缓急，排定这些行动的实施顺序。排定顺序时，需要优先考虑的因素有：实施的容易性、属于多种任务指标的行动、时间的适合性以及紧迫性等。

三、制订实施战略

对于确定的灾害减除行动，制订一个实施的战略，决定每一项行动的负责者、实施怎样的资助机制、有哪些可用的资源、每个行动什么时候完成等。

（一）确定灾害减除行动完成的方式

首先，依据能力评估结果，实施战略的制定者要审查相关的机构和组织，决定合格的战略参与者。如果一个社区将洪水治理作为第一优先权工程，那么就应该把环保局作为负责方。

其次，要确定完成这些行动的资源，包括资金支持、技术帮助和所需材料，也包括各级政府的资源、私人部门和民间资源。根据这些行动所需要的花费，制订筹划资金的来源和管道，以保证行动的落实。在技术援助方面，各州一般都设有专门的技术官员，如危险减除官、州地质学总工程师、州易涝地管理官、州气象总工程师、地理信息系统专家等，他们可以随时提供行动所需要的技术帮助。

最后，要确定落实这些行动的时间框架。依据灾害发生的时间和完成行动所需要的时间，安排落实这些行动的时间表。

这个过程，可以归纳为表 10-6。[①]

（二）将实施战略形成方案文件

将每一个行动完成分析以后，下一步工作是将结果汇总成方案文件。这个结果再加上前面讨论的目标和任务指标，确定的需要采取的行动和排出的实施顺序，综合起来就构成了完整的灾害减除战略。

---

① FEMA, State and Local Mitigation Planning: how-to guide: *Developing the Mitigation Plan: Identifying Mitigation Actions and Implementation Strategies,* April, 2003, p.3–2.

表 10-6　灾害减除行动完成的确定方式

任务 1		任务 2		任务 3
确定参与方和他们的责任	认可参与方（技术上或财政上）	确定完成行动的资源（地方的、州的、联邦的、基金会的、企业的、非营利组织的）	列出所需材料（装备、供给和车辆）	设定完成行动的时间框架
过程	**过程**	**过程**	**过程**	**过程**
设定领导部门、支持部门和/或组织的作用	为了完成行动接洽必需的技术和财政参与方	准备预算，咨询各种资源，确定资助和技术帮助	为了完成行动制定所有必修的材料单	讨论落实每一项行动的时间框架
结果	**结果**	**结果**	**结果**	**结果**
确定了领导部门、支持部门和组织，列出它们的作用和责任	认可了各部门和组织承担特别任务的承诺	制定了落实行动的预算，以任务核定，列出资金和技术援助资源	列出可用的和需要购买的完成行动所必需的资源	一个得到同意的完成行动的时间框架

四、将灾害减除的方案编制程序形成方案文件

一个成文的标准灾害减除方案对地方政府和社区十分重要，地方政府每天都要发放建筑许可证、批准发展计划、修建道路和桥梁等，都要反映灾害减除的观念，符合本地区或社区的灾害减除战略安排。拥有一个完善而标准的灾害减除方案，对地方政府的工作具有重要的参考作用，如推动使用新的建筑法规，限制在危险地区修建建筑物等。一个社区也是如此，好的灾害减除方案将对社区减少脆弱性、增强对灾害的抵抗力具有指导及示范性价值。为了保证方案的时效性和适用性，2000 年的灾害减除法要求，州方案每三年更新一次，地方方案每五年更新一次。

（一）确定方案体裁

选择方案体裁的主要目的是增加方案的可读性。方案的内容一般来说能够包含 2000 年灾害减除法的基本成分要求即可，内容大致包括以下四个部分：方案编制程序、风险评估、灾害减除战略和方案维护。

（二）写作要求

将所有需要的材料收集齐全之后，要依据管理局的要求，按照其方案编制指导手册的指导写作，它们都是依照 2000 年灾害减除法要求的 4 个部分制定的，

具有严格的格式。[①] 方案完成之后，要组织审查，不仅编写人员要审查，也要请参与的机构和部门以及大众审查。审查通过之后，最后的文本将提交当地政府采用。

思考题

1. 试述危险减除的基本概念及灾害减除的主要内容。
2. 试分述西方国家应急管理的四个阶段（生命周期）内容。
3. 试述应急风险管理的五个步骤。
4. 试述如何对社区或地区存在的危险进行科学评估。
5. 试述美国联邦应急管理局危险评估的四个步骤。
6. 什么是危险评估、脆弱性分析、危险识别、灾害潜势分析?
7. 试述灾害减除行动、制定并实施灾害减除战略阶段的四个步骤。

① 依据FEMA：Multi-hazard Mitigation Planning Guidance Under the Disaster Mitigation Act of 2000, Washington, March, 2004的指导手册，对州方案和地方方案的具体内容要求、更新时间等都做了详细的要求。所以，不管是哪一级方案的写作，都必须依据这一指导手册中规定的格式。

第十一章

防灾准备

关键词

防灾　应急预案　准备周期　评估脆弱性　资源准备　行动预案演习　家庭准备　全国准备

前　言

防灾准备（Preparedness）是公共安全管理周期的第二个阶段。通过采取一系列灾害减除措施，虽然能够有效减少各种灾害造成的损失，但并不能阻止所有灾害的发生，也不能完全消除社区或地区各种设施对所有危险的脆弱性。因此，对可能发生的各类灾害做好充分的应对准备，才能使灾害减至最低。防灾措施可以帮助政府、社区和家庭减少灾害的后果，最大限度地保护人们的生命、财产、基础设施和环境。

第一节　防灾准备的概念与内容

防灾准备与灾害减除不同，它是西方国家公共安全管理中充分发展的概念。任何国家的任何一级政府，或者任何级别的公共安全管理部门，虽然可能忽视灾害减除环节，但都会重视防灾准备工作。2005 年 8 月发生在美国墨西哥湾的卡特里娜飓风带来的巨大损失，暴露出美国联邦政府防灾准备的不充分，从而受到该国各界的猛烈批评，此后美国更重视事前的准备工作。

一、防灾准备的概念

（一）为什么要做“防灾准备”？

为什么要做防灾准备？这似乎是一个不需回答但又必须认真回答的问题。因为灾害虽然是随时可能发生，但又不是随时会发生；而且可能在相当长的一段时间内没有发生。所以，在许多人的观念中，灾害是比较遥远的，如果做了防灾准备，在财力和物力上投入很多，结果灾害却没有发生，这些投入可能形成浪费。即使在某种灾害发生比较频繁的地区，人们出于以往经验，容易敷衍了事，而忽视认真的防灾准备。所以，美国联邦应急管理局在 2004 年发布的《你准备好了吗？——公民防灾准备全面指导手册》中，对防灾准备的必要性作了以下说明：

首先，防灾准备对每一个人的好处是毋庸置疑的。“防灾准备可以减少恐惧、忧虑和伴随着灾害而来的损失……防灾准备可以使人们避免灾害的后果，有时甚至完全避免危险。”

其次，防灾准备有其迫切需要性。“灾害每年都要夺去成千上万的性命，每一场灾害对人员及其财产都会产生持久的影响；当你生活的社区发生灾害时候，虽然地方政府和灾害救援组织会帮助你，但救助可能不会及时抵达，因为有许多人需要它们协助，因此，你自己必须做好准备……”[①]

在西方国家中，防灾准备不仅是各级政府的事，也是企业、社区、家庭和个人的事。在新西兰民防部网站主页上贴着一条醒目的警语：“灾害到来时你能应急吗？请做好准备！”（Will you cope when disaster strikes？ Be prepared.）

（二）防灾准备的概念

无论在美国、澳大利亚还是新西兰的公共安全管理部门，都给防灾准备赋予明确的定义。澳大利亚应急管理署的概念有两种：[②]

（1）在紧急事态发生时，确保应对其影响所需要的全部资源和服务能够有效地动员和配置。

（2）在紧急事态发生时，确保社区、资源和服务能够对付其影响的措施。

这两种概念其实差别不大，都是指对应急紧急事态所需要的资源和服务的一种安排或者措施。

---

① FEMA, *Are You Ready？ An In-depth Guide to Citizen Preparedness*, September, 2004, p.7.

② Emergency Management Australia, *Australia Emergency Management Glossary*, Better Printing Service, Commonwealth of Australia, 1998, p.88.

新西兰对防灾准备的解释简单明了：防灾准备是“社区抵御紧急事态影响的能力”。[①]

加拿大的解释是：通过采取事前措施，做好应对灾难和管理其后果的防灾准备工作。比如编制应急预案、签订互助协议、资源存盘、培训、装备与演练等。[②]

美国国土安全部在2004年版的《全国突发事件管理系统》中防灾准备的定义是：“为了对国内突发事件实施预防、保护人们免受其伤害、应对其发生并从中重建，建设、支撑、改进运作能力所必需的一系列精心设计的重大任务和行动。防灾准备是个持续的过程，包括各级政府以及政府与私人部门和非政府组织之间的识别危险、判定脆弱性和确认所需资源的各项工作。”

在以上四个国家的防灾准备概念中，只有新西兰将防灾准备视作一种能力，加拿大、澳大利亚和美国将防灾准备看作行动、措施或安排。美国更将风险评估——防灾准备的依据与防灾准备联系了起来，作为其组成部分。

总而言之，防灾准备是指人们为了保障生命财产安全及生活环境，根据灾害可能带来的冲击所从事的各项准备工作，如可能发生的灾害之预判、应急预案之编制和演练、应急人员之训练、避难收容所之准备及储存救灾物资等，以期将灾害的影响降至最低。

二、防灾准备的内容与周期

（一）防灾准备的内容

防灾准备是系统性的工作。一般而言，西方国家的防灾准备包括编制紧急事态行动预案（Emergency Operation Plan，EOP）、招募和培训相关人员、确定资源和供给，以及安排紧急事态发生时所需要的设备等内容。同时，防灾准备是涉及政府的各个层面、社会的各个组成部分（从个人、家庭、企业到社区）的工作，而且具有明显的专业性，需要专家和拥有专门知识与技能的人参与。

防灾准备是美国公共安全管理最重要的工作内容。美国政府总结“9·11”事件的教训，认为主要是国家缺乏应对恐怖袭击的充分准备。2003年12月7日，小布什总统发布了关于国土安全的第8号总统令，要求全国为各种突发事件的预防、应对和从中恢复做好准备。从此，美国的公共安全管理进入了以防灾准备为

---

① *Ministry of Civil Defence and Emergency Management Glossary*, p.14.

② Emergency Management Policy Directorate, Public Safety Canada, *An Emergency Management Framework for Canada*, Ottawa, 2011, p.4.

核心的时期。

2004 年 12 月，国土安全部发布了《国家应急预案》；2005 年 4 月，又专门发布落实总统令的“全国防灾准备指导”，目的是将全国各级政府的资源有效组织起来，强化对恐怖主义、重大灾害和其他紧急事态的预防、应急和事后的重建。在 2004 年和 2008 年版的《全国突发事件管理系统》中，都将防灾准备列为专门一章。

在《国家应急预案》和随后的《国要应对框架》中，确定了 15 个紧急事态支持功能附件，分别是交通运输（Transportation），通信（Communication），公共事业与工程（Public Works and Engineering），消防（Firefighting），应急管理（Emergency Management），大众照顾、住房与人文服务（Mass Care, Housing and Human Services），资源支持（Resource Support），公共卫生与医疗服务（Public Health and Medical Services），城区搜寻和救援（Urban Search and Rescue），石油和危险材料应对（Oil and Hazardous Materials Response），农业和自然资源（Agriculture and Natural Resources），能源（Energy），公共安全（Public Safety and Security），长期社区恢复与灾害减除（Long-Term Community Recovery and Mitigation）以及外部事务 (External Affairs)。每一个附件都是一个应急支持系统，这些支持系统都基于防灾准备的前提下，具有确保随时参与紧急事态的应急和重建工作的机制和物资准备。且它们之间在各自独立中又高度相互依赖，如通信系统必须随时准备为消防系统建立紧急事态通信，保证它了解哪里发生了火灾；消防部门还要利用通信系统与各个部门的沟通和协调，通知城市搜寻和救援部门到达火灾现场，协调集体照顾、住房与人文服务部门为灾民服务；而它们之间的运作，又离不开交通运输部门。所以，美国学者称这些彼此独立又相互依赖的支持系统为防灾准备的“积木”（building block）。毋庸置疑，它们是防灾准备的重要内容。

（二）防灾准备的周期

防灾准备的周期（preparedness cycle）是《全国突发事件管理系统》中确定的，其内容如图 11–1 所示：

1. 预案（Plan）

编制预案是应对可能发生的突发事件的第一步，是防灾准备的开端。战略性预案和行动预案确立了应对的目标和优先顺序，规定了应对突发事件所必需的能力要求，设定了应对突发事件的责任人和他们的行动程序（包括现场的标准操作

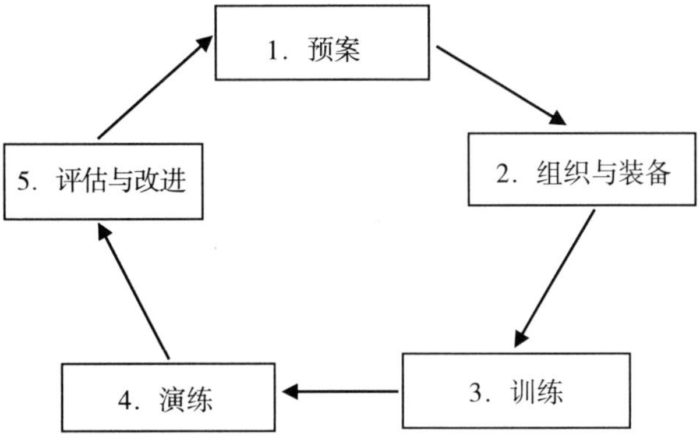

图 11–1　准备周期示意图

程序），使突发事件处置有据可依。

2. 组织与装备（Organize & Equip）

组织与装备是处置突发事件能力的物资构成。防灾准备过程包括确定处置能力所需要哪些组织，其人员具备什么技能，需要拥有哪些标准化的装备、工具和物资，并且将它们准备到位，确保突发事件处置得及时、充分且必要。

3. 训练（Training）

训练是第一应对者、应急管理官员、私人和非政府组织的参与者掌握应对突发事件基本知识、技能和能力的必要环节。平时应该完成这些训练，确保他们在突发事件应对中发挥自如。

4. 演练（Exercise）

演练是参与突发事件应对的所有机构、组织和人员，使用应急处置的装备和工具，以预案为蓝本，在模拟的突发事件中合成处置，一是检验预案设定的程序和步骤的合理性和可行性，二是检验各部门和组织之间的合作是否顺利，三是检验应对者的技能和能力是否胜任，从而发现改进的空间和获得应急处置的经验。

5. 评估与改进（Evaluate & Improve）

通过演练或其他检验手段，对上述防灾准备工作开展全面、系统的评估，发现存在的问题和不足，制定改进方案，实施改进行动，使所有的防灾准备工作能够满足应急处置的要求和需要。

至此，防灾准备的一个完整的周期结束。

第二节　编制应急预案

在所有防灾准备工作中，最重要的是编制紧急事态行动预案（The Emergency Operation Plan）。紧急事态行动预案反映的是一个社区、地区、部门或政府是否做了防灾准备，或防灾准备是否做得完善并具备在应急处置时的可行性。

一、紧急事态行动预案的实质和内容

美国和澳大利亚明确规定将紧急事态的主要管理权力置于州政府手中，因此，州政府就在紧急事态行动预案中承担着应急管理的主要责任，国家级的行动预案只是辅助作用。如《澳大利亚联邦政府灾害应对预案》（Commonwealth Government Disaster Response Plan）只是在发生灾难后对州或领地提供帮助。[①] 美国原来的《联邦应对预案》的基本宗旨也是如此，但"9·11"事件之后，由于恐怖主义威胁的急剧上升，联邦政府开始强化在灾难应对中的作用，在 2004 年发布的《国家应急预案》中，显示出联邦政府在应急管理中逐渐走向主导地位。新西兰则直接规划了自己的国家紧急事态行动预案。

（一）紧急事态行动预案的实质

紧急事态行动预案是一个政府或实体针对紧急事态的全部行动方案，要规定政府或管理部门在紧急事态前、中、后的工作内容。简言之，它要回答以下问题：

（1）在什么样的情况下？（突发事件的情景）

（2）由谁负责？哪个权力部门主导？（处置的责任主体）

（3）用什么样的资源？（应急资源）

（4）采取什么样的紧急事态应急行动？（应对程序和措施）

它包括一系列持续的行动，如在紧急事态发生之前，包括培训、演习等行动；在紧急事态发生后，包括应对和重建的组织系统和物资供应系统方面的行动。由于它是防灾准备的核心，它的完备与否，决定着防灾准备的完善与否；它的可行与否，决定着防灾准备的成功与否。因此，它是防灾准备的系统化和具体化表现。

---

① Emergency Management Australia, *Australian Emergency Management Arrangements*, Sixth Edition, 2000, p.8.

（二）紧急事态行动预案的内容和结构

在美国应急管理学院的教科书中，一个标准的紧急事态行动预案包括三个基本内容：①

1. 基本行动预案（Basic Plan）

它是一级政府或权力机关实施应急管理的方法的总论，包括广泛的政策、方案和程序。它要宣布行使应急管理行动的法定权威，概括行动预案所有面对的形势，解释一般的行动概念，分派紧急事态规划和行动的责任。

2. 功能性附件（Functional Annexes）

支持基本预案的若干功能性系统，相当于我国应急预案中的“应急保障”的内容，代表了对紧急事态应对和短期恢复起关键作用的各方面支持行动。这些附件要围绕广泛的任务而制定，每一个附件专注于一个重要的紧急事态职责领域。功能性附件的数量和类型多少取决于需求、能力和组织。

3. 特定危险附录（Hazard-Specific Appendices）

针对某些特别灾难的应对框架。规定了在面临特种危险时某些特种职责的履行。它根据危险的特征和规章要求，附在相关的功能性附件之后。

这三个组成部分是一个紧急事态行动预案的大致结构。当然，作为国家级的行动预案，它比较低级别的行动预案包括的内容更多、更全面，但主体是相同的。

二、紧急事态行动预案的编制

紧急事态行动预案编制是一个严谨的过程，每一环节都要突出严格、认真，不能敷衍，否则会影响预案的可行性和有效性。预案编制包括以下六个步骤：

（一）编制小组人员的组成

突发事件处置的经验和教训表明：行动预案编制只有让一个团队去做时，才能最好地完成。使用一个小组或团队的做法，可以帮助各机构确定它们对自己在行动中所起的作用的认识。通过案例学习和研究，找出成功的行动中共同的线索，同时能够确保参与编制的机构已经理解并接受它们的职责。此外，预案编制

① Emergency Management Institute，Independent Study IS-1 Emergency Manager: *An Orientation to the Position* , October, 2002, p.4-6. 而 FEMA 制定的 State and Local Guide (SLG) 101，*Guide for All-Hazard Emergency Operations Planning* 一书完全是紧急事态行动预案的编制指导，详细地介绍了行动预案的三个组成部分。2009 年和 2010 年，联邦应急管理局发布了《全面准备指南 101：编制和维护紧急事态行动预案》的第一版和第二版，对紧急事态行动预案的编制过程和与其他预案的关系做了规范，但对其内容和组成部分没有做什么变更。

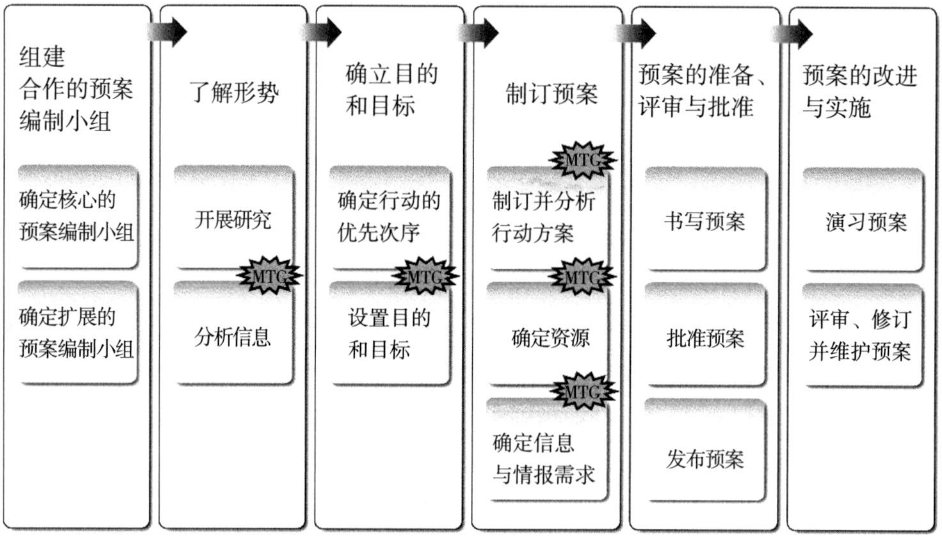

图 11-2　预案编制的步骤（说明：MTG= 会议）①

小组的成员应该有能力了解并接受其他部门和机构的职责。

编制紧急事态行动预案，各机构要派遣有经验、有相关专业知识的人员参加，包括政府、私人部门、志愿者和大学符合条件的人员。他们可能是以下人员：

主要行政官员

主要行政部门的职员

主要财政官员

当地立法机关人员

执法、消防与救援部门的人员

公共工程和公用事业部门的人员

社会服务局和志愿者组织的人员

应急管理专家

教育管理者

地区医院、紧急事态医疗服务机构的人员

非政府组织的代表

① Federal Emergency Management Agency, Comprehensive Preparedness Guide, CPG 101, State and Local Guide (SLG) 101, Guide for All-Hazards Emergency Operations Planning, 2009, p.3–3.

地方媒体的代表

航空管理和港口管理部门的人员

劳工和职业组织的人员

动植物保护组织的人员

业余无线电和民用波段小组的人员

来自需要协调其援助的相邻社区的应急管理者和部门的代表

州和联邦部门的代表

此外，依据各个地方情况，尽可能吸收相关行业和部门的人员参与。

（二）了解形势

了解辖区灾害发生和影响的基本情况，主要内容是识别危险与威胁以及评价风险。危险和威胁是辖区要面对的普遍问题，对其的识别和分析是预案编制过程的关键步骤。包括两个步骤：开展研究和分析信息。

1. 开展研究

研究的第一步是收集信息。收集有关管辖区的预案编制框架、潜在的危险和威胁、资源基础、人口统计以及可能影响应急行动的地理或拓扑特征的信息。信息的来源非常广泛，包括历史记载、气象记录、灾害档案、风险地图、新闻报道、采访知情人，等等。

研究的第二步是把信息整理成预案编制小组可用的一个格式。整理危险或威胁信息的一种有效方法是使用一种在危险分析过程中使用的基于规模的矩阵：

（1）发生的概率或频率；

（2）级别——与危险或威胁相关联的物理力量；

（3）强度 / 严重性——预期的影响或破坏；

（4）可用来警报的时间；

（5）事件的位置——目标范围，或者一个特定的或不确定的地点或设施；

（6）受影响地区的可能的大小；

（7）发作速度——危险或威胁影响公众的速度有多快；

（8）持续时间——危险或威胁起作用的时间有多久。

2. 分析信息

信息分析是行动预案编制的基础。分析能帮助预案编制小组决定：什么危险或者威胁值得特别注意，什么行动必须要规划，以及可能需要什么资源。联邦应急管理局出版的《了解你的风险：识别危险与评估损失》[1]，为开展多种灾害的威胁与风险评估提供了详细的方法。在事件的应对与恢复期间，对被认为关键的资产进行存目、计算，并为其提供损失评估。灾害减除方案可以作为参考文件，来简化大多数基于危险的分析。

危险和威胁分析要求预案编制小组了解辖区内已经发生或可能发生的各种紧急事态或事件。这个过程应该以危险和威胁清单为开端，其内容应该包括本辖区所有可能发生的危险，如表 11–1 所示。

表 11–1　辖区危险与威胁清单

自然灾害	技术危险	人为危险
· 雪崩 · 旱灾 · 地震 · 传染病 · 洪水 · 飓风 · 崩塌 · 龙卷风 · 海啸 · 火山喷发 · 野火 · 暴风雪	· 坠机 · 垮坝 · 危险品泄漏 · 停电 · 放射性物质泄漏 · 列车出轨 · 城市火灾	· 城市骚乱 · 校园暴力 · 恐怖主义行动 · 蓄意破坏

需要注意的是，危险或威胁清单会带来两个问题：一是排除或遗漏。总是有一种全新的和意想不到的危险与威胁潜在的可能（如在辖区某道路上发生危化品车辆倾覆并引起泄漏）。二是这些清单做了分类，会影响以后的分析。清单可能给人的印象是危险或威胁之间毫无关系，而事实上它们是相互关联的（比如，地震会造成垮坝）。清单也许会把不同原因或不同后果的事件归在一类，而这些事件却需要不同类型的应对。例如，"洪水"可能包括垮坝、暴雨或上游大雨。清单也可能把某个单一危险的一系列后果归为一类。比如，"恐怖主义"，可能包括针对人或关键性基础设

① FEMA, *Understanding Your Risks-identifying hazards and estimating losses*, 2001. 在《全国应对框架》中使用的危险和威胁识别与风险评估，参阅：FEMA, *Threat and Hazard Identification and Risk Assessment (THIRA) and Stakeholder Preparedness Review (SPR) Guide*，*Comprehensive Preparedness Guide (CPG) 201*，*3rd Edition*，May, 2018。

施的常规性爆炸、核爆炸或致命性化学、生物、辐射性物质的释放。

此外，预案编制小组应该比较各种风险并设定风险的优先考虑次序，从而决定在预案编制时哪些危险或威胁值得特别注意。

（三）确立目的和目标

目的是预案设定的应对行动希望达到的大致结果，具有一定的模糊性；目标是应对过程中某阶段和 / 或某方面的具体任务结果。

预案编制小组要考虑辖区内的危险或威胁是如何演变的，设想在应对中事件的发展，从最初的警报到对辖区的影响，以及所产生的具体后果（如建筑物坍塌、重要基础设施的损失、人员伤亡或转移），从而设定突发事件情景。在情景的设定过程中，要弄清楚决定行动与资源的需要和需求。

一旦确定了需要和要求，预案编制小组应将每一个应对步骤，设定优先项、目的和目标。

“行动的优先项”表明了所设计行动的理想的最终状态。“目的”是大概的一般的表述，表明了意图解决预案编制人员在先前的步骤中所识别的问题，是专业人员和设备资源应该完成的内容，它帮助确定应对的主要执行者何时完成以及行动何时成功。“目标”是在行动过程中要执行的更具体、更确定的行动任务，它们能引导应对目标的实现。它们是行动的参与者们必须要完成的事情——由应对机构将“目标”转化为行动、实施程序或操作程序。表 11–2 显示了行动优先项、目的和目标之间的关系。

表 11–2　行动优先项、目的和目标之间的关系

行动优先项： 保护公众免受飓风天气和暴风雨的影响
应对的目的： 在热带暴风气流到达之前全部疏散
过渡的目标 1： 在热带暴风气流雨到达前 72 小时全部游客的疏散
过渡的目标 2： 在热带暴风气流到达前 24 小时全部医院的疏散

（四）制订预案

这一步是形成比较可行的解决方案的过程，从而实现上一步骤所确定的目的和目标。包括编写并分析行动方案和确定资源两个主要内容，但是一个完整的过程。

预案编制人员必须考虑需要与需求、目的与目标，设定几个应对的备选方案。预案编制的艺术和科学性将帮助决定需要考虑多少个解决方案或备选方案；无论如何，至少要考虑两种选择。如果只制定一种解决方案，很有可能该方案是一种不适当的应对，从而导致应对的失败。

在编写行动方案时，预案编制人员通过描绘事件的行动、决策点和参与者的活动，来描述行动是如何展开的。这个过程帮助预案编制人员确定在事故发生的初期阶段要立即完成的任务，在事故发展的中期需要更加关注的任务，以及影响长期行动的任务。行动方案的编写应遵循以下步骤：

1. 建立时间表

预案编制人员应该在此表中涵盖全部的任务领域，并且通常利用事件的发作速度来建立时间表。时间表还可能会随着阶段的变化而调整。例如，飓风的发作速度一般以天来计算，而重大的危险品事故的发作速度是以分钟为单位。对于一个涉及多个管辖区或多个层级的预案，一个特定情景的时间表对于所有参与应对的各个级别的政府来说都是一样的。时间表中的决策点和应急行动的设定，描述了不同政府的机构要多久才能开始投入预案规定的工作中。

2. 描绘情景

预案编制人员可使用预案编制步骤三（确立目的和目标）中编制的情景信息来安排时间表中的事件信息。

3. 确定并描述决策点

决策点表示的是事件展开时的时间点，领导们在该时间点参与行动方案的决策。决策点显示了在何地、何时需要决策，从而提供最好的时机来完成过渡目标或应对目的（理想的最终状态）。它们还能帮助预案编制人员决定完成一连串行动可以使用的时间或需要使用的时间。

4. 确定并描绘行动任务

为了描绘每一个行动任务，需要一些基础的信息。在编制行动计划期间，完成这些信息，将帮助预案编制人员在编写任务时，将任务整合到预案中。预案编制人员通过回答下列问题，就能准确确定行动任务：

（1）行动是什么？

（2）谁来执行？

（3）何时执行？

（4）执行行动需要多久？实际可以使用的时间是多久？

（5）行动之前发生了什么？

（6）行动之后会发生什么？

（7）需要哪些资源？

5. 确定资源

最初，预案编制小组可以无条件地列出完成行动任务所需要的资源。其目标是要确定保证行动开展所需的资源。一旦预案编制小组列出了所有的需要与需求，他们就可以开始将可用资源与需求进行比对。通过跟踪应对职责与资源分配，预案编制小组可确定资源短缺情况，并编写供应商或临近辖区所能满足的需求清单。资源中还应该包含应急设施的清单，清单上应标明每个危险可能对这些设施有什么影响。资源短缺信息可以传递到更高级别的政府，并准备编写资源申请。

6. 确定信息与情报需求

除了资源之外，行动计划编制还要提供每个应对参与者的信息与情报需求清单。预案编制人员应该确定他们所需要的信息和情报，并确定他们接受信息与情报的最后期限。

7. 评估进展

在制定行动方案时，这个过程应该定期地被“冻结”，这样预案编制小组就可以：

（1）确定向终极状态迈进的进展情况，包括实现的目的和目标，以及新的需要或需求；

（2）确认“单点式失败”（没有完成就可能会导致应对行动瓦解的任务）；

（3）检查遗漏或差距；

（4）检查组织关系中的矛盾；

（5）检查本辖区预案与相互影响的其他辖区预案之间的不协调之处。

（五）预案的准备、评审与批准

包括两部分内容：编写预案文本和批准并分发预案。

1. 编写预案文本

这一步是把行动方案编写的结果转化成一个行动预案。预案编制小组制定一个草稿，包括基础预案、功能或危险附件，或者预案的其他附录。当预案编制小组逐渐完成草稿时，组员再增加必要的表格、图表和其他插图。最终稿准备好以后，将其分发到负责执行预案机构和组织，听取他们的意见。

编写预案文本要注重以下几点：

（1）编写的语言要简单、清晰，不晦涩；

（2）避免使用难懂的专业术语，尽量少使用缩略语；

（3）使用短句和主动语态，不使用过多的修饰语和含混不清的词语；

（4）提供足够的细节来表达一个容易理解的概念预案；

（5）使用规范的编排预案格式，提供比较详尽的目录，使其读者可以迅速找到解决方案和选择的内容。

2. 批准并分发预案

按照规定将预案提交特定的部门评审、批准和分发。预案评审委员会应该从以下方面考察和评审预案：

（1）预案的范围和行动概念能否满足参加者完成分配的任务？假设是合理的吗？该预案是否遵从了领导与管理层的任务分配和指导？

（2）该预案是否论证了资源的有效性（即资源的充足性与可行性）？资源的充足性决定了所设计的行动是否能够支持分配的任务；资源的可行性审查决定了能否通过利用现有资源完成分配的任务。

（3）可接受性：该预案的成本是否物有所值？该预案是否兼顾了国土安全和政治认可方面的考虑？

（4）与学术的一致性：行动预案是否与已批准的出版物中讲述的学术观点一致。

（5）完整性：该预案规划是否充分地回答了谁来执行预案？它是否描述了应该如何来实现预案？

一旦完成了预案的验证和评审，相关负责人应该把预案呈交给相应的政府领导以获得官方颁布。颁布过程应该以特定的法令、法律或条例为依据。批准的预案应该按规定分发相关部门，也需要依法在辖区的网站或其他公众能接触到的地方对公众公布。

（六）预案的改进与实施

预案公布以后，责任部门应该组织练习预案并评估其有效性。练习包括培训和演练：培训是针对预案的要求教育和训练突发事件应对者掌握基本的知识和技能，演练是每个人或组织按照预案中的角色仿真性实施应对行动的过程，更注重相互之间的协作和配合。

演练中发现的问题，要及时通过修改预案纠正。此外，还有多种情况会导致预案的修订，比如行动资源的改变（政策、人员、组织结构，或领导管理流程、设施或设备）、预案编制指导或标准的正式更新、选定的官员的变化、管辖区的人口统计数据的改变、危险或威胁概况的改变、新的或修订的法律或法规的通过等。总之，行动预案编制是一个持续不断的过程，一旦预案公布，这一过程就不会停止。

第三节　防灾准备的行动

防灾准备的行动是指除了规划紧急事态行动预案之外的其他防灾准备内容的落实过程。一般包括对紧急事态行动预案的演习和检验、人员招募与培训、确定资源和供给以及家庭的防灾准备等，现说明如下。

一、紧急事态行动预案演习

由于紧急事态行动预案是紧急事态发生之后应对和恢复重建的全部行动蓝图，需要不折不扣地实施和执行，所以，不允许有任何重大的纰漏和失误，否则可能造成重大的损失。因而，判断它的可行性、可靠性和功效性究竟怎样，最行之有效的方法是通过对它的演习来评定。

在西方国家，对行动预案的演习是防灾准备必不可少的内容，否则就不算是真正意义上的防灾准备。此外，演习也是考察一级政府、一个地区或一个组织实施行动预案的能力，其结果对防灾准备的能力建设具有指导性意义。美国应急管理学院在《演习设计》的教科书中详细论述了演习的必要性，并列举了若干成功的事例。①

演习应该分别在桌面、功能系统、现场和全面等不同的层面上进行。

（一）桌面演习（Table-Top Exercise）

顾名思义，桌面演习就是在桌面上进行演习。其做法是：所有行动预案涉及的各方，都围坐在一个大桌子旁，依据行动预案的内容，合练行动预案规定的步骤和过程。这样做不是无谓的纸上谈兵，它可以使参加者熟悉行动预案所形成的

① Emergency Management Institute, Independent Study IS139, *Exercise Design*, March, 2003, pp.1–1, 1–5.

应急管理系统，认识自己在其中起的作用和扮演的角色，掌握自己的工作程序，明确自己的责任。

这种演习是行动预案的初级层次的演习，一方面是为了培养参加者相互配合的协同性，另一方面是检验行动预案的合理性、系统性和完整性。

（二）功能演习（Functional Exercise）

功能演习是对行动预案的指挥、协调功能的运转实施的演习。一般在紧急事态行动中心（EOC）或者一个类似 EOC 的房间、教室中举行，行动预案所涉及的所有重要人物，比如各相关部门的负责人参加。它模仿紧急事态发生时 EOC 中出现的真实情景：大量文字的、电话的和无线电的一线信息纷至沓来，报告了灾害现场的各种复杂情况，形势十分紧张。EOC 人员应该依据行动预案的安排，在紧急的形势下履行自己的职责，做出快速而正确的决策，然后下发到第一线。

参加者同时又是行动预案的制定者或者批准者。通过这种演习，检验了行动预案程序、预案的组织机构、任务分配和政府官员之间必需的相互联络等方面的合理性，培养了在紧急事态发生时沉着冷静的应对能力。当然，通过功能演习，往往会发现行动预案在职权部门的责任分派方面的矛盾，需要及时修正预案。

（三）现场演练（Field Drill）

现场演练针对的是行动预案的前线运作功能，所以需要第一线的紧急事态应对部门和人员参加，最好是某一特别功能的所有涉及人员都能参加。它是为全面演习所做的必要准备。在实施全面演习之前，应该首先验证每一个功能或系统都能够运转良好，比如，举行一场警报传递演练，验证从预警发出到警报传输的全过程的各个程序的履行，看其是否能够达到行动预案规定的目标。演练也可以验证某些特别机构的工作程序和效率，比如 EOC、通信中心等。

（四）全面演习（Full-Scale Exercise）

全面演习是紧急事态行动预案的最高层次的演习，是将功能演习和现场演练结合在一起的全面性演习。所以行动预案涉及的部门、人员、装备都要按照真实发生紧急事态的情况下到位，设计仿真的紧急事态情况，甚至连伤病员、难民也要仿真，按照行动预案的安排一丝不苟地执行。演习设计得越逼真、越接近真实的紧急事态形势，就越能发现行动预案的不足，也越能培养所有参加者实施行动预案的能力，从而在真正的紧急事态发生时，就越能从容应对，减少损失。

二、人员与资源准备

在防灾准备中，除了编制紧急事态行动预案之外，就是人员和资源的准备。事实上，紧急事态行动预案就是把人员和资源按照一定的机制组织起来，是落实行动预案的具体行动。

（一）人员准备

人员准备包括两个内容，一是在紧急事态行动预案中承担责任人员的招募与培训，二是对广大的社区居民进行组织和紧急事态意识的教育。

1. 责任人的准备

责任人是指在紧急事态行动预案中承担具体责任的人员。这些人有的是专职人员，如消防和警察人员；有的虽然是非专职的，却只需要按照行动预案的要求来做即可，如参与行动预案功能系统的负责人；更多的则需要临时招募。这些人员必须在紧急事态发生前，对其进行岗位职责要求的正规培训，以确保其能承担指定的工作。

此外，在紧急事态行动预案完成之后，每一个成员都要参加预案的演习，熟悉各自的角色和责任，掌握履行这些责任的基本技能。

2. 志愿者的准备

志愿者在紧急事态发生时，为受害者提供无偿的救助和服务。各个国家的志愿者都有自己的组织，经过专门培训，在紧急事态发生时承担固定的责任。在美国，最基层的志愿者组织是社区紧急事态应急小组（Community Emergency Response Team，CERT），由于其成员都是由社区人员组成，因此能在灾害发生的第一时间抵达现场，是应急灾害的第一力量。他们被招募，通过组织培训，并配备必要的救助设备。

3. 公众紧急事态意识与一般技能教育

公众的紧急事态意识与一般技能教育是防灾准备的重要内容。美国联邦应急管理局、红十字会以及各州的应急管理部门，都设置了许多对大众免费开放的紧急事态意识和技能教育课程，既可以按照指定的培训地点参加学习，也可以通过互联网的交互式教育方式学习。美国的应急管理学院每年都要开设十多门课程，开展校园内教育和网络在线教育，每年接受教育的人数达数十万。澳大利亚也开设了针对本国发生灾害的教育培训课程，新西兰公民可以共享这些课程。此外，它们还出版了大量小册子和宣传品，免费广泛散发，培养公民对灾害的认识，教授平时的准备和灾害发生时应该采取的自救、互救方法和技能。最权威的大全式的公民紧急事态意识和技能教育手册，当数联邦应急管理局的《你准备好了吗？——公民防灾准备全面指导》，全文200多页，林林总总，浅显易懂，全方位讲授了每一个家庭、每一个人为什么要做应对灾害的准备、怎样做这样的准备。[①]这些小册子和书籍，在各级政府的应急管理部门，在每一个城镇、乡村、学校、医院等都可以得到，也可以从国家的应急管理部门网站上下载。

（二）资源准备

资源准备是为落实紧急事态行动预案提供物质基础，在行动预案中，对人员准备和材料的需求都有具体的要求，资源准备就是满足这些要求的过程。它包括两个内容：确认资源和物资，以及指派紧急事态使用的设施。

1. 确认资源和物资

确认资源首先要认识潜在的资源有哪些？一般而言，包括以下几项：

（1）本级政府资产和本级政府持有的上级政府资产；

（2）社区中的资源；

（3）相邻行政区划中的资源；

（4）私人部门可用的资源。

上述资源中，最重要的是政府资产，不管它归属政府的哪一部门、哪一系统，它们是行动预案所需资源的核心，构成了应急的第一线资源。

社区资源绝大多数是指人力资源，如社区内的各种应急小组，像红十字会、救世军、天主教救济服务团、老年公民团、商会、搜索小组、妇女俱乐部等，它们可以在行动预案中承担部分相应的工作。

至于相邻行政区划中的资源，一般不是通过购买获得，而是通过相邻地区政府之间签订相互援助协议的方式，在各自辖区内的资源不足的情况下，在紧急事态中实现资源共享。因紧急事态不是每天发生的，任何一个政府都不需要准备满足最大限度需要的资源。与其他相邻地区实现资源共享，在满足了紧急事态所需资源的同时，也最大限度地保证了资源的充分利用。

私人部门的资源则包括人员及装备。在西方国家中，通常私人部门拥有比政府部门更现代化的防灾装备和专家，在紧急事态发生时雇用他（它）们，是一种备用选择。

---

① FEMA, *Are You Ready？ An In-depth Guide to Citizen,* September, 2004.

在对所需要的资源进行确认之后，要与拥有资源的单位负责人沟通敲定该资源，签订使用合同，之后对全部资源登记造册，形成资源清单，标明资源的提供者及其地址和联系方法、资源的种类、数量、存放地点等，输入行动预案的信息系统中。而这些数据信息必须经常更新，以确保所需资源能满足不断变化的情况需要。

2. 指派紧急事态使用的设施

紧急事态中使用的设施在规划行动预案时也要加以确认，在这些设施中，最重要的是紧急事态行动中心（EOC），其他如帐篷、分发中心和物品库区等。

紧急事态行动中心是应急紧急事态的指挥部，指挥着全部应急行动。此外，它不仅要保证现场对各种资源的需求，而且要协调各个部门，并承担应对者与上级政府之间的联络任务。

分发中心是指在发生紧急事态之后，对大众分发食品和其他生活物品的机构和场所。一般由红十字会或志愿者组织承担此类工作，但要在防灾准备中做专门的规划。

物品库区是存放紧急事态应急所需的各类设备的地方，包括库房、场地等。一般应该选择在既安全（即不易受到灾害影响），交通又便利的地方。

三、家庭防灾准备

虽然家庭防灾准备不是政府履行的责任，但却是各国政府督促、教育、提倡、指导人民履行的责任，如同公共安全管理一样，是宪法赋予政府的责任。

家庭防灾准备方面，无论是澳大利亚、新西兰还是美国，政府的工作都做得近乎完美，形成了一整套成熟的方案。它们之所以重视家庭防灾准备，是因为家庭是社区中最基本单位，家庭成员是各种灾害打击的具体对象；而且在灾害发生时，任何外来的救助，无论是政府还是社区，都需要一定的反应时间，而很可能就在这或长或短的反应时间内，家庭已经遭受难以挽回的生命和财产损失。所以，家庭是各类灾害的第一应对者，实现有防灾准备的家庭，是减轻灾害后果的首要因素。

根据美国联邦应急管理局和美国红十字会联合出版的《为灾害做准备》的小册子，家庭防灾准备可分为以下四个步骤：①

① FEMA, American Red Cross, *Preparing for Disaster*, FEMA 475, A4600, August, 2004.

（一）了解可能发生的灾害情况

每一个家庭，由于居住地点和环境不同，所面临灾害的风险也不同。因此，家庭防灾准备的第一步就是必须了解本社区面临的危险，不管是自然的、技术的还是人为的，之后才能做有针对性的防灾准备。

第二步是了解本社区的灾害预案，知道社区的安排，以便在灾害发生时按照社区预案的安排行动。

第三步是了解在紧急事态发生时家庭撤离的路线和地点。

第四步是了解政府和社区的预警系统和预警信号，知道怎样获得灾害预警和识别预警的等级及含义，从而采取相应的行动。

（二）编制一个家庭预案

如同政府和社区的准备一样，预案在家庭的防灾准备中也起着关键性的作用。家庭预案一般包括以下内容：逃跑线路和会合地点，家庭通信设施、煤气、水、电的关闭与安全，保险和重要档案、数据的保存，对动物的照料，安全技能等。

（三）准备灾害救助包

在紧急事态发生时，由于情况可能非常紧急，来不及购买或收集逃生后短时间内所需要的生活必需品，因此，每个家庭都需要在平时准备若干个灾害救助包，分别放在家里、工作场所和汽车上，以便灾害发生时顺手可得。

一般而言，灾害救助包中包括以下种类物品：至少三天的食物和饮水、手电筒、半导体收音机和备用电池、急救包、卫生用具、防水表、哨子、地图、衣服和毯子、现金、简易工具等。而且灾害救助包中的东西要经常检查和更换，保证质量良好。

（四）维护家庭的预案

家庭预案编制完成之后，每隔半年左右就要审查一次，随时改进。同时，要经常对家庭成员进行关于预案内容的测试，并对预案进行实习或演习，掌握各种意外情况的应急方法，使家庭成员在灾害发生时，能够准确无误地按照预案行事。

第四节　美国的全国防灾准备

根据美国国土安全部的诠释，全国防灾准备的含义是：面对国内突发事件，特别是需要协调相应的联邦、州、地方的与私人部门和非政府组织的实体联合应对的重大事件，需要采取持续的行动周期，规划一些必要对策（如预案、程序、政策、训练、装备）以尽量扩大对灾害的阻止、防护、应对和从中重建的能力，旨在减少对生命、财产和经济的影响。[①]

自“9·11”恐怖袭击事件发生后，美国明显感受到公共安全方面的威胁，开始采取一系列措施，改进在全国广泛引起非议的公共安全管理状况，如颁布《国土安全法》和成立国土安全部。为了将保护国土安全的工作全面落实，小布什总统发布了三个重要行政命令，指示国土安全部建立美国国家的防灾准备机制。

一、美国全国防灾准备序列的确立

2003 年 2 月，小布什总统发布了关于国土安全的第 5 号行政命令“管理国内突发事件”，要求国土安全部牵头负责，协调联邦各部门和各级地方政府，建立《全国突发事件管理系统》，制定国家应急预案。[②]同年 12 月 7 日，小布什又发布关于国土安全的第 7 号行政命令，要求国土安全部协调联邦和各级政府部门以及相关私人企业，制定全国重要基础设施保护预案。[③]2003 年 12 月 17 日，小布什发布关于国土安全的第 8 号行政命令，题目是“全国防灾准备”，要求国土安全部具体制定关于全国防灾准备各项内容的落实计划，其中包括全国防灾准备目标、基于能力的预案编制工具、国土安全资助指导以及全国防灾准备指导。[④]这三份文件构成了美国全国防灾准备的法律依据，并且搭建了防灾准备的主体框架。其结构和逻辑关系如图 11–3 所示。[⑤]

关于国土安全的第 5 号、7 号和 8 号总统行政命令表现了美国政府对国土安全的全部构想。

第 8 号行政命令中的“防灾准备”是指“在联邦、州和地方政府层面上，具备针对重大事件的预防、应对和从中恢复的最大能力所必需的预案、程序、政策、训练和装备”。这是针对“全灾种的准备”（all-hazards preparedness），既包

① Department of Homeland Security, *Interim National Preparedness Goal*, March 31, 2005, p.3.

② George W. Bush, Homeland Security Presidential Directive/HSPD-5, *Management of Domestic Incidents*, 该文件来自美国白宫官方网站。

③ George W. Bush, Homeland Security Presidential Directive/HSPD-7, *Critical Infrastructure Identification, Prioritization, and Protection*，该文件来自美国白宫官方网站。

④ George W. Bush, Homeland Security Presidential Directive/HSPD-8, *National Preparedness*，该文件来自美国白宫官方网站。

⑤ 本示意图由 Department of Homeland Security, *Interim National Preparedness Goal*, March 31, 2005, p.2 的示意图改变而来。

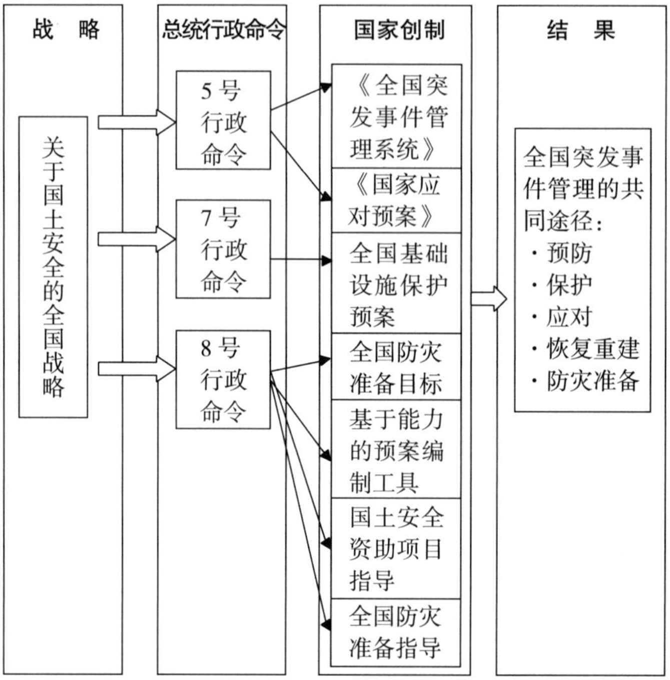

图 11-3　美国全国防灾准备的主体框架

括国内的恐怖袭击，也包括重大灾难和其他紧急事态。[①]

按照 8 号总统行政命令的部署，国家安全委员会和国土安全部先后发布了三个序列性文件，彼此间包含着严密的逻辑关系。分别是《国家预案编制情景（2004）》（National Planning Scenario, 2004）、《通用任务清单（2005）》（Universal Task List，2005）和《目标能力清单（2005）》（Target Capabilities List，2005）。它们之间的相互关系如表 11-3 所示。

表 11-3　全国防灾准备系列文件之间的逻辑关系

国家预案编制情景	确定了美国可能发生的 15 种重大突发事件情景
通用任务清单	处置上述 15 种突发事件时各级政府所需要完成的 1600 种任务
目标能力清单	从 1600 种任务中筛选出 300 种重要任务，确定了完成它们各级政府应该具备的 36 种基本能力，作为全国防灾准备的建设重点

① George W. Bush，*Homeland Security Presidential Directive/HSPD–8*，*National Preparedness*，December 17, 2003.

2011 年，国土安全部发布了《全国防灾准备目标》(National Preparedness Goal)，确定了全国防灾准备的五大领域（预防、保护、减除、应对和恢复重建）的核心能力；同年，又发布了《全国防灾准备系统》(National Preparedness System)，确立了建设这些核心能力的基本流程和步骤；从 2012 年开始，每年发表一份《全国防灾准备报告》，公布各种核心能力建设的进展情况。

这些文件正在打造美国国家针对各类紧急事态的准备和应对能力，但距最后形成这种能力仍有较长的路要走。

二、美国全国防灾准备的内容

美国全国防灾准备包括两个方面的内容，一是建立全国应急的共同途径；二是建立全国防灾准备的共同途径。

（一）全国应急的共同途径

根据总统关于国土安全的第 5 号行政命令，国土安全部带头制定的两个里程碑式的文件:《全国突发事件管理系统》和《国家应急预案》，完成了全国应急共同途径的建设。

《全国突发事件管理系统》对发生在各个层次上的突发事件，无论是什么原因引起、有多大的规模和复杂性，都提供了一套统一的管理框架。以突发事件指挥系统为核心，该管理系统为各级政府和第一应对者建立了一个应对恐怖主义、自然灾害、技术灾害和其他紧急事态的共同基础。

《国家应急预案》是针对各个领域、全部危险的国内突发事件管理预案。它利用《全国突发事件管理系统》建立的模块，提供了一种结构和机制，对跨联邦、州、地方和地方政府实体，以及私人部门和非政府组织的突发事件管理行动和支持功能，进行有效的协调和整合。此后《国家应急预案》几经修改，到 2008 年被《全国应对框架》所取代。

（二）全国防灾准备的共同途径

根据总统关于国土安全的第 8 号行政命令的要求，国土安全部开始了建立全国性防灾准备的工作过程。2004 年 7 月发布的《预案编制针对场景》，由联邦和各级地方政府的国土安全方面的专家精心设计，构想了对美国构成威胁的各种场景计 15 种，其中包括各种恐怖主义袭击、自然灾害事件和全国流行疾病暴发等，针对每一种场景，都给出了事件概述（Scenario Overview）、关键点（Key Implication）和应采取的行动范围（Mission Areas Activated），以此作为制定全国防灾准备标准的基本结构，借以衡量保护国土安全的能力。

2005年3月发布的《过渡性全国防灾准备目标》，是自小布什总统发布关于国土安全的第8号行政命令以来的重大工作的总结，将美国国土安全工作方面的重点从联邦政府如何致力于强化美国政府的防灾准备，转到对恐怖主义袭击、自然灾害和其他紧急事态的阻止、防护、应对和恢复重建上来，以及联邦政府如何使用安全资源以获得更大的回报上来。全国防灾准备目标主要解决三个问题："我们需要做什么样的准备？怎样做防灾准备？怎样确定工作的优先权以弥补现有的缺陷？"[①] 为了回答这三个问题，它连同作为其附属或补偿文件的《目标能力概览》和《通用任务概览》，共同完成了以下工作：

1. 确立了全国防灾准备的优先权（Priorities）

全国防灾准备的优先权分为两类，一是包罗一切的优先权（overarching priorities），包括落实《全国突发事件管理系统》和《国家应急预案》、扩大地区合作和落实《过渡性全国基础设施保护预案》；二是特别能力优先权（special capabilities priorities），包括加强情报共享和合作能力，加强共同操作的通信能力，加强对化学的、生物的、放射性的、核污染的和高爆炸物的侦察、应对和去污染能力，加强对疾病暴发和大规模传染病的应对能力。

2. 确定了准备的指标（targets）

由于各类突发事件到来的时间和规模、影响等都是不确定的，因而美国不可能始终为各种可能性维持一种最高的防灾准备状态。美国总统8号行政命令要求全国防灾准备目标要建立"可测量的防灾准备指标，针对恐怖主义袭击、重大灾难和其他紧急事态的潜在威胁和规模，以恰当地衡量在阻止、应对和从中恢复中所需要的资源"[②]。根据这一命令，国土安全部依据不同的政府级别和可能发生的紧急事态的规模，制定了不同能力标准的指标。制定这些基于风险的能力标准指标，是通过基于能力的预案编制（capabilities-based planning）过程实现的。这种预案编制方法就是为在不确定的形势下提供针对广泛的威胁和危险适当的能力，同时能够维持在必须满足优先权和选择的经济框架内。在《预案编制针对场景》中设定了预案编制针对的各种紧急事态的范围、规模和种类之后，《通用任务概

① Department of Homeland Security, *Interim National Preparedness Goal*, March 31, 2005, p.1.

② 参见小布什总统关于国土安全的第8号行政命令第6条。George W. Bush, Homeland Security Presidential Directive/HSPD-8, *National Preparedness*, Department of Homeland Security, *Interim National Preparedness Goal*, March 31, 2005, p.c-2。

览》提供了针对 15 种场景所需要的资源的任务清单，每一个责任实体所应该承担的职责和任务。而《目标能力概览》则规定了各级政府应该拥有的和需要发展的 36 种能力清单。这 36 种能力成为美国全国防灾准备的基本任务。

借此，国土安全部描述的全国防灾准备目标是："建设一个安全的有抗逆力的国家，针对给我们造成最大风险的威胁和危险，具备跨全部社区的能力去预防、保护、减除、应对和从中恢复。"①

表 11-4　美国全国防灾准备按功能区划分的 36 种核心能力②

<table>
<tr><th>预防</th><th>保护</th><th>减除</th><th>应对</th><th>恢复重建</th></tr>
<tr><td colspan="5">规划（预案编制）</td></tr>
<tr><td colspan="5">公共信息与预警</td></tr>
<tr><td colspan="5">行动协调</td></tr>
<tr><td colspan="2">情报与信息分享</td><td rowspan="4">社区抗逆性；
长期脆弱性减低；
风险与灾难抗逆力评价；
威胁与危险识别</td><td colspan="2">基础设施系统</td></tr>
<tr><td colspan="2">制止与打断</td><td rowspan="3">重要运输；
环境应对 / 健康与安全；
死亡管理服务；
火灾管理与压制；
后勤与供应链管理；
大众照顾服务；
大规模搜索与救援行动；
现场安全保护与执法；
行动通信；
公共卫生、医疗保健与应急医疗服务；
形势评估</td><td rowspan="3">经济恢复；
卫生与社会福利；
住房；
自然与文化资源</td></tr>
<tr><td colspan="2">筛选、搜索与侦察</td></tr>
<tr><td>取证与出入控制</td><td>访问控制与身份识别；
网络安全；
物理保护手段；
保护项目与行动的风险管理；
供应链完整与安全</td></tr>
</table>

3. 确定了全国防灾准备的路径

利用这些核心能力，通过以下路径实现全国防灾准备的目标：

① Department of Homeland Security, *National Preparedness Goal*, Second Edition September, 2015, p.1.

② Department of Homeland Security, *National Preparedness Goal*, Second Edition September, 2015, p.3. 其中规划、公共信息与预警、行动协调为五个功能区的共有能力；情报与信息分享，制止与打断，筛选、搜索与侦察和基础设施系统四个核心能力各服务两个功能区，每个算两种能力，总共 36 种能力。

（1）预防、避免或中断可能的和现实的恐怖主义行动；

（2）保护我们的公民、居民、访问者、资产、系统和网络不遭受最大的威胁和危险，维护我们正常的利益、感情和生活方式；

（3）通过减轻未来灾害的影响，减少生命和财产损失；

（4）灾害发生后迅速应对以拯救生命，保护财产和环境，满足基本的人道需求；

（5）灾后通过迅速加固、修复和重建基础设施、住房、环境、文化设施和经济，实现快速恢复。

国土安全部认为，当这些工作完成后，美国就建成了“有防灾准备的国家”，可以从容地应对从恐怖主义袭击到自然灾害和其他重大紧急事态。

奥巴马政府上台后，在 2011 年发布了一个关于全国防灾准备的 8 号政策令，2012 年又将应急管理工作的全流程分解为五个框架，使美国从联邦、州、地方政府到私人企业、非政府组织、社区和个人都能够参与进来。美国应急管理系统得到了新的发展。

思考题

1. 试述防灾准备的基本概念与内容。
2. 为什么要做防灾准备？试述防灾准备的周期。
3. 试述紧急事态行动预案的实质和内容。
4. 如何规划紧急事态行动预案？
5. 防灾准备的行动如何落实？
6. 试述紧急事态行动预案演习的模式。
7. 试述家庭防灾准备的主要内容（四个步骤）。
8. 试述美国国土安全部建立国家的防灾准备的机制。
9. 试述美国全国防灾准备的具体内容。

第十二章

灾害应对

关键词

灾害应对　地方为主原则　逐级介入原则　优先权原则　应急预案　快速评估　潜在灾害　预警系统

前　言

灾害应对（Response）是公共安全管理周期的第三阶段，是应急管理的主要内容。灾害应对开始于紧急事态迫近或发生的瞬间，是将第二阶段“防灾准备”中制定的突发事件行动预案付诸实施的过程。

不过，各级政府的预案中规定的是灾害应对的主要行动和行动程序，细则和具体做法仍然是长期实践中形成的独立体系，具有明确的通用性。从行动预案所反映的内容来看，美国、澳大利亚和新西兰之间并没有明显差异。

因此，本章仍以西方国家应急管理中的灾害应对作为主要研讨对象。

第一节　灾害应对的概念和原则

一、灾害应对的概念

灾害应对是公共安全管理中的主要概念之一，无论在美国还是澳大利亚、新西兰，都具有相类似的概念。

美国《全国突发事件管理系统》中“应对”的含义是：

"致力于一场突发事件的短期的、直接的后果的行动。它包括拯救生命、保护财产和满足基本的人道需求的迅即行为；也包括实施突发事件行动预案，以及旨在减少生命损失、人员伤害、财产损坏和其他不利后果的灾害减除行动。在形势需要时，应对行动还包括使用情报和其他信息减少突发事件的效力和后果，强化的安全行动，持续的对威胁的本质和源头的调查，进行中的公共卫生和农作物监督与检测过程，免疫、隔离或检疫，以及旨在先制（preempting）、阻断或瓦解非法行为的特殊的执法行动，并且逮捕现行罪犯押至法庭。"①

国土安全部在2016年《全国应对框架》中的解释是：应对"包括突发事件发生时拯救生命、保护财产和环境、稳定社区、满足基本人道需求的行动；也包括实施应急预案与行动以支持短期恢复"。②

澳大利亚应急管理署关于"应对"的概念有两重含义，分别是："（1）在紧急事态之中和刚刚结束时介入所采取的确保其后果被控制在最小，并对受影响的人们给予立即的救援和支持的行动。（2）在紧急事态之中和刚刚结束时介入所采取的旨在将它的后果控制在最小的措施。"③

新西兰民防部的定义是："应对即灾难应对。在灾难之中和灾难之后采取的许多决定和行动，包括立即的救援、恢复和重建。"④

相比之下，美国的定义较为详细，将应对的许多具体行动和措施都包括进去了。澳大利亚和新西兰的定义相对简单，但义域并不比美国的狭隘。在美国应急管理学院的教科书中，对"应对"也简单明了地定义为"在事件中拯救生命、减少损失的全部行动"，并指出这些行动的内容包括三大类：

（1）对受害者提供紧急事态帮助；

（2）恢复重要基础设施（如公用事业）；

（3）确保重要服务的连续性（如执法、公共工程运行）。⑤

上述这些定义显示出高度的一致性。

---

① Department of Homeland Security, *National Incident Management System*, March, 2004, p.136.

② Department of Homeland Security, *National Response Framework*，Third Edition June，2016, p.1.

③ Emergency Management Australia, *Australia Emergency Management Glossary*, Better Printing Service, Commonwealth of Australia, 1998, p.94.

④ *Ministry of Civil Defense and Emergency Management Glossary*，p.15.

⑤ Emergency Management Institute，Independent Study IS-230, *Principles of Emergency Management*, March, 2003, pp.3–16.

二、灾害应对的原则

在实际灾害应对过程中，西方国家具有三个共同原则，它们是地方为主原则、逐级介入原则和优先权原则。

（一）地方为主原则

在联邦制国家的美国和澳大利亚，根据宪法精神，州和地方政府保留那些没有赋予联邦的权力，因此公共安全管理的主体都归于州及地方政府。美国的《斯塔福德法案》专门重申了这一原则，在《全国应对预案》中，又充分体现了这一原则。

国土安全部在诠释《全国应对预案》时指出，它的重点是放在对地方灾害应对的支持和援助上，所有突发事件都必须在尽可能低的组织和行政区划的层次上应对，警察、消防、公共卫生和医疗、应急管理和其他人员对地方上的突发事件管理负责，只有当这些事件上升到全国性影响事件[①]的层次的时候，国土安全部或联邦应急管理局才会介入，提供联邦资助的操作和资源协调。

澳大利亚在“应急管理安排”中，也将州和地方政府作为应急管理的主要责任人，而且只有根据它们同意的安排，联邦政府才能对它们提供支持和指导，以增强它们应对紧急事态和灾害的能力；只有在它们力所不及的情况下，才会对提出申请的州提供物质援助。而只有在涉及为国外的紧急事态和难民提供人道主义救助事务时，联邦政府才是主要责任人。[②]因此，美国和澳大利亚十分重视各州和地方政府的突发事件行动预案编制，重视社区的紧急事态准备，重视企业和家庭的紧急事态准备和应急工作。家庭成员、社区紧急事态应急小组（CERT）、警察、消防部门等被看作紧急事态的第一应对者。

地方为主原则也是突发事件指挥系统（ICS）的基本原则，它说明一个基本事实，那就是绝大部分紧急事态都是局部的、地区性的，不管是火灾、交通事故

---

① 全国性影响的事件（Incident of National Significance）是美国最近才推出的一个专用术语，据《国家应急预案》显示，它基于小布什总统关于国土安全的第 5 号行政命令第 4 条的标准划定，该命令确定了国土安全部部长协调联邦资源帮助州政府应对紧急事态的四个条件，《国家应急预案》将其归纳为：现实的或潜在的具有严重影响的事件，需要联邦、州、地方和非政府以及私人的实体协调或联合应对，以拯救生命、减少损失并为社区的长期恢复和灾害减除提供基础。——参见《国家应急预案》第 67 页；George W. Bush, Homeland Security Presidential Directive/HSPD-5, *Management of Domestic Incidents*, 第 4 条。

② *Australian Emergency Management Arrangements*, Sixth Edition, Edited, typeset and published by Emergency Management Australia, Printed in Australia by Paragon Printers, Commonwealth of Australia, 2000, p.2.

还是自然灾害，往往不需要地方以外力量的介入就可以有效应急。

此外，在财政支出上，以地方为主的原则也体现出谁受益谁付出的公平性。

（二）逐级介入原则

在西方国家应急管理事件中，普遍实行着逐级介入原则。如果地方政府不能对发生在本区域内的紧急事态实施有效应对的话，或者紧急事态影响范围超出了某一行政区划的话，便应该请求上一级政府或联邦政府的介入。

美国联邦介入的重大灾害宣布程序就体现了这一原则：

（1）地方政府应急：由邻近社区和志愿者机构实施，如果力所不及，要求州政府援助；

（2）州应急：利用州的资源介入，比如国民自卫队和州各机构；

（3）损失评估：由地方、州、联邦和志愿者组织确定损失和重建的需求；

（4）重大灾害宣布：由州长基于损失评估提出承诺州的资金和资源将用于长期的重建；

（5）联邦应急管理局评估：根据灾害本身、地方社区和州的重建能力，对白宫提出建议和请求；

（6）总统同意或拒绝：并要求联邦应急管理局将其决定通知州长。

而只有总统宣布了一个地区的紧急事态状态和灾难状态，联邦才会对该州提供资源援助。澳大利亚联邦政府介入的前提也一样，也是在州力所不及并且向联邦政府提出援助请求情况下，联邦政府才会采取行动。

（三）优先权原则

优先权也应该是应对的原则。应对的优先权是指在应对中对资源分配和使用的优先目标。事实上，在应对的定义中，就有关于应对的优先权的暗示。美国应急管理学院在《突发事件指挥系统入门》教科书中，提出在紧急事态应对中基本优先权的顺序是：

第一优先权（First Priority）：生命拯救；

第二优先权（Second Priority）：突发事件的稳定；

第三优先权（Third Priority）：财产保护[①]。

如果说这种表述还有点笼统的话，那么新西兰《全国民防预案》中则明确作出了规定：

---

① Emergency Management Institute, ICS-100: *Introduction to ICS*, September, 2005, pp.3–15.

第一优先权

（1）保存生命：减轻威胁人们生命的危险，将人们立即从受威胁的地区转移出去，帮助那些迫不得已留下的人们。

（2）保存政府：保存、维持以及在可能的情况下重新布置政府机器。

（3）维持法律和秩序：部署警察和其他致力于维护法治的人。

（4）照顾病人、伤者并提供福利设施：维持急救和医疗设施运转，提供优先的福利供给和服务。

第二优先权

（1）保护财产：部署消防和其他危险应对部门，首先保护那些恢复和重建需要的资产，然后是其他建筑物和资产。

（2）检查损失：部署检查小组，评估建筑物和基础设施的损失情况，区分出安全可用的或其他的建筑。

（3）维持和恢复基础生活设施：

① 由中央和地方政府部门履行他们的正常义务。

② 提供食品、饮用水和其他必需物品。

③ 恢复通信设施。

④ 供应电力和煤气。

⑤ 恢复供水和排污水设施。

⑥ 恢复和运转交通设施。

⑦ 恢复公共信息与新闻设施。

⑧ 投入资源尽可能减少对环境的破坏，保护具有历史和文化价值的物体和建筑。

（4）恢复社会结构：恢复学校、社区设施等的正常活动。

（5）其他设施：恢复工商业和其他组织，满足人们渴望的但并非必不可少的服务。

（6）其他职责：帮助那些不具有更高优先权的公共和工商业成员。[①]

上述三个原则虽然各有关国家没有专门强调，却是紧急事态的应对者在工作中必须遵循的。

---

① 新西兰民防部部长 Hon George Hawkins 2002 年 5 月 22 日签署，新西兰《全国民防预案》（National Civil Defence Plan），part One, Government Response, 第 9 条。

第二节 灾害应对的环节和内容

尽管灾害应对是将突发事件行动预案付诸实施的过程，但灾害应对需要什么样的程序，何时及怎样启动行动预案等均需要具体规定。

一、灾害应对的环节

美国应急管理学院教科书中，将灾害应对分为五个环节或步骤，可视为灾害应对的一般程序。[①] 此外，风险 / 危机沟通也是突发事件应对中必不可少的内容，但它不是一个环节，而是贯穿应对全过程的工作。

（一）预警与通告（Alerting and Notification）

预警是对灾害事件发生的时间、规模、后果等做出提前的预测，预警发出对象包括可能遭受灾害影响的大众、参加紧急事态应对的相关人员和组织。预警是良好应急的前提。有的灾害性事件（如台风、洪水）由于发生过程较长，在现代气象预报和通信技术条件下，有充分的预警时间；有的事件（如地震、恐怖主义袭击、重大技术事故等），预警时间很短，只有几分钟甚至没有预警时间。

在灾害的预警阶段，大众需要关注三个方面：一是保持对灾害信息了解渠道的畅通，随时掌握灾害的进展情况；二是做预先准备工作，如关闭电源、煤气，准备应急物品等；三是随时准备在接到政府或官员的命令时，采取某些特别行动。预警信息的来源主要包括收音机、电视机、电话、网络等，对于没有这些设施的人员和家庭，要有其他通知方式。

（二）警示（Warning）

警示是针对那些预警时间很短，或几乎没有预警时间的灾害事件，如有毒化学品泄漏，如果没有时间发出预警和通告，应急管理者所能做的就是对大众就即将到来的危险发出警示。警示方法一般包括以下几项：

1. 媒体紧急警示

对突然发生的紧急事态，最快及最有效的方法就是要求正在播出的媒体，不管是电台还是电视台，立即中断节目，插播警示公告，这样能够及时地向可能受到影响的大众发出灾害应对信息，采取最快的应急对策。

---

① Emergency Management Institute，Independent Study IS-1 *Emergency Manager: An Orientation to the Position* , October, 2002, p.5–1.

2. 广播喇叭警示

有时事件发生非常紧急，来不及通知媒体播放警示；或者即使通过媒体发出警示，但很可能有的居民当时无法收听或收看。因此，在事件影响地区，利用宣传车的广播喇叭播发警示，不失为简单而有效的办法。

3. 人员警示

如果上述两种方法不能实现，或者即使都实现了，还可能因道路及电讯中断，仍然有处在危险区内的人员没有得到警示，如老年人、残疾人或病人。所以，派人挨家挨户进行上门警示是最后的防线。虽然效率较低，但可达到及时救援功能。

（三）保护公众和财产（Protecting the Public and Property）

灾害应对的最主要步骤是保护大众的生命和财产安全。具体工作包括保护人员的安全、提供医疗救助、搜寻和救援、从灾区撤离、为灾民提供撤离工具等。其中，最重要的是保护人员的生命安全和对伤员给予及时救治。其次是保护财产安全，避免损失持续扩大。一般而言，地方紧急事态服务部门（消防、警察）承担这些责任，如消防部门要尽快扑灭大火，警察要保证在灾害应对过程中不发生抢劫事件等。

（四）提供公共福利（Providing for the Public Welfare）

提供公共福利包括两方面的内容：对处在紧急事态中的受影响人员给予照料和评估损失。人员照料主要是由专门的服务救济部门负责，如红十字会、救世军和行动预案中确定的其他组织，基本任务是为灾民提供急需的食品、衣物、临时住所。损失评估依据突发事件行动预案的安排，一般由社区负责，目的是为负责灾害应对的官员提供应急所需要资源的种类、数量及优先权等决策依据，也是争取外部援助的依据。

（五）复原（Restoration）

复原是灾害应对的最后步骤，主要指修复被损坏的重要服务设施，重建水、电、煤气供应，清理和修复道路，加固受损建筑等。在这一阶段，商店、学校、医院等要实现重新开放，社区的基本功能要重建，为整个重建阶段的开始奠定基础。

（六）风险 / 危机沟通（Risk/Crisis Communication）

风险 / 危机沟通是突发事件应对过程中贯穿始终的重要工作，深深影响着应急处理的效果，在某些事件中甚至会影响到应急处理的成败。西方国家在公共安全管理中对其予以高度重视。

1. 风险 / 危机沟通的概念

在应急管理或危机管理领域，沟通有一组相关的概念：风险沟通、危险沟通

（Hazard Communication）和危机沟通。美国疾控中心（CDC）也将危机与紧急事态风险沟通并列使用（Crisis and Emergency Risk Communication，CERC）。不管是哪一种沟通，只是沟通的内容和形式方面有所差别，主要的元素是相同的。

2007年版的《ISO 22399：社会安全》国际标准为"风险沟通"下的定义是："在决策者和其他利益相关方之间关于风险的信息交流与共享。注意：这些信息与风险的本体、性质、形式、可能性、严重性、可接受性、处理及其他方面有关联。"①

欧洲环境署的定义是："信息在风险的评估者、管理者、新闻媒体、利益集团和普通公众之间的相互交流。"②

美国卫生与人口服务部的定义是："在个人、团体、机构之间的信息和看法交流的交互式过程；通常包括风险性质，或表示关切、意见，或风险信息的反应，或对风险管理的法律制度安排反应等多重信息。"③

美国的危机管理学者们比较认同的概念是："旨在为外行人们提供的其所需的关于健康、安全和环境的信息，以使其知情和作出独立判断。"④

根据以上的含义，风险沟通的概念可以归纳如下：

风险沟通是指针对可能发生或已经发生的影响到公共安全的重大事件，由政府部门或责任方对公众、媒体、利益攸关方发表准确、及时、必要的信息，旨在通知他们潜在的危险和应该采取的避险措施，帮助他们在面对损失和伤害时尽可能做出对自己有利的选择。

需要特别指出的是，在现代社会中，危机沟通的效果对沟通方（责任方）具有强大的反作用力，会严重影响到对其能力和公信力的社会评价，最终影响其名声和威望。

2. 风险／危机沟通的结构

风险沟通的结构是指沟通框架，由信息的相互作用方和信息流程来呈现，其结构及流程见图12-1。

---

① Switzerland，ISO 22399：2007（E），Societal Security-Guideline for Incident Preparedness and Operational Continuity Management, 2007.

② European Environment Agency, EEA Environmental Glossary, 2007，http://glossary.eea.europa.eu/EEAGlossary/search_html.

③ U.S. Department of Health and Human Services，*Communicating in a Crisis: Risk Communication Guidelines for Public Officials*, 2002，p.4.

④ Bullock & Haddow，*Introduction to Homeland Security: principles of all-hazards response*, Butterworth-Heinemann, 2005, p.295.

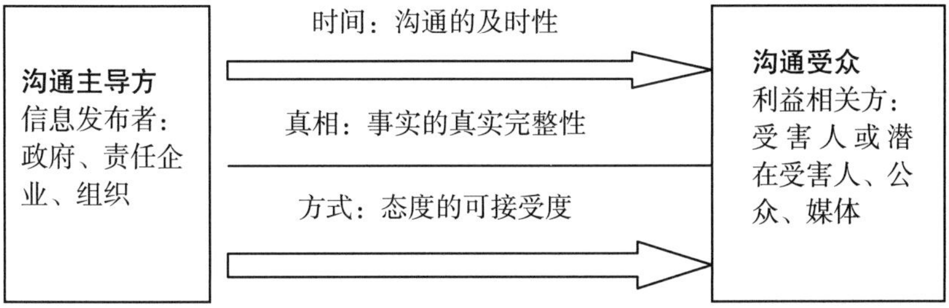

图 12–1　风险沟通的框架与流程

沟通主导方一般有两种情况：一是事件的责任方，比如生产事故类事件中的生产企业；二是事件信息的垄断方或优势方，比如在多数自然灾害、公共卫生事件、社会安全事件中的政府。当然，由于公共安全事件的管理主要是政府的职责，决定了无论哪一种情况，政府都有其沟通主导方不可推卸的责任。

沟通的受众首先是事件的受害者或潜在的受害者，国外通常指利益攸关方，即在该事件中所有受到或可能受到侵害的人或社团，也包括责任企业的股东。其次是一般公众、媒体、社团和政府部门，他们对事件本身及其后果多出于公益性和法律性的关切。最后，还包括国际社会，一般是出于道义性关切。

沟通的方式包括许多形式，常见的有举行新闻发布会、利用电视报纸等公共媒体发布信息、会见受害人及其家属说明情况等。

沟通发挥作用的方式是：沟通→理解 / 谅解→配合→解决。一个成功的风险沟通周期如图 12–2 所示。

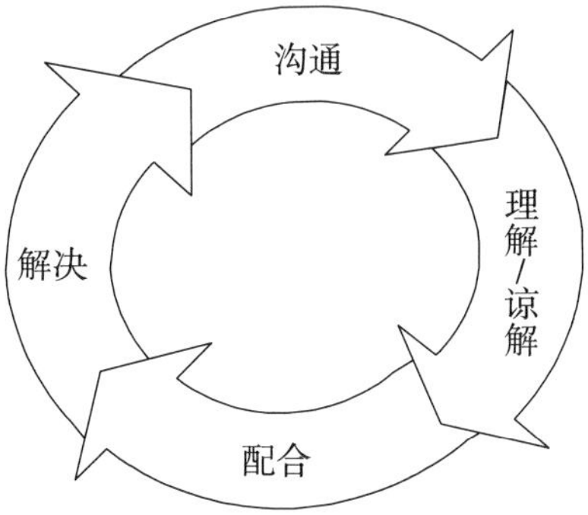

图 12–2　成功的风险沟通周期

3. 风险 / 危机沟通的原则

世界卫生组织在其关于流行病大暴发的风险沟通指导方针中，提出了四项原则：

（1）信任：沟通的最高目标是建立、维持和恢复公众的信任。

（2）提早宣布：信任往往在第一次正式宣布事件时建立，宣布的时机、坦率程度和广泛度是所有沟通中最重要的。

（3）透明：公众信任的维持靠事件透明实现，透明的含义是坦率、易懂、完整、准确。

（4）公开：是有效沟通的关键，要让公众知道事件相关的技术细节，让公众一起作出判断，"参与"决策。[①]

这四项原则代表了风险沟通的基本要求。

4. 风险 / 危机沟通的指标

依据风险 / 危机沟通的原则，可以设定风险 / 危机沟通的指标。一是沟通的信任度（Trust）指标，包括以下 4 个：

表 12–1　风险 / 危机沟通的信任度指标

1	沟通者的一贯信誉：事前建立的信誉是事件发生时公众信任的根本
2	第一次正式公布事件的时机：是建立本次事件中信任的开端和基础
3	事件真相及透明度：没有掩饰的、完整的真相和透明度是信任的支撑
4	动态沟通：不断的及时的沟通是维持信任的条件

信任度之所以如此重要，是因为在所发生的大多数突发事件中，都出现了公众对责任方的信任危机。一旦信任出现危机，公众宁愿相信任何对责任方不利的信息，哪怕是虚假信息。此外，信任危机不仅严重影响着本次事件的处理，而且会极大地削弱责任方的声望和信誉，动摇其经营之根本。因而，沟通的主要任务就是建立信任、维持信任和恢复信任。一贯信誉是沟通者长期打造的社会形象，它是一个政府或组织的立身之本，被沟通的对象会不会相信沟通方提供的信息，首先是判断该政府和组织是否一贯诚实守信；第一次正式公布事件的时机非常重要，它造成公众对沟通方信任度先入为主的认识，所以要在事件发生后尽早发布、主动发布。

二是沟通的方式（styles of communication）指标，包括以下 3 个：

① World Health Organization，*WHO Outbreak communication guidelines*，Geneva，Switzerland，2005.

表 12-2　风险 / 危机沟通的方式指标

1	态度：谦卑、诚恳、负疚感是获得谅解的必要条件
2	责任性：勇于承担事件责任是最终平息事件的保证
3	恰当性：形式和内容表述的恰当与否影响到沟通效果

在沟通方式指标中，第 1 项态度和第 2 项责任性至关重要，需要做特别的解释。责任方沟通的态度是决定社会反响的最重要原因。很多突发事件，特别是事故灾难，甚至包括部分自然灾害，沟通主导方都具有明显过错，本身就会引起较大的社会情绪，如果他们态度傲慢或推诿责任，不满和愤怒就很快会充斥媒体，形成巨大的舆论压力，把事件推向不理智的社会意愿取向，以致影响到政府宏观决策。所以，美国著名的风险沟通专家皮特·沙德曼将风险沟通看作“愤怒管理”（Outrage Management），并提出了一个风险沟通公式：

风险（Risk）=危险事件（Hazard）+ 愤怒（Outrage）

当然，除了风险 / 危机沟通之外，维持灾区的社会治安也是贯穿应对过程始终的任务。应对阶段各环节的基本关系如图 12-3 所示。

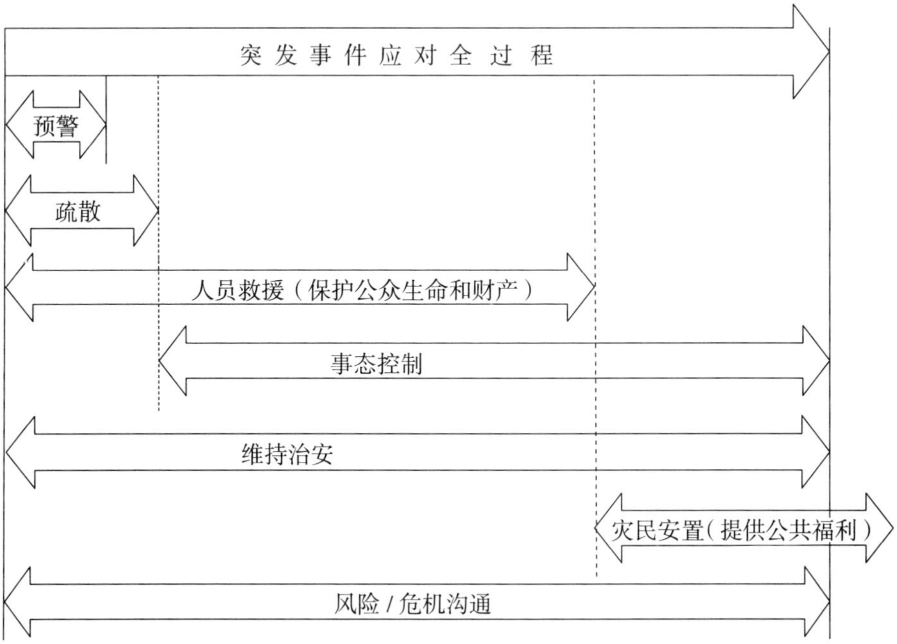

图 12-3　应对过程中各个环节的基本关系

这里展示的只是突发事件应对过程中的一般环节；不同类型的突发事件，应对的环节往往有所差别，不可一概而论。

二、灾害应对的层次

在西方国家的公共安全管理中，灾害应对是依据事件影响的范围和事件本身的严重性而确定灾害应对的层次。以美国为例，在各级政府层次灾害应对的内容如下：

（一）地方政府的应对

在美国这样的联邦制国家中，地方系指州以下的县、城镇一级行政区划。每天，这些地方都在发生着较小的灾害事件，如火灾、交通事故等。地方上的专职应急管理部门，如警察、消防队、医疗急救部门等都按照既定的程序自己处理。在巨大的灾害事件中，除了专职的应急管理者外，地方官员也是这些灾害事件的第一应对者，往往需要到达现场，按照地方突发事件行动预案协调指挥，甚至需要时，请求其他地方或州、联邦的援助。

各个社区平时都要针对各种可能的灾害突发事件制订行动预案，其中也明确了各个灾害应对部门的责任，也包含政府部门对它们提供的支持和援助。

2004年美国国土安全部颁布的《国家应急预案》，对地方主要行政长官的应急责任作了明确规定，指出地方行政长官应负责本辖区人民的公共安全和社会福利，其在公共安全管理方面的具体责任如下：

（1）负责协调满足各类突发事件的预防、准备、应对和恢复重建工作所需要的地方资源；

（2）依照州和地方的法律，在紧急事态应急中拥有中止实施法律和规章的特别权力，诸如实施宵禁、直接撤离和在与地方卫生部门的协调下命令实施强制检疫；

（3）在与大众的沟通中，在帮助人民、企业和组织应对本地区发生的任何突发事件的后果中发挥领导作用并扮演关键角色；

（4）同其他行政区划谈判并签订互助协议，实现资源共享；

（5）在本地区力所不及或资源耗尽时向州一级申请援助，必要时通过州长向联邦申请援助。①

---

① Homeland Security, *National Response Plan*，December, 2004, p. 8.

地方在应对各种突发事件的时候，如果其能力不足以对付正在发生的紧急事态，或者自己的应急资源已经用尽，市长或县的行政长官就要向州长申请州政府援助。州长可用的资源包括州应急管理部门的资源，以及驻扎在本州的国民自卫队。国民自卫队的资源包括使用其人员、通信系统与装备、空中和陆上交通工具、重型建筑和挖掘设备、集体照顾和膳食设备，以及其他紧急事态所需物资（如床、毯子和医疗用品）。

（二）州的灾害应对

在联邦制国家中，州政府在公共安全管理中具有重要意义。如同地方政府一样，州政府是本州辖区内突发事件处置的责任主体，原则上只能依靠自己的资源处置本州的突发事件。如第二章所述，联邦政府不能干预各州和地方政府，但可以提供参考性政策建议，比如联邦应急管理局主持制定的《州与地方指南 101：全灾种应急行动预案编制指南》，以及相关的指南性文件。

如果各州和地方政府能够按照该指南的内容和要求去实施，它们的应急能力和水平将会大大提升。这样，在应对一般灾害时，它们都能游刃有余；在应对重大灾害时，也能够抵挡一阵，然后是联邦政府介入，共同完成应急处置和部分恢复。

“9·11”事件以后，为了应对恐怖主义和其他全国性影响的事件，2003 年 2 月，小布什发布了 5 号总统令（HSPD-5）“管理国内突发事件”，制定了《全国突发事件管理系统》，为美国建设了一套从联邦政府到州和地方政府，统一地针对各类突发事件的准备、响应和事后恢复的工作系统。特别是 2008 年，联邦政府废除了《国家应急预案》，代之以《全国应对框架》。目的是动员各级政府、非政府组织、私人部门和公民个人，共同建设应对突发事件的核心能力，实现对其的有效应对。

尽管如此，州政府仍然是本州突发事件应对的主要责任人，只是联邦政府的援助责任被大大强化了，如果紧急事态的严重性超过了州的应急能力，州长可以向总统申请宣布灾害状态，从而获得联邦政府的援助。

（三）联邦的灾害应对

联邦政府的灾害应对是在州长对总统提出申请、总统宣布了该州的紧急事态状态或重大灾害之后产生。在国土安全部成立之前，主要由联邦应急管理局承担。

1992 年，美国联邦应急管理局制定了《联邦应急预案》（Federal Response Plan，FRP），依据 1988 年的《斯塔福德灾难与紧急援助法》，构建了当各州和地方政府在发生重大灾难或紧急事态且自己的救援力量不够时，联邦政府帮助他们拯救生命、保护公共卫生、安全和财产，恢复社区生活的工作模式。一句话，它阐述了联邦政府动员资源、实施救援行动支持州和地方的运行机制。在它的框架下，参与救援行动的联邦政府机构有 27 个（含美国红十字会），它们共同承诺：在总统任命的联邦协调官（Federal Coordinating Officer）的组织协调下，及时、有序、有效地按照预案的行动概念和各自承担的功能责任，向受灾州和地方提供所需要的援助。

自 2003 年 3 月联邦应急管理局并入国土安全部后，依据小布什总统关于国土安全的第 5 号行政命令，要建立一个“单一及综合的突发事件管理系统，以提高美国灾害应对国内突发事件的能力”，制定了《国家应急预案》，它适用于所有复合的、常变的恐怖袭击和重大灾难，主要内容可以归纳为：（1）建立全国的、综合的、应对所有灾难的、包括四阶段行动的路径。（2）提供联邦政府与州和地方政府应急互动的框架。（3）描述应急活动所需的能力、资源，确定责任、行动程序和协议。（4）建立整合四阶段行动、改进各级政府协调、资源利用、危险沟通等应急行动的机制。

此后，联邦政府在突发事件应对方面，主要目标放在恐怖主义事件和重大的自然灾害与人为事故上；对州和地方政府的支持、援助责任，也通过特定的机制而得到了极大的加强。

（四）志愿者的应对

志愿者应急是全方位的灾害应急，不管政府灾害应急的层次如何，他们都参与，而且是最快捷的应急。当灾害发生时，无论是红十字会、救世军的地方分会，还是全国抗灾志愿者组织、社区的志愿者小组，往往最早抵达第一现场。它们的成员一般都受过专业训练，有一定的分工，能协助各级政府为受害者获得急需的帮助，如食物、衣物、临时住所等。

三、形势快速评估与损失初步评估

在美国公共安全管理体系中，把对紧急事态形势的快速评估，看作第一应对任务之一。[①] 对紧急事态形势的快速评估是指紧急事态发生之后，确定最初拯救生

---

① Emergency Management Institute，Independent Study IS-230, *Principles of Emergency Management*, March, 2003, pp. 3–16.

命和维持生命的需求，以及确定应对逼近危险的直接相关行动。在事件发生数小时内，对形势做出的快速评估，将提供采取适当应急行动的决策基础。借此，地方政府可以决定应急行动的优先级、分派有限资源以及从互助伙伴、州乃至联邦政府请求快速准确的援助。而初步损失评估则是为社区的长期需求做准备。

（一）快速评估（rapid assessment）的内容

快速评估必须在事件发生的数小时内完成，在事件发生前就应该制定快速评估的方案和程序，其中必须说明以下问题：

（1）应该收集哪些信息？

（2）由谁负责收集这些信息？

（3）收集这些信息需要哪些物资和装备？

（4）这些评估资料怎样整理、概括和传达？

由此可见，完成快速评估的核心是收集各方面的重要信息。这些重要信息，被称作必要信息成分（Essential Elements of Information, EEI），主要包括：

（1）救生需要：如撤离、搜寻和救援；

（2）重要基础设施的状况：如交通、公用事业、通信系统、燃料和水的供应系统；

（3）重要部门的状况：如警察、消防、医疗提供者、污水处理、媒体发布等部门；

（4）社区因迫近的危险而遭受损坏风险：如因大坝、防洪堤、生产和储存危险材料的设施的可能受损而致；

（5）居民因事件影响而转移的数量，以及对他们住所造成损坏的可能范围；

（6）由本灾害事件可能引起的连带事件信息：如飓风引起停电、交通事故，危险材料泄漏引起河流污染等。

（二）损失初步评估（Preliminary Damage Assessment，PDA）

初步损失评估没有快速评估那样紧急，但也是灾害应对中的重要课题，主要是针对灾害造成的损失做出初步评估，并以货币额度来表示。一般而言，要利用银行、保险公司、税务部门、建筑部门等具有专业知识的工作人员做损失初步评估。在评估结果形成文字材料的同时，最好附上照片以增加可信度。

四、激活紧急事态行动中心

紧急事态行动中心（EOC）是负责应对官员集中工作、协调信息和资源，指挥和控制本行政区划内突发事件管理行动的场所。它可以由行政区划的政府设置或联合设置，既可以是综合的，也可以依据功能领域设置，比如消防、执法、医疗服务方面的紧急事态行动中心。可见，EOC 实际上是一个应对行动的指挥所。

（一）紧急事态行动中心的状态

在平时发生的一般性紧急事态，EOC 并不运转；只有在紧急事态严重到一定程度，主要行政官员认为有必要采取协调各相关部门的应对行动，而超越了常规的日常应对的时候，EOC 才开始运转。所以，各级政府的突发事件行动预案都要明确规定在什么情况下，由谁来激活 EOC。

快速形势评估的结果是确定激活 EOC 的主要依据。一旦激活，EOC 的工作人员应该立即到位。为此，EOC 最好选择设在政府的办公大楼中，这样主要行政官员离开自己的办公室就可以走进 EOC，保证了它启动的及时性。依照紧急事态的规模和严重性，EOC 一般处在以下四种状态：

1. 日常紧急事态（Routine Emergencies）

日常紧急事态是指那些地方紧急事态专职管理部门利用日常的工作方式就可以处理的紧急事态，比如消防部门和交通管理部门每天处理的小规模火灾和交通事故。此类紧急事态不需要启动 EOC 做协调。

2. 有限的紧急事态（Limited Emergencies）

指那些严重程度超过日常紧急事态，需要 EOC 中的部分人员介入，EOC 中只有应对有限紧急事态的基本功能启动。应对此类紧急事态分为两种情况，一是做预先准备以防有限的紧急事态向全面紧急事态发展，所以要部分激活 EOC（的工作人员）监控形势进展；二是在日常紧急事态超出了本行政区划内的专职应急管理部门的应对能力时，被迫启动 EOC 的部分功能，比如一场起初并不严重的火灾突然在大风的助力下迅速加剧，需要其他部门的协作应对。

3. 潜在灾难（A Potential Disaster）

潜在灾难是超出了有限紧急事态的一个更严重的层次。在这种形势下，当局要启用 EOC 的部分工作人员，对形势做更密切的监控，随时准备在情况恶化时介入。在监控期内，要检查 EOC 的通信系统，并与 EOC 的主要官员和所有工作人员保持联系，让他们进入临战状态。

4. 全面紧急事态（Full-Scale Emergencies）

全面紧急事态是紧急事态进入了严重程度，需要 EOC 的工作人员整体动员、全面激活它的所有功能予以应对的状态。

（二）紧急事态行动中心的启动程序

紧急事态行动中心的启动程序，应该在突发事件行动预案中规定。从它的休眠状态到部分激活，再到全面激活，依赖于对形势的判断和对危险的评估。决定是否启动的是行动预案中规定的主要官员。一般来说，EOC 启动的顺序和应该做的工作是：

1. 对紧急事态行动中心人员发出警报

一旦负责启动 EOC 的行政官员做出启动的决定，第一步就是对处理眼下形势所需要的那些人员发出警示告知，这些人员的联系方式、岗位职责应该在 EOC 的花名册中详细记录，而且要随时依据它们的变化而更新。

2. 激活通信设备和支持性设施

在接到警示的 EOC 的人员报到的同时，就要激活通信装备和其他支持性设施。支持性设施指 EOC 运转所需要的全部设备和用具。

3. 启动信息传递系统

信息传递系统是 EOC 运行的保证。它可以获取和详细记录各方送来的信息，将这些信息分送给 EOC 中最需要它们的人员，作为协调和决策的依据；同时，它可以记录所采取的行动，通知相关人员采取这些行动。

4. 使用日志、地图和情况记录板

在紧急事态发生后，各种信息会铺天盖地交叉到来，因而需要一个系统和若干根据来记录、整理和分发这些信息。日志、情况记录板就是必不可少的了。此外，为了准确掌握这些信息的发生地点，需要各个社区的和本地区的详细地图。这些东西在 EOC 激活之前就应该准备好，激活时及时取出使用。

5. 准备倒班方案

EOC 一旦激活，伴随着整个突发事件的应对过程，往往需要相当长的运行时间，因而必须制定 EOC 工作人员的倒班方案，保证每天 24 小时的正常运转。

6. 宣布信息发布时间表

只要 EOC 一激活，就应该立即宣布信息发布的时间安排。一般来说，正常情况下应该实行定期信息发布制度；特殊情况下如形势突然变化时临时增加信息发布，使得媒体和大众能够准确地了解形势的动态。

7. 为紧急事态行动中心的工作人员准备必需品

这些工作人员一旦到来，往往需要坚守相当长一段时间，其生活必需品都应该由 EOC 提供，以保障他们工作的连续性。

第三节 《全国应对框架》

一、出台背景与受众

（一）起源与发展

《全国应对框架》是从1992年的《联邦应对预案》发展来的。《联邦应对预案》主要阐述联邦政府在应急处置中的作用和职责。国土安全部成立以后，开始强调共同的突发事件管理和应对，借此制定了2004年的《国家应急预案》。比较《国家应急预案》与《联邦应对预案》，显而易见的两个改变是：联邦政府从支援性责任变为承担性+支援性责任；实施了全国统一的应急管理系统（NIMS），使应急行动从联邦层面发展到全国。不仅如此，《国家应急预案》还把各级政府、私人部门、非政府组织都整合进一个共同的突发事件管理框架中。

2005年，美国发生了墨西哥湾沿岸的卡特里娜飓风，按照《国家应急预案》的安排，在应对中出现了许多问题，受到了广泛的诟病。负责突发事件应对的联邦应急管理局一度被质疑是否有存在的价值。2006年，美国国会通过了《卡特里娜灾后应急管理改革法案（2006）》，重新提升了联邦应急管理局在国土安全部中的地位（至副部级），强化了其主导的对自然灾害的应对。同时，修订了《国家应急预案》。

2008年，国土安全部吸取了近年突发事件应对的教训，废除了《国家应急预案》，代之以《全国应对框架》。使用“框架”这个词，能够更准确地说明其目的：有效应对突发事件，是各级政府、非政府组织、私人部门和公民个人共同的责任。“框架”赋予它们实现《全国防灾准备指导方针》所列举的具体情景的战略和行动双重预案的责任。

2011年奥巴马政府发布了一个关于全国准备的8号政策令，动员从联邦政府到社区、私人机构和公民个人都参与到突发事件的预防、应对和恢复中去。

依据奥巴马的8号政策令，国土安全部在2013年发布了《全国应对框架》第2版，更加强调统合全社区力量，实现对各种突发事件应对的整体路径，按照五个框架的设计，确定了应对框架的核心能力建设任务。

2016年的《全国应对框架》第3版，在强调2013年版的基本原则和概念的同时，增加了全国防灾准备系统的新要求和术语，阐述了与其他四个框架之间的整体性关系。

（二）目标受众

2008 年版《全国应对框架》开宗明义："本框架特别是为政府行政机构、私人部门和非政府组织的领导和应急管理的从业者所制定。"首先，它服务于高级民选或任命的领导，诸如联邦部门的负责人、州长、市长、部落领袖、城市和县的官员，他们肩负着应对突发事件的责任；其次，它适用于应急管理的从业者，为其解释作为各级政府的第一应对者和应急管理者日常使用的运行组织和工具。①

从 2013 年的第 2 版到 2016 年的第 3 版，首先把全社区作为笼统的受众。全社区指什么？包括个人、家庭、居民、社区、私人部门、非营利机构、宗教团体以及各级政府。同时又特别指出：该框架是要满足那些形成和使用核心能力的人们的需求，包括应急管理的从业人员、第一应对者、社区领导人和政府官员。

二、主要内容

《全国应对框架》是指导全国应对所有类型灾难和紧急事态的工具。它按照《全国突发事件管理系统》确定的可升级的、灵活的、可改编的概念，来安排全国的应急管理重要角色和责任，协调建设应急处置必需的核心能力。其主要内容包括以下三个方面。

（一）角色与职责（Roles and Responsibilities）

实现对突发事件的有效应对，依赖于所有参与应对的各方能够完全胜任其角色、履行其职责。参与应对的各方及其职责如下。

1. 个人、家庭和居民（Individuals, Families, and Households）

他们虽然不是正规的应急管理行动的参与者，但在准备和应对中发挥着巨大作用。家庭和居民可以按照联邦应急管理网站和红十字会网站上的指导，做好各自的减除危险、准备应对灾害的工作；个人可以通过参加各种抗灾志愿者组织贡献自己的力量。

2. 社区

这里说的社群是享有共同目标、价值和机构的团组，不一定是地理区划或行政区划。它们为不同的目的、以不同的方法把人们集合到一起，在做自己的事情的同时，可以为灾害准备和应对做一些工作。

---

① Department of Homeland Security, *National Response Framework*, 2008, p.1.

3. 非政府组织

非政府组织有多种多样，有红十字会这样的具有重大影响的组织，也有地区性的救灾和慈善组织。在各个层次的突发事件应对中，与应急管理相关的非政府组织都发挥着突出的作用。它们的贡献可以大致概括为如下几项：

① 培训、管理、协调志愿者和捐赠物品；

② 为无家可归的灾民联系住处，提供生活必需品；

③ 提供应急保障物品和服务，如饮用水、食物、帐篷，参与灾后现场清理；

④ 帮助疏散、救援、照顾、安置因灾失散的动物；

⑤ 提供搜寻与救援、运输和后勤方面的服务；

⑥ 提供卫生、医疗、心理抚慰等方面的资源等。

4. 私人部门实体（Private Sector Entities）

私人部门是指大中小型企业、商业、私立文化和教育机构，等等，它们是作为各级政府的合作方参与突发事件应对的，而且在突发事件发生前、发生中和发生后都能发挥积极的作用。它们最根本的责任是为其职工在工作场所提供福利；如果是交通、电信、供水等基础设施企业，则肩负平时加强这些设施的抗逆力、灾时维持其运行功能的重要职责。它们手中的资源，也是应对环节的重要支持手段。一般来说，在应对中它们可以参与以下行动：

① 满足其雇员、基础设施和设备设施的应对需求；

② 保护信息和维持运营的连续性；

③ 针对突发事件对它们自己的基础设施和设备的影响，制定预案、实施应对、实现恢复；

④ 咨询应急管理人员，确定需要和能够提供的帮助并实施；

⑤ 在事件中为沟通和信息共享提供服务；

⑥ 编制预案、训练和演练其应对能力；

⑦ 按照相互援助协议安排提供援助；

⑧ 提供资源、人员、技术等。

5. 地方政府（Local Governments）

地方政府对其辖区发生的各种突发事件负有应对的主要责任。各种身份的具体职责如下：

（1）主要民选和任命的官员（Chief Elected or Appointed Official）

辖区的主要行政官是地方公共安全和人民福利的责任人。他们负责提供应对的宏观指导和资源。所有官员必须明确自己在应急管理各个阶段的角色和职责，熟悉在应对中如何最佳使用核心能力和资源，做出恰当的行动决策。他们主要的应对职责包括：

① 获得其他政府部门的援助；

② 直接指导应对行动；

③ 向公众提供适当的信息。

（2）应急管理者（Emergency Manager）

他们是地方政府应急管理部门职业的应急管理工作者，既承担着日常的灾后减除与准备工作，又是突发事件发生时应对的专业力量。他们的主要职责包括：

① 在应对中对民选和任命的官员提供专业建议；

② 按照《全国突发事件管理系统》实施应对行动；

③ 协调地方部门的功能；

④ 协调编制预案，与其他地方部门、社区组织、私人部门和非政府组织合作；

⑤ 起草和维护相互援助与帮助协议；

⑥ 在应对中通过紧急事态行动中心协调资源需求；

⑦ 在突发事件中协调损失评估；

⑧ 在应对中就应急管理行动对地方官员和公众提供建议和信息；

⑨ 制定和实施培养公众意识和教育的项目；

⑩ 实施演练，检验预案，发现不足并予以改进；

⑪ 协调整合不同种族、文化背景和残疾人的权利，将其特殊需求纳入应急预案编制和应对中；

⑫ 通过制定和实施行动连续性方案，确保基本服务和功能不中断等。

6. 州、部落、领地和海岛政府（State, Tribal, Territorial, and Insular Area Governments）

在突发事件应对中，如果地方政府力不能及，州政府利用自有资源予以支持；如果州长觉得本州资源不足，可以通过特定的程序请求联邦援助。

（1）州长（Governor）

保障本州居民的安全和福利是州长的基本职责。在所有类型的突发事件中，州长负责协调州的资源，对应对行动提供宏观指导。在本州资源不足时，负责请求联邦援助。其主要职责还包括：

① 按照州的法律，对于应对相关的某些命令和条例实施制定、修改或废止；

② 以可接受的姿态与公众沟通，帮助人民、企业和组织应对所有类型突发事件的后果；

③ 在州内协调部落政府；

④ 指挥州武装力量（不在联邦服务的国民自卫队人员和民兵）；

⑤ 通过跨州互助协议协调其他州的援助。

（2）州国土安全顾问（State Homeland Security Advisor）

美国很多州设国土安全顾问，负责就国土安全问题对州长提供建议。同时，他还是州长办公室和州国土安全部门以及州内外其他相关组织的联系人。

（3）州应急管理部门主任（State Emergency Management Agency Director）

每个州都设立有专门的应急管理部门，其主任负责本州针对重大突发事件的准备工作、协调全州应对之类事件。他还负责与其他州和联邦政府协调援助问题，有时也协调非政府组织和私人部门参与应对。

（4）国民自卫队（National Guard）

国民自卫队是州政府应对各类突发事件的重要力量。他们拥有应急所需的专业知识和技能，能够从事搜寻救援、医疗救助、通信、后勤保障、核应急及洗消等专业性工作。在州内发生重大突发事件时，州长可以启用国民自卫队参与应对。

7. 联邦政府（Federal Government）

联邦政府拥有应对各类突发事件的广泛能力和资源。一般情况下，在应对重大突发事件中，当州或领地的能力和资源力不能及时，可以申请联邦政府介入。某些情况下，联邦政府可以以支持者的身份，对州或领地提供援助。其路径通常是总统依据《斯塔福德法案》宣布该州或领地处于紧急事态状态或灾难状态。极个别情况下，联邦政府可以在突发事件应对中担任主导角色，比如当突发事件发生在联邦政府具有主要管辖权的地区或者联邦资产内的时候，如国家公园、军事基地等。

不管什么类型的事件，只要是大规模的或灾难性的，总统领导的联邦政府参与应对，是为了快速有效地使用必需的资源，以实现应对的理想效果。由哪些联邦部门参与协调应对工作，是由突发事件的类型和量级决定的。比如，联邦应急管理局是在总统宣布了紧急事态状态或灾难状态后，方开始主导和协调联邦政府的应对；卫生与福利部负责主导公共卫生突发事件的联邦应对。

（1）国土安全部部长（Secretary of Homeland Security）

国土安全部是联邦应对中举足轻重的部门。它是自然灾害和人为灾难应急预案编制的中心。依据《国土安全法》和总统的命令，其部长是国内突发事件管理的主要行政官。他的职责主要包括：

协调美国境内发生的恐怖袭击、重大突发事件和其他紧急事态的准备、应对和恢复行动；协调联邦实体实现整体一致的国内突发事件管理；必要时可以在国土安全部内设立一个总体框架管理国内突发事件，协调联邦应对；管理联邦应急管理局以及国土安全部其他机构的应对行动。

（2）联邦应急管理局局长（FEMA Administrator）

联邦应急管理局局长是总统、国土安全部部长和国土安全委员会的主要顾问，其职责包括：（通过部长）帮助总统贯彻《斯塔福德法案》，运行全国应急协调中心，对所有紧急事态支持功能（ESFs）提供有效支持，对所有类型的突发事件实施准备、减除应对和从中恢复，管理国土安全部的国土安全行动资助项目等。

（3）司法部部长（Attorney General）

司法部和联邦调查局负责恐怖主义犯罪的执法工作，保护国家安全。司法部的职责是：与联邦调查局合作，针对恐怖主义犯罪，实施侦察、预防、先行制止和中止。同时，在突发事件中，批复州长呈递的执法请求。

（二）核心能力（Core Capabilities）

突发事件发生后，不管什么类型、多大规模和是否严重，要实现有效应对，必须依赖所需要的核心能力。《全国应对框架》确定的应对阶段所需要的核心能力有 15 种，其中规划、公共信息与预警、行动协调为五个框架通用的能力。每一种能力都确定了目标和关键任务，简述如下：①

1. 方案（预案）编制

目标：用系统的方法把全社区包括进来，编制可以满足明确目标的可行的战略的、行动的和 / 或战术的方案。

关键任务：

编制行动预案，标明基于预案需求的重要目标，提供实现该目标的完整的、总体的系列情景和任务范围，保证在确定的期限和可用的资源基础上能够实现。

---

① Department of Homeland Security, *National Response Framework*，2016, pp. 22–26.

2. 公共信息与预警（Public Information and Warning）

目标：使用清晰的、一致的、可理解的、在文化上和语言上恰当的方式，对全社区发布协调的、迅速的、可靠的和可执行的威胁和危险信息，使受众能够依此采取相应的行动和得到帮助。

关键任务：

使用所有必要的手段，通知所有受事件影响的区域和人员。这些手段包括可用的多种形式的救命信息工具，加快投送应急服务，帮助公众采取保护行动。

3. 行动协调（Operational Coordination）

目标：建立和保持一个统一的协调的行动组织和程序，能够恰当地整合所有重要的利益相关方的力量，支持核心能力的实施。

关键任务：

动员所有重要资源，在受影响的社区、周边社区和全国的其他协作实体之间，建立指挥、控制和协调的组织机构，必要时可以在整个突发事件期间保持运行；加强指挥、控制和协调的组织机构，与《全国突发事件管理系统》相一致，满足基本的人道需求，稳定突发事件，促进恢复行动的整合。

4. 重要运输（Critical Transportation）

目标：为应对的优先目标提供运输保障，包括人和动物的撤离，往受影响区域运送重要的应对人员、装备和服务。

关键任务：

（1）监控和报告运输系统和基础设施的损坏状态；

（2）当主要系统或路线不能用或超负荷时，确定临时的替代性运输解决方案；

（3）实施适当的空中交通和空间管理措施；

（4）协调监管弃权证书和豁免权；

（5）如果需要时对受影响的运输系统和基础设施的恢复提供长期协调；

（6）从运输上满足基本的人道需求，稳定突发事件形势，保障受影响地区向恢复转变以及基本服务和社区功能的恢复；

（7）清除各种通道的废墟垃圾，推动恢复行动。

5. 环境应对／健康与安全（Environmental Response/Health and Safety）

目标：在所有的突发事件应对中，实施恰当的措施，确保公众和劳动者的健康与安全，保护环境安全，支持应对者的行动和保护受影响社区。

关键任务：

（1）确定、评估、减除劳动者的健康和安全的危险，向参与应对和恢复的劳动者传播健康与安全指导和资料；

（2）通过危险评估和实施公众保护行动，将公众对环境危险的暴露最小化；

（3）对泄漏的危险材料实施侦测、评估、稳定和清除，恰当管理废物；

（4）在所有的突发事件应对行动中，确定、评估和实施恰当措施，预防对环境、文化和自然资源以及文化遗产的影响或将其最小化。

6. 死亡管理服务（Fatality Management Services）

目标：提供死亡管理服务，包括死者遗体整理、身份确认，确定遗体安置程序、临时或长期遗体保留、对失踪人员家属提供查询。

关键任务：

安排和实施寻找分散区域大量死亡人员的行动；减少遗体毁损，促进对幸存者的关爱，送还遗骸并做最后处置。

7. 火灾管理与压制（Fire Management and Suppression）

目标：提供建筑的、野外的和专业性的消防能力，管理和扑灭所有类型和复杂性的火灾；同时，保护受影响地区的生命、财产和环境。

关键任务：

（1）提供传统的第一响应或初期扑灭消防服务；

（2）协调火灾应对和专业灭火资源，实施扩大的或拓展的灭火与支持行动；

（3）协调调度地方的、大区的、全国的和国际的消防管理和灭火资源，加强消防工作，维持恰当的消防保护水平。

8. 基础设施系统（Infrastructure Systems）

目标：稳定重要基础设施功能，减小健康和安全威胁，有效恢复系统的服务，支持建设有康复力和抗逆力的社区。

关键任务：

（1）减少和稳定当下影响人们基本生存的基础设施的威胁，受影响对象包括严重损毁地区的幸存者，以及级联效应波及的临近社区、公共服务支持设施和疏散庇护服务中心；

（2）在受影响地区重建重要基础设施，支持持续的应急响应行动、生命维持和社区功能，促进恢复工作的整合；

（3）对废墟实施清理、移除和处置；

（4）与政府和私人部门的网络事故与紧急事态应对小组建立正式的合作关系，共同高效接受、分选、合作应对级联响应的影响。

9. 大众照顾服务（Mass Care Services）

目标：对受影响的人们提供生命维持和人道服务，包括提供饮水、食品、掩蔽、临时住房、疏散服务、团聚和分发应急物品。

关键任务：

（1）搬运与投递资源以满足灾害幸存者的需要；

（2）建立、装备和管理庇护所和其他临时住房，特别要保障其能够满足孩子和残疾人的功能需求；

（3）当灾民选择由集体照顾转为非集体照顾时，为不能返回灾前家园的灾民提供搬迁服务或过渡住房。

10. 大规模搜索与救援行动（Mass Search and Rescue Operations）

目标：为可能的幸存者投放传统的和非典型的搜寻救援能力，包括人员、服务、动物和物资，旨在最短时间内尽可能拯救更多受害者生命。

关键任务：

（1）对被困的人员确定位置，实施搜寻与救援；

（2）在整个灾区的各个分散地点发起基于社区的搜寻与救援支持行动；

（3）确保同步部署地方的、大区的、国家的和国际的救援小组，增援持续的搜寻救援行动。

11. 现场安全保护与执法（On-scene Security, Protection, and Law Enforcement）

目标：通过执法和相关的安保活动，确保受影响地区的人们和社区的治安环境，支持应急人员的救援行动。

关键任务：

在灾区建立安全环境；确保现场安全和保护广大灾区人民，根除或减缓对人民生命财产和环境进一步伤害的风险。

12. 行动通信（Operational Communications）

目标：利用一切可能的手段，在受影响的社区和应急力量之间，建立和确保及时的通信能力，支持安全、形势感知和应急行动。

关键任务：

（1）确保应急响应者和受影响的人们之间的沟通能力，建立在地方、州、部落、领地和联邦第一应对者之间共用的语言和数据通信；

（2）在受影响的地区重建通信基础设施，支持持续的救援行动，提供基本的人道需求，促进恢复工作的整合；

（3）重建重要信息网络，包括网络安全信息共享网，以传递形势感知，保障突发事件应对，支持重要系统的抗逆力。

13. 后勤与供应链管理（Logistics and Supply Chain Management）

目标：投递必要的商品、装备和服务，支持受影响社区和幸存者。包括应急电力和燃料支持，协调使用社区必需品；协调后勤保障能力，确保受影响供应链的恢复。

关键任务：

动员和投递灾区内外政府的、非政府的和私人部门的资源，拯救生命、维持生命，满足基本的人道需求，稳定突发事件形势，促进恢复工作的整合；运输和投递资源与服务，满足灾害幸存者的需求；提升公共和私人的资源与服务对灾区的支持力度。

14. 公共卫生、医疗保健与应急医疗服务（Public Health，Healthcare，and Emergency Medical Services）

目标：通过“紧急事态医疗救援”[①] 和相关行动，提供救命的医疗服务；对目标公众提供卫生、医疗和行为健康方面的支持，避免灾区人民遭受额外的疾病和伤害。

关键任务：

（1）对受灾的人口提供医疗应对措施；

（2）实施治疗类和初期病情或伤亡稳定措施，对那些可能好转和幸存的人们展开确定的救助。制定公共卫生干预措施，维持和改进那些因卫生保健、社会支持或网络中断而处在危险中的人员的健康；

（3）将医疗资源恢复到灾前水平，完成健康状况评估，确定恢复程序。

15. 形势评估（Situational Assessment）

目标：为决策者提供所需要的与事件相关的全部信息，包括性质、范围、级联影响和应对状态。

关键任务：

提交决策所需的有关目前拯救生命和维持生命的行动的充分信息，使用灾区内

---

① 类似中国的“120”，专门提供在医院之外的紧急医疗救助服务。作为应急管理系统的一部分，在突发事件应对中发挥着重要作用。

外政府的、私人的和民政部门的资源，满足基本的人道需求，稳定突发事件形势；促进恢复工作的整合。

（三）协调组织与整合（Coordinating Structures and Integration）

在各个层级的政府和私人部门、社区、非政府实体之间，协调组织负责推动准备和应对工作。它们帮助建设和测量全社区的能力，使其满足应对领域的各种需求，促进问题解决，改善应急资源利用，培育事前事后的协作关系。应对领域的协调组织主要包括以下方面：

1. 地方协调组织

地方政府使用各种协调组织帮助识别风险、建立关系、规划和建设各种能力。由于每个行政区划具有的合作伙伴、地理条件、面临威胁和现有能力不同，使用的协调组织也不相同。通常，地方协调组织包括规划委员会、社区应急小组、全国协会的地方分会等。这些组织具有很大的力量，可以动员和整合临近行政区、州、私人部门、非政府组织的资源，支持本地的应对行动。

2. 州和领地的协调组织

州和领地也能够撬动全州（全领地）的合作伙伴的能力和资源，满足自己的需求和能力建设。它们的协调组织各有千秋，一般是把辖区内各个方面的代表汇集起来，成立一些独立的委员会或理事会，作为政府应急管理部门的下设机构，为应对的某一方面工作服务。

3. 私人部门的协调组织

商业协会、工业贸易集团和私人部门的信息与情报中心，都可以作为私人部门的协调组织。这些组织包含了大量具有相同业务和功能的实体，如金融业务、供应链管理、运输系统等，可以支持在私人部门之间的合作、沟通和信息共享。它们也可以协调和支持非政府组织。在突发事件应对中，它们可以作为政府协调社会支持的管道。

4. 联邦政府的协调组织

联邦政府的协调组织一般都是常设的固定的机构，主要包括全国安全委员会（National Security Council）和紧急事态支持功能（Emergency Support Functions）。

全国安全委员会是重要的政策设计和建议实体，为总统的国内、外交、军事、情报和经济政策的制定和整合提供建议。此外，它还是总统在制定国家安全政策时与联邦行政部门协调的工具。

紧急事态支持功能是联邦政府（也包括许多州政府）组织资源和能力的基本

架构。它的主要作用是协调联邦各部门的资源和行动，支持对突发事件的应对。它把突发事件应对的功能需求分为15项，每一项都由一个联邦部门牵头，若干部门参与，承担一个方面的应对责任。从《国家应急预案》开始直到最新版的《全国应对框架》，它们始终是汇聚和管理资源、形成应对核心能力的有效手段。

表12-3 《全国应对框架》的紧急事态支持功能[①]

1号紧急事态支持功能：运输
协调者：运输部 关键应对核心能力：重要运输 协调支持运输系统和基础设施管理、运输规章、全国空域管理，确保全国运输系统安全。功能包括但不限于：运输模式管理与控制；运输安全；稳定与重建运输基础设施；活动限制；损失与影响评价。
2号紧急事态支持功能：通信
协调者：国土安全部/网络安全与通信 关键应对核心能力：行动通信、基础设施系统 协调政府和工业部门重建和提供关键通信基础设施，促进系统稳定运行，对抗恶意网络干扰，协调对应对的通信支持。功能包括但不限于：协调电子通信和信息技术业界；协调重建和提供关键通信基础设施；保护、重建和维持全国网络和信息技术资源；监督联邦应对组织内的通信；促进系统的稳定，对抗网络事件干扰。
3号紧急事态支持功能：公共事业与工程
协调者：国防部/美国陆军工程兵 关键应对核心能力：基础设施系统、重要运输、后勤与供应链管理、环境应对/健康与安全、死亡服务管理、大众照顾服务、大规模搜寻救援行动 协调能力与资源，推动提供服务、技术援助、工程技术援助、施工管理和其他支持，为突发事件的准备、应对和从中恢复服务。功能包括但不限于：基础设施保护和紧急修复；重要基础设施重建；工程技术服务和施工管理；为拯救生命和维持生命行动提供紧急合同支持。
4号紧急事态支持功能：灭火
协调者：农业部/美国森林管理局和国土安全部/联邦应急管理局/消防署 关键应对核心能力：行动通信、后勤与供应链管理、基础设施系统、现场安全保护与执法、公共卫生、医疗保健与应急医疗服务、火灾管理与镇压、形势评估 协调支持对火灾的侦测与扑灭。功能包括但不限于：支持对野外、乡村和城市的灭火行动。
5号紧急事态支持功能：信息与规划
协调者：国土安全部/联邦应急管理局 关键应对核心能力：形势评估、规划编制（预案编制）、公共信息与预警 支持与推动跨部门规划编制，协调需要联邦出面的应急行动。功能包括但不限于：突发事件行动规划编制（预案编制）；信息收集、分析和分发。

① Department of Homeland Security, *National Response Framework*, 2016, pp, 35–36.

续表

6 号紧急事态支持功能：大众照顾、紧急帮助、临时住房和人道服务
协调者：国土安全部 / 联邦应急管理局 关键应对核心能力：大众照顾服务、后勤与供应链管理、公共卫生、医疗保健与应急医疗服务、重要运输、死者管理服务 协调和提供大众照顾和紧急帮助。功能包括但不限于：大众照顾；紧急帮助；临时住房；人道服务。
7 号紧急事态支持功能：后勤保障
协调者：总务管理局与国土安全部 / 联邦应急管理局 关键应对核心能力：后勤与供应链管理、大众照顾服务、重要运输、基础设施系统、行动通信 协调全面的突发事件资源规划、管理与维持，满足灾难应对者和幸存者的需要。功能包括但不限于：全面的全国的突发事件后勤保障规划编制、管理与维持；资源支持（如提供设施空间、办公室装备和耗材、合同服务等）。
8 号紧急事态支持功能：公共卫生与医疗服务
协调者：公共健康与社会福利部 关键应对核心能力：公共卫生、医疗保健与应急医疗服务、死者管理服务、大众照顾服务、重要运输、公共信息与预警、环境应对 / 健康与安全、后勤与供应链管理 协调应对现实或潜在的公共卫生与医疗灾难或事件的援助机制。功能包括但不限于：公共卫生；医疗设施支持，包括病人转移；行为健康服务；大规模死亡管理。
9 号紧急事态支持功能：搜寻与救援
协调者：国土安全部 / 联邦应急管理局 关键应对核心能力：大规模搜寻救援行动 协调快速部署搜寻与救援资源，提供专门的拯救生命援助。功能包括但不限于：建筑物倒塌搜寻救援；海上、海岸、水上搜寻救援；陆地搜寻救援。
10 号紧急事态支持功能：石油与危险材料应对
协调者；环保署 关键应对核心能力：环境应对 / 健康与安全、重要运输、基础设施系统、公共信息与预警 协调支持处置现实的或潜在的石油与危险材料溢流和泄漏。功能包括但不限于：石油和危险材料污染的性质和范围的环境影响评价；环境净化与清除，包括建筑物净化和污染废水管理。
11 号紧急事态支持功能：农业和自然资源
协调者：农业部 关键应对核心能力：大众照顾服务、重要运输、后勤与供应链管理 协调各种功能用以保护全国的食品供应，应对植物和动物害虫与疾病暴发，保护自然和文化资源。功能包括但不限于：食物援助；动物和农业健康问题应对；技术技能服务、协作和支持动物与农业应急管理；肉、禽和加工的蛋产品的安全与防护；自然与农业资源以及历史遗产保护。

续表

12 号紧急事态支持功能：能源
协调者：能源部 关键应对核心能力：基础设施系统、后勤与供应链管理、形势评估 推动受损能源系统和设施的重建，在辐射和核材料突发事件应对中提供技术技能。功能包括但不限于：能源基础设施评估、维修和重建；能源工业公用事业协调；能源预报。
13 号紧急事态支持功能：公共安全
协调者：司法部 / 酒精、烟草、武器和爆炸物管理局 关键应对核心能力：现场安全、保护与执法 协调与整合公共安全能力和资源，支持全部的突发事件管理行动。功能包括但不限于：设施和资源安全；安全规划和技术资源援助；公共安全支持；支持对通道、交通和人群的控制。
14 号紧急事态支持功能：由《全国灾难恢复框架》取代
15 号紧急事态支持功能：外部事务
协调者：国土安全部 关键应对核心能力：公共信息与预警 向目标受众，包括政府、媒体、非政府组织和私人部门，协调公布准确的、一致的、及时的和可理解的公共信息。与州和地方官员密切合作，确保信息传播到全社区。功能包括但不限于：公共事务与联合信息中心事务；跨政府（地方政府、州政府、部落政府和领地政府）事务；国会事务；私人部门拓展；全灾种应急响应部落。

在紧急事态支持功能架构中，除了协调者（牵头部门）以外，每一个功能都需要若干个主要部门参与，而且各自的职责和任务都规定得明确具体。在突发事件发生后，由国土安全部或联邦应急管理局视需要决定激活全部或几个功能。

思考题

1. 什么是灾害应对?
2. 试述灾害应对的三个原则。
3. 试述灾害应对的优先权原则。
4. 试述灾害应对的步骤和主要内容。
5. 试述美国各级灾害应对的内容。
6. 试述美国《国家应急预案》建立的目的。
7. 什么是快速评估？并说明快速评估的主要内容。
8. 什么是损失初步评估?

9. 什么是紧急事态行动中心？在什么状况下启动该中心？

10. 根据紧急事态的规模和严重性，紧急事态行动中心存在几种状态？

11. 试述紧急事态行动中心的启动程序。

12. 在美国《全国应对框架》中，联邦层次和地区层次的各部门职责是如何分工的？

第十三章
灾后恢复重建

关键词
恢复重建　社区参与　短期恢复　长期恢复　家庭重建　损失评估　重建预案　《全国灾难恢复框架》

前　言

恢复重建（Recovery）是公共安全管理周期的最后一个阶段，是在灾害事件结束之后，遭受灾害的社区和人们向灾前正常的生活和生产秩序的重建。这项工作开始于突发事件的稳定，结束于受损地区完全从灾害后果中重建完成。

与恢复重建相类似的说法也包括重建（Reconstruction/Rebuilding）及康复（Rehabilitation）等概念，前者是指任何形式与背景的重新建设，后者则指灾后灾民身心状态的恢复重建。[①]

在西方国家，恢复重建如同应急一样，是政府的重要责任。相较之下，美国政府更多地承担了重建的责任，设立了一系列用于重建的援助项目；而澳大利亚则形成了更完善的重建理论体系。

---

① 林文苑：《勇敢面对灾害的挑战——灾害管理与相关概念》，《铭传一周》，2010年。

第一节　恢复重建概述

恢复重建就是事件过去之后，帮助受影响的社区和个人（家庭）回到事件发生前的状态。当然，出于灾害减除的需要，完全回到灾前状态是不足取的，因为这意味着没有进步。因此，应该在重建中吸取教训，克服原来的脆弱性，建设一个对各种灾害有强大抵抗力的新社区。

一、恢复重建的概念与责任

（一）恢复重建的概念

恢复重建的概念在国际组织和西方国家中的表述虽然有所不同，但含义基本一致。国际十年减灾委员会关于恢复重建的定义是："针对遭受打击的社区，灾后采取的恢复和改进生活条件的决定和行动；同时鼓励和推进必要的减少灾害风险行动。"联合国发展计划署宣布，"管理恢复重建要求建立国家能力，恢复应对机制，增加社区自主权，确定导致社会遭灾的根本原因和脆弱性"。①

澳大利亚将恢复重建既看作一个过程，又当作一系列措施："恢复重建是支持受紧急事态影响的个人和社区重建有形基础设施，并使其在心理上、社会上、经济上和物质上恢复到常态的措施。"②

新西兰没有独立的恢复重建概念，它使用了澳大利亚关于恢复重建概念的第一重含义。③

美国在《全国突发事件管理系统》中，对恢复重建的释义是："制定、协调和实施服务和现场复原预案，重建政府运转和服务功能，实施对个人、私人部门、非政府和公共的援助以提供住房和促进复原，对受影响的人们提供长期的关爱和治疗，以及实施社会、政治、环境和经济恢复的其他措施，评估突发事件以吸取教训，完成事件报告，主动采取措施减轻未来突发事件的后果。"④

当美国把应急管理的工作划分为五个框架时，在《全国灾难恢复框架》中，

---

① United Nations Development Program (UNDP), *Methodological Guide for Post-Disaster Recovery Planning Processes*, *Guidelines and actions for national, regional and local governments*, Ecuador Country Office, 2011, p.11.

② Emergency Management Australia, *Australia Emergency Management Glossary*, Better Printing Service, Commonwealth of Australia, 1998, p.92.

③ *Ministry of Civil Defense and Emergency Management Glossary*, p.14.

④ Department of Homeland Security, *National Incident Management System*, March 1, 2004, p.135.

以核心能力来定义恢复重建："帮助受突发事件影响的社区实现有效恢复的必要能力。"[①]

总结美国的恢复重建概念，就是对遭到突发事件破坏的服务设施和现场按照预案复原，对受影响的个人和组织实施援助项目。恢复重建的内容不仅包括各种设施，也包括经济、环境，甚至心理状态。

具体来说，恢复重建包括针对灾难造成的物质和社会两个层面的损失。物质层面有：基础设施的破坏，企业财产损失，家庭财产损失等；社会层面有：人员伤亡、经济破坏、心理创伤、环境破坏等。但是，并不是每一个层面的每一项损失都是能够弥补或恢复重建的，比如人员伤亡；即使能够恢复重建的方面和内容，也不一定能够恢复重建到灾前的程度，比如经济状况。

除了恢复重建的基本概念之外，澳大利亚应急管理署在实践中总结了恢复重建领域中的若干子概念，其中有：[②]

社区参与（Community Involvement）：受影响的社区参与自己恢复重建的管理。这种参与将为社区的基础设施创立提供支持，为成功的恢复重建提供资源。鉴于各社区的能力不同，政府应该根据情况为地方恢复重建补足资源。社区参与的最有效方法是成立社区恢复重建委员会，由来自政府、私人部门、志愿者组织、少数民族领导人和受影响社区的其他成员代表组成。在受影响的社区的恢复重建工作中，社区恢复重建委员会提供了一种协调信息、资源和服务的实用机制。它的主要作用有：

强化了地方和社区对恢复重建过程的方向定位；

承认受影响社区的成员的共同利益；

保证了资源和服务的平等使用；

建立了确定优先权和社区需求的机制；

全面监控着恢复重建过程；

确立了社区自己不能满足，而必须由外部提供的资源的机制。

地方层次管理（Management at the Local Level）：对恢复重建工作的管理尽可能地移交地方层次上。经验表明，当恢复重建项目和援助手段完全交给社区的

---

① Department of Homeland Security, *National Disaster Recovery Framework*, 2016, p.1.

② Australian Emergency Manual Series, *Recovery*, First published 2004, Edited and published by Emergency Management Australia, Printed in Australia by National Capital Printing, Canberra, 1 August, 2004, pp.107–108.

时候，没有在地方层次上管理效率高。地方管理并不排除受影响的人们参与对他们自己家园的恢复重建过程。在这一点上，美国的学者也持相同观点。[①]

（二）恢复重建的责任

重建的起点是突发事件进入稳定状态时，即事件的直接或间接后果对人员的安全和财产的威胁已经解除。如此一来，应对者可以考虑开始重建受损的最基本社区功能，重建阶段就开始了。如在地震中，当主震过去，完成了对受伤人员的救援和死亡人员的安葬，扑灭了火灾等之后，就应该着手加固受损房屋、清除瓦砾等短期重建的行动。

恢复重建的终点比较难以确定，一般认为，重建应该使家庭、企业和政府行为完全恢复到受灾之前的状态或更佳状态，只是这个标准很难把握。因硬件设施可以衡量，但经济、就业、环境、人们心理状态等则很难或不可能衡量是否完全达到与灾前一样的程度。重大灾害事件，重建需要的资金和资源地方或社区无法单独应付，那么州和联邦政府将在重建中起重要作用。政府的援助既包括地方政府的项目，也包括州政府乃至联邦政府的预算。

事实上，美国只要州长宣布了州的灾害状态，来自州的援助就会参与到应对和重建中；只要总统宣布一个地区的紧急事态或重大灾害事态，联邦援助就将与恢复重建直接挂钩。而且援助呈现逐级减少趋势。即使是在政府提供援助的情况下，社区自己的积极参与，对重建的完成也非常重要。

在这一结构中，联邦政府只承担将社区重建到平安、卫生和安全局面所需的费用；[②]地方政府的主要责任是公共基础设施的重建，如公用事业、建筑检验、公共房屋、社区规划以及卫生和安全问题，除提供公共信息和协调之外，不能介入个人重建的需求。

这种比例关系的法律依据是《斯塔福德法案》，根据该法，联邦政府最多只能为州和地方政府提供75%的重建费用；至于剩下的25%，州根据情况承担部

① 美国学者鲁宾（Rubin）等人对14个案例进行研究后得出结论，迅速、有效而公平的恢复，主要依赖于地方政府临时准备恢复战略的能力。——参见美国应急管理学院教科书：*Introduction to Emergency Management Textbook*，第11章，来自FEMA网址：http://training.fema.gov/emiweb/edu/introtoEM.asp。

② FEMA专门告诫美国公民，不要对联邦政府提供的灾难援助抱有以下错误认识：（1）联邦政府对灾难恢复负有全部责任；（2）联邦灾难援助的目标是“搞定”一切事情；（3）灾区的每一个人到符合接受联邦灾难援助的条件；（4）当联邦部门的代表来到的时候，他们将立即对受害者发钱；（5）联邦政府的灾难援助的钱接受者可以依据自己想法使用；（6）联邦政府的援助可以取代保险。参见Emergency Management Institute，Independent Study IS-7, *A Citizen' Guide To Disaster Assistance*, September, 2003, pp.1-10, 1- 11。

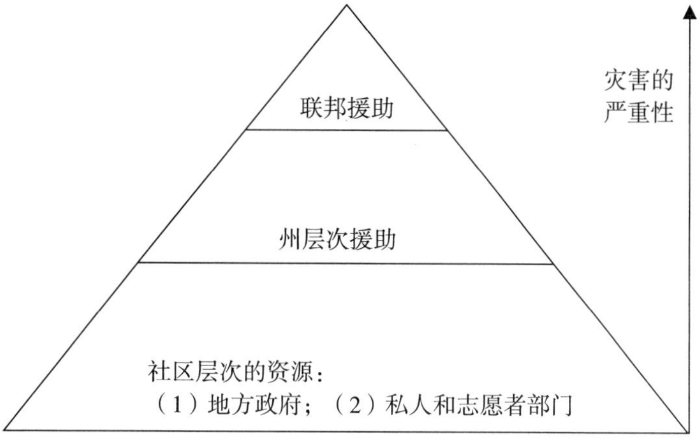

图 13–1　美国恢复重建各级资源投入结构

分或全部。联邦提供部分重建费用的前提是：总统宣布了具有全国性影响的重大灾害状态、所有的费用符合联邦政府承担的条件，并且申请联邦援助的档案编制得非常完善。[①]

二、恢复重建的原则与类型

（一）恢复重建的原则

澳大利亚社会福利管理者常设委员会（Standing Committee of Social Welfare Administrators）承认了若干恢复重建的原则，它们是：

（1）恢复是一个赋予能力和支持的过程，许可个人、家庭和社区通过提供信息、专业服务和资源而在一定层次上介入；

（2）有效的恢复需要建立规划和管理安排，这些应该被恢复部门、应对部门和社区接受；

（3）只有承认恢复过程的复杂性、动态性和漫长性的本质，以及社区内受影响的个人、家庭、集团不断变化的需要，恢复重建的安排才是最有效的；

（4）考虑社区发展前景的恢复重建是最好的重建，而且在地方层次上实施、动员受影响的社区积极参与、最大限度地依赖地方能力和技术是最有效的；

（5）当社会福利部门在影响人们福利和社区恢复的各层次决策中起主要作用

① United States Fire Administration & Emergency Management Institute，G207.4, *Recovery From Disaster: The Local Government Role*, Instructor Guide, February, 2004.

的时候，恢复重建是最有效的；

（6）在灾难到来之际即开始的恢复是最容易收到成效的；

（7）恢复的规划和管理安排得到了培训项目和演习的支持、确保从事恢复的部门和人员为其职责做好恰当准备之后，才是最有效的；

（8）当恢复重建的安排为所有潜在的紧急事态和灾难提供了一个完整的、综合的架构，援助措施能够以及时、公平、公正的方式到位，并能充分灵活地应对社区的各种需求时，才是最有效的。①

美国《全国灾难恢复框架》中，规定了各级政府支持社区恢复重建的八条指导原则：

（1）个人和家庭授权；

（2）领导和地方为主；

（3）灾前制定恢复方案；

（4）请合作方参与和包容性；

（5）统一行动；

（6）遵循进程表和灵活性；

（7）抗逆性和持续性；

（8）心理和感情恢复。②

（二）恢复重建的类型

美国公共安全管理部门根据重建行动的作用，将恢复重建分为短期和长期两类。每一类重建都有各自不同的内容。

1. 短期恢复重建

在突发事件应对的后期，应对者必须采取一些紧急措施，重建受到破坏的各种机构和设施的基本功能，并且采取保护措施，避免它们被进一步的破坏，这些行动就是短期重建行动，这些行动过程就是短期重建。

在应急管理周期的四个阶段中，短期恢复重建和应对有所重叠，有时候两者难以截然划分。一般而言，应对侧重的是救援，短期恢复侧重的是对设施，特别是对基础设施功能的恢复。参加恢复重建的部门复原被突发事件中断的公用事业

---

① Australian Emergency Manual Series, *Recovery*, First published 2004, Edited and published by Emergency Management Australia, Printed in Australia by National Capital Printing, Canberra, 1 August, 2004, p.105.

② Department of Homeland Security, *National Disaster Recovery Framework*, 2016, p.5.

服务、重新沟通交通路线、加固或推翻严重受损的建筑等，都属于短期重建的内容。在事件过去之后，对被迫离开家园的人们提供临时食宿，也算是短期重建工作。

2. 长期恢复重建

长期恢复重建侧重于对突发事件中受损的各种基础设施、住宅等建筑物的重建，以及对经济、环境，乃至受到灾害创伤的人们心理重建。重建时间有多长，取决于实际需要，有时候几个月，甚至几年。

长期恢复重建的内容包括部分短期重建工作，如对受损基础设施功能的恢复重建，也包括针对受损社区脆弱性的危险减除工作。

有时候，某些恢复重建工作横跨短期恢复和长期恢复，人们将二者的重叠期可以称为“中期恢复”（intermediate）。其间，恢复工作的规模和范围可能比短期恢复和长期恢复更大。但是，从内容上看，可以看作长期恢复的组成部分，如图13–2所示。

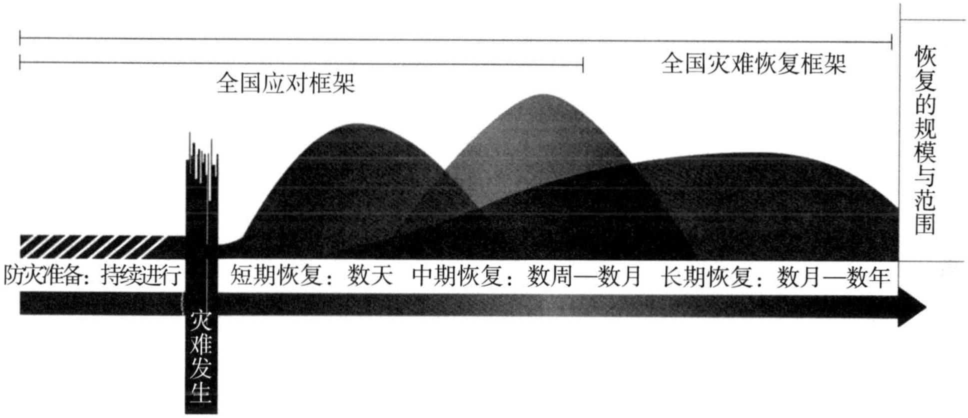

图 13–2　恢复类型的连续性和范围[①]

第二节　恢复重建的过程

无论什么地方，无论遭受哪一种灾害，受影响的社区和人们都希望尽快得到重建。一般而言，重建的时间取决于以下四个因素：一是灾害的物理特征；二是灾后保留下来资源的种类和数量；三是能够获得的外部援助有多少；四是受影响

① Department of Homeland Security, *National Disaster Recovery Framework*, 2016, p.5.

社区采取的重建战略及其实施情况。

一、恢复重建的阶段和内容

（一）恢复重建的阶段

在实际运作中，公共安全管理部门并没有明确将恢复重建划分为若干阶段，但各国学者都采取不同的划分法。人们经常引用的是罗伯特·凯提斯（Robert Kates）和大卫·皮亚卡（David Pijawka）的四个阶段的划分方法。[①]他们认为，第一个阶段是紧急事态（emergency），其持续时间从数天到数周，包括了紧急事态行动预案实施的应对时期。第二个阶段是复原（restoration），这一时期受损的公用设施得以修复，瓦砾被清除，撤离的人们返回了家园，居住、商业和工业建筑得到修复，这一阶段可能需要数周到数月。第三个阶段是重建更替（reconstruction replacement）期，包括重建股本，经济恢复到灾前水平，这一阶段一般需要数月到数年。第四阶段是发展（development）期，建设了具有纪念性的建筑物，纪念日被确定了下来，人们试图进一步改造社区。

其他学者使用了不同的恢复阶段的划分方法，但本质上没有太大的区别。恢复的过程美国学者用图 13-3 表示：[②]

在图中，1、2、3、4 表示恢复重建的四个路径。路径 1 是家庭恢复重建，这里主要指的是住宅重建，不涉及因人员伤亡或心理创伤方面的恢复重建，其重建过程分为四个阶段：紧急事态避难所、临时避难所、临时住宅和永久住宅。路径 2 是社区基础设施复原，包括供水、供电、供气、排水、道路、通信等设施的重建，它们是家庭生活和企业运转的基础和前提。路径 3 是在发生了具有全国性影响的重大灾害之后，获得联邦援助的必需程序，这些援助是基础设施、企业和家庭重建的重要保障。路径 4 是表示受到影响的商业企业在找到临时场所之前可以临时运转，直至将来进入正常运转阶段。

（二）恢复重建的内容

恢复重建不仅仅是重建遭受损失的社区，将其恢复到灾前正常运行的状态，

① 参见美国应急管理学院电子教科书：*Introduction to Emergency Management Textbook*，第 11 章，来自 FEMA 网址：http://training.fema.gov/emiweb/edu/introtoEM.asp；澳大利亚 Australian Emergency Manual Series，*Recovery*, First published 2004, Edited and published by Emergency Management Australia, Printed in Australia by National Capital Printing, Canberra, 1 August, 2004, p.115。

② 美国应急管理学院教科书：*Introduction to Emergency Management Textbook*，第 11 章，来自 FEMA 网址：http://training.fema.gov/emiweb/edu/introtoEM.asp。

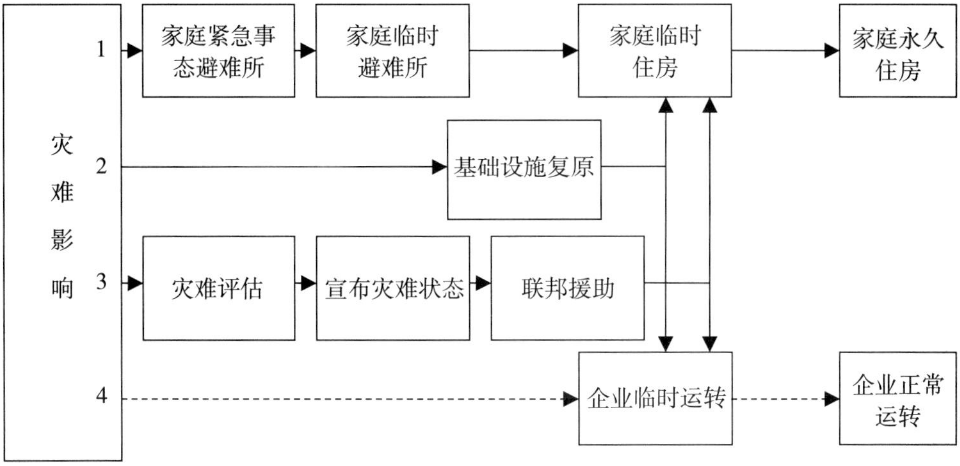

图 13–3　美国学者恢复重建过程的四个路径示意图

而且要求在重建过程中减除那些导致灾后损失的因素，强化社区的抗逆力，使重建的社区更安全、更强大、更有活力。这一点，美国联邦应急管理局在《社区长期恢复方案编制流程》中有明确要求。[①]

恢复重建的内容大致可以分为灾害评估、短期恢复、长期重建和恢复管理四个方面，每一个方面都包含具体的内容。美国的公共安全管理学者以表 13–1 加以说明。

表 13–1　恢复重建的内容

灾害评估 Disaster Assessment	
形势快速评估 Rapid assessment	受害者需求评估 Victims' needs assessments
初步损失评估 Preliminary damage assessment	应该吸取的教训 "Lessons learned"
受灾现场评估 Site assessment	
短期恢复 Short Term Recovery	
灾难影响区的安全 Impact area security	紧急事态的破坏 Emergency demolition
临时避难所 / 住房 Temporary shelter/housing	修复许可 Repair permitting
基础设施恢复 Infrastructure restoration	捐赠管理 Donations management
废墟管理 Debris management	灾难援助 Disaster assistance

① Federal Emergency Management Agency, *Long-Term Community Recovery Planning Process: A Self-Help Guide*, 2005.

续表

长期重建 Long Term Reconstruction	
危险源控制与区域保护 Hazard source control and area protection	基础设施抗灾力 Infrastructure resilience
土地利用规则 Land use practices	历史遗址保护 Historic preservation
大楼建筑规则 Building construction practices	环境恢复 Environmental recovery
公共卫生 / 心理健康恢复 Public health/mental health recovery	灾难纪念 Disaster memorialization
经济发展 Economic development	
恢复管理 Recovery Management	
部门告知与动员 Agency notification and mobilization	公共信息 Public Information
恢复设施与装备的动员 Mobilization of recovery facilities and equipment	恢复的执法与资金筹措 Recovery legal authority and financing
内部指导与控制 Internal direction and control	行政与后勤支持 Administrative and logistical support
外部协调 External coordination	文件编撰 Documentation

这里必须说明的是，第一方面“灾害评估”所包含的主要内容，如快速形势评估、初步损失评估等属于应急阶段的工作，但同时又是恢复重建阶段的起步工作。形势评估一般应该在紧急事态发生的 24 小时内进行，而初步损失评估应该在灾害发生的 3—4 天内进行。受灾现场评估是要计算出修复或取代每一个受损建筑的费用，在完成时间上没有前两项急迫。

（三）损失评估

灾害评估作为恢复重建的前提，要查清灾害造成的各种损失，是确定重建任务、制定重建战略的基础，也是获取政府或其他援助的依据。美国联邦应急管理局在 2005 年发布了个人申请援助所需要的损失评估手册，在 2004 年和 2016 年两次发布了损失评估手册，[①] 指导遭受突发事件损失的个人、地方政府和州做规范的损失评估，作为申请公共援助和开展恢复重建的基本前提。

这些损失包括以下四个层面：

① Federal Emergency Management Agency, *Preliminary Damage Assessment for Individual Assistance Operations Manual*, 2005; *Damage Assessment Operations Manual: A Guide to Assessing Damage and Impact*, 2016.

1. 物质损失

物质损失是看得见、摸得着的损失，既包括公共设施的损失，也包括家庭和企业的损失。

基础设施的损失：基础设施有基本基础设施和辅助基础设施两类。基本基础设施是指社区的生命线设施，诸如供水、供电、供煤气、排水、通信、道路、桥梁等设施。它们遭受的损失大致可以分为部分损失和整体损失。部分损失是这些设施的局部遭到破坏，部分功能丧失，但主体没有遭到毁灭性打击，经修复后仍然能够安全运行；整体损失是其主体遭到了破坏性打击，不能修复到安全运行的水平，必须再建新的设施取代它。辅助基础设施是指那些提供我们日常生活需要的设施，如商业设施、医院、学校等，它们虽然不是生命线设施，但对社区的正常运转是必不可少的。对它们损失的评估，要包括受损设施的数量、损失程度、修复或重建所需要的费用等。

其他物质损失：主要包括家庭住房、社区内的企业的不动产的损失。评估的内容包括损失的建筑物的数量、影响到的家庭和人口数量、修复或重建这些建筑物所需要的费用等。

2. 经济损失

经济损失是指因灾难的影响而造成的生产产量（可以 GDP 来衡量）、商业零售额、就业率、居民收入等方面的下降。灾难造成的对农林业的损失往往是最大的。

造成这些后果是因为灾难破坏了生产设施、企业建筑、生产运营网络等；对农林业的打击则是直接针对耕地、庄稼、果园等。这些灾难造成的直接后果会产生间接的长远的影响，导致经济萧条、就业率下降、人们收入较少，最终影响到人们的生活水平。

对直接后果的评估比较容易，从物质损失的数量统计转换成货币额度即可；但对间接损失的评估比较复杂，只能用灾后的经济指标与灾前的经济指标之间的差额来说明，但由于灾后的经济指标需要一段时间来显示，所以该项评估不能马上做出。通常情况下，可使用分析估计的方法得出临时数据。

3. 心理创伤

一场重大的灾难，在造成巨大的物质和经济损失的同时，对受害者或经历者也不可避免地造成极大的心理冲击，留下长时间的心理疾患，特别是对妇女和儿童。有时候，参与灾难应对的人们，同样会产生心理疾患，也需要给予关注。

灾难冲击人们心理的因素包括撤离家园的无助感、失去亲人的悲痛、险恶场面震撼、遭受重大损失之后的生活艰辛等，这些都会造成人们心理失轨，显示出绝望、郁闷、焦虑、紧张、狂躁、惊恐、羞愧、罪恶感等心理疾患，从而导致生活不能自理，精力不能集中，休息不好，身体受到影响，严重的甚至自杀、不能从事正常的工作和生活。

针对此类心理创伤，很难给予量化的评估，但又不容忽示。一般的做法是对心理疾患的影响面和严重程度作估计和分析。

4. 其他损失

除了上述三项之外，还有人员损失（伤、亡）、环境损失等。人员损失可用统计数字直接表示，环境损失很难准确评估，需要专门的环境评估机构实施评估。

在上述所有的评估完成之后，要形成正规的损失评估报告。该报告不仅要包括详细而准确的数据，还要附上各种具有说服力的照片、图表等。这样，对制定恢复战略和争取外援提供了科学的依据。如果参加了保险，这些评估可以与保险公司的工作人员一起做，在这方面他们具有专业能力。

二、恢复重建的组织和领导

在一般状况下，重建都是由地方政府组织完成，所需要的资源主要也是地方和州的资源。在美国，向总统提出重大灾害的申请只有大约 1%被接受。所以，地方政府责无旁贷地承担起重建的领导和实施责任。2004 年 2 月，美国应急管理学院出版了《从灾害中重建：地方政府的作用》，全面阐述了地方政府在重建中的领导和管理作用，在 2016 年国土安全部发布的《全国灾难恢复框架》中，地方政府的作用再次得到强调。联邦政府和州政府在恢复中的主要职责是协调和提供支持。具体协调方式和内容，联邦应急管理局 2015 年颁布的《州、部落、领地和地方突发事件恢复资源的有效协调》做了详细介绍，[①] 这里不再赘述。

（一）从应急管理到恢复重建管理

紧急事态的应对完全是政府主导的事务，紧急事态结束之后，应急管理者要及时转向重建。多数情况下，应急中紧急事态行动中心自然转化为重建的指挥

① Federal Emergency Management Agency, *Effective Coordination of Recovery Resources for State, Tribal, Territorial and Local Incidents*, 2015.

部。地方政府的重建指挥部中也应该吸收那些从事应急的应急管理者，因为他们具有这方面的经验和专业技术，能够为重建提供灾害的全方位信息，指导损失评估，利用其娴熟技巧和广泛的社会关系协调和联络各方面的重建工作，为获得联邦和州的援助提供专业帮助，也为长期重建计划中针对社区脆弱性的灾害减除提供建议。

对于总统宣布的重大灾害，联邦应急管理局将任命一个联邦协调官（FCO）到灾区确定援助需求评估，协调所有联邦部门提供的各种联邦援助，灾区所在州的州长也要任命一位州协调官（SCO）与联邦协调官接洽联邦援助事宜。这些官员应该立即设立灾害现场办公室（Disaster Field Office, DFO），由联邦、州、地方官员和其他救济机构的代表组成，立即开始重建工作。

（二）重建特别工作组与社区参与

重建特别工作组（Recovery Task Force）是一个地区监督重建和恢复重建过程中为地方政府负责重建工作的官员提供咨询的机构。它由当地各领域和利益的代表构成，由地方负责人或管理者任主席，组成人员可以是公共信息官、律师、市长、应急管理者，也可以是来自公共安全部门、社区服务部门、社区发展部门、公共工程部门、公用事业部门、卫生保障部门、财政部门、港口部门、规划部门、主要社区集团、学校、市议会等各机构的人。

特别工作组的具体职责包括监督重建、恢复重建和更换过程；建议复原的优先级；指导落实建筑支持政策的程序；制定重建反复遭受灾害破坏地区经济复兴的政策；推动灾害减除；制定迁移和获取受损不动产的优先权；审查损失报告；提出针对条例、延期支付和决议案的建议；提出重建项目建议；提出非决定性变化规章的程序修改建议；评估受损的公共设施；参与社区经济复兴方案的编制；建议制定新的规章、条例和法令；确定用于灾害减除的资源等。

社区作为重建的主体，其领导人或代表参与重建的领导和组织，受到西方国家的关注。因为只有获得社区的理解和配合，重建才能取得最高效率和最佳成果。而让社区代表参与领导重建有三个方面理由：一是他们代表着社区，重建主要是他们的工作和责任；二是能够保证获得社区对重建行动和重建措施的支持；三是为他们重建社区的未来，应该充分听取他们的意见及需求。

（三）重建方案的编制

重建方案是在灾害结束后制定的短期和长期重建的战略和计划，包括政府承担的角色和责任，准备采取的政策和措施。但有时候也提到重建预案，它实际上是在灾害发生之前就应该制定完成，在灾害发生后立即付诸实施。过去美国地方政府对此并不十分重视，有的只有紧急事态行动预案，没有重建预案；有的虽有重建预案，但却作为紧急事态行动预案的附加说明，而且不太详尽；有独立重建预案的相对较少。由于灾害发生后，很少有足够的时间用于制定重建方案，所以现在联邦应急管理局主张各级政府都要制定重建预案，在灾害结束后根据情况修订作为重建方案实施。2016 年和 2017 年，联邦应急管理局分别发布了州政府和地方政府灾前恢复方案编制指南，即《重建预案编制指南》，鼓励从州政府到地方政府实施。①

重建预案的内容包括废墟清理、建筑物检查、公共卫生与安全、临时住宅、社区服务设施的临时和永久重建、重建工作人员、重建支出的档案编制等。

重建预案规定的工作程序包括七个步骤，分别是收集基本信息、组织重建、动员用于重建的资源、管理重建、依法规实施重建、协调重建行动和评估重建。

灾害的应急结束后，没有重建预案的要立即编制，有的要依据情况立即修订和完善。在修订或编制过程中，要评估灾害的后果，总结经验教训，提出未来社区建设的目标愿景。其中要处理好短期重建与长期重建的关系，整体重建与局部的关系，恢复到正常状态与建立消除脆弱性社区的关系等，也要充分考虑已有的和可能得到的资源。

三、家庭和企业恢复重建

在恢复重建过程中，地方政府必要时在州和联邦政府支持下，主要承担基础设施的重建责任。公共工程和公用事业的管理者（有时候是私人拥有者）负责它们的重建工作，包括损失评估、清理废墟瓦砾、修复受损的和恢复重建不可修复的设施等。

（一）家庭恢复重建

家庭恢复重建针对各个家庭在灾难中遭受的损失和伤害，大致包括三个方面：住房重建、就业恢复和心理恢复。这三个方面不仅需要资金资源，也需要社会服务资源。这些资金既可以通过保险金获得，也可以通过贷款得到；而社会服务资源，则要由政府安排。

---

① Federal Emergency Management Agency, *Pre-Disaster Recovery Planning Guide for State Governments,* 2016; *Pre-Disaster Recovery Planning Guide for Local Governments*, 2017.

住房重建通过如前所述的四个阶段：紧急事态避难所、临时避难所、临时住房和永久住房。它是灾难发生后灾区人们住房恢复的一般过程。紧急事态避难所一般是由政府救灾部门、红十字会和志愿者组织提供，多为帐篷之类；临时避难所可以是亲戚、朋友的家，也可以是政府提供的体育馆、学校等；临时住房是在永久住房建成之前，能够从事日常生活的过渡性住所。住房恢复的难点是低收入家庭。由于缺少资源，他们住房的恢复过程必然要长一些。在没有保险赔付的情况下，可以申请联邦政府为其拥有并在灾难中受损的住房提供修复费用，该项目为个人与家庭资助项目（Individuals and Households Program，IHP）；同时，在房屋未修复之前，还可以通过灾难住房项目（Disaster Housing Program）获得租金资助租住房屋。个人与家庭资助项目的范围包括：提供租金解决临时住房（不超过2500美元）、修理受损的房屋（不超过5000美元）、更替被灾难摧毁的房屋（不超过1万美元）、资助边远灾区的居民建设永久住房（不超过2.5万美元）等。①

2009年，联邦应急管理局发布了《全国灾难住房战略》②，对重大突发事件中家庭住房遭到严重毁损后的救济路径作了详细规定，确定了提供灾难住房的合作方、原则、方法和实施战略，是一个相对宏观的文件。

就业恢复是受害者因为灾难而失去工作岗位之后，重新获得就业的过程。由于很多人都在自己的社区就业，当他们受雇的企业的运转被灾难打断时，自然就失去了工作。因而，就业的恢复往往取决于当地企业和经济的恢复。依据灾难的严重程度，这个过程可能几个月，也可能几年。政府对失业人员提供灾难失业援助（Disaster Unemployment Assistance，DUA），包括失业救济金和再就业服务。对于农民和牧民，美国农业部的农场服务局（Farm Service Agency，FSA）紧急事态保护项目（Emergency Conservation Program，ECP）可以为其提供修复围栏、清理废墟、恢复受损耕地等方面的援助。

心理恢复是将受害者因灾难引起的心理疾患通过外部干预和治疗，恢复到正常、健康的心理状态。这是一个复杂的过程。由于遭受失去亲人、家庭财产损失、可怕事件的冲击以及灾难的其他影响，许多人出现了各种各样的心理问题。《斯塔福德法案》授权美国总统，资助应对此类心理疾患的训练和服务。资助包括紧急服务项目（Immediate Service Program）资助和定期服务项目（Regular

---

① Emergency Management Institute，Independent Study IS-7, *A Citizen' Guide To Disaster Assistance*, September, 2003, pp.3–17.

② Federal Emergency Management Agency，*The National Disaster Housing Strategy*，2009.

Service Program）资助。前者是在灾难宣布的 60 天内，通过调查发现、诊断和建议手段，加上社区网络这样的延伸服务，满足灾民的心理健康需求。后者是通过资助危机建议、社区延伸、咨询和教育的服务，在灾难发生的 9 个月内帮助受影响的灾民。这两种资助是联邦应急管理局通过心理健康服务中心（Center for Mental Health Service）提供的。

（二）企业重建

企业重建是在灾害中受损的企业恢复重建到灾前正常的运转功能和获利水平。企业损失包括企业的场地、建筑物、设备、设施、经营网络，乃至工作人员的损失。小企业对灾害的承受力要比大企业差，且其资源有限，所以重建的难度要比大企业大。重建主要是企业自己的事情，但可以申请政府的各种资助。

政府对受损小企业往往给予特别的关注。美国政府的小企业管理局依据《小企业法》的授权，可为小企业提供两类贷款援助：一是物质损失灾害贷款，主要是帮助重建受损的永久建筑物，更替不安全的私人拥有的不动产。这样，除了各种规模的非农企业外，私人房主也可以申请。二是经济损害灾害贷款，主要是为受损企业提供运行资本，只有小企业可以申请。

第三节 《全国灾难恢复框架》

突发事件应对即将结束时，有时甚至在应对过程中，受损社区的恢复重建问题就提上日程了。根据《斯塔福德法案》的要求，联邦政府在支持受灾地区恢复重建方面承担着重要责任，而各级政府、受灾者和社会团体也都承担着不同的责任。怎样确定各自的职责，划分恢复重建的任务，需要一个权威的规范文件。

2009 年，来自美国各地、各级政府、各类社会组织的 600 多个恢复重建的合作方，共同合作制定一份支持灾后恢复重建的框架性文件。该文件即 2011 年发布的《全国灾难恢复框架》，之后它取代《全国应对框架》中第 14 号突发事件支持功能，成为美国应急管理的五个框架之一。

一、角色与责任

承担恢复重建工作的责任主体比较多，主要角色及其责任如下。

（一）全社区

遭灾的社区能否成功恢复重建，一个极其重要的因素是能否把全社区包容进来。恢复重建关系到社区每一个群体和个人的利益，因而也是全社区共同的责任。从制定重建方案到实施重建过程，都要避免遗忘或忽略哪个团体、人群乃至个人。要让不同的种族、信仰、性别、年龄段，甚至常驻的外侨等人群都参与进来，严格按照法律法规（包括建设规划和建筑法规）的要求，在基础设施、交通、住房、社会服务等方面的重建中，协调实现共同的利益和要求。

（二）个人、家庭和住户

在社区的恢复重建中，个人、家庭和住户是恢复重建的基本单元，起着枢纽作用。灾前，他们的应急准备和拥有的资源，直接决定着他们灾中遭受损失的大小和灾后的恢复能力。家庭和住户如果制定有应急预案、其住房在设计和维护时考虑了抗灾需求、购买了财产灾害保险等，就能够在恢复重建中占得先机。灾后通过申请联邦和州政府的援助，加上银行贷款，住房重建就能很快完成。

（三）非政府组织

西方国家非政府组织在突发事件的应对和灾后恢复重建中扮演着重要角色。非政府组织的身份多种多样，有宗教性的、慈善性的、志愿者的和其他专业性的，在恢复重建中服务的对象和领域方方面面。把非政府组织协调进恢复重建过程中，充分利用它们各自的优势，能够加快恢复重建的进程，弥补政府和个人、家庭能力的不足。

一般来说，非政府组织可以承担的工作有：清理废墟、灾后心理抚慰、提供基本生活必需品、提供和协调临时住房、帮助制定恢复方案等。

（四）私人部门实体

私人部门在灾后建立公众信心方面作用巨大。只要企业能运转，社区的就业和税收就有保障，经济恢复就会很快实现。因而，无论在灾前还是灾后制定社区恢复方案时，私人部门都是领导角色；在实施恢复重建方案时，私人部门可以与政府和社区领导人协调推进恢复重建进程。那些拥有并能运作基础设施系统的，如供电、电信、金融等大型私人部门，在社区恢复中具有重要责任。它们自身的恢复意味着社区功能的恢复；它们在恢复重建中，识别潜在风险、重建更具韧性的基础设施系统，对未来社会的建设起着决定性作用。

（五）地方政府

地方政府承担着其下辖社区从应对到恢复的主要责任。个人、家庭和私人部门都指望地方政府领导其恢复过程。

灾前，地方政府要主持制定恢复重建预案，确定当地恢复的功能、角色、组织结构、资源和资金来源等；培训和演练损失评估、志愿者招募、援助申请等内容；了解对基础设施系统恢复重建有重大影响的各种潜在危险和风险、其影响区域和后果；对灾后恢复做资源准备。

灾后，地方政府的主要任务是恢复和重建社区受损的所有部门和设施。同时，帮助企业恢复生产，帮助个人和家庭修复和重建毁坏的住房。在恢复重建过程中，要把灾害减除的措施和方法考虑进去，务使新建的基础设施、住房和公共系统具有充分的抗逆力。地方政府的具体责任包括确定恢复重建方案，争取联邦和州的援助，协调和支持生产和就业，恢复公共服务等。

为了实现辖区的迅速恢复重建，地方政府应该任命若干地方灾难恢复经理（Local Disaster Recovery Managers），负责协调各方力量，随时解决遇到的问题。

（六）州政府

州政府在恢复重建中的主要职责是为地方恢复提供支持，协调和提供地方恢复重建中的技术和财政援助。具体任务包括：

方案编制：灾前推动地方政府编制减灾规划、灾后恢复方案，实施政府运行不间断规划；推动所有合作方演练和培训恢复重建规划；对地方政府和非政府组织提供指导和技术支持；支持地方政府建立恢复重建资源的协调机构；建立满足地方专业人员和技术需求的协议和机制；在恢复方案中贯彻脆弱性治理和风险减除原则。

援助地方政府：灾后帮助地方政府对所需要的恢复资源和资金给予确定、获取和动员；监管大区恢复资源的协调，设定优先顺序、指导提供援助过程；对于联邦提供的资源，负责制定成具体援助项目和工程；对恢复过程实施全程监督和跟踪，确保廉洁高效；负责与联邦政府，特别是联邦应急管理局的协调事宜。

州政府要设置灾难恢复协调官（Disaster Recovery Coordinators）负责领导州内恢复协调行动。

（七）联邦政府

联邦政府的各相关部门的职责是：灾前，通过联合规划、培训和演练，建设六个联邦恢复支持功能（Recovery Support Functions，RSF）为代表的全部恢复重建的核心能力；为所有相关方（地方政府、大区、大都市、州、联邦政府、非政府组织等）制定灾前恢复和减除方案的编制、行动协调的指南和工具；通过颁布指南和发放奖励金推动全国的减灾行动，支持基础设施和公共服务的抗逆力建设；制定灾后保护和帮助政府部门雇员的方案；推动地方政府实施分享恢复的典型经验、吸取教训的活动。

在重大突发事件初期，尤其是超过地方政府和州政府应对能力的灾难性事件，联邦政府对短期恢复的支持性作用极其重要。主要职责包括：通过提供专家和技术指导支持和参与恢复方案的编制、促进恢复重建中实施风险减除，指导灾区基础设施系统的抗逆力建设符合相关法律和政策；依据部门职责直接或间接对灾区提供援助；对公众和所有合作方提供恢复的信息，比如政府的资助项目、恢复专项贷款、地理规划等信息。

联邦政府在需要时，会任命一位联邦灾难恢复协调官（Federal Disaster Recovery Coordinator）负责协调联邦政府对灾区的援助事务。

二、恢复的核心能力

《全国灾难恢复框架》确定的恢复重建的核心能力包括八种，其中方案编制和公共信息与预警为所有应急管理领域的通用能力；基础设施系统是与应对领域共用的核心能力；其余为恢复独有的核心能力。

（一）方案编制

在恢复重建中使用的方案编制包括灾前的恢复方案编制、灾后的恢复方案编制和基于社区的方案编制。

灾前的恢复方案编制（Pre-Disaster Recovery Planning）是美国联邦政府极力提倡的，目的是使各级政府能够预先设定恢复重建阶段的参与者角色、任务和行动，便于届时对恢复重建提供有效的指导。

灾后的恢复方案编制（Post-Disaster Recovery Planning）是为实施灾前制定的恢复方案服务的，旨在支持实施其规定的优先权和政策。当然，灾后恢复重建的方案编制是首要的、灵活的，可以根据实际情况修订灾前的恢复方案。

基于社区的方案编制（Community-Based Planning）是指恢复方案的编制要依据社区的实际需要，得到社区的居民、组织、企业和政府的支持和参与，解决社区恢复重建的具体问题。

（二）公共信息与预警

在恢复重建的过程中，各级政府、私人部门、非政府组织和联邦政府各部门必须紧密合作，向整个社区提供协调的、迅速的、可靠的和可行动的信息，支持恢复重建工作。这些信息指导社区实施政府恢复方案的全过程，应该以各种形式全覆盖、无缝隙地传递到社区的每一个成员。

有效的公共信息传递是双向的，一方面能够确保处在任何地方的灾民有机会向社区领导人沟通自己的需求，另一方面确保恢复重建的利益相关者了解自己可能获得的援助、自己的作用和责任、恢复重建的各种安排和实现过程等。要实现这些目标，需要制定详细的沟通战略和沟通方案。

（三）行动协调

由于恢复重建涉及许多政府部门、私人部门、非政府组织和灾民个人，所以许多协调就显得格外重要。各级政府在遭灾社区恢复中的首要职责就是建立协调各种社会组织和力量的机制，以准确有效评估恢复中的各种问题，确定优先顺序，动员合作伙伴，确定和协调重要资源，实现恢复目标。

各级政府依靠行动协调的核心能力，领导着跨部门、跨能力的整合，确保在所有功能区都能实现抗逆力、健康社区和包容性等广泛目标；同时，行动协调也是推进恢复资源的有效利用、信息共享、社区内部合作、整合社会各种力量的有力工具。

（四）经济恢复

经济恢复的核心能力的使命是：整合政府部门和各种社会组织的技能和资源，促进支撑与重建企业和就业，发展经济机会，实现社区经济运行。协调、整合和支持遭受损失的公共部门、私人部门，采取积极的措施，重建地方经济。

实现经济恢复，首先，需要收集、整合、分享经济影响数据，评估经济恢复的问题，识别潜在的影响因素；其次，制定和实施经济恢复战略，调动各种力量参与经济恢复；最后，在经济恢复中贯彻减灾方案，使重建的经济具有更强的抗灾韧性。

（五）健康与社会福利事业

健康与社会福利事业是现代社会必不可少的组成部分。灾后，健康系统（如医院、透析中心）和社会福利事业（如儿童保健、早教提供商）的及时恢复是受灾社区恢复的指标性特征，需要全社区的合作和努力，包括政府部门、非营利组织、志愿者、教会和社区组织、个人和家庭。

该核心能力包括灾前预估和灾后评估突发事件对卫生保健事业、社会福利事业、行为健康事业、环境和公共卫生的影响，以及由突发事件引起的其他问题，如食品和医疗保障安全、灾害对儿童的影响和对应对者健康的长期影响；根据可用资源制定全面恢复的时间表；实施恢复行动等。

（六）提供住房

在任何灾害中，失去家园的灾民安置都是重大问题。这一核心能力是要求根据现有的社区长期恢复方案和程序，提供能够得到的、经济上可承受的临时的和永久的住房选择。这一任务在社区恢复重建中最具有挑战性，因为居民住房的恢复需要长期的维修、建筑过程，而且费用巨大。重建的迫切需要和所需资源的缺乏导致在设计、建筑、劳动力征集、材料购买、物流、检查和融资等方面都容易出问题。

该核心能力要求评估初步的住房影响和灾前灾后的需求，确定可行的临时住房法案，支持地方制定永久住房方案；根据可用的资源解决过渡住房问题；按照减灾规划和建筑标准解决永久住房问题。

（七）基础设施系统

基础设施系统的核心能力是整合基础设施的公共和私人所有者和运营者，共同维持其完整和运转；在某些情况下，新建和升级一些工程。遭受突发事件破坏和毁损后，所有者承担恢复的主要责任，恢复重建的目标要与社区预期的要求和现实环境相匹配。基础设施系统恢复重建最重要的任务是保持对用户的持续服务。

该核心能力的主要任务包括：推动维持社区功能运转的基本服务的恢复和保持；在大区和系统层面上协调基础设施重建的规划；制定具有抗逆力、可持续、可达到的基础设施重建方案；为社区提供能够满足需求，同时在恢复过程中服务不中断的系统。

（八）自然与文化资源

自然与文化资源是社区现代文明的重要载体。该核心能力是在社区遭受重大灾害后，整合所有个人、政府、非营利组织、私人部门、非政府组织等的技术技能和资源，实现对受损的自然和文化资源的保存、保护和恢复，并且使其具有可持续性和抗逆性。

这些资源的管理员承担保护的主要作用。他们需要确定每个社区的自然和文化珍品，并探索和实施保护它们的办法，在灾后评估灾害对它们的影响，在恢复重建中制定恢复方案，实施永久的保存和保护措施。

三、协调组织与整合

恢复重建的过程需要领导者建立有效的协调组织，去评估恢复的问题、确定优先顺序、寻找合作伙伴、识别与协调重要资源。协调组织分为多个层面，各自具有不同的职责。

（一）非政府组织的协调组织

非政府组织在恢复重建中作用重大，无论在平时、灾中还是灾后都需要协调它们参与应急管理的各个阶段的工作。主要的非政府组织协调组织有：美国全国抗灾志愿者组织（National Voluntary Organizations Active in Disaster），本书第五章已有专门介绍，这里不再赘述；长期恢复社团 / 多教派圆桌会议（Long-Term Recovery Groups/Interfaith Roundtable），属于不同教会分支的合作组织，它们的名称多种多样但目的相同，都是动员社区的各自资源支持恢复重建；社区抗灾组织（Community Organizations Active in Disaster），是基于地理和社区层面的各个部门、群体代表的组织联盟，活跃在灾害的减除、准备、应对和恢复的各个阶段。

（二）地方协调组织

地方行政区在灾前和灾后扮演着多种协调组织的角色，帮助识别风险，建立联系，培育和建设有效管理恢复的能力。各地面临的威胁和灾害不同，社会经济环境、文化环境和地理环境有差异，需要根据自己的情况建立合适的协调组织。一般是建立特别工作组，或者设立恢复委员会，协调本辖区或周边地区的资源，支持社区的恢复。

（三）州与领地协调组织

州或领地具有撬动辖区内各个合作方资源的能力，可以像地方政府一样，根据本州或领地的实际情况，建立适当的组织，让各个群体的代表加入进来，动员和协调辖区各个方面资源和力量，支持本州或领地的恢复重建。

（四）联邦协调组织

联邦协调组织主要是由联邦的各个相关部门承担，在《全国灾难恢复框架》下通过恢复支持功能（Recovery Support Functions）发挥协调作用。它们是：

社区方案编制与能力建设：主要协调者是国土安全部 / 联邦应急管理局，主要承担者是联邦应急管理局和住房与城市发展部。

经济恢复：主要协调者是商业部，主要承担者是农业部、商业部、国土安全部、劳工部、财政部、联邦应急管理局、小企业管理局。

健康与社会福利事业：主要协调者是卫生与公共服务部，主要承担者是全国与社区服务公司、农业部、商业部、国土安全部 / 公民权利和公民自由办公室、住房与城市发展部、内政部、司法部、劳工部、环境保护署、联邦应急管理局。

提供住房：主要协调者是住房与城市发展部，主要承担者是农业部、司法部、住房与城市发展部、联邦应急管理局。

基础设施系统：主要协调者是美国陆军工程兵，主要承担者是能源部、联邦应急管理局、美国陆军工程兵。

自然与文化资源：主要协调者是内政部，主要承担者是内政部、环境保护署、联邦应急管理局。

思考题

1. 什么是恢复重建？试述恢复重建的概念、原则与类别。
2. 试述美国恢复重建各级单位资源投入情形。
3. 试述美国学者提出的恢复重建的四个阶段和内容。
4. 试述美国学者提出的重建过程的四个主要路径。
5. 试述灾害损失评估的内容。
6. 重建方案是如何编制的？
7. 试述美国《全国灾难恢复框架》的主要内容。

第五编

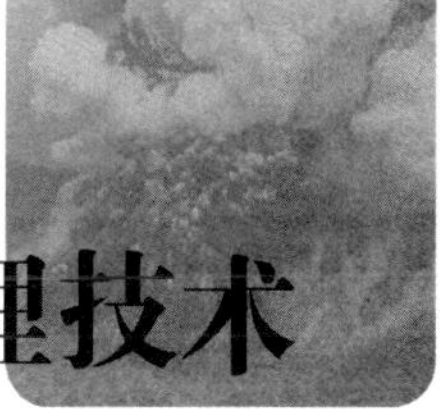

灾害类型与安全管理技术

第十四章

中国台湾地区各类灾害与安全管理

关键词

灾害防救 "灾害防救法" 灾害防救会报 灾害防救方案 灾害应变中心 灾后重建 灾害防救体系

前 言

我国台湾地区因地理环境特殊，经常发生台风、水灾与地震等自然灾害；根据世界银行报告指出，台湾地区同时暴露在三项以上自然灾害的土地面积高达73%，面临灾害高危险的人口亦达73%，均高居世界第一。①

灾害防救工作需要跨部门、跨领域、跨学科及跨区域的整体规划。台湾地区历经数十年的灾变经验，建立了以"灾害防救法"为主体的灾害防救体系，自上而下均依据"灾害防救法"建置灾害防救体系与制订相关计划。顺应社会结构变化的调整性与考虑全球变迁的前瞻性，以及兼顾并满足族群发展与谐和自然环境，各项灾害防救工作的规划与计划，在平时需以宏观角度，规划、推动与落实各项防灾减灾计划；当灾难发生时，需要以更积极主动，协调、统整与及时达成各项救援任务；于灾变发生后，必须落实有关灾后恢复及重建计划。

且随着全球环境的变迁、法令的立法与执行、灾害类型的变化，以及台湾地区社会经济的快速发展，公共卫生与重大公共安全事故等潜在威胁亦与日俱增，

① 中国台湾"'行政院'灾害防救委员会"："灾害防救手册"（2010），http://www.ndppc.nat.gov.tw。

未来灾害防救工作所面临的各种挑战将更加严峻。

“‘行政院’灾害防救委员会”考虑当前世界已发生的严重灾害案例、潜在风险、影响范围、安全管理经验及现行法规政策等因素，除风灾、水灾等常态性救灾政策之外，特别针对老人及身心障碍社会福利机构、大型空间（购物中心、巨蛋[①]等）、高层建筑物、大型活动、观光地区游乐设施、铁路隧道及地下场站、长公路隧道、科技厂房、重石化厂区、陆上大众运输车辆、海上大众运输船舶、危险品运输、重大海域污染防治、烟花爆竹、瓦斯储存分装输送及短期补习班等16项具有高度潜在危险之重大公共安全项目，商请各业务主（协）办机关，分析以往重大灾例，配合境况仿真详予检讨相关作业方式与管理制度，针对过去较为忽略且不完整的灾害防救措施及标准作业程序，研订管理对策，作为未来施政依据，借以建立完善的安全管理与防救机制。

近几年来全球气候变迁，对环境及大自然的灾害挑战越来越严峻，尤其莫拉克台风极端降雨，带来规模极大且复合型的灾害，现行灾害防救体系已无法适应此类重大灾害，为健全灾害防救体制，强化灾害防救功能，以确保人民生命、财产安全及环境保全，建构完备的自上而下各级政府整体灾害防救体系，并强化军队迅速主动支援救灾机制，台湾地区“灾害防救法”（以下简称“灾防法”）修正条文于2016年4月13日修正通过，后续各机关配合制定或修正之法规命令及行政规则计30项。其中“灾害防救法施行细则”已由台湾地区内政管理部门于2017年1月18日修正公布，修正公用油气管道灾害之定义，并增列生物病原灾害、动植物疫灾、辐射灾害及工业管道灾害等灾害类别之定义。台湾地区内政管理部门消防署为强化执行防救灾任务，并规定由灾防会设“搜救指挥中心”，统筹、调度岛内各搜救单位资源，执行灾害事故搜救及紧急救护等任务。未来遇重大灾害，军队将主动协助救灾，甚至可动员后备军人，协助抢救灾情。为强化军队主动救灾机制，修正案中也明确规定，除高层灾防主管机关及地方政府得向军队申请支援救灾外，一旦发生重大灾害，部队应主动协助灾害防救，并视需要动员后备军人投入救灾。

此外，为确保防救灾专用微波通信的畅通，台湾地区内政管理部门可以划定电波传输障碍防止区域，在公告区域内，地方政府在发给建筑许可前，建筑物责任方必须先与台湾地区内政管理部门协商达成改善方案。法案同时赋予台湾地区内政管理部门，可以在建筑物上架设微波电台或卫星电台的权利，但是如果造成

① 台北市体育馆的俗称，因其形状像一枚“巨蛋”而得名。

民众损失则应该给付补偿。

本章仅针对中国台湾地区各类灾害及灾害应变体系加以整理，希望有助于读者了解当前台湾地区整体的灾害应变状况。

第一节　中国台湾地区各类灾害的安全管理

中国台湾地区因地形的特殊性，对自然灾害的抵抗力非常脆弱，一旦灾害发生，常造成严重的人员伤亡、财产损失，以及对政府救灾应变能力的质疑，如“9·21”大地震、八掌溪事件、纳莉风灾、“八八水灾”、“国道”三号突发的山体滑坡事件等，常考验着当局的救灾应变能力，并对社会及大众产生很大的冲击与影响。

然而，随着未来发生灾害的潜在风险及复杂性的日益增加，如何做好公共安全管理工作，将成为今后灾害防救工作的首要课题。兹将台湾地区重大灾害项目实施策略与措施略述如下：[①]

一、水灾与跨域治理

根据世界经济论坛（World Economic Forum，WEF）出版之《2015 年全球风险报告》（第 10 版）（Global Risks 2015，10th Edition）的内容，在经济、环境、地理、社会与科技等五大类型共 28 项风险中，水资源危机（water crisis）虽然发生可能性为前八名，但一旦发生灾害，其所产生的冲击及影响却是排名第一。且在未来十年内，根据专家评估，水资源危机的重要性将提升至 40.3%，足见水资源危机议题将是未来全球重大的挑战与风险。

另根据“台湾气候变迁科学报告（2011）”指出，在未来极端气候影响下，中国台湾地区可能受到的影响因素包括以下几项：

（1）极端降雨对山坡地环境的水土复合型灾害冲击，如山崩、泥石流等；

（2）干旱对用水资源的冲击；

（3）海平面上升对海岸地区的冲击等。

中国台湾地区又地处太平洋西陲，西南气流及台风因素，常造成强降雨，导

① 中国台湾“‘行政院’灾害防救委员会”：“灾害防救手册”（2010、2017），http://www.ndppc.nat.gov.tw。

致屏东、高雄、台南、嘉义及云林等西南地区县市，常因超收地下水使地层下陷、土地低于海平面及防洪策略失误等，造成积水不退，遇雨成灾现象。

为持续办理水患治理计划相关治理工作并提出创新作为，包括以土地规划角度推动径流分担及出流管制，加强非工程性防治及与水共存等治水新思维，台湾地区立法机构于2014年1月14日三读通过"流域综合治理特别条例"，"行政院"于2014年4月16日核定"流域综合治理计划"。

二、老人及身心障碍社会福利机构与安全管理

台湾地区为配合老人及身心障碍之长照计划主要包括以下措施：

（一）提升避难区划的安全设计

（1）检查并讨论水平避难区划（如楼梯、阳台规划设计）的改善措施。

（2）确保逃生通道、安全门、安全梯畅通的改善措施。

（3）确保防火区划安全的改善措施。

（4）规划要有二方向避难出口的改善措施。

（二）研订避难逃生训练计划（含小区义工人员）

（1）规划看护人员如何在日夜间迅速移送人员及使用灭火设备的应变对策。

（2）规划避难路线、避难器具设置位置及使用方法的应变对策。

（三）检查并讨论看护人员资格认定及数量

（1）调查社会福利机构之看护人员数量。

（2）检查并讨论社会福利机构看护人员的资格及比例人数标准。

（四）检查并讨论收容人数管理配套措施

检查并讨论收容人数管理配套措施（需依机构内看护人员数量而定）。

（五）修订避难设施及器具之使用规定

研究开发避难弱者可使用的避难设施器具规定。

研讨避难弱者使用垂直避难通道逃生的规定。

（六）评估消防安全设备设计需求

研讨为听障者提供明灭式指示灯的规定。

研讨为视障者提供音响性能出口标示灯的规定。

（七）增订避难弱者场所自动通报体制规定

研订自动通报装置之性能基准。

建立自动通报体系。

（八）研究模拟实施防火避难安全性能评估及改善策略

研究并提出避难据点的设置规定方案。

三、瓦斯储存分装输送的安全管理

（一）督导事业单位建立分装厂管理标准作业程序

（1）督导事业单位建立分装厂之管理标准作业程序，规范从业者管理装卸及驾驶作业。

（2）督导事业单位落实自主管理，实施自动检查。

（二）加强倡导分装厂安全管理事项

（1）倡导从业者加装安装管线安全链接器。

（2）督导事业单位实施劳工安全卫生教育训练。

（3）制订液化气分装厂投保公共意外责任保险规定。

（4）从业者必须向县市政府申请核准成立，并应投保公共意外责任保险后始得经营。

（5）制订消防人员对于分装厂内发生之灾害抢救之标准作业程序。

（6）针对分装厂内各项可能发生的灾害，研订消防人员抢救标准作业程序。

四、大型空间（购物中心、巨蛋等）避难的安全管理

（一）确保避难安全

（1）研究并提出排除楼梯间障碍物之管理措施。

（2）加强查核避难通道之安全。

（二）确保消防水源充足

加强查核基地内部及周边消防栓等水源是否充足及堪用之规定。

（三）落实消防演训计划

研拟自卫消防编组演练暨验证实施计划，以落实强化大型空间内之应变避难措施。

（四）落实防火避难计划之安全管理

（1）制订营业中防火避难管理计划书示范版本。

（2）制订收容人员管制办法及相关作业措施。

（五）规划建构无障碍空间之研究

研订暂时避难据点待援之规划设计规范。

（六）确保避难及救灾安全

（1）建立避难及救灾据点之选定评估方法。

（2）拟订户外避难集结地点之管理策略。

（3）拟订救灾路线之规划方案。

五、烟花爆竹的安全管理

（一）制定烟花爆竹管理条例相关子法

（1）烟花爆竹管理条例施行细则；

（2）一般烟花爆竹认可作业办法；

（3）烟花爆竹场所设置基准及安全管理办法；

（4）高空烟花输入及贩卖许可作业办法；

（5）烟花爆竹制造场所许可作业办法；

（6）高空烟花施放作业及施放人员资格管理办法；

（7）烟花爆竹专业机构管理办法；

（8）公告禁止儿童施放烟花爆竹种类；

（9）公告烟花爆竹制造场所及管制量以上之储存、贩卖与施放高空烟花场所，应投保公共意外责任险之投保金额及施行日期。

（二）办理烟花爆竹产品认可标示制度及进口事宜

（1）委托烟花爆竹专业机构办理认可事宜；

（2）受理从业者办理烟花爆竹认可及进口事宜。

（三）制定烟花爆竹施放管制自治条例

由“直辖市”、县（市）政府参照台湾地区内政管理部门消防署制定之“烟花爆竹施放管制自治条例”参考范例，制定“烟花爆竹施放管制自治条例”。

六、高层建筑的安全管理

（一）确保避难安全

（1）研究并提出排除楼梯间障碍物的管理措施；

（2）加强查核避难通道的安全；

（3）规划拟定人员避难及抢救路径的管理。

（二）规划避难据点的设置

（1）制定避难据点及中间避难层之设置规定；

（2）规划户外避难集结区之设置。

（三）加强实施超高层建筑物全栋避难管理作业程序

（1）加强实施超高层建筑物全栋避难管理作业程序，规划全栋避难方案；

（2）研究拟订一般电梯及特别安全梯之紧急运转作业规定及演练计划。

七、重大海域污染的安全管理

（一）评估油分散剂的应用时机及使用注意事项

（1）检查并讨论使用时受油品的种类与天气情况的影响；

（2）考虑分散剂使用的效果、环境冲击与费用。

（二）补充除污机具设备

（1）研讨充实海洋污染处理相关设备；

（2）定期保养除污机具设备并持续充实相关污染处理之设备，以支持付费方式与民间机构签订合作协议。

（三）研讨培训专业处理人员

（1）研讨培训执行海上污染防治工作专业人员；

（2）加强教育训练，以利执行海上污染防治工作；

（3）建立与境外合作管道，透过世界知名的海洋污染防治机构及各项研讨会，建立联络及合作训练管道。

（四）制定海上污染监测系统之维护规范

（1）定期维护、保养与检查监测系统；

（2）定期查核各单位的海上油污监测系统及污染界定。

（五）评估海上废弃物的处理方式

评估海上废弃物数量、性质与处理方式。

（六）修订海洋油污与有毒物质法令规章及作业手册

（1）研讨海水油污及有毒物质国际公约、规章、外国法令之收集；

（2）研讨处理海水油污与有毒物质的相关法令规章及作业手册。

八、大型活动的安全管理

（一）制订“申请办理各项活动作业要点”及“办理各项活动未依规定申请处理原则”

（1）由各级政府对于所属机关、学校办理各项活动时，从权责分办机关、活动分类、申请程序、场地考虑、注意事项、评估指针、绩效检查等，并考虑辖区特点制订各项活动作业要点。

（2）对于民间团体未依规定申请时，制定相关处理原则，如应就权限不借用场地或就占用道路及违建部分罚款或勒令拆除。

（二）制定“办理各项活动现场安全须知”

确保参加大型活动人员的安全，各级政府应针对各种活动可能遭遇的问题予以分析，制定“办理各项活动现场安全须知”。

（三）制定“办理各项活动搭建临时建筑物管理作业程序”

直辖市、县（市）政府制订“办理各项活动搭建临时建筑物管理作业程序”，加强管理规范。

（四）制定“各机关团体举办各项活动使用道路管理规定”

“直辖市”、县（市）政府制定“各机关团体举办各项活动使用道路管理规定”，加强管理规范。

（五）制定“建筑物用途使用人数负荷系数管理规定”

目前对于建筑物使用人数负荷系数，仅台北市有“台北市特定场所容留人数管制规则”，其余县市并无相关规定，致主办单位难以控制场内参加人数，为避免场地过于拥挤，妨碍避难逃生，对于场地容纳人数应有相关限制，以维持场地、人员安全，各县市应比照制定“建筑物用途使用人数负荷系数管理规定”。

九、危险品运输的安全管理

（一）制定危险品运输安全管理规范

（1）制定公营民营事业装设公用气体与油料管线、输电线路等安全管理之指导计划；

（2）检查并讨论现行危险品运输车辆驾驶人员或随车护送人员之证照核定资格，实施基本之防救灾训练，并建立定期职能复训制度，强化个人应变救灾能力；

（3）研究拟定危险品生产输贮使用一元化管理方案（生产装卸录入→运输申请→使用签收），改善危险品运输标示不清或不符的状况；

（4）规划危险品运输车辆装置 GPS 或行车记录仪以改善行车安全管理之可行方案。

（二）改善危险品装卸作业安全

（1）研究拟定改善装卸作业安全之设备设施及作业环境的可行方案（如隔离作业、稀释、中和、收集引流等工程改善方案）；

（2）辅导危险品生产及使用厂商改善现有装卸作业设备设施及作业环境，降低作业危害风险，并项目检查作业设备之安全与维护状况。

（三）建立危险品事故发生应变机制

（1）整合各灾害防救相关单位危险品管理信息，建立共通灾害防救数据平台；

（2）研究拟定区域性抢救灾联盟方案，以结合区域内警、消、医疗及民间厂商力量，编组集训统合运用、相互支持；

（3）推动危险品生产或使用大厂以高度负责的精神，负责特定化学品相关防灾抢救的技术支持与整备；

（4）分区规划大规模化灾之紧急医疗抢救防护网及收容后勤措施；

（5）筹设专业训练场所，训练人员之现场应变能力，并定期实施轮训与复训。

十、铁路隧道及地下场站的安全管理

（一）落实消防演训计划

（1）强化民众参与演练计划之方案；

（2）检查并讨论修订演练时民众使用紧急逃生信道之作业规定；

（3）检查并讨论各种灾变境况司机与行控中心间紧急应变作业程序。

（二）研究并拟定强化火灾控制策略

（1）研究并制订车厢难燃化设计及测试基准；

（2）拟订铁路隧道及地下场站防火避难及消防设施设备安全标准。

（3）调查评估救灾单位所需人力及机具。

（三）确保避难及救灾安全

（1）建立避难及救灾据点之选定评估方法；

（2）研究并拟定户外避难集结地点之管理策略。

十一、观光地区游乐设施的安全管理

（一）落实安全管理

（1）研讨现行观光地区各主管机关的整合机制；

（2）检查并讨论主管机关对所辖管理单位定期督导考核规定；

（3）检查并讨论管理单位定期自行安全检查规定；

（4）拟订连续假期或举办重大型活动的安全管理对策。

（二）落实教育训练

（1）拟订加强游客安全教育实施计划；

（2）强化提升员工紧急应变及专业技能之训练计划。

（三）强化机械游乐设施安全

（1）检查并讨论机械游乐设施之相关管理规定；

（2）建立游乐设施维修管理与考核机制。

（四）提升救灾救护能力

（1）评估观光地区设置第一线救护人员之可行性；

（2）研讨空中救灾随行医护人员之可行性；

（3）分析观光地区常设的紧急医疗软硬件设施之需求。

十二、科技厂房的安全管理

（一）推动性能式安全法规

（1）推动光电半导体安全设备之采用方案；

（2）推动生物安全设备（符合 BSL 及"'行政院'卫生署"安全基准）之采用方案；

（3）推动大型危害化学品储存设施（如硅甲烷 bundle）之采用方案；

（4）推动厂房内自动防护系统，且使用不可燃材质风管等设备与措施。

（二）加强厂房安全查察机制

（1）督导事业单位建立厂房内化学品储存及防护规划等标准作业程序；

（2）督导事业单位建立定期检测厂房内消防安全设备之设置及检修状况；

（3）督导事业单位建立厂房内安全管理与动火作业许可管制情事安全规范；

（4）督导事业单位建立施工间及交班缓冲时段之安全管理规范；

（5）督导事业单位建立制定承揽商管理办法；

（6）实施专家评鉴与辅导。

（三）建置区域安卫互助机能

（1）成立区域联防体系；

（2）进行救灾演练观摩，以强化区域整体应变能力；

（3）加强园区内消防人员之辅导、训练。

十三、长公路隧道的安全管理

（一）提高行车安全

（1）研究并制订隧道测速监测设备查核基准；

（2）分析隧道信息显示系统有效性。

（二）落实教育倡导方案

（1）研究并制订用路人自救的倡导方案；

（2）规划于常态性教育训练中心或据点加强用路人安全倡导；

（3）提升隧道内通报联络能力：研究规划无线电通报系统设置基准及协调作业规定。

（三）研究并拟定危险物品的管制措施

（1）研究并拟定管制通行时间及导引护送措施；

（2）建立危险物品特定路线运输危险性分析模式。

（四）研究并拟定强化火害控制策略

（1）研究并拟定现有消防分队人力及机具设备的增设方案；

（2）研究并制订成立隧道救灾指挥体系之方案；

（3）评估成立公路专属消防队之可行性；

（4）研究并制订联合演训实施计划。

十四、重石化厂区的安全管理

（一）制定重石化厂区安全卫生措施检查计划

（1）辖区劳动检查机构应规划实施年度重石化工厂安全卫生项目检查及其年修作业安全卫生项目检查；

（2）依重石化厂重大职业灾害发生频率及趋势，并考虑劳动检查人力资源，设定检查对象及检查频率，并每年公布年度劳动检查方针及修正项目的检查重点；

（3）辅导重石化厂运用风险评估技术提升工程安全管理层次；

（4）辅导事业单位建立安全卫生自主管理体系。

（二）提升劳动检查效能，加强高危险性行业之监督检查

（1）规划选列常见重大职业灾害类型：坠落、导电、崩塌倒塌及火灾爆炸之安全卫生预防设施为检查重点；

（2）实施项目检查，以关键性安全卫生设施为检查重点；

（3）加强危险性工作场所检查及辅导。

（三）建立紧急应变联防机制

（1）督导制订共同联防计划；

（2）辅导推动联防编组人员训练。

（四）建立省内外灾害案例及原因分析之数据库

收集并分析省内外灾害案例。

十五、陆上大众运输车辆的安全管理

（一）研究并制订陆上大众运输车辆安全管理方案

（1）检查并讨论陆上大众运输车辆检验制度；

（2）制定陆上大众运输车辆业者安全管理督导细部计划；

（3）检查并讨论陆上大众运输车辆路边稽核实施办法；

（4）办理陆上大众运输车辆安全评鉴。

（二）大客车车体安全管理

（1）办理大客车车体防火安全管理之可行性研究；

（2）加强陆上大众运输车辆消防安全设备检查。

（三）研讨陆上大众运输车辆事故保险理赔制度

（1）检查并讨论现行理赔相关法规；

（2）加强查核投保强制汽车责任保险；

（3）检查并讨论调整公路法有关赔偿及理赔金额。

十六、短期补习班防火避难的安全管理

（一）检查并讨论修订短期补习班安全管理相关规定

（1）检查并讨论修订各县市补习班收容人数管制办法及作业规定；

（2）检查并讨论修订各县市短期补习班设立及管理规则；

（3）落实各县市立案安全管理及辅导、查报未立案之相关作业规定。

（二）确保避难安全

（1）研究并提出排除楼梯间障碍物之管理措施；

（2）加强查核避难通道之安全；

（3）检查并讨论教室走道宽度、座椅设置、出口数、楼梯宽度及安全门宽度等法

规标准。

（三）确保场所建筑及消防安全

（1）检查并讨论旧有合法补习班防火避难设施与消防安全设备改善办法，以强化补习班之公共安全；

（2）研究并制订加强防范纵火安全管理规范（包括加强人员进出管理软件面及架设监视器硬件面等）；

（3）调查评估补习班周边救灾之可及性。

（四）落实防火教育倡导

（1）研究并制订纳入学生之自卫消防编组演训计划；

（2）研究并制订新进学生防火避难教育计划；

（3）研究并制订补习班防火与避难演练教学课程内容。

十七、海上大众运输船舶的安全管理

（一）检查并讨论船舶法及其子法相关法令规定

（1）检查并讨论现行法令规定是否符合现况所需；

（2）检查并讨论制定船舶承载量及乘客定额之限制；

（3）检查并讨论船舶防火构造的使用及设计。

（二）加强大众运输设施及船舶之安全检查

（1）制订船舶救生设备检查计划；

（2）制订船舶应设置之救生装备及数量查核表；

（3）船员之专业训练；

（4）定期检查与抽查船舶机械装置及设备；

（5）加强旅运码头安全设施检查。

（三）制订预防海难之相关计划、准则、规定及标准作业程序

（1）研究并制订船舶适宜出海气象及海象之参考标准；

（2）制定台湾地区海难防救政策、计划及预防设施；

（3）建立紧急报案应变机制；

（4）制订军队支持执行重大海上遇险船只灾难抢救与协助处理紧急事项；

（5）督导所辖渔港管理机关执行该港区内海难灾害防救。

（四）设立海难救援指挥及应变机制

（1）设立海难救援指挥及应变机制计划；

（2）授权指挥机制得以调动相关单位支持协助救难；

（3）制定海上救难标准作业程序。

十八、大规模崩塌地区潜势分析与防灾计划

台湾地区因气候变迁日异，兼以地形脆弱，又时常发生强降雨，导致山体崩塌频传。根据统计，自 2000 年以来，曾发生 10 余次因台风或西南气流引发极端强降雨事件，使崩塌面积达到 2 万余公顷。根据崩塌趋势推估，未来 20 年内，全台崩塌面积将达到 10 余公顷，严重威胁山坡地环境。因此，应积极针对潜在大规模崩塌威胁地区进行细部之科研调查、观测及机制分析，并启动防减灾计划，以了解不同地质条件、崩塌类型、规模大小、水文地质特性、滑坡机制分析、活动性评估与分类分级等讯息，实时掌握大规模崩塌地区之滑坡行为。[①]

第二节　中国台湾地区的应急管理制度的变迁

1999 年，台湾地区发生 7.3 级的“9·21”大地震，可以说是促使台湾建立现代应急管理制度的重要分水岭。2010 年，为适应近几年来气候的异常变迁，对环境及大自然的破坏及灾害愈来愈多，防救灾所面临的挑战也愈加严峻，特别是各类风灾的极端降雨及所带来的泥石流，常导致极大且复合型的灾害，造成民众重大损失，有鉴于此，“行政院”提出“灾害防救法”修正案，经台湾地区立法机构于 7 月 13 日修正通过。

为使读者清楚台湾地区应急管理制度的变迁情形，仅就应急管理计划、应急管理组织、应急管理法规及应急管理作业四个层面探讨应急管理制度的变迁情形。[②]

一、应急管理计划

（一）应急管理计划的概念

所谓应急管理计划在台湾地区系指“灾害防救基本计划”“灾害防救业务计划”及“地区灾害防救计划”等，在大陆称《应急管理预案》。根据新修正的“灾害防救法”规定，“灾害防救基本计划”指由“中央”灾害防救会报核定之全台

① 中国台湾“‘行政院’灾害防救委员会”：“灾害防救手册”（2016），http://www.ndppc.nat.gov.tw。

② 唐云明：《海峡两岸应急管理制度之比较》，载《2010 警学与安全管理研讨会论文集》，台湾警察学术研究学会。

湾灾害防救计划。并由“行政院”函送各灾害防救业务主管机关及公共事业部就其掌理业务或事务拟订之灾害防救计划。而灾害防救业务高层主管机关则依“灾害防救基本计划”，就其主管灾害防救事项，拟订“灾害防救业务计划”，报请“中央”灾害防救会报核定后实施。

另各县（市）灾害防救会报执行单位应依“灾害防救基本计划”、相关灾害防救业务计划及地区灾害潜势特性，拟订“地区灾害防救计划”，经各该灾害防救会报核定后实施，并报“中央”灾害防救会报备查。

（二）“灾害防救基本计划”的目标

“灾害防救基本计划”属纲要性的全面灾害防救工作指导计划，其内容明定灾害防救施政的整体性计划、揭示灾害防救工作的相关事项与拟订灾害防救业务计划，以及地区灾害防救计划时应注意之要点等。

（三）基本计划修订状况

台湾地区“‘行政院’灾害防救委员会”办理2006年“灾害防救基本计划”修正案，经“中央”灾害防救会报于该年12月29日第9次会议核定通过，修正内容新增重大陆上交通事故、海难、森林火灾、辐射灾害、生物病原、毒性化学物质6个方向，并修正原有总则、风水灾、震灾、空难、其他灾害对策、灾害防救业务计划及地区灾害防救计划之重点事项及计划实施7个对策，合计13编。各“中央”灾害防救业务主管机关及各级县（市）政府应根据此一修订计划，办理修正灾害防救业务计划及地区灾害防救计划。

二、应急管理组织

台湾地区应急管理组织的变迁发展，与社会、政治及经济的发展息息相关。根据研究，台湾地区灾害防救体系的发展历程，基本上历经以下四个过程：[①]

（一）灾害防救相关法令制定前期（1945—1965年4月）

早期，中国台湾地区发生过“八七水灾”、白河地震等多起重大自然灾害，但当时并无灾害防救相关法令或规章，遇到自然灾害发生时，主要是靠军警与行政单位人员独自进行救灾工作，很难组织强而有效的救灾队伍，此一时期的工作重点在于灾后的救助与抚恤。

---

① 利瓦伊森：《灾害防救体系》，《科学发展》2007年第410期，第56—62页；唐云明：《海峡两岸应急管理制度之比较》，载《2010警学与安全管理研讨会论文集》，台湾警察学术研究学会。

（二）自然灾害应变及善后处理时期（1965 年 5 月—1994 年 7 月）

中国台湾地区（省政府）于 1965 年 5 月颁订“台湾地区防救天然灾害及善后处理办法”，作为执行应变救灾时的依据。此项办法主要是针对风灾、水灾、震灾等自然灾害。当时灾害防救组织的最高层级是“灾害防救会报”，由省府各灾害相关单位领导组成，负责处理自然灾害防救的联系、协调与监督事宜，下设“综合防救中心”，专责处理灾害应变中的紧急防救事宜。

此外，在各地方县市设立“防救灾害指挥部”，由辖内各灾害相关管理单位主管组成，以县市长为指挥官，警察局局长为副指挥官，受会报的指导、指挥监督，办理灾害的防救、查报及善后处理事宜。在乡镇县辖市层级设立“防救灾害执行中心”，接受防救灾害指挥部的指挥监督，执行各项灾害防救事宜。

（三）灾害防救方案整合时期（1994 年 8 月—2000 年 6 月）

1994 年 1 月，美国洛杉矶发生大地震，灾情惨重。中国台湾地区“行政院”乃邀集相关单位草拟“天然灾害防救方案”。同年，日本名古屋发生华航空难，台湾地区取法日本处理各项灾后应变措施的经验与模式，将上述方案扩大修正为“灾害防救方案”，以适应各种天然或人为灾害的防救。

这一整合的方案于 1994 年 8 月正式颁布，中国台湾地区依据该方案规划，分为最高当局、“直辖市”、县（市）及乡（镇、市、区）等四级灾害防救体系。

（四）“灾害防救法”立法时期（2000 年 7 月至今）

1999 年 9 月 21 日，中国台湾发生规模 7.3 级的强烈大地震，此震是灾害防救方案建置与运作以来的最大考验，也震出了救援体系的紊乱与失能。为使日后各项灾害防救工作有明确的立法依据与规范，“行政院”加速研究并拟定“灾害防救法（草案）”，该法于 2000 年 6 月完成三读并于同年 7 月颁布施行。“灾害防救法”的颁布与施行为中国台湾地区灾害防救工作奠定了长远且重要的基石，对于体系内各主要单位所应该负担的灾前、灾时及灾后等重要工作项目及其运作，都有明确的规范。

当前中国台湾地区“应急管理体系”由上而下分为最高当局、“直辖市”县市及乡镇市三个层级，依据“灾害防救法”规定及行政体制，分别建立最高当局、“直辖市”、县（市）及乡（镇、市、区）等四级防灾会报，协调联系防灾事项；当面临可能成灾或已发生灾害时，各灾害主管机关应立即成立灾害防救中心，各参加编组作业机关亦同时于内部成立紧急应变小组，与灾害防救中心及其他灾害防救单位密切配合，实施灾害防救工作。

三、应急管理法规

"9·21"的强烈地震，台湾地区的应急管理体系及紧急应变能力遭受空前的冲击与挑战，直至2000年7月19日公布施行"灾害防救法"，并相继颁布"'中央'灾害防救会报设置要点"与"'行政院'灾害防救委员会设置要点"，应急管理体系才逐渐成形。又经2010年7月13日立法修正相关救灾体系及内容，应急管理救灾体系更加完善。

"灾害防救法"立法旨在健全应急管理机制，强化灾害防救功能，以确保人民生命身体财产安全及土地安全；因此，在本法及相关子法公布施行后，台湾地区应急管理体系才正式迈入一个崭新阶段。

此法是中国台湾地区第一部全面性的灾害防救法规，经三度修正后，共分为总则、灾害防救组织、灾害防救计划、灾害预防、灾害应变措施、灾后复原重建、罚则与附则等，共8章51条条文。对于台湾地区最高当局、"直辖市"、县（市）乡三层级政府的行政部门，以及民间、小区、民防、军队等单位、组织在内的防救灾体系建置，体系内各主要单位所应负责的灾前预防、灾时救灾及灾后复原重建等重要工作项目及其运作，都有清楚明确规范。

自从美国发生"9·11"恐怖攻击事件后，全民动员的观念，已从传统的战争准备思维，提升为地区整体安全的预防准备与主动性的危机处理。中国台湾地区为落实建构"全省安全网"的理念，"行政院"动员会报将"全民防灾动员准备体系"明确定为应急管理机制（灾害防救、传染病防治、核事故应变、反恐行动等四大体系）的主要备援体系。为了完备动员准备与动员实施之法源基础，由"国防部"及台湾地区行政部门相关部门研讨全民防卫动员整备法，授权制定相关执法细则，使"全民防卫动员准备体系"与"民防体系"能有效配合应急管理体系，有效扮演救灾的支持角色。①

四、应急管理作业

2009年，中国台湾发生了严重的"八八水灾"，此一水灾，为中国台湾建立的应急管理机制提供了严酷的检验。"八八水灾"，此为1959年发生"八七水灾"之后最严重的水灾，并导致高雄县甲仙乡小林村的灭村事件，数百人遭受活埋。

---

① 唐云明：《海峡两岸应急管理制度之比较》，载《2010警学的安全管理研讨会论文集》，台湾警察学术研究学会。

此次水灾共造成677人死亡、22人失踪。

中国台湾地区应急管理制度由灾害防救体系完全主导，历经50余年的努力，相关法令从无到有；行政体制由最高当局统一指挥演变到符合救灾效率的三级制；政府面对灾害的作为由仅负责灾后抚恤，大幅朝向增加规划减灾与主动应变；地区防救灾工作也由被动的救灾任务，转为应用科学技术进行灾害规模设定的地区灾害防救计划。

表14–1　海峡两岸应急管理制度之比较[①]

项目	大陆地区	台湾地区
特色	“举国应变巨灾”的模式： 统一领导、综合协调、分类管理、分级负责、属地管理为主的应急体制	“灾害防救”的模式： 层级精简、分工执掌、专署督导、分层负责、借重科技
计划面	六级应急计划体系：（2006年1月8日公布） （1）总体应急计划 （2）专项应急计划 （3）部门应急计划 （4）地方应急计划 （5）企业应急计划 （6）会展应急计划	三级“灾害防救计划”体系： （1）灾害防救基本计划 （2）灾害防救业务计划 （3）地区灾害防救计划 （“灾害防救法”于2000年7月19日公布施行）
组织面	依据“总体应急计划”规定 （1）领导机构：国务院 （2）办事机构：国务院应急管理办公室（值守应急、信息汇总、综合协调、发挥运转枢纽作用） （3）工作机构：国务院有关部门 （4）地方机构：地方各级政府 （5）专家组：各类专业人才库	依据“灾害防救法”规定， 三个层级灾害防救会报： （1）“中央”灾害防救会报 （2）“直辖（县）市”灾害防救会报 （3）乡镇（市）灾害防救会报 以“‘行政院’灾害防救委员会”、台湾地区内政管理部门消防署（防灾署）为业务承办单位
法规面	突发事件应变法（2007年8月30日公布，11月1日起施行） 第一章　总则 第二章　预防与应急准备 第三章　监测与预警 第四章　应急处置与救援 第五章　事后复原与重建 第六章　法律责任 第七章　附则	灾害防救法（2010年7月13日修正） 第一章　总则 第二章　灾害防救组织 第三章　灾害防救计划 第四章　灾害预防 第五章　灾害应变措施 第六章　灾后复原重建 第七章　罚则 第八章　附则

① 唐云明：《海峡两岸应急管理制度之比较》，载《2010警学与安全管理研讨会论文集》，台湾警察学术研究学会。

续表

项目	大陆地区	台湾地区
作业面	由四个层级来执行 （1）层级型：北京市为代表 （2）联动型：南宁市为代表 （3）办公厅型 （4）公安型：动员公安、武警（消防）、军队协同抢救	由三个层级的“灾害应变中心”来负责执行： （1）“中央”灾害应变中心 （2）“直辖市”灾害应变中心 （3）乡镇（市）灾害应变中心 动员消防、警察、军队、民间救灾团体协同抢救

总之，海峡两岸面临多次灾变的经验，各自在面对各类灾害的应变模式，不再是被动地针对地方的要求提供协助，而是主动积极协地助及参与地方政府推动小区防灾及救灾的各项演练及倡导活动，将灾害应变观念融入学校、小区居民的生活中；并制定“公共安全管理手册”，以满足社会大众对公共安全的需求。最后借由台湾地区行政部门与地方政府进行年度灾害防救业务的访视、评鉴与演练，以全方位思维推动各项灾害防救的工作。

第三节　中国台湾地区应急管理体系简介

一、“中央”灾害防救会报

根据“灾害防救法”第六条规定，“行政院”于 2000 年 8 月 15 日设立台湾地区行政部门灾害防救会报。[①]

（一）成立宗旨与目的

（1）决定灾害防救之基本方针。

（2）核定“灾害防救基本计划”及“中央”灾害防救业务主管机关之灾害防救业务计划。

（3）核定重要灾害防救政策与措施。

（4）核定紧急灾害之应变措施。

（5）督导、考核台湾地区行政部门及“直辖市”、县（市）灾害防救相关事项。

（6）其他依法令所规定事项。

① 以下机构设置来自中国台湾“行政院”官网，http://www.nat.gov.tw。

（二）组织架构及成员

本会报设召集人 1 人，副召集人 1 人，分别由台湾地区行政当局正副级首长兼任；委员 27 人至 31 人。委员任期两年，连聘得连任。

（三）幕僚机关

该会报之幕僚作业，由灾害防救办公室办理；灾害防救办公室组织及办理业务如下：

1. 组织：

灾害防救办公室设督导官一人，由中国台湾地区行政当局首长的副职兼任，承召集人之命，督导本会报决议事项办理情形。设主任一人，由督导官指定，承督导官之命，依据本会报之决议，处理会报事务，并指挥、监督所属人员。设副主任二人，由督导官指定，襄助主任处理相关事务。

灾害防救办公室下设减灾规划组、整备训练组、应变动员组、调查复原组、资通规划组、管考协调组。

灾害防救办公室所需人员，由各相关机关调用人员常驻，并须依业务需要聘用人员。

2. 主要业务

（1）灾害防救基本方针及灾害防救基本计划之规划。

（2）协助各部门应变、复原作业之标准作业流程之规划。

（3）灾害防救相关法规之修法建议。

（4）灾害防救业务之协调及整合。

（5）灾害辨识、危险度评估及灾害境况模拟之推动。

（6）灾害预警、监测、通报及决策系统之规划及督导。

（7）平时安全与重大灾害防治应变训练及教育倡导之规划及督导。

（8）紧急应变体系之建立及检查并讨论。

（9）救灾资源物资整备与管理之规划及督导。

（10）灾后调查与复原策略之规划及督导；灾害防救计划之检查并讨论及评估；其他有关灾害防救事项。

3. 工作会议

为提升会报效率，灾害防救办公室主任应定期邀集相关机关专责人员召开工作会议，以协助重要防救灾政策审查，掌握各部门及地方政府工作进度。

4. 开会周期

本会报原则上每三个月召开会议 1 次。必要时，可以召开临时会议，并由召集人或其代理人主持。

二、"'行政院'灾害防救委员会"

（一）"'行政院'灾害防救委员会"之沿革

为办理跨部门灾害防救协调整合业务，"行政院"依据"灾害防救法"第七条第二项规定，于 2000 年 8 月 15 日函颁"'行政院'灾害防救委员会"设置要点，由台湾地区内政管理部门消防署负责筹备成立事宜，并于同年 8 月 25 日挂牌成立"'行政院'灾害防救委员会"，展开台湾地区灾害防救的新的一页。

（二）组织架构

该委员会设减灾规划组、管考协调组、信息数据组、整备训练组、应变复建组及总务后勤组，分别办理该会任务。该会为委员制之任务编组，设委员 29 人至 33 人，其中 1 人为主任委员，由"行政院"副院长兼任；副主任委员 2 人，分别由"行政院"政务委员及台湾地区内政管理部门主要负责人兼任。

（三）委员会工作任务

主要任务包括以下 17 项：

（1）关于灾害防救基本方针及灾害防救基本计划之拟订事项。

（2）关于协助各部门应变、复原作业之标准作业流程之拟订事项。

（3）关于促进灾害防救相关法规之制定（订）事项。

（4）关于协调、整合灾害防救业务事项。

（5）关于灾害防救计划之协调、追踪、评估事项。

（6）关于平时安全与重大灾害防治之应变训练、教育倡导事项。

（7）关于举办区域性之演习及协调督导灾害预防措施或各部门研究计划之设计与执行事项。

（8）关于预警、通报、通信及决策系统之建立与支持事项。

（9）关于灾害防救信息体系之建立、应用事项。

（10）关于灾害防救资讯工程之研发、维护与服务事项。

（11）关于灾害辨识、危险度评估与灾害境况仿真之推动事项。

（12）关于紧急应变体系之建立、检查并讨论事项。

（13）关于灾后复原重建措施之制定与业务执行之推动事项。

（14）关于编印紧急人员数据及作业手册事项。

（15）关于平日紧急物资之准备、设置或贮存事项。

（16）关于灾害时紧急调度、支持或与业务相关之总务事项。

（17）其他有关灾害防救事项。

此外，委员会为广泛收集相关信息，推动调查研究，并视特定之灾害或地区需要，责成台湾灾害防救科技中心检查并讨论增修相关重大灾害项目，经“中央”灾害防救会报核定后，由相关部门制订实施要领与标准作业程序。依“公共安全管理手册”中所拟定各主（协）办机关之近、中、长期目标，针对特定重点工作予以列管，综整各主（协）办机关办理情形提报“‘行政院’灾害防救委员会”，并视需要进行查核及抽测。为适应社会经济环境变迁，视需要举办公共安全管理政策研讨会，加强相关机关公共安全管理政策及应变作业机制之探讨与交流，并汲取先进国家特定灾害对策、境况分析技术及先进防治科技有关经验，提供未来推动相关工作之参考。

（四）各主（协）办机关职责

（1）为有效执行公共安全管理工作，各主办机关应负责协议、综整各协办机关之工作项目，协办机关应就业务职掌配合办理有关事项。各主办机关视实际需要协商调整重大灾害项目及协办机关，并于函报“‘行政院’灾害防救委员会”后据以实施。

（2）各主（协）办机关平时应实施灾害防救之预防与整备工作，并责成专责（或特定）单位负责规划执行。

（3）为有效推动公共安全管理工作，中国台湾地区行政部门各机关承办业务之专责单位或有关部门，应与相关单位加强协调联系，并确实办理下列事项：

针对“公共安全管理手册”中所提列之近、中、长期目标，研究并制订具体、确实之实施计划、要领、基准或手册，函报“‘行政院’灾害防救委员会”备查，并定期检查讨论并修正之。

每年检查并讨论、研讨现行法令及作业规定，如有不足或应增修部分，应函报“‘行政院’灾害防救委员会”备查。

就所主管重大公共安全管理事项范围，逐年针对不同灾害境况之设定，增订具体有效之安全管理标准作业程序，并函报“‘行政院’灾害防救委员会”备查。

应进行相关调查、实验及演练，掌握各种灾害境况之位置、规模大小、时序发展等情境，并据以调整标准作业程序，必要时应修正或强化防救对策。

每年应实施年度灾害境况分析与对策研拟，并函报“‘行政院’灾害防救委员会”备查。

应加强推行安全管理计划，贯彻实施，并研究拟定评估指标，每年定期检讨执行情形与办理成效，将倡导执行绩效报告（含书面报告、照片、录像带、光盘等）函报“‘行政院’灾害防救委员会”备查。

每年应定期对灾害防救业务承办人员举办教育训练，以充实灾害防救知能，提升相关作业效能。

三、“中央”灾害应变中心

重大灾害发生或有发生之虞时，“中央”灾害防救业务主管机关首长应立即以书面报告“中央”灾害防救会报召集人（以下简称“会报召集人”）有关灾害规模与灾情，并提出成立本中心、指定指挥官之具体建议，经会报召集人决定后，“中央”灾害防救业务主管机关即通知相关机关进驻作业。但灾害情况紧急时，“中央”灾害防救业务主管机关首长应以口头报告会报召集人，并于三日内补提书面报告。①

“中央”灾害应变中心设指挥官一人，由会报召集人指定，综理本中心灾害应变事宜；副指挥官一人至三人，由会报召集人或本中心指挥官指定，襄助指挥官处理本中心灾害应变事宜。

“中央”灾害防救业务主管机关通知相关机关进驻后，进驻机关应依本要点所定开设时机，于一小时内完成进驻，展开各项紧急应变措施；“中央”灾害防救业务主管机关并应掌握进驻机关人员之出席情形，向指挥官报告。

四、地方灾害应变体——以台北市灾害应变体系为例

（一）灾害防救会报

台北市之灾害防救体制运作，分为平时、灾中及灾后，分别叙述如下：

1. 平时

召开灾害防救会报，设置召集人 1 人，由市长兼任；副召集人 1 人，由副市长兼任；执行长 1 人，由秘书长兼任；副执行长 2 人，由灾防中心主任及消防局局长兼任，其下分别由灾害防救中心及消防局灾害管理科辅助；另外有相关单位首长兼任委员并聘请政府外专家学者。并借此会报达成研议、规划及推动本府所属有关机关、单位之作为，协调、督导及考核各区灾害防救会报。

① 中国台湾“‘行政院’灾害防救委员会”：“灾害防救手册”（2010），http://www.ndppc.nat.gov.tw。

2. 灾中

最高层级为“中央”灾害应变中心，其次为市级灾害应变中心，指挥官由市长兼任，次之为市级所属各编组及区灾害应变中心，区指挥官由区长兼任，其下为区级所属各编组。

3. 灾后

成立“灾后重建推动委员会”，由市长指定主任委员。

（二）专家咨询委员会

台北市政府为提供灾害防救工作之相关咨询，特依“灾害防救法”第 9 条第 3 项之规定成立“灾害防救专家咨询委员会”，主任委员由市长兼任，副主任委员 2 人（其中 1 人由副市长兼任，另 1 人由政府外公正人士担任），其余委员 33 人至 39 人。依委员专长分为设台洪组、地震组、公安组、体系组、信息组等 5 组，执行关于本市灾害防救政策、措施之建议及科技研发、成果应用之咨询等事项。

（三）灾害应变中心

台北市应变中心一级开设时，相关功能编组及任务分工内容如下：由市长兼指挥官，综理本市重大灾害处理事宜；两位副市长兼任副指挥官，襄助指挥官处

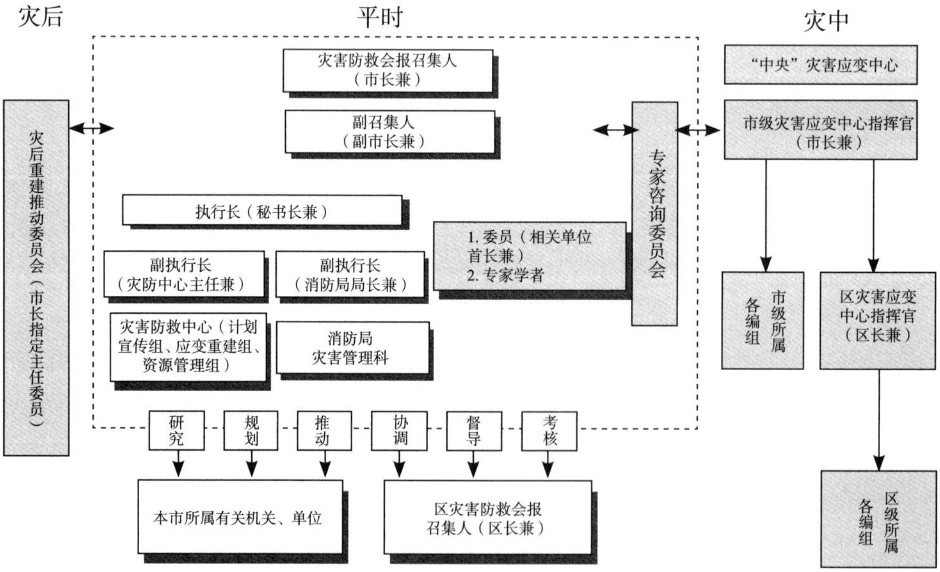

图 14-1　台北市灾害防救体制运作流程图

理本市重大灾害处理事宜。指挥官不在或未到达前，代理顺序为副市长、秘书长、副秘书长、消防局局长、防救中心主任。兹将各功能群、组之主导、负责及配合单位分述如下：

（1）指挥幕僚群：由秘书长担任群长，副秘书长协助，秘书处主导，其编组单位有幕僚协调组、新闻处理组及财务调度组。

（2）作业群：由灾害防救业务主管机关首长担任群长，灾害防救业务主管机关主导，其编组单位有：防救治安组、工程抢修组、医疗环保组、农工水电组及前进指挥所。

（3）计划群：由防救中心主任担任群长，防救中心主导，其编组单位有分析分析组、计划督考组及灾情监控组。

（4）后勤群：由社会局局长担任群长，社会局主导，其编组单位有收容救济组及资通总务组。

（四）灾后重建推动委员会

台北市针对重大灾变成立以下两个灾后重建推动委员会：台北市政府“9·11”超大豪雨灾后检查并讨论策进委员会和纳莉台风灾后重建推动委员会。

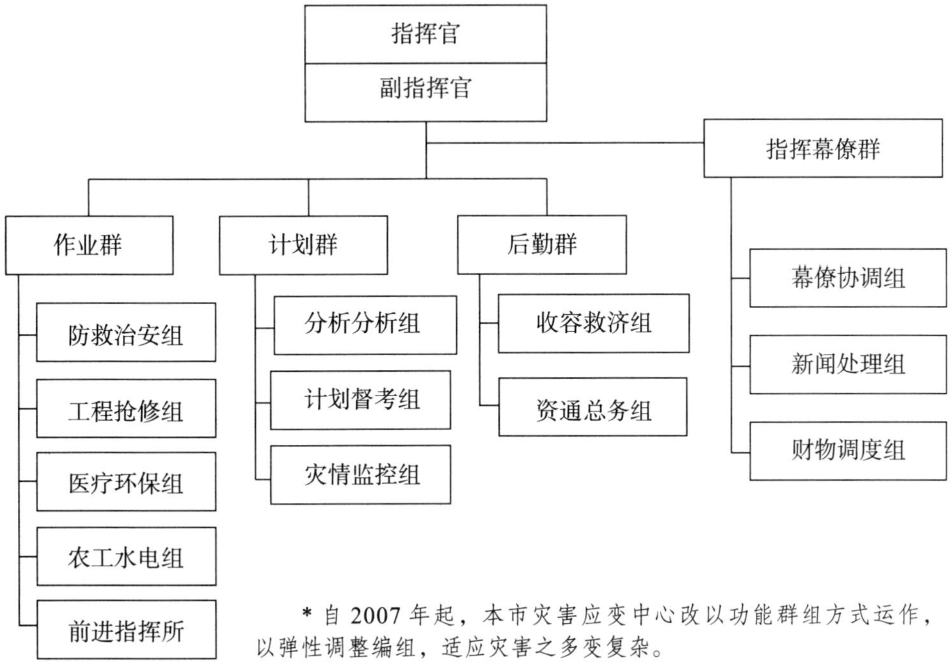

图 14-2　台北市灾害应变中心指标体系

五、中国台湾地区应急管理体系未来展望

中国台湾地区为适应各类灾变之发生，除出版“公共安全管理手册”，为公共安全管理工作推向崭新的里程碑外，并于2009年9月27日召开“‘中央’灾害应变中心运作流程现况与改进作为”及“消防署改为灾害防救署之组织变革”研讨会议，就“中央”灾害应变中心的运作模式与消防署之组织调整进行研商，以作为后续防灾体系及组织业务调整及推动的参照。该次讨论会议重要决议如下：①

（1）“行政院”已规划成立“灾害防救办公室”，并将消防署转型为“灾害防救署”，未来将考虑调用相关部门人员负责协调联系工作，并扩编机关正式编制专责人力推动防灾业务。

（2）灾害防救科技中心在未来灾防办公室办理平时跨部门防灾业务，以及“中央”灾害应变中心开设之相关作业时，仍将纳入运作机制及编组中，以发挥其灾害分析分析功能。

（3）未来将对于现有通信系统进行改善，并对各部门之防救灾物资进行整合，以期“中央”灾害应变中心开设时，能有效将翔实之综合分析及灾情数据提供指挥官决策参考。

（4）未来“中央”灾害应变中心之新闻发布作业，将比照莫拉克台风后期应变中心作业模式，每日定期召开记者会，新闻发布内容将更贴近民众实际需求，内容将包括综合性的灾情分析分析及疏散撤离等讯息，且同步透过网站向大众传递。

（5）有关灾害期间民生物资及志愿者调度支持作业，将请台湾地区内政管理部门社会司规划透过网站实时呈现调度支持情形，除让大众能明了调度作业外，亦能成为灾时民生物资及志愿者供需间之媒体合作平台，让需求与供给透过该平台达到供需平衡的目标。

（6）将要求各县市政府就其辖内灾害潜势重点区域，于2009年底前至少择定辖内一处重要灾害潜势处所办理防灾演练，未来并将常态化定期举办，以期建立政府及民众之防灾意识。

自1999年发生“9·21”大地震以及2009年发生莫拉克“八八水灾”等灾变，军队常扮演发挥救灾效率的重要角色。因此，未来“灾害防救法”修法内容，均

① 中国台湾“‘行政院’灾害防救委员会”：“灾害防救手册”（2010），http://www.ndppc.nat.gov.tw。

增订“国防部”列为政府救灾体系的一环（修正条文第 34 条明确指出“重大灾害发生时，军队部队应不待申请，主动协助灾害防救”），未来军队投入救灾工作将更为迅速及有效。

此外，现行灾害防救体系亦出现叠床架屋的问题，如在报下设有“行政院”灾害防救委员会，而“‘行政院’灾害防救委员会”下又设“中央”灾害应变中心；“‘行政院’灾害防救委员会”，主要负责执行“中央”灾害防救会报所核定之灾害防救政策，推动重大灾害防救任务与措施，主任委员由“行政院”副院长兼任，而“行政院”副院长同时也是“中央”灾害防救会报的副召集人。“中央”灾害防救会报与“‘行政院’灾害防救委员会”两个功能相近的组织，却分别运作；现阶段的灾防体系，不论在政府积极推动组织改造，缩减部门单位层面，或者是在发生重大灾害，核定全面紧急灾害应变的措施上，都可能有损及政府救灾效率。因此，如何解决当前政府灾害防救体系中叠床架屋问题，乃是提升政府救灾效率的关键所在。

若以灾防体系负责层级而论，为避免产生叠床架屋，宜将“中央”灾害防救委员会纳入“中央”灾害防救会报，理由是当政府在拟定各项灾害防救政策，或当岛内发生重大灾难时，协调各部门资源投入救灾之情况时，负责协调及统合的各部门官员层级常扮演关键性角色。

第四节　中国台湾地区安全管理缺失

针对台湾地区重大公共安全管理事项，虽然问题复杂且多样化，呈现方式、影响程度及时空背景亦各不相同，但根据“‘行政院’灾害防救委员会”提出之“公共安全管理手册”报告，探究灾害事故发生原因，将应急管理方面的缺失归纳为如下几个层面：[①]

（一）民众安全意识薄弱

台湾地区民众普遍缺乏安全知识与意识，未能养成正确的灾害防救观念，此为公共安全管理工作未能有效落实的关键因素。如许多企业或商场经营者，为了增加营收及节省投资，经常违规使用消防逃生空间；营业场所的建材与防灾设施亦未能根据标准规范设计；从业人员未能依规定，按照标准作业程序进行相关操

① 中国台湾“‘行政院’灾害防救委员会”：“灾害防救手册”（2010），http://www.ndppc.nat.gov.tw。

作；民众对各类安全的重视程度明显不足，对不安全的营业场所与运输工具又缺乏警觉性，使灾害事故发生的风险相对增加。因此，亟须加强民众对安全意识的教育倡导，方可有效落实公共安全管理工作。

（二）现行法规不尽完善

全面检视前述 16 项重大公共安全管理问题，从各主管机关研究并提出的数据中可清楚发现，现行法令及规范不够具体、严谨，相关配套措施与作业程序规定又未尽完善，使安全管理执行难以有效落实。因此，应充分考虑可能导致灾害的风险情境，针对平时灾防整备、紧急应变、灾后调查与重建等相关事项，研究并制订标准作业流程，增修相关法令与规定，才可有效推行各项安全管理工作。

（三）安全管理不易落实

“公共安全管理手册”所列 16 项重大公共安全管理问题，常因主管机关权责不清、管理人力与资源严重不足，致未能落实督考检核机制。因此，如何建立督导与协调机制，厘清相关单位权责，充实人力，并强化平时检核作业，促使企业经营者进行有效的自我管理及评鉴机制，切实做好安全管理工作。

（四）灾害应变能力不足

随着社会经济快速发展，许多场所、空间及特殊作业具有潜在的灾害风险，或于灾害事故发生时难以抢救，如“高层建筑物建筑”“危险品运输”“铁路隧道及地下场站”“科技厂房”“长公路隧道”“重石化厂区”“海上大众运输船舶”“重大海域污染”及“偏远观光游乐地区”等，这类相关灾害事故，常需专业的技术、设备与人力，才能有效控制灾害。因此，持续推动相关研发工作，开发与引进先进技术，妥善运用于相关作业及规范订定，以提升作业效能，确保职场工作安全。

思考题

1. 试述老人及身心障碍社会福利机构与安全管理问题。
2. 试述大型空间（购物中心、巨蛋等）避难与安全管理问题。
3. 试述高层建筑的安全管理问题。
4. 试述大型活动的安全管理问题。
5. 试述观光地区游乐设施的安全管理问题。
6. 试述中国台湾地区应急管理制度的变迁经过。
7. 试述中国台湾地区灾害防救体系发展历程的四个过程。

8. 试述中国台湾地区行政机关应急管理体系之组织架构。
9. 试比较海峡两岸应急管理制度之异同。
10. 试述中国台湾地区地方灾害应变体系的组织架构。
11. 试述台北市灾害防救体制的运作流程。
12. 试述中国台湾地区安全管理的缺失与对策。

第十五章

安全科技与安全管理

关键词

安全科技　安全防控策略　安全监控系统　智能监控系统　地理信息系统　生物认证技术　区域安管模式　犯罪热区

前　言

自 2001 年美国纽约世贸大楼遭受“9·11”恐怖袭击事件之后，人类面对自然灾害或意外事件的可能性日益升高，以宏观的整体安全防控策略，到以区域城市安防作为控制策略模式逐渐受到各国政府的重视，除积极强化倡导安全管理及风险评估之外，如何加强进行安全监控设备的研发、采购与建置，发挥灾变发生前的及时预警功能。加上社会民众逐渐意识到个人、居家及小区的安全，导致全球安全产业的需求及发展在经济面临萧条时仍然与时俱进。

第一节　安全科技与安全管理的概念

近几年来，随着民众安全意识的觉醒，监视摄影机已被广泛使用在城市中的大街小巷、交通要道、大楼内外、商店等各式各样的公共空间，成为犯罪预防与侦查破案的工具之一。根据 Freedonia Group 报告，全球安全科技产业市场一年的总产值，从 2001 年的 802 亿美元，直线上升至 2011 年的 2658 亿美元，未来将超过计算机 PC 总产值，成为全球重要产业之一，其中数字影像监控系统为成长速度最快的项目之一。

以英国为例，截至目前，全国已建置了420余万台摄影机。而传统的影像录像监控系统，必须在监控中心配置大量的监控画面，并以紧盯屏幕的方式进行影像监控，在摄影机布建数目大幅增加情形下，已对后端监控人员造成极大的负担[①]。且根据心理学研究结果显示，以人类双眼目不转睛的监看画面，经过19分钟之后，便会产生疲倦现象，导致对屏幕影像的异常状况失去警觉，形成“视若无睹”的现象。

此外，目前现存的早期影像安全监控系统，绝大多数仍属于被动式的录像方式，必须经由监视者对影像或身份加以辨识及判断，只具备事件发生后的查证功能，已无法满足大多数用户希望安全系统应提升到事前预警，或事发同时立即起动警示的主动预警功能。因此，如何减少对操作人员的依赖，又能提高判断的正确性，是安全科技发展的重要目标之一。为适应此一需求，在全球安防产业研发、竞争及整合之下，主动式智能型录像监控系统得以快速演进及发展（如图15-1所示）。

目前安全监控器材的研发及应用日益广泛，大如地震、泥石流等的监测与预警，中至港口、机场、车站、矿场、隧道、危桥、输配线、输油管等区域安全的监控，小至家用器材、个人身体病症的监控等，都是现代化安全科技的应用。

现阶段于灾防科技研发成果方面，中国台湾地区结合行政部门、学术单位及民间产学团体，针对地震、洪水、坡地灾害等多领域灾防进行科技研发，汇整各类科研成果。科技研发成果在于落实应用，以实际解决问题，包括灾害预警、潜势图、防灾地图、预置机械、预防性疏散、封桥封路等决策的辅助技术均来自以科研为基础的分析。主要包括以下几项[②]：

累积与更新维护灾防基础数据，如中国台湾“气象局”汇整与分析地震前兆监测数据及自由场强震网资料、“科技部”运用联合国政府间气候变化专门委员会“第五次评估报告”（IPCC AR5）产制气候变迁淹水及坡地灾害风险绘图资料；

开发实时自动化监测技术与系统，如地质调查所研发“动态实时雨量解析坡地灾害警戒及展示技术”、原能会之“土地安全辐射监测网”；

信息整合于灾害应变并支持政府防灾决策作业，如台湾灾害防救科技中心之

① 郭正义：《网络影像监控系统的国际标准趋势》，《安全与自动化科技》2009年第91期，第98—101页。

② 中国台湾“‘行政院’灾害防救委员会”：“灾害防救手册”（2010、2017），http://www.ndppc.nat.gov.tw。

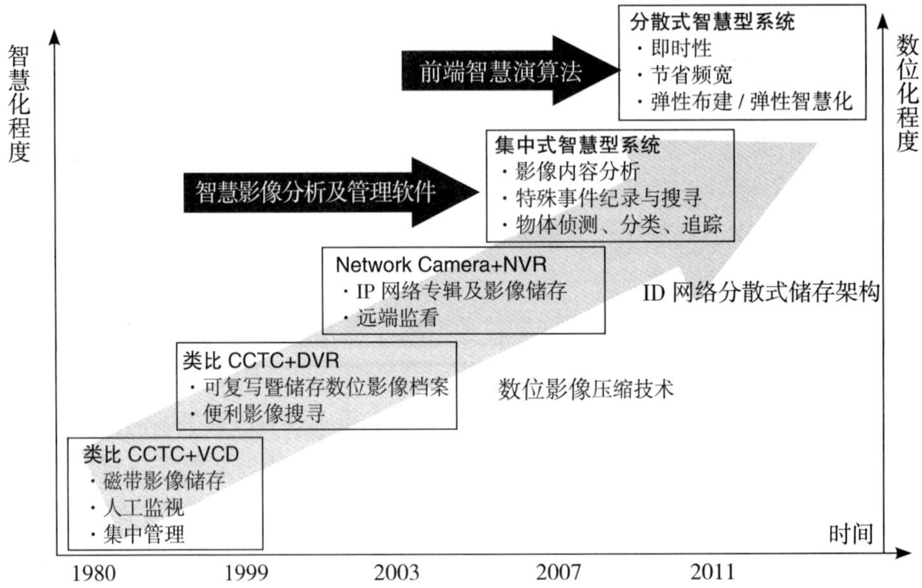

图 15-1　全球安全监控系统之演进

数据来源：台湾工研院辨识与安全中心。

“灾害情资网”、水利署建置“洪水预警整合展示系统”；

先进灾防仪器设备进而带动防灾产业联结，如水保局建置“地声观测系统”与扩充环景摄影功能等，台湾地区内政管理部门地政司与从业者合作发展“地籍图及建筑物成果图之三维立体化制图技术”，提升测绘技术能量及产业竞争力。

本章仅针对区域治安状况加以生态环境的简要分析，并以主动式智能型录像监控系统在区域安全管理上的应用及实践情形作为说明，并提出区域安全的理论基础及其在各种区域安全管理上的应用实例，希望借由新时代安全科技的应用，降低安全管理上的经费及人力成本，增加区域安全的控管力度，使民众免于人身伤害、财物损失，达到有效降低风险及安全防控之目标。

第二节　智能型录像监控系统与安全管理

一、主动式智能型录像监控系统

（一）主动式智能型录像监控系统原理

主动式智能型录像监控系统（Intelligent Video Surveillance，IVS）系透过硬

件采用计算机视觉（CV Computer Vision）技术所研发的视讯判别系统，将画面单元化，透过分析与比对每一小单元中像素的变化，通过特定算法进而判别，以监控对象是否在运动或移动，根据变动程度是否达到预设之侦测条件而决定是否触发预警讯号。它能够在图像及图像之间建立影像条件关系，透过 CV 计算方式，分析处理图像内容来判别各图像间之差异性。

透过判别系统自动的分析和抽取视频源中的关键信息，借助计算机的数据处理功能，对视频画面中的大量数据进行高速分析过滤掉噪声信息，为监控者提供更有效的判断关键信息以避免不必要的误判发生（即将摄像机看作人的眼睛，而 IVS 系统即是人的大脑）。

此与传统的录像监视系统（Closed-Circuit Television，CCTV）最大的不同在于前者运用最新的计算机软件科技技术，主动积极侦测图像间的差异性，达到事前预警，防患于未然的犯罪预防功能；而传统只有录像功能，必须通过人力资源，不断地针对屏幕加以监控，才能发现可疑事项，但常因监视者精神疲劳或不在等因素而错过。智能型录像监控系统则具有以下特性：

（1）高辨识力：能轻易地将对象属性辨识，提供系统进行比对。

（2）低误报率：利用系统规则有效降低误报率发生，提高预警正确率。

（3）实时通报：通过传输接口，主动将预警讯息传递至默认点。

（4）高兼容性：可与现有监控系统结合，进行性能提升。

此系统如能应用在警务区域安全的防控作为上，应能收到犯罪预防与侦查的功效。

（二）主动式智能型录像监控系统的特色

表 15–1 主动式智能型录像监控系统的特色

特 色	说 明
简易的操作接口	简易的操作接口，提供具备基础计算机操作能力的人员一个简单易懂的操作画面
精确分辨侦测目标属性	可明确分析出画面中的对象属性
精确分类与追踪	针对监控中的移动物加以精确分析追踪，并能显示多项特征，大幅排除误报警讯的可能性
事前预警、实时处理、事后检索	通过条件的设立，做到事件发生前、中、后的实时预防及处理

续表

特　色	说　明
范围宽广的兼容性	兼容各种传统监视录像系统，不需要更换原有监控设备及系统，进以进阶原有保全系统
高效率的记录储存模式、提升管理绩效	事件触发的时间、位置、事件画面、瞬间事件画面内容等，高效率的事件记录
辅助工具软件	通过适当的软件工具让管理人员充分规划符合现场需求的系统架构

数据由八骏科技有限公司提供。

（三）人性化操作接口

操作接口简单实用，只要具备一般计算机操作能力的人就能使用。

（四）事件发生记录模式

提供能够体现具体时间、地点、空间位置的带图像的记录模式。

（五）辅助工具软件——系统规划

主动式智能型录像监控系统可配合各式摄影机，如标准彩色或灰阶监控器、IDN 高感度红外线监控器、鱼眼摄影机、感热监控器等。

举例而言，摄影机组如采用 1/3 型 CCD Chip、5–50mm 镜头，且焦聚定焦为 28mm、摄影机架设高度为 6—7m，则可获得下列资料，如此将可根据资料于现场布置摄影机组。

（1）自摄影机开始计算，场景最远距离为 186.67m。

（2）自摄影机开始计算，场景实际有效距离 8—186.67m。

（3）自摄影机开始计算，场景最远处宽度为左右各 16.33m。

（4）自摄影机开始计算，场景最近处宽度为左右各 4m。

（六）系统架构应用

主动式监视系统的开放性架构能与现有 CCTV 的监控系统平台很容易整合。

（七）设定规则：简易的场景安全规则设立

通过对监控场所设置警戒绊线、划定警戒区域或检测逗留徘徊的安全规则，能对监控画面进行自动分析，对异常行为自动判断和监测。可以预先设置报警规则，当有目标触发预设的规则时系统自动通过声音、视频等方式向安全人员发送警讯。

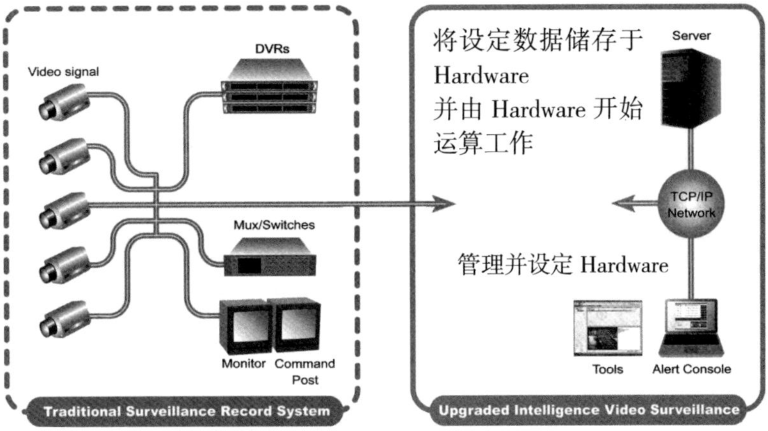

图 15-2　主动式录像监控系统设定规则

二、犯罪地理信息系统

以社会安全事件为例，早期的警务治安防控策略，深受犯罪学古典学派、实证学派及新古典学派思潮影响，常以犯罪人及犯罪行为为中心，认为只要逮捕犯罪者便可有效降低犯罪率，并可吓阻犯罪行为的发生。尤其新古典学派的中心思想认为，少数人犯下大量的罪，犯罪人不会转移，及惩罚符合社会正义，因此只要警察机关迅速逮捕犯罪者，透过长期监禁措施便可有效降低犯罪率。

但从历年来居高不下的官方统计资料证实，此一传统策略无法达到预期成效，不但犯罪人会转移，犯罪地点、犯罪对象及犯罪类型都会随着社会的飞速变迁及警务作为而转移。犯罪被害人及犯罪地点所扮演的重要角色才逐渐受到重视。

随着人口集中及都市化现象日益明显，如何有效控管都会区的社会安全工作，成为警务工作中刻不容缓的课题。本书限于时间及篇幅，希望通过犯罪地理信息系统的分析与应用，找出与犯罪相关的区位特性及其相关性，并了解在目前警务作为下，不同区位特性与区域安全的相关性，作为警务工作区域安全防控策略的参考。

三、生物特征认证技术系统

生物特征是人体固有的生理和行为特征，和其拥有者之间，具有不可分离、唯一性、可分辨性、不易复制及不需记忆等特点；[①]“生物特征认证”系以人类自身天生拥有的生物特征来辨识或验证用户个人的身份。目前较广泛使用者依序是指纹、掌型、脸型、静脉、声纹、人脸热感应及眼球虹膜等，同时也是门禁、考勤及区域安全领域乐于接受及采用的新技术。

（一）人脸辨识系统 (Face Recognition Management Systems)

结合最新图像辨识技术的人脸辨识系统，因具有非接触性，且能在不知不觉中，自动寻找对象的能力；主要应用在家户、公私立机构、场所之门禁管制与车站、机场、港口等通缉犯、恐怖分子之辨识及追捕。

（二）指纹、视网膜、眼球虹膜、语音、指静脉及掌静脉等辨识系统

指纹辨识为生物辨识技术中最为早期及成熟的系统，因其具有价廉、小巧等特点，已被广泛使用，其余生物辨识技术则急起直追，主要应用范围为家户、公私立机构、办公室、工厂、学校、医院、矿场等场所之门禁管制，机密档之安全加密等。

（三）热感应追踪监控系统

该系统是利用红外热成像原理，实现对活体目标的智能跟踪。主要应用在区域安全之监控、目标锁定之追踪等。

四、智能型录像监控系统的功能

（一）CCTV 录像监控系统与智能型录像监控系统之比较

传统 CCTV 录像监控系统主要在于录像及监控效果，如果录像区域有异常状况发生，必须通过监控人员不断地针对录像画面加以监视，才能发觉异常状况。但根据研究结果发现，人类视觉对屏幕监视时间超过一定时间，会产生视觉疲乏现象，亦即对同一屏幕的视觉变化会产生“视若无睹”现象，极容易错过异常状况的及时处理功能。此外，如监控的屏幕太多，更容易忽略异常状况。

智能型录像监控系统系通过软件的设计，监控所录像对象是否在运动或移动，再根据变动程度是否已达预设侦测条件而决定是否触发预警讯号。亦即借助计算机的数据处理功能，自动分析和抽取视频源中的关键信息，为监控者主动提供更有效正确的判断关键信息。

---

① 郑永庆:《生物辨识技术的新应用及使用选择》,《安全与自动化科技》2009 年第 92 期，第 100—104 页。

此系统与传统的录像监视系统最大区别在于前者运用最新的计算机软件科技技术，主动积极侦测图像间的差异性，达到事前预警，防患于未然的犯罪预防功能；而传统只有录像功能，必须透过人力资源，不断地针对屏幕加以监控，才能发现可疑事项，但常因监视者精神疲劳等因素而错过异常警讯的预警功能。

（二）智能型录像监控系统之功能

（1）侦辨与分类（Identify and Classify）：自监摄器材所拍得的视讯中侦测动态对象，依动态特性辨认其为人员、车辆。分类、追踪以究察该人、车动态是否产生威胁与潜在危害。

（2）警戒区域（Polygon Area）：针对人、车进入或离开特定管制区域的监控；其应用例如停机坪、码头、车站的工作区域、营业场所后台等。

（3）绊线（Tripwire and Multi-Tripwire）：针对人、车通过特定运动方向绊线的监控；其应用如：警戒线、单向闸门流向、栅栏攀爬等。双绊线过滤特定的动作特征，例如违规左转的车辆、超速等。

（4）闲逛（Loitering）：针对不合理滞留过久的人、车发出警示讯息，以提醒安管保全人员加以盘查注意。

（5）偷窃（Steal）：针对特定重要资产的保全，例如：贵重的挂画或摆饰、场站内的车辆或设备等。

（6）遗留物（Leave Behind）：针对可能的爆裂物、易燃物、生化污染物的恶意弃置。

（三）生物特征辨识系统及其应用

“生物特征辨识系统”系以人类身上所天生拥有的生物特征来辨识或验证用户个人的身份。生物辨识技术的应用，早期以指纹辨识技术的门禁及考勤商用产品为主；如今随着生物辨识技术逐渐被接受，其所衍生的方法、需求及应用范围也从早期简单的小型商业或个人化用途，逐步转向至区域安全、公共领域或国土安全等中大型系统发展；如警用指纹或人脸辨识系统、生物特征护照系统、社会保险系统及出入境管理系统等。①

生物特征具有唯一性、可分辨性、不易复制及不需记忆等特点；而一般的生物特征辨识系统只采用单一技术，包括指纹、人脸及眼球虹膜辨识等。但这些生

---

① 毛巨勇：《生物辨识新趋势——多重生物辨识技术》，《安全与自动化科技》2009 年第 92 期，第 96—99 页。

物辨识系统都有其盲点，如使用指纹辨识可能碰到使用者突然伤残，人脸辨识技术可能面临严重烧伤，眼球虹膜辨识可能使用者是视盲等。为提升整体系统的稳定性与安全性，提高辨识正确率，有效降低非法入侵的风险，安全科技厂商于是研发出多重生物辨识技术或融合生物辨识技术（fused biometrics），亦即通过各自独立的或合而为一的采集器，采集不同的生物特征（如指纹、人脸及眼球虹膜图像等），此将多重生物特征的整合应用，其性能、可靠性及安全程度自然较单一生物辨识技术为佳，同时也可以有效防堵犯罪技巧高超的职业犯罪者。根据2007年资料统计，此一技术主要应用领域包括司法领域（45.6%）、公共安全领域（23.5%）、公众项目（21.6%）、商业应用（7.5%）及消费类（1.8%）等。①兹将生物特征辨识技术略述如下：

1. 人脸辨识系统（Face Recognition Management Systems）

目前有2D及3D人脸辨识系统，主要应用在家户、公私立机构、场所之门禁管制及防盗，与车站、机场、港口等通缉犯、恐怖分子之追踪监视及追捕，及密码开机系统等；特别是使用在机场及港口等快速出入境检验通关方面，以美国为例，机场安全为反恐机制中的主要防线之一，如何兼顾严密的安全措施，又能减少旅客及等待时间，提升机场旅游快速通关成为首要任务，于是发展出针对出入境旅游筛选的机场旅客加速服务系统（INSPASS或INS）。此系统设置在机场内，能够自动对授权旅客进行护照检验的系统，有效缩短护照检验及旅客通关时间。根据统计，INS系统使得单一人次的检验时间，可以缩短至15秒左右，而采取原来人工检验方式，则要花费60分钟，目前美国已有9座机场采用。一般使用该系统的旅客被认为是危险性较低，则机场边防及安检人员可以集中精神来处理那些未知及危险性较高的旅客，提高有限资源利用的最大化效益，并提升边防及安检人员对危机及安全的控管能力。

2. 指纹、视网膜、眼球虹膜、语音、指静脉及掌静脉等辨识系统

主要应用在家户、公私立机构、场所之门禁管制，机密档之安全加密开机系统等。

3. 热感应追踪监控系统

主要应用在区域安全之监控、目标锁定之追踪等。

---

① 毛巨勇：《生物辨识新趋势——多重生物辨识技术》，《安全与自动化科技》2009年第92期，第96—99页。

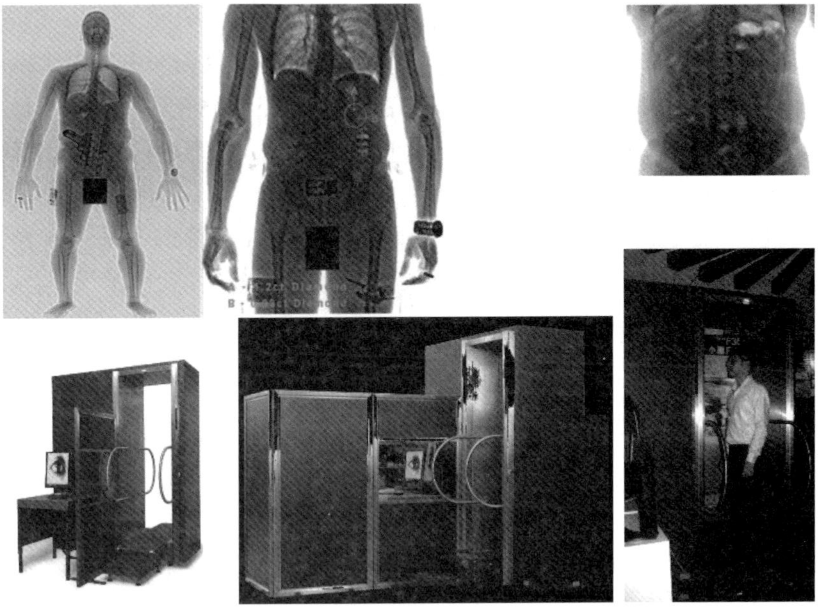

图 15-3　人体扫描机（Body Scanner）

（四）人体扫描系统 (Body Scanner System)

近来对于保障人权及隐私权等议题的重视，针对监狱、看守所等新收监受刑人或机场、港口吸带毒品之可疑人员，检警及监所机关人员常以全身脱光方式检查身体是否携带毒品或其他违禁品，引起涉及保障人权及隐私权的关注与挑战。如果能在上述机关装设人体扫描系统，相关人员无须脱掉衣服，身上任何地方藏毒均能经由透视发现，充分达到区域安全管理的目的。

第三节　区域安全管理的相关理论基础

一、关于区域安全管理的相关理论

（一）城市区域安全管理的空间模式

城市区域安全管理的空间模式系以城市犯罪现象的发生、发展规律和地域差别作为基础，在区位生态空间上有一定的规则可循，它反映了影响安全管理的区位因素的内在关系和总体效应。

影响区域安全的因素包括生态本身因素和外来影响安全的因子，如犯罪分子或恐怖主义活动的移入，区位生态本身的目标物具有磁吸效应，以及可能滋生犯罪的生态环境体系。

而不同类型的犯罪对象有对比鲜明的区位特征，如抢劫案多发生于城市各种流动的节点，并与混合型的土地利用方式有关，而盗窃案件多发生在各种特定类型的住宅区中，如住宅的所有权分散、管理混乱，及邻里关系较为松散的地区。因此，主动式录像监视设备装设地点的选择，会影响该地区的安全管理成效。

根据相关研究发现，城市区域安全的空间模式与市中心区的生态环境具有高度相关。随着商业化及城市化的高度发展，美国大城市的市中心区渐趋衰落，居民混杂，人口流动性强，已不如城市外围社会稳定。恶劣的居住环境，不稳定的家庭，邻里和社会影响，成为造就犯罪的温床。一般而言，城市犯罪集中区，包括犯罪者居住地和犯罪发生地，一般都具有以下特征：松散的社会凝聚力，脆弱的家庭关系，较低的社会地位，不良的居住环境，较高的人口迁移率，以及道德伦理的解组等。①

（二）犯罪热区 (crime hot areas) 的空间研究

许多研究将城市内犯罪发生率高度集中的街区定义为“犯罪热区”。有些学者认为，以犯罪率的高低界定犯罪热区有其重要参考价值。如在犯罪地理信息系统中，除一般斑点图、密度图及距心图外，加上犯罪率的等高线图或环域图，便可轻易地找出犯罪热区及其区位相关的特性，从而建构警务工作中安全管理新方向。如美国的肖和麦凯（Clifford R. Shaw & Henry D. Mckay）等人在对芝加哥犯罪区进行空间定位的基础上，逐一研究了犯罪区的特点，并制定了“芝加哥地区规划”，以特别治理犯罪热区。

（三）犯罪目标区位的空间研究

与城市犯罪热区的研究相比，犯罪目标区位的空间研究有更强的实践性，犯罪目标区位，有些文献上亦称作受犯罪者侵扰的“脆弱地带”，往往有着独特的弱点，而成为吸引犯罪者的目标。如无人看守的油管、桥梁、隧道，或警卫防卫力量明显不足的场所，如学校、港口、机场等区域。

再者，安全监控力明显不足的公共街道，是警务机关区域安全最容易局部控制的地方，如果街道的安全设计不佳，视野狭窄，出入通道多，不易对陌生人进行有效监视，则街道的空间控制能力弱，便容易产生犯罪行为；其次，在区域居

① 张平吾:《犯罪地理信息系统在警务犯罪预防上之应用》，载《第一届海峡两岸暨香港、澳门警学研讨会论文集》，2006 年。

民构成、土地利用及住宅形式复杂多样的街道小区，因小区居民凝聚力薄弱，邻里关系松散，社会防控力亦较弱，常吸引犯罪分子聚集，增加犯罪发生机会。

至于都会区与郊区间的过渡地带——城乡过渡带（city-country fringe），又称为城市边陲地区（urban-rural fringe），是最为典型的边际空间，其结构形态、演变机制和发展趋势等，是警务机关最应重视的地域空间，因这些地区不仅警察机构少且分布不均，警力严重缺乏，此地环境明显存在有利于犯罪者出入、藏匿、作案的大量防控盲区，犯罪发生率自然较高，而且是各类违法犯罪分子最乐意选择的藏身场所。

二、关于区域犯罪及被害预防的相关理论

（一）生活方式暴露理论

此理论在于说明一个人之所以招致被害，系因其本身具有某些特性，导致被害危险性增加，甚至成为犯罪的对象，其理论重心在于生活方式（Lifestyle），生活方式的不同，与其有某种特性的人在特定时空点上相遇的机会也会有所不同，因犯罪者与被害者并非随机分布在时空向度上，因而导致某些特性的人在某些时空点上较易成为被害对象，亦即不同的生活方式，蕴含着不同的被害危险性，常与具有犯罪特性的人接触交往者，其暴露于危险情境的机会越多，被害的可能性也就越大。

（二）日常活动理论

此理论是由犯罪学家劳伦斯·柯恩及马克斯·费尔逊提出，强调犯罪等非法活动发生在时空上，须与日常生活各项活动相配合，即日常活动形态会影响犯罪发生的机会，而导致“直接接触掠夺性犯罪”[①]。此理论认为犯罪事件的发生，在时空上需要三项条件，即具有动机的加害者（motivated offenders）、无犯罪抑制者（crime suppressors，如：警卫、场所管理者）保护的合适目标物（desirable targets），以及无犯罪抑制者的情境（situation），三者会合才有可能产生犯罪事件。

此理论认为犯罪发生主要乃因前述三要素之聚合所致；因此，吓阻犯罪的三大基本要素也可以从前述三要素加以阐明。

---

① Cohen, L.E. and Felson, M. (1979) Social Change and Crime Rate Trends: A Routine Activity Approach. American Sociological Review, 44: 588–608.

吓阻并预先防范有能力及动机的可能犯罪人；

避免出现合适的目标物；

强化监控的存在。

（三）防卫空间理论

奥斯卡·纽曼（Oscar Newman）认为，“自然的监控力”（natural surveillance）可达到威吓陌生人和潜在犯罪者的目的，“防卫空间”（defensible space）的设计就是借由环境（milieu）的建构，提升人们的领域感，透过建筑景观形象（image）和环境特征，将监控潜在犯罪者的讯息传达给潜在犯罪者，以遏制犯罪行为。纽曼从公共住宅的研究中，发现高楼住宅（high-rise housing）虽可以增加人口密度，但因为居民是垂直地居住，无法对公共空间进行监控；若这类住宅雇用警卫或管理员人数不足，且居民的自我防卫意识不强，邻里关系薄弱，将会提高犯罪事件产生的可能性。①

（四）情境犯罪被害预防理论

情境犯罪被害预防理论特别强调犯罪的情境因素，包括犯罪的机会、时空、条件等，是犯罪行为发生的主要因素。日常活动的场所可制造犯罪情境，如住家、学校、公司、酒吧、街道等目标物众多的环境。例如随处可见的便利商店，店员人数不多，营业时间又长达 24 小时，可提供盗窃犯和强盗犯的极高犯罪机会；大型停车场及路边停车当然是偷车贼最容易下手的目标；人来人往的中心商业区则是抢劫的好场所。另外，由于充斥神志不清的醉汉，酒吧附近常是暴力犯罪的高频率区。烟毒犯最喜欢找无人管理的废弃住宅进行毒品交易，若没有邻里的关注，可能会发展成一个稳定的交易场所。②

（五）磁性相对效应理论

磁性相对效应理论系一个整合型理论，它借用了犯罪被害因素论、符号互动理论、日常活动理论、情境被害预防理论及机会论等。它同时也采用了物理学上的磁场惯性理论。

物理学上对磁性有着基本描述“同性相斥，异性相吸”，事实上并非如此，真切的说法应该是：“带有异性（正带负或负带正）的同性会相斥，而带有异性的异性会相吸。”换句话说，要达到相斥或相吸效果的前提，两者之间必须

① Newman, O. (1972a). Defensible Space: Crime Prevention Through Urban Design, New York: Macmillan.

② 黄富源、范国勇、张平吾：《犯罪学概论》（第 3 版），“中央”警察大学出版社 2006 年版。

近到会产生“相对效应”（唯其中仍存在“相对效应”的个体与距离问题），什么是“效应”呢？就是彼此之间的距离接近到会引起相互影响（互动）的反应；什么是“相对”呢？它是有别于自然界或物理学上所谓的“绝对”概念，也就是在人类行为上，彼此之间会不会引起相互反应，仍受限于个体认知及反应上的差异。

犯罪行为的产生，也产生在加害者、被害者与目标物间所带有彼此互动因子的多寡而定，可能产生互动的因子越多，其所引发的“犯罪磁吸效应”就越强。以住宅盗窃及汽车盗窃犯罪为例；但如果将彼此之间推进至会引起相互反应的“效应”距离（关键点），必然会引起“磁性相斥”的作用。

此一理论是否产生“相对效应”问题，取决于犯罪加害者及犯罪被害者的个体特性，以及彼此之间的“磁场”互动关系。如在公交车上，男性与女性间的身体碰撞，常会引来异样的眼光；而同样行为发生在欢乐场所的舞厅，彼此间可能轻轻说声“对不起”就没事；如果此一情形发生在互不相识的 KTV 场所，可能就会从轻微的口角、肢体冲突，演变至严重的杀人行为。由此可知，被害者与加害者在犯罪事件中，背后因素经常扮演着引发犯罪的不同角色，而促使犯罪发生。因此，对于犯罪原因的探索，不能只是从单方面加害人或被害人的观察来诠释，必须从区位生态环境、两者与其他因素的互动关系去进行观察，才能了解犯罪行为产生的全貌，也才能提出整体区域安全管理的最佳策略。其中透过安全科技系统在警务区域安全管理的应用，发挥了目标物、加害者与被害者间的事先预

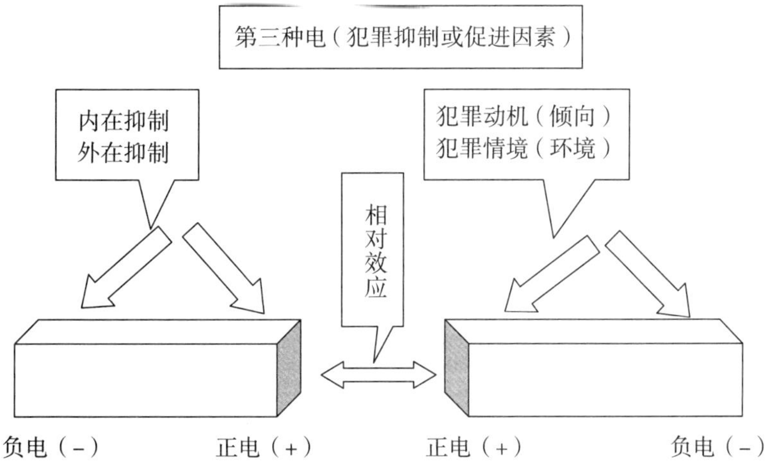

图 15-4　磁性相对效应理论架构图

警与保护功能。

第四节　智能型监控系统在安全管理中的应用

一、智能型录像监控系统应用范畴

智能型录像监控系统透过主动式的过滤及图像分析，可针对以下区域场所做大范围的监控，该监视器主要监视区域范围及门禁等措施，防止有人跨越虚拟围墙等绊线，达到整体性区域犯罪预防的目标：

（1）机场、港口码头、航道、矿坑等地方之各角度监控；

（2）海岸巡防线人口偷渡及走私之监控；

（3）各级学校、公私立机构办公场所（如监狱、银行 / 金融机构、工厂区等）及停车场等之安全监控；

（4）桥梁、隧道、无人看守场所、输油管路、电力设施等；

（5）交通道路之监控（包括超速、越线、逆向行驶、违规左转等）；

（6）大楼商场、仓储、住家物品之监控；

（7）各种安全科技门禁系统之监控（邮轮、船舶、监所及各单位人员出入之监控），除传统门锁之外，安全门禁系统包括指纹、掌纹、指静脉、掌静脉、视网膜、语音及人脸辨识系统等独特的生物特征监控系统；

（8）通缉犯之追捕（包括车站、机场及港口等出入口装设人脸辨识系统）；

（9）其他（包括可疑人士、装置爆炸物、ATM 等自动提款机之监控）。

二、智能型录像监控系统应用实例

（一）使用于各种恶劣的环境条件与监控应用

与传统的录像监控系统相比，智能型录像监控系统能够在光线变化、光线昏暗、场景复杂的环境中使用，并且对潮汐和水波具有过滤器的功能。

通过主动式智能型监控系统之装设及应用，不论白天还是夜晚，视线好坏，透过不同类型的监视设备（包括一般摄影机、热感应摄影机或红外线缩光摄影机等），均可主动监侦测画面镜头影像的变化，让监控人员可以迅速掌握可疑人士的各种特征，达到吓阻及侦查犯罪的目的。

（二）区域安全解决方案（车站、厂区、学校、机关、机场、港口、监狱等）

场景描述：该监视器主要监视围墙和大门，防止有人通过大门或者翻越围墙

复杂的场景

24 小时照明条件和阴影

多变的室内状况

劣质影像

潮汐过滤器

水波过滤器

进入。

设置规则：

在围墙内侧（包括大门）附近设置安全禁区，一旦有人员进入安全禁区，系统发出声音报警。现场发出警铃声音。

在围墙上方设置虚拟警戒线，如有人进入安全禁区后，报警未得到监控人员的重视，通过第二道虚拟警戒线规则对穿越警戒线的人员进行二次报警，以加强对站台安全防范。

（三）商场区域安全管理方案

场景描述：该摄像头主要监视商场电梯出入口，监视下班后是否有人出入；或监视商场周围窗户，监视夜晚是否有非法人员通过窗户进入商场；或监视商场柜台的安全，监视下班后是否有人进入柜台进行盗窃。

设置规则：

（1）在电梯出入口设置一个禁止区域，一旦有非法人员进入该禁止区域，系统发出警报声，同时在监视现场也发出警报声。

（2）在商场周围有窗户的地方设置一个警戒线，一旦有非法人员翻越警戒，系统发出警报声，同时在监视现场也发出警报声。

（3）在柜台外侧设置一条警戒线，一旦有非法人员跨越该警戒线，系统发出报警，同时在监视现场也发出警报声。在柜台区域范围内再设置一个禁止区域，当有人跨越警戒线时管理人员未及时发现，以通过第二次报警来加强安全防范。

（四）桥梁及隧道安全管理方案

场景描述：在桥梁或隧道的两端各架设一台摄像头监控，防止有人从两端进入桥梁或隧道。

设置规则：在桥梁或隧道口两端附近设置安全警戒线，一旦有人员穿越警戒线，系统发出警报，现场则发出警铃声音。

（五）无人看守场所安全管理方案

场景描述：监视无人看守场所周界，不允许有非法人员进入。

设置规则：在无人看守场所四周设置安全警戒区，一旦有非法进入警戒区时，监控中心发出警报，同时在监视现场也发出警报声；在开闭性场所围墙上方设置警戒线，当有人进入警戒区域没有被管理人员重视，可以通过非法人员触发警戒线发出第二次报警，从而提醒管理人员做出反应加强安全防范。

（六）特殊设备（如输油管线）安全管理方案

场景描述：监视开放式空间周界，不允许有可疑人员或物体于输油管路周遭员有进入、逗留、放置危险物品等行为。

设置规则：在开放性空间周界设置多重安全警戒区，一旦有非法人员进入警戒区域，监控中心发出警报声，同时在监视现场也发出警报声。

（七）港区航道安全管理方案

场景描述：监视航道管制场所周界，当有船只进入，立即发出警报。

设置规则：在航道必经进出航道设置安全警戒区，一旦有船只进入警戒区域，监控中心发出警报声。

（八）银行及金融机构安全管理方案

场景描述：监控或银行外部实体安防资产安全与监控。

设置规则：在自动提款机（ATM）周围装设监控，一有异常状况发生（如在提款机前或银行前逗留过久或装置侧录器等），监控中心立即发出警报声，提醒警卫安全人员注意。2009年上海有一家设有300余台自动提款机（ATM）的银行，在其中一台装设此一设备进行测试，在当天下午即有三名歹徒至此一提款机装置金融卡侧录器，因停留在提款机前的时间超出平常停留时间，在他们还在装置之际，便被此一设备自动发出预警功能，接获报案的警察立即开警车前来，当场逮捕。

（九）车站、机场及港口闸门安全管理方案

场景描述：

（1）监控闸门出入口是否有通缉犯或恐怖分子出现。

（2）便利快速通关作业。

设置规则：在闸门装设 2D 或 3D 人脸辨识系统，一旦比对发现可疑人士，监控中心立即发出警报声，提醒警卫安全人员注意。

在各主要车站、机场及港口等通道装设主动式辨识系统，可有效拦截通缉犯或恐怖分子等人蒙混过关；此外，为配合全球化通关全面电子化趋势，中国台湾地区自 2009 年起新发之护照中均放置芯片，内容除个人基本资料外，尚包括个人照片，于 2010 年底实施机场人脸辨识快速通关作业。唯此种作业可能面临难题，主要是护照中之照片系照相馆修面整颜后之照片，与通关现场所撷取之照片内容必然不尽相符，可能增加辨识的困难度。补救之道，建议护照中之影像应以个人现场取像为主，以提高辨识率。

（十）车辆与车速监控安全管理方案

场景描述：针对监控车辆，可发现车型、车速、车流量、违规超速、逆向、闯红灯、违规左右转等违反交通规则等事件。

设置规则：马路及路口等处装设监视设备，针对所需功能设定方案，一旦发现违规车辆，监控中心立即发出警报声，输出照片，及时告发违规者。

（十一）资产保全与防窃安全管理方案

场景描述：针对博物馆、陈列馆、商场物品或居家贵重物品之监控。

设置规则：针对空间资产加以监控，一旦发现有物品被移出或置入，人员入侵，监控中心立即发出警报声，提醒警卫安全人员注意。

（十二）其他安全管理方案

包括铁道、邮轮、码头、海岸巡防、山林、道路、电力设备等地方之安全管理方案。

随着安全科技的发展，在人力资源有限、节约成本及提高“事前预警及突发事件发生的实时处理”的安全管理需求下，对未来日益增加的各类灾害的损失可有效降低。

总之，新时代的主动式智能型安全科技系统在区域安全管理上的应用已日趋广泛，为避免各单位各自为政，浪费资源，如何建构及整合一套一体试用的主动式智能型安全管理监控系统，为今后区域安全管理中刻不容缓的课题之一，期许在现代安全科技更上一层楼的同时，相关应急管理人员的观念与作为能与时俱进，使新时代的安全防控科技能在未来应急管理中展现它最大的功能效益。

思考题

1. 何谓主动式智能型录像监控系统？有何特性、功能与特色？
2. 试说明传统录像监视系统与主动式智能型录像监控系统之差异。
3. 何谓犯罪地理信息系统？并说明此系统在区域安全管理的应用性。
4. 何谓生物特征辨识系统？并说明此系统在区域安全管理的应用性。
5. 试述区域安全管理的相关理论基础。
6. 试述城市区域安全管理的空间模式。
7. 试述智能型录像监控系统的应用范畴。
8. 何谓磁性相对效应理论？并说明此理论在安全管理的应用性。
9. 何谓情境犯罪被害预防理论？此理论在犯罪预防上是否具解释力？
10. 试举一个例子提出某个区域安全的解决方案。

参考文献

一、澳大利亚

1. Standards Australia (1999) AS/NZS 4360:1999：*Risk management*；Risk Management Standard AS/NZS4360：2004.

2. Emergency Management Australia, Australian Emergency Manuals Series, Part 1, The Fundamentals, Manual 4, *Australia Emergency Management Terms Thesaurus,* Commonwealth of Australia, 1998.

3. Emergency Management Australia, *Australia Emergency Management Glossary*, Better Printing Service, Commonwealth of Australia, 1998.

4. Natural Disasters Organisation, Australian Emergency Manual, *Community Emergency Planning Guide*, Second Edition, for official use only, 1992.

5. Emergency Management Australia, Australian EmergencY Manuals Series, *Disaster Loss Assessment Guidelines*, State of Queensland and Commonwealth of Australia, 2002.

6. The Attorney-General's Department, Australia Emergency Management Arrangement, Commonwealth of Australia, 2009.

7. Emergency Management Australia, Australian Emergency Manuals SERIES, Part II, Approaches to Emergency Management, Volume I-*Risk Management*, *Manual 1*, *Applications guide*, Commonwealth of Australia, 1999.

8. Emergency Management Australia, Australian Emergency Manuals Series, PART III, Emergency Management Practice, Volume 3-Guidelines, Guide 1, *Multi-agency Incident Management*, Commonwealth of Australia, 1998.

9. Australian Emergency Manuals Series, Part II, Approaches to Emergency

Management, Volume 2 - Mitigation Planning, Manual 1, *Planning Safer Communities*: *Land Use Planning*, Commonwealth of Australia, 2002.

10. Emergency Management Australia, Australian Emergency Manuals Series, *Implementing Emergency Risk management, a Facilitator's Guide to Working With Committees and Communities,* Commonwealth of Australia, 2001.

11. Emergency Management Australia, Australian Emergency Manuals Series, Manual 10, *Recovery*, Commonwealth of Australia, 2004.

12. Emergency Management Australia, Australian Emergency Manuals Series, *Concepts and Principles*, Commonwealth of Australia, 2004.

13. Emergency Management Australia, Australian Emergency Manuals Series, *Disaster Loss Assessment Guidelines,* State of Queensland and Commonwealth of Australia, 2002.

14. Emergency Management Australia, Australian Emergency Manuals Series, *Evacuation Planning*, Commonwealth of Australia, 1998.

15. Emergency Management Australia, Australian Emergency Manuals Series, *Safe and Health Mass Gatherings, A Health, Medical and Safety Planning Manual for Public Events,* Commonwealth of Australia, 1999.

16. Emergency Management Australia, Australian Emergency Manuals SERIES, *Post-Disaster Survey and Assessment*, Commonwealth of Australia, 2001.

17. Emergency Management Australia, Australian Emergency Manuals Series, *Urban Search and Rescue, Capability Guidelines for Structural Collapse Response,* Commonwealth of Australia, 2002.

18. Emergency Management Australia, Australian Emergency Manuals Series, *Emergency Managers Guide,* Commonwealth of Australia, 2002.

19. Emergency Management Australia, Australian Emergency Manuals Series, *Guidelines for Psychological Service Practice, Mental Health Practitioners Guide,* Commonwealth of Australia, 2002.

20. Emergency Management Australia, Australian Emergency Manuals SERIES, *Economic and Financial Aspects of Disaster Recovery,* Commonwealth of Australia, 2002.

21. Emergency Management Australia, Australian Emergency Manuals Series,

Emergency Catering, Commonwealth of Australia, 1998.

22. Emergency Management Australia, Australian Emergency Manuals Series, *Health Aspects of Chemical, Biological and Radiological (CBR) Hazards,* Commonwealth of Australia, 2000.

23. Peter Koob, Tasmania State Emergency Service, *Emergency Risk Management*, Emergency Management Australia, Commonwealth of Australia.

24. NSW State Emergency Management Committee, *Emergency Management Arrangement State Emergency Service Act, 1989.*

25. National Emergency Management Committee, *National Emergency Risk Assessment Guidelines*, 2010.

26. Australian Institute for Disaster Resilience, Australian Disaster Resilience Handbook Collection, *Australian Emergency Management Arrangements*, 2014.

27. Volunteering Act, *Be Prepared:Managing Volunteers In Emergencies, Apractical Guide*, 2015.

28. Australasian Fire and Emergency Service Authorities Council, *Australian Inter-service Incident Management System, A Management System for any Emergency*, 2017.

29. Australian Red Cross, *Emergency relief handbook: A planning guide*, 2013.

30. Council of Australian Governments, *National Strategy For Disaster Resilience*, *Building the resilience of our nation to disasters*, 2011.

31. Attorney-General's Department, *Australia's Emergency Warning Arrangements*, 2013.

二、英国

1. Hm Government, *Emergency Preparedness*：*Guidance on Part 1 of the Civil Contingencies Act 2004*, *its associated Regulations and non-statutory arrangement*, 2005.

2. Hm Government, *Emergency Response and Recovery, Non-statutory guidance to complement Emergency Preparedness*, 2005.

3. Cabinet Office, Civil Contingencies Secretariat, *Preparing for Emergencies*, 2004.

4. Cabinet Office, *UK Central Government Arrangements for Responding to an*

Emergency, 2010.

5. Cabinet Office, *Respondingto Emergency, the UK Central Government Response Concept of Operations,* 2013.

6. London Resilience Team, *Strategic Emergency Plan, An overview of the Strategic London response to emergencies; summaries and highlights of pan-London arrangements,* 2005.

三、加拿大

1. Emergency Management Policy Directorate, Public Safety Canada, *An Emergency Management Framework for Canada*, Ottawa, 2011.

2. Public Safety Canada, *All Hazards Risk Assessment Methodology Guidelines 2012–2013*, 2012.

3. Government of Canada, *Federal Emergency Response Plan,* 2011.

4. Operations Directorate, Public Safety Canada, *National Emergency Response System*, Ottawa, 2011.

5. Public Safety Canada, *2015–16 Report on Plans and Priorities,* 2015.

四、新西兰

1. *Civil Defence & Emergency Management Act, 2002.*

2. Ministry of Civil Defence, *National Civil Defence Plan*, Wellington, New Zealand, 2002.

3. Ministry of Civil Defence & Emergency Management, *Ministry of Civil Defense and Emergency Management Glossary*, Wellington, New Zealand.

4. Ministry of Civil Defence, *Civil Defence In New Zealand: A Short History*, from: http://www.mcdem.govt.nz/memwebsite.nsf/Files /Short%20Historyof%20 Civil%20Defence/$file/Short%20Historyof%20Civil%20Defence. pdf.

5. Ministry of Civil Defence, *Preparing Civil Defence Emergency Expenditure Response Claims Guidelines for Local Government*, Wellington, New Zealand, March, 2000.

6. Ministry of Civil Defence & Emergency Management, *Recovery Planning*: *Information for CDEM Groups*［IS5/04］, Wellington, New Zealand, March, 2004.

五、美国

1. *Homeland Security Act of 2002*, One Hundred Seventh Congress of the United States of America at the Second Session.

2. Congress of the United States of America , *Post-Katrina Emergency Management Reform Act of, 2006.*

3. PUBLIC LAW 106–390—OCT. 30, 2000, *Disaster Mitigation Act of 2000*, Oct. 30, 2000.

4. *Congressional Charter of the American National Red Cross*, 36 U.S.C. §§300101–300111 remodified 1998, November, 1999.

5. *Department of Homeland Security Reorganization Plan*, November 25, 2002.

6. George W. Bush, *The Department of Homeland Security,* June, 2002.

7. George W. Bush, Homeland Security Presidential Directive/HSPD-5, *Management of Domestic Incidents*, Feb., 2003.

8. George W. Bush, Homeland Security Presidential Directive/HSPD-7, *Critical Infrastructure Identification, Prioritization, and Protection.*

9. George W. Bush, Homeland Security Presidential Directive 8: *National Preparedness* (HSPD-8).

10. Barack Obama,, Presidential Policy Directive (PPD) 8, *National Preparedness,* https://www.hsdl.org/ ？ abstract&did=7423.

11. Department of Homeland Security, *National Incident Management System*, March 1, 2004.

12. Department of Homeland Security, *National Response Plan*, December, 2004.

13. Department of Homeland Security, *Securing Our Homeland, U. S. Department of Homeland Security Strategic Plan,* 2004.

14. Department of Homeland Security, *Interim National Preparedness Goal,* March 31, 2005.

15. Department of Homeland Security, *Target Capabilities List*: Version 1.1, May 23, 2005.

16. Department of Homeland Security, *Universal Task List: Version 2.1*, May 23, 2005.

17. Department of Homeland Security, *Compendium of Federal Terrorism Training For State and Local Audiences,* November 20, 2005.

18. Department of Homeland Security, *Fiscal Years 2014–2018 Strategic Plan.* https://www.dhs.gov/sites/default/files/publications/FY14–18%20Strategic%20Plan.PDF.

19. Department of Homeland Security, DHS Lexicon: Terms and Definitions, 2015 Edition.

20. Department of Homeland Security. *DHS Lexicon Terms and Definitions*, 2017.

21. Department of Homeland Security, *Moving Towards Credentialing Interoperability Case Studies at the State, Local, and Regional Levels*, 2010.

22. Department of Homeland Security, *National Prevention Framework,* Second Edition, 2016.

23. Department of Homeland Security, *National Protection Framework*, Second Edition, 2016.

24. Department of Homeland Security, *National Response Framework*, Third Edition June, 2016.

25. Department of Homeland Security, *National Mitigation Framework*, 2016.

26. Department of Homeland Security, *National Disaster Recovery Framework*, 2016.

27. Department of Homeland Security, *National Preparedness Goal*, Second Edition September, 2015.

28. Department of Homeland Security, *Threat and Hazard Identification and Risk Assessment (THIRA) and Stakeholder Preparedness Review (SPR) Guide. Comprehensive Preparedness Guide (CPG)201*, 3rd Edition, 2018.

29. Department of Homeland Security, *National Emergency Communications Plan*, 2014.

30. Department of Homeland Security, *National Emergency Communications Plan: Urban Area Communications Key Findings and Recommendation*, 2011.

31. Office of Inspector General, Department of Homeland Security, *FEMA's Logistics Management Process for Responding to Catastrophic Disasters*, U.S. Department of Homeland Security Washington, DC, 2011.

32. Congressional Research Service, *Stafford Act Declarations 1953–2014: Trends, Analyses, and Implications for Congress*, 2015.

33. Congressional Research Service, *FEMA's Disaster Declaration Process: A Primer*, 2014.

34. The Executive Office of the President Office of Science and Technology Policy & The Department of Homeland Security Science and Technology Directorate, *The National Plan for Research and Development In Support of Critical Infrastructure Protection,* 2004.

35. Emergency Management Institute, Independent Study IS230, *Principles of Emergency Management*, March, 2003.

36. Emergency Management Institute, Independent Study IS1, *Emergency Manager: An Orientation to the Position*, October, 2002.

37. Emergency Management Institute, Higher Education Project: *A Social Vulnerability Approach to Disasters*, May 2003.

38. Emergency Management Institute, Independent Study IS-7, *A Citizen's Guide To Disaster Assistance*, September, 2003.

39. Emergency Management Institute, *Introduction to Emergency Management Textbook*, http://training.fema.gov/emiweb/edu/introtoEM.asp.

40. Emergency Management Institute, Independent Study IS-240, *Leadership and Influence*, August 2002.

41. Emergency Management Institute, Independent Study IS-241, *Decision Making and Problem Solving,* August 2002.

42. Emergency Management Institute, Independent Study IS-242, *Effective Communication,* August 2002.

43. Emergency Management Institute, Independent Study IS195, *Incident Management System*, *Jan.*, 1998.

44. Emergency Management Institute, Independent Study, ICS-100, *Incident Management System,* Rev. 1 August 2004.

45. Emergency Management Institute, Independent Study, ICS-275, *The EOC's Role in Community Preparedness, Response and Recovery Activities*, July,1995

46. Emergency Management Institute, Independent Study IS139, *Exercise Design*,

March, 2003.

47. Emergency Management Institute, Independent Study, ICS-195, Incident Command System, Jan., 1998.

48. Federal Emergency Management Agency, STATE AND LOCAL MITIGATION PLANNING: how-to guide：*Understanding Your Risks: identifying hazards and estimating losses*, April, 2001.

49. Federal Emergency Management Agency,, *PARTNERSHIPS IN PREPAREDNESS, A Compendium of Exemplary Practices in Emergency Management*, December 1995; Volume III, October 1998; Volume IV, January 2000.

50. Federal Emergency Management Agency, National Emergency Training Center, Emergency Management Institute, *Introduction to Mitigation Independent Study course*, IS 393, April 1998.

51. Federal Emergency Management Agency, *Hazus for Mitigation*, April, 2002.

52. The Federal Emergency Management Agency Publication 1. *The Federal Emergency Management Agency*, November, 2010.

53. Federal Emergency Management Agency, *Fema Incident Management and Support Keystone,* 2011.

54. Federal Emergency Management Agency, *the Federal Response Plan*, April, 1999.

55. Federal Emergency Management Agency, *National Incident Management System (NIMS), An Introduction, Facilitator Guide*, IS-700, August, 2004.

56. Federal Emergency Management Agency, *Report on the Costs and Benefits of Natural Hazards Mitigation,* 1996.

57. Federal Emergency Management Agency, *Planning for a Sustainable Future: The Link Between Hazard Mitigation and Livability,* 1996.

58. Federal Emergency Management Agency, *STATE AND LOCAL MITIGATION PLANNING:* How-to guide: *Developing the Mitigation Plan: Identifying Mitigation Actions and Implementation Strategies,* April, 2003.

59. Federal Emergency Management Agency, *Multi-hazard Mitigation Planning Guidance Under the Disaster Mitigation Act of 2000*, Washington, March, 2004.

60. Federal Emergency Management Agency, American Red Cross, *Preparing for*

Disaster, FEMA475, A4600, August, 2004.

61. Federal Emergency Management Agency, *Are You Ready? An In-depth Guide to Citizen Preparedness*, September, 2004.

62. Emergency Management Institute, *Introduction to Incident Command System for Federal Workers* (IS-100), Instructor Guide, Rev. 1, August, 2004.

63. Federal Emergency Management Agency, Higher Education Project, 2004, *Hazards Risk Management.*

64. Federal Emergency Management Agency, *The National Disaster Housing Strategy*, 2009.

65. Federal Emergency Management Agency, *Preliminary Damage Assessment for Individual Assistance Operations Manual*, 2005.

66. Federal Emergency Management Agency, *Damage Assessment Operations Manual*: *A Guide to Assessing Damage and Impact*, 2016.

67. Federal Emergency Management Agency, *Effective Coordination of Recovery Resources for State, Tribal, Territorial and Local Incidents,* 2015.

68. Federal Emergency Management Agency, *Pre-Disaster Recovery Planning Guide for State Governments,* 2016.

69. Federal Emergency Management Agency, *Pre-Disaster Recovery Planning Guide for Local Governments,* 2017.

70. Federal Emergency Management Agency, *Developing and Maintaining Emergency Operations Plans, Comprehensive Preparedness Guide (CPG) 101, Version 2.0,* 2010.

71. Federal Emergency Management Agency, *Threat and Hazard Identification and Risk Assessment (THIRA) and Stakeholder Preparedness Review (SPR) Guide, Comprehensive Preparedness Guide (CPG) 201*, 3rd Edition, May, 2018.

72. Federal Emergency Management Agency, A Whole Community Approach to Emergency Management: Principles, Themes, and Pathways for Action, 2011.

73. Federal Emergency Management Agency, *Fema National Incident Support Manual,* 2011.

74. Federal Emergency Management Agency, *National Incident Management System, Third Edition*, Washington, DC., October, 2017.

75. Human Technology, Inc., McLean, Virginia, *Community Emergency Response Team*, Developed For: Federal Emergency Management Agency, Emergency Management Institute & United States Fire Administration, June, 2003.

76. American Red Cross, *2004 Legislative and Executive Branch Agenda.*

77. United States Fire Administration & Emergency Management Institute, G207.4, *Recovery From Disaster: The Local Government Role*, Instructor Guide, February, 2004.

78. *Effective Disaster Warnings*, Report by the Working Group on Natural Disaster Information Systems, Subcommittee on Natural Disaster Reduction, National Science and Technology Council, Committee on Environment and Natural Resources, November, 2000.

79. Patrick S. Roberts, *Reputation and Federal Emergency Preparedness Agencies, 1948–2003*, Prepared for Delivery at the 2004 Annual Meeting of the American Political Science Association, September 2–5, 2004, Copyright by the American Political Science Association.

80. R. Steven Daniels, *Transforming Government: The Renewal and Revitalization of the Federal Emergency Management Agency,* Carolyn L. Clark-Daniels, Birmingham, Alabama, April, 2000.

81. Richard Sylves, Ph.D._William R. Cumming, J.D., *FEMA's Path to Homeland Security: 1979–2003*, Journal of Homeland Security and Emergency Management, Volume 1, Issue 2 2004, Article 11, Produced by The Berkeley Electronic Press, 2004.

82. Sharon S. Dawes, Thomas Birkland, Giri Kumar Tayi & Carrie A. Schneider, *Information, Technology, and Coordination: Lessons from the World Trade Center Response*, Center for Technology in Government, University at Albany, SUNY 187 Wolf Road, Suite 301, Albany, NY 12205, June, 2004.

83. B. Wayne Blanchard, *American Civil Defense 1945–1984, The Evolution of Programs And Policies,* National Emergency Training Center Emmitsburg, Maryland, 1985.

84. David J. Brower & Charles C. Bohl, *Principles and Practice of Hazards Mitigation,* FEMA, National Emergency Training Center, Emergency Management Institute, Emmitsburg, Maryland, March, 2000.

85. George Haddow, Bullock & Haddow, Final Book Outline for *Case Studies in Emergency and Risk Management*, Submitted To: Wayne Blanchard, Department of Homeland Security/FEMA, 16825 South Seton Avenue, Emmitsburg, MD 21727, September 20, 2004.

86. George d. Haddow, Jane a. Bullock, *Introduction to Emergency Management*, Elseveier Science, USA, 2003.

87. Raymond J. Burby, *Building Disaster Resilient Communities,* session3, Emergency Management Institute, Instructor Guide, May, 2002.

88. William L. Waugh, Jr., *Public Administration and Emergency Management*, Emergency Management Institute, March, 2000.

89. William L. Waugh, Jr., *Living With Hazards, Dealing With Disasters: An Introduction to Emergency Management*, M. E. Sharpe, Armonk, New York, 2000.

90. B. Wayne Blanchard, *The American Civil Defense 1945–1984*, Planning Specialist for Civil Defense Programs Federal Emergency Management Agency, National Emergency Training Center Emmitsburg, Maryland, Monograph Series, Fema107, July, 1986.

91. Richard T. Sylves , *The Political and Policy Basis of Emergency Management*, Emergency Management Institute, July, 1998.

六、中国（含中文译著）

1.［美］F.W. 泰罗：《科学管理原理》，韩放译，团结出版社 1999 年版。

2.［美］罗宾斯：《管理学》，林孟彦译，台北华泰书局 2006 年版。

3.［美］珍妮特·登哈特：《新公共服务：服务，而不是掌舵》，丁煌译，中国人民大学出版社 2004 年版。

4.［德］乌尔里希·贝克：《风险社会》，何博闻译，译林出版社 2004 年版。

5.［日］腾五晓、［日］加藤孝明、［日］小出治编著：《日本灾害对策体制》，中国建筑工业出版社 2003 年版。

6. 王瑞山、马维纲、张平吾：《安全管理与两岸私人保全》，台湾三民书局 2008 年版。

7.张平吾等：《犯罪学》，台北空中大学出版中心 2009 年版。

8. 黄富源、范国勇、张平吾：《犯罪学概论》（第 3 版），“中央”警察大学出版社 2006 年版。

9. 夏保成:《国家安全论》,长春出版社 1999 年版。

10. 夏保成:《西方公共安全管理》,化学工业出版社 2006 年版。

11. 夏保成、张平吾:《公共安全管理概论》,台湾三民书局 2009 年版。

12. 战俊红、张晓辉:《中国公共安全管理概论》,当代中国出版社 2007 年版。

13. 林亚则:《危害公共安全罪新论》,武汉大学出版社 2001 年版。

14. 林柏泉:《安全学原理》,煤炭工业出版社 2002 年版。

15. 中国台湾"'行政院'灾害防救委员会":"灾害防救手册"(2010、2016、2017),http://www.ndppc.nat.gov.tw.

16. 中国台湾"'行政院'灾害防救委员会":"灾害防救基本计划",2007 年核定版。

17. 郑永庆:《生物辨识技术的新应用及使用选择》,《安全与自动化科技》2009 年第 92 期。

18. 毛巨勇:《生物辨识新趋势——多重生物辨识技术》,《安全与自动化科技》2009 年第 92 期。

19. 唐云明:《海峡两岸应急管理制度之比较》,载《2010 警学与安全管理研讨会论文集》,台湾警察学术研究学会。

20. 张平吾:《犯罪地理信息系统在警务犯罪预防上之应用》,载《第一届海峡两岸暨香港、澳门警学研讨会论文集》,2006 年。

21. 郭正义:《网络影像监控系统的国际标准趋》,《安全与自动化科技》2009 年第 91 期。

22. 潘忠:《非传统安全问题的理论冲击与困惑》,《世界经济与政治》2004 年第 3 期。

23. 刘潜:《安全科学学科理论创建的历史回顾》,《安全与健康》2002 年第 9 期。

24. 薛澜等:《公共管理与中国发展——公共管理学科发展的回顾与前瞻》,《管理世界》2002 年第 2 期。

25. 陈振明:《从公共行政学、新公共行政学到公共管理学——西方政府管理研究领域"范式"变化》,《政治学研究》1999 年第 1 期。